神宮伝奏の研究

渡辺修

山川出版社

神宮伝奏の研究　目次

序章　神宮伝奏研究史の整理と本書の課題――1
はじめに　1
第一節　研究史の整理　1
1　平安～室町期の神宮上卿に関する研究史　1
2　鎌倉～戦国織豊期の神宮伝奏に関する研究史　18
3　江戸期の神宮伝奏に関する研究史　25
第二節　本書の課題と構成　29
1　中世における神宮上卿・神宮伝奏研究の課題　29
2　近世における神宮伝奏・神宮上卿研究の課題　30
3　本書の構成　32
第一部　神宮伝奏の成立――39
第一章　神宮上卿の成立――40
はじめに　40
第一節　神宮上卿の成立　45
第二節　神宮上卿の常置化――後白河院政期を中心にして　54
第三節　九条兼実執政期の神宮上卿　70
第四節　後鳥羽院政期の神宮上卿　74
第五節　後堀河天皇期の神宮上卿　79

第六節　後嵯峨院政期の神宮上卿　80
第七節　亀山親政・院政期の神宮上卿　84
おわりに　86
第二章　神宮伝奏の成立――96
はじめに　96
第一節　神宮伝奏の成立　96
第二節　神宮伝奏制度の成文化　103
第三節　神宮伝奏と神宮上卿　105
おわりに　112
第三章　神宮奏事始の成立――118
はじめに　118
第一節　神宮奏事始の成立　120
第二節　中世の神宮奏事始　127
第三節　中世神宮奏事始の式日と奏事事項　131
おわりに　133
第二部　神宮伝奏の補任――137
第一章　神宮伝奏の補任――138

はじめに　138
第一節　【神宮上卿・神宮伝奏一覧】　143
第二節　神宮伝奏の官職と家格　158
1　平安末期の神宮上卿　158
2　鎌倉期の神宮上卿・神宮伝奏　160
3　室町期の神宮伝奏・神宮上卿　161
4　戦国織豊期の神宮伝奏　162
5　江戸期の神宮伝奏・神宮上卿　164
第三節　近世における神宮伝奏から神宮上卿への名称変化　167
第四節　近世における神宮伝奏・神宮上卿の補任と退任　169
第五節　神宮伝奏制度の廃絶　182
おわりに　184
第二章　近世神宮伝奏の行動規範――『神宮伝奏之間事　転法輪相談条々』の検討を通じて――　192
はじめに　192
第一節　全文紹介　193
第二節　内容　198
第三節　神宮伝奏の神職的性格　203
おわりに　205

第三章　近世神宮伝奏の記録　206
はじめに　206
第一節　【近世神宮伝奏・神宮上卿記録一覧】　206
第二節　中山栄親の『神宮上卿記』　209
第三節　徳大寺公城の『神宮上卿記』　212
第四節　正親町公明の『神宮上卿間之事』と公家社会　213
第五節　三条家の神宮上卿記録　226
第六節　三条実万の部類記作成　228
第七節　神宮上卿三条実万の活動　232
第八節　徳大寺実則の『神宮申沙汰雑誌』　233
おわりに　235
第三部　神宮伝奏の機能　239
第一章　戦国織豊期の神宮伝奏　240
はじめに　240
第一節　戦国織豊期の神宮伝奏就任者　243
第二節　後土御門天皇期における神宮伝奏の機能　245
1　町資広の場合　245
2　柳原資綱の場合　246

第三節　後柏原天皇期における神宮伝奏の機能　247
1　三条西実隆の場合　247
就任の経緯／神宮式年遷宮再興に向けての活動／神宮への祈禱命令／神宮神主への叙爵申請／神宮禰宜の補任／内宮神馬の進献
2　中御門宣胤の場合　255
就任の経緯／神宮式年遷宮再興に向けての活動／神宮神主への叙爵・加階申請
第四節　後奈良天皇・正親町天皇期における神宮伝奏の機能――柳原資定の場合　262
1　柳原資定の神宮伝奏記録　262
2　神宮禰宜の交替　266
3　神宮式年遷宮の再興活動と神宮の火災・怪異事件への対応　268
4　天文七年伊勢一社奉幣使の発遣　272
5　天正三年内宮仮殿遷宮　276
おわりに　278
第二章　近世の神宮奏事始――283
はじめに　283
第一節　神宮奏事始の準備過程　284
1　元和五年の場合　284
2　貞享三年の場合　285
3　元禄十六年の場合　287

4　延享五年の場合　288
5　宝暦七年の場合　290
6　安永八年の場合　291
7　天明五年の場合　292
8　文化十五年の場合　294
9　天保十五年の場合　295
10　嘉永二年の場合　296
第二節　神宮奏事始の儀式次第　296
1　寛永四年の場合　296
2　天和四年の場合　297
3　貞享三年の場合　298
4　貞享五年の場合　300
5　元禄四年の場合　301
6　元禄十六年の場合　301
7　延享五年の場合　302
8　宝暦七年の場合　302
9　安永八年の場合　303
10　安永九年の場合　305
11　天明五年の場合　307
12　文化十五年の場合　308

13 天保十五年の場合 310
14 嘉永二年の場合 311
第三節 神宮奏事始の奏事事項 312
1 祈年祭幣使の再興 312
2 両宮権禰宜各五名への加階 314
3 天皇の仰詞 315
おわりに 316
第三章 近世神宮神主への叙位 320
はじめに 320
第一節 寛永三年における神宮神主への叙位 321
第二節 承応三年における神宮神主への叙位をめぐる訴訟事件 323
第三節 寛文・元禄年間における神宮神主への叙位 329
第四節 延享四年における神宮神主への叙位 340
第五節 天保十五年における神宮神主への叙位 341
おわりに 346
第四章 近世朝廷と神宮式年遷宮 352
はじめに 352
第一節 寛文九年度式年遷宮の準備過程 354

第二節　元禄二年度式年遷宮の準備過程　361
第三節　宝永六年度～寛延二年度式年遷宮の準備過程　364
第四節　文化六年度式年遷宮の準備過程　368
第五節　文政十二年度式年遷宮の準備過程　370
おわりに　378

第五章　近世の神宮例幣使発遣　384

はじめに　384
第一節　承応三年度例幣発遣の準備過程　385
第二節　延享四年度例幣発遣の準備過程　386
第三節　安永八年度例幣発遣の準備過程　387
第四節　天明四年度例幣発遣の準備過程　394
第五節　文化九年度例幣発遣の準備過程　398
第六節　天保十五年度例幣発遣の準備過程　399
おわりに　404

あとがき　408

索引　1

序章　神宮伝奏研究史の整理と本書の課題

はじめに

本書は中世および近世の朝廷における堂上《とうしょう》公家の役職であった神宮上卿《じんぐうしょうけい》・神宮伝奏《てんそう》制度の体系的研究と同職をはじめとして摂政・関白・武家伝奏・神宮奉行・官務《かんむ》・祭主《さいしゅ》による中近世の伊勢神宮行政について明らかにすることを目的とする。本章では、神宮伝奏の前身の役職にあたる神宮上卿・神宮伝奏、さらには中近世の神宮行政の研究史を整理し、本書の課題を明らかにする。

第一節　研究史の整理

1　平安～室町期の神宮上卿に関する研究史

①神宮上卿《しょうけい》の研究として最古のものは近世後期の有職故実家で内宮禰宜《ないくうねぎ》の薗田守良《そのだもりよし》(1)による『神宮典略』にみえる「上卿」の解説である。同書は、伊勢神宮の総説的著述の代表作であり、神宮に関する大百科辞典ともみられるものである。文化末年より天保初年に至る十数年の長年月を費やして完成した(2)。その二七「京官国郡職武家職　京官　神宮職事《しきじ》　上卿」の項には次のようにみえる(3)。

上卿とは公事の議ある時の一座の上首を上卿と云、此上卿の議奏すれば名目となれるなり。官名にはあらず。名目抄に、大臣奉行公事は大臣を上卿と云、大中納言奉行公事は大中納言を上卿と云、職員令義解に、太政官、〇上略、大納言以上、即兼通摂也、といへり。されば納言已上を云例なり。西宮記に、官奏、上卿雖大臣奉宣旨可候、大納言依大臣奉挙大弁、また伊勢神宮使、上卿奉勅、仰弁、賜官符、太政官符なり。伊勢幣帛云々、無行幸者、上卿着行、神祇官行之、と見えたるは其日一座の人を云へり。此神宮上卿と定められし其始め詳かならざれども、試にいはゞ、延喜式より後、太政官舎も廃れ、軒廊陣座にて上卿公事の沙汰も見え、又神宮の事繁多なる故に別勅ありて、此名目を定められつると聞えたれば、後鳥羽院の御代に御制度有けるにもあらんか。此時に和歌開闔所、また記録所、此外蹴鞠家などを定め給ふ事見ゆ。百錬抄に、嘉禄元年十二月廿七日、二条堀川源大納言亭焼亡、放火云々、神宮上卿之文書等紛失云々、と記したるを按ふに、既く神宮上卿の名目は既く定まりし状に見えたり。されば此上卿は専ら不浄を忌て、神宮の公事雑務を議奏の勤めなれば、いと重職なり。即ち古の太政官上卿の職に准へ按ふべし。

これによれば、後鳥羽天皇の在位下、すなわち元暦《げんりゃく》元(一一八四)年四月十六日から建久九(一一九八)年一月十一日の間には、すでに神宮上卿が補任されていたのではないかとし、『百練抄《ひゃくれんしょう》』嘉禄元(一二二五)年十二月二十七日条の記事により堀川通具《みちとも》の邸宅が焼失し、神宮上卿の文書が紛失したことを明らかにし、このときまでに神宮上卿の職名が定まっていたことを指摘している。さらに、この記事には(守宣頭註)が付されており、次のようにみえる。

玉海、承安五年九月十一日ノ条、上古無被定置太神宮上卿事、堀川《(ママ)》院御宇、久我大相国、為内大臣之時、始被仰可計奏神宮訴訟事之由、自爾以降、定其人、奉行此事、雖然敢無神斎之儀、而中御門内府、二条院御時、殊奏可評定文書之勅、申寄可然之輩、集会家中、議定神宮之訴等、事頗厳重、因之、置文書等櫃於別屋、有障之人、重軽服、及僧尼妊者、月水者等之類也、不入件屋内、又兼定評議之日、其当日沐浴解除、於件置文書之屋議定、事了之後、又以解斎、家不立神事札、又不禁僧尼服者等之出入、不憚仏事云々、文書評定之間、事依厳重以今案雖致其斎、敢非長時之斎、又律令格式全無所見、依神宮上卿、神事潔斎之条、無指本説事歟、而内府、雅通、敬神之条、垂父祖之跡、殊致其斎、宛如神官等、其後、左府左将軍等、相継不改其法、下官奉行之時、依神事有増、輙難改減、其例又以如此、雖然、倩案事理、非礼之斎、何必神慮哉、中心存此旨之処、今勅命之趣、已以符合、至于今度者、以中御門内府以往例、不可有神斎之儀、但於神宮専一事被行、如仮殿遷宮之時、頗可有散斎之儀歟、是役夫工上卿依為神斎也、但尚示合有

職之人々、可一定云々、

守宣とは守良の子で幕末の内宮禰宜薗田守宣《もりのぶ》(一八二三〜八七)のことである。(4) これによれば『玉葉《ぎょくよう》』承安《じょうあん》五(一一七五)年九月十一日条が全文引用されており、神宮上卿の成立を示すきわめて重要な記事である。

②次に現れた研究は近世後期の外宮《げくう》禰宜で国学者でもあった足代弘訓《あじろひろのり》(5)による『神宮上卿次第』(6)である。本書は、神宮上卿と神宮奉行の一覧であり、神宮文庫に所蔵され、上下二巻からなる。上巻には、序文が記されたあと、「天保十年己亥十月　従四位上度会弘訓」とあり、天保十(一八三九)年十月に弘訓によって完成されたことがわかる。続けて上巻には次のようにみえる。

神宮上卿次第

文亀二年

上卿権大納言従二位藤実隆卿　神宮伝奏

奉行頭右中弁藤賢秀朝臣

このように上巻には文亀二(一五〇二)年から永正《えいしょう》三(一五〇六)年にかけて神宮伝奏を務めた三条西実隆《さんじょうにしさねたか》と神宮奉行を務めた中御門《なかみかど》賢秀をはじめとして、年ごとに両職の就任者が記され、万治《まんじ》三(一六六〇)年までの就任者が記されている。下巻は、寛文三(一六六三)年から天保四(一八三三)年までの就任者が上巻と同様に記されている。足代がどのような動機で本書を作成したのか、その序文を全文掲載して明らかにする。

○神宮上卿之事、玉海承安五年五月十二日、兼実公　法皇の詔爾答給ふ条爾、朝臣大事莫過神宮、故先代之上卿皆是国之重臣也、爰微臣齢未及二毛、職已帯三公弁満之恐、寤寐無聊、何況奉行重事哉、伏検先蹤、更不因官職高貴、唯撰器量之堪否者也と見え、玉蘂建暦元年三月廿日の御消息にも神宮上卿之事、朝之大事莫過神宮、故先代上卿皆是国家之重臣也、爰微臣職上三台、齢未満二旬、何況愚昧之質於奉行重事哉と見えたり、三公の御人々といへとも尊之重し給ふ事かくの如し、志かる爾その次第を志るせるものなきハ神宮の一欠事といふへき歟、弘訓愚矇を恥寸して此書

を書き綴るハ此故なり、
○神宮上卿の始ハ玉海承安二年七月十四日の条に、凡神宮上卿事上古不定其人、堀河院御時源大相国殊為上卿行之、其後間有之、而自二条院御時連綿不絶とあり志たれとも、公卿補任爾載せらるゝ所者、後柏原院文亀二年以後なり、此書者公卿補任を拠と寸る故、文亀三年以前者志ひて考索せ寸、後人の増補を俟つ、
○此書公卿補任二部を本拠と寸、一部者豊宮崎文庫の公卿補任爾て、弘訓抄録する所也、一部者竹屋光棣卿爾請問せし時、御寄贈あり候公卿補任の抄本なり、豊宮崎の本者安永九年以後欠け、光棣卿の御抄本者貞享三年爾至て終る、其以後、光棣卿より考索して御寄贈の一冊あり、是爾よりて志る寸、此一冊寛文四年より天保四年に至て終る、
○此書上卿の御名の下の附注、あるひハ為伝奏、あるひハ被仰出、あるひハ補伝奏、あるひ者辞、あるひ者辞退、あるひハ免伝奏なと、ある類一定なら寸、皆公卿補任爾志たかひて手を加へ寸、
○上卿の御名も、あるひ者権大納言従二位藤宣胤卿と志るし、あるひは花山院大納言藤愛徳卿、あるひハ花山院右大将藤愛徳として、寸都一体なら寸、是又私を加へ寸、公卿補任と光棣卿御寄贈の一冊爾従ふなり、
○神宮上卿、公卿補任に者多く神宮伝奏とあり、神宮弁・神宮奉行も互に通し称せらる、此書者光棣卿の贈るふ所の一冊爾よりて皆上卿・奉行と称せり、
○公卿補任爾脱誤あり、近来の所にも疑を欠く所多し、他日、有職の縉紳家に請問し、また官務壬生氏爾質問して改正すへし、
○此書光棣卿に請問して神宮弁をも次第寸志たれとも、弁には殊に脱漏多く、後人よく考索して補正を加へ給ふべし、
○公卿補任之見えざる所者欠如して志るさず、文亀三年、同四年の如き爾て、前後を推して三条実隆卿なる事知見しといへとも、猶欠如寸、是いささかも手を加へさる所なり、他皆此例なり、

天保十年己亥十月　従四位上度会弘訓

この序文の内容を大別すると、本書についての〈1〉作成の理由、〈2〉作成の経緯と典拠、〈3〉凡例、に分類される。以

下、それらを明らかにする。

〈1〉[イ]神宮上卿について、『玉葉』承安五(一一七五)年五月十二日条には、九条兼実が法皇の詔に答申する条に、朝臣として神宮より大事なことはなく、先代の神宮上卿はすべて国家の重臣であったこと、また先例をみると、同職の就任者は、官職の高貴ではなく、器量《きりょう》によって選ばれてきたことが記されている。

[ロ]『玉薬《ぎょくずい》』建暦《けんりゃく》元(一二一一)年三月二十日条には、神宮上卿について、朝臣として神宮より大事なことはなく、先代の神宮上卿は、すべて国家の重臣であったこと、三公《さんこう》の人々も同職を尊重してきたことが記されている。ゆえに同職の次第を記したものがないことは神宮の一欠事ではないかと考えた。弘訓が愚朦《ぐもう》を恥じずに本書を書き綴ったのは、このためである。

〈2〉[イ]神宮上卿の始まりについて、『玉葉』承安二(一一七二)年七月十四日条(ちなみに、これは同九月十四日条の誤りである。)によれば、神宮上卿について、上古は特定の人を補任していなかったが、堀河天皇の在位下、すなわち応徳三(一〇八六)年から嘉承《かしょう》二(一一〇七)年の間、太政大臣久我雅実《こがまさざね》が神宮上卿として神宮行政を担当した。その後、しばらく間があり、二条天皇の在位下、保元三(一一五八)年から永万《えいまん》元(一一六五)年の間以降、同職は連綿として補任されるようになったことがわかる。

しかし、同職就任者が『公卿補任』に記載されているのは、後柏原《ごかしわばら》天皇の文亀二(一五〇二)年以降であり、本書は『公卿補任』を典拠としたので、同年以前は強いて調べず、後人《こうじん》の増補に俟《ま》つこととした。

[ロ]典拠とした『公卿補任』は二部あり、一部は豊宮崎《とよみやざき》文庫の所蔵する『公卿補任』であり、弘訓が抄録したものである。もう一部は竹屋光棣《たけやみつとみ》に問い合わせた際に寄贈された『公卿補任』の抄本である。豊宮崎文庫本は安永九(一七八〇)年以後の記載が欠けており、竹屋の抄本は貞享三(一六八六)年で終わりである。それ以後、光棣が自ら調べて寄贈した一冊があり、これは寛文四(一六六四)年から天保四(一八三三)年に至って終わる。

〈3〉[イ]本書における神宮上卿の名前の下の注記は、「為伝奏」「被仰出」「補伝奏」「辞」「辞退」「免伝奏」などとあり、一定していないが、すべて『公卿補任』の記述に従っており、手を加えなかった。

［ロ］同職の名前についても「権大納言従二位藤宣胤卿」「花山院大納言藤愛徳卿」「花山院右大将藤愛徳」のように記載の仕方が一定ではないが、これも手を加えず、『公卿補任』と光棣から寄贈された一冊の記載に従った。

［ハ］神宮上卿は『公卿補任』には多くが神宮伝奏とあり、また神宮弁は神宮奉行とも表記されている。本書は、光棣が寄贈された一冊の表記に従って、すべて神宮上卿・神宮奉行と称した。

［ニ］『公卿補任』には脱誤があり、疑義を抱くところも多いので、他日、有職家《ゆうそくか》や官務の壬生《みぶ》家に質問して改正する所存である。

［ホ］本書は光棣に質問して神宮弁の次第も記載したが、弁にはとくに脱漏が多く、後人がよく調べて補正を加えるべきである。

［ヘ］『公卿補任』に欠けているところは記載せず、文亀三年・同四年のように前後から推測して三条西実隆と知見しても、同書に欠けていれば、いささかも手を加えなかった。

以上のことにより、とくに寛文三（一六六三）年から天保四（一八三三）年までの就任者が記されている下巻は光棣が作成した神宮上卿・神宮奉行の一覧を典拠としたことがわかる。

光棣は、安永十（一七八一）年に広橋《ひろはし》家の庶流であった竹屋家に生まれ、天保八（一八三七）年二月十八日に没した。その経歴をみると、その他の竹屋家の当主と比較しても特徴があり、文政七（一八二四）年十二月十九日、「御幸監典籍之賞」として従四位上《じゅしいのじょう》に叙されていることをはじめ、同十二（一八二九）年一月二十八日には「連々旧典勘進之賞」として正四位下《しょうしいのげ》、天保八（一八三七）年二月九日には「累年碩学之賞」として従三位に叙されており、仁孝天皇在位下の朝廷において有職故実に精通した公家として活躍していたことが窺える。[7]

こうしたことにより、弘訓は光棣との学問的交流をもち、神宮上卿の次第についても問い合わせたのである。榊原頼輔氏によれば、弘訓は光棣について「堂上一の有職家」と評していたという。[8]先述のように本書の成立は天保十年十月であるが、光棣が没したのが同八年二月であり、少なくともそれまでには光棣による神宮上卿・神宮奉行の一覧が作成されていたことになる。

また弘訓の『神宮上卿次第』においては表記が神宮上卿・神宮奉行に統一されているが、後述するように神宮上卿を前身の役職として成立したのが神宮伝奏であった。『公卿補任』にもみえるように三条西実隆の就任当時は神宮伝奏であったが、光棣の作成した一覧の表記に従って神宮上卿としており、その影響の大きさがわかる。

このように神宮上卿・神宮伝奏の研究は江戸期に京都の公家によってその一覧が作成されたことを淵源《えんげん》とする。後述するように、江戸後期にはこうした公家による一覧の作成が複数行われており、朝廷や公家社会においても平安末期に起源をもつ神宮上卿制度への関心が高まっていたことがわかる。

③その後、足代弘訓は『神宮上卿部類』(9)も作成している。本書は、神宮文庫に所蔵され、二冊からなる。一冊は外題に次のようにみえる。

玉海之部
神宮上卿部類

本文は『玉葉』承安二(一一七二)年九月十四日条から安元三(一一七七)年三月十一日条までの神宮上卿に関連する記事が抄出されたものである。その奥書には次のようにみえる。

右、月輪摂政兼実奉行
大神宮上卿条々之事、以豊宮崎文庫所蔵之玉海、抄録之、衍脱誤字不為不多矣、他日得善本、可訂正也、
弘化元年十二月二十日成業　度会義(花押)

これによれば、九条兼実の神宮上卿としての活動を記した記事を豊宮崎文庫所蔵の『玉海』から抄出したことがわかる。「度会義(花押)」から著者は判別できないが、同じく神宮文庫に所蔵されている『足代弘訓著述目録』(外題)〈内題には、「拙抄目録」とみえる〉(10)には次のように記されている。

伊勢幣使部類　三冊
神宮上卿部類　二冊
由奉幣大奉幣部類　一冊
奏事始加級次第　二冊
度会系図考証　凡五六十冊
（後略）

これによれば、弘訓は神宮研究のために数種類の部類記を作成しており、そのなかに『神宮上卿部類』二冊も含まれていることがわかる。また本書の成立は弘化元（一八四四）年十二月二十日であり、先述した『神宮上卿次第』（一八三九年成立）より約五年後に成立したことがわかる。

もう一冊は、外題に次のようにみえる。

公卿補任之部
　文亀年間以来次第
神宮上卿部類

さらに本文の冒頭には次のようにみえる。

自文亀年間至今世、上卿次第
三条西
　権大納言実隆　　伝奏〇年
　見文亀二年補任、于時従二位、四十九　同年正月廿三日
　叙正二位　永正元年五月十六日、軽服、辞退不見、
　同三年二月五日、任内大臣、

（中略）

三条

第二度　権大納言実万　　伝奏

天保十四年三月三日補、于時正二位、四十二

これによれば、文亀二（一五〇二）年に就任した三条西実隆から天保十四（一八四三）年に就任した三条実万《さねつむ》に至るまでの神宮上卿の官職・人名・伝奏補任年月日・位階・年齢などが記載されている。その奥書には次のようにみえる。

右自文亀年間実隆卿至今時実万卿伝奏次第、以公卿補任抄録之、

于時弘化二年八月一日　　度会義（花押）

これによれば、本書は、『公卿補任』から抄出され、弘化二（一八四五）年八月一日に成立したことがわかる。先述した『玉海之部』成立から八カ月後のことである。また②『神宮上卿次第』と比較すると、②で記載されているのは天保四（一八三三）年に就任した広幡基豊《ひろはたもととよ》までであったが、この『公卿補任之部』は天保十四（一八四三）年までの就任者が記載され、②よりも就任者に対する情報が詳細に記載されていることがわかる。

④足代と近い時期に神宮上卿の部類記作成を行ったのが江戸後期に同職を務めた三条実万である。東京大学史料編纂所には『神宮上卿至要抄《しようしょう》』（外題）(11)という神宮上卿の部類記が所蔵されている。同書の内題は『神宮雑要類聚《ぞうようるいじゅう》　神宮上卿至要抄備急《びきゅう》』であり、目次には〈1〉「奉仰時、行事部　辞時儀附書」、〈2〉「神斎法部《しんさいほうぶ》」、〈3〉「神斎行事部《ぎょうじぶ》」、〈4〉「奏事次第」（番号＝筆者）とあり、〈3〉の本文の記述はみられない。仮に同書を『神宮上卿至要抄』［A］とする。

その内容は『玉葉』『玉蘂』『明月記《めいげつき》』『拾芥抄《しゅうがいしょう》』『江家次第《ごうけしだい》』『禁秘《きんぴ》抄』『公式令《くしきりょう》』『新任弁官抄《しんにんべんかんしょう》』『吉記《きつき》』『愚昧記《ぐまいき》』『人車記《じんしゃき》』『台記《たいき》』『親長卿記《ちかながきょうき》』『後深心院関白記《ごしんしんいんかんぱくき》』『延喜太神宮式《えんぎだいじんぐうしき》』のなかから朝廷の神宮行政や古代・中世の神宮上卿・神宮伝奏に関する記事を抄出したものである。

また同書とは別に東京大学史料編纂所の徳大寺家史料にも『神宮上卿至要抄』(12)がある。目次はないが、内容ごとに見出し

が付けられている。〈1〉「上卿部神斎軽重間儀附書」、〈2〉「奉仰時幷辞時行事部」、〈3〉「神斎法部」、〈4〉「行事神斎部」（番号＝筆者）とあり、〈4〉の本文の記述はみられない。

〈3〉には「曩祖三条左大臣実房公・光明峯寺摂政道家公等有旬日解除之儀、見彼自記」とあることにより本書は徳大寺家史料であるが、三条実房《さねふさ》を祖先とする三条家の公家が作成したと考えられる。仮に同書を『神宮上卿至要抄』［B］とする。その内容は『神宮上卿至要抄』［A］と同じ記録を含む古代・中世の古記録・有職故実書・儀式書・法典・公事《くじ》書のなかから朝廷の伊勢神宮行政や中世の神宮上卿に関する記事を抄出したものである。［A］と［B］では目次と内容に相違している箇所がみられるが、［A］〈1〉と［B］〈2〉、［A］〈2〉と［B］〈3〉はそれぞれ同じ記事を抄出している箇所が多くみられる。

［B］〈1〉には、平安時代から室町時代までの神宮上卿・神宮伝奏就任者が記され、各就任者の関連記事が抄記されており、その冒頭に次のような記事がみえる。

代々之上卿記録不詳、凡可然之卿相多歴之歟、今九牛之一毛随管窺、採録之、応永之比以降間有伝奏之号、自文亀年間至東山院御宇之始、専称伝奏、至行事之時者非此限、其後、改為上卿云々、子細注後、已復古例、文亀以後之人々粗見公卿補任、又先輩之抄録存之、因不載于茲、今所輯先賢之行跡、如神斎軽重之儀、略注其人条、但巨細之行事、神齊之法則条々多、端別挙各部、抄之、

この記事にあるように近世においては数種類の神宮伝奏・神宮上卿就任者一覧が作成された。第二部第一章「はじめに」によれば、〈B〉の一覧以外はいずれも『公卿補任』から抄出したとみられるが、(13)［B］のそれは編纂者自ら古記録を博捜《はくそう》することによって作成したものであった。

また［B］〈2〉には、『玉葉』などにみえる神宮上卿の神斎に関する記事が抄出されているが、冒頭に「上卿神事之体、古来人々所為不同」とあり、さらに『玉葉』の記事として「兼実公所案云、依神宮上卿神事潔斎之条無指本説、又律令格式全無所見」とあり、神宮上卿の神事潔斎《けっさい》に関しては個々の神宮上卿ごとにその内容が異なっており、それは確固とした規定がなく、そのつど、先例に基づいて考える必要があったことによることがわかる。

このことは近世においても同様であり、以上のことと、第二部第一章第三節において明らかにするように享保十六(一七三一)年の神宮上卿への名称変更が平安時代末期に成立し、鎌倉時代にかけて設置されていた神宮上卿を意識したものであったことを考え合わせると、三条は壬生官務の先例勘申《かんじん》に頼らずに自ら中世の神宮上卿制度を研究し、その在り方を模範として同職を務めようとしたと考える。

さらに[A]・[B]について先述した足代弘訓が三条実万・竹屋光棣という二人の公家との書簡を収載した『三条・竹屋両卿御書簡』(14)には、次のような三条から足代宛の書簡がみえる。

(前略)

一、上卿至要備忘

右、先年、上卿中草稿之物二冊、管見疎漏之至、赤面候得共、一覧頼入候、乞叱正申候事ニ有之候、先年、辞申上卿候後、至当時、自然他事急忙、上卿之事条暫閣之候へとも、以前、少々為備忘、令抄出、置立条目、部類之志有之分ハ、何卒追而一覧頼申度存候所、当春愚息上卿被　仰下候間、猶又読愚志候様令致度と存候事ニ候、

これによれば、三条が神宮上卿退任後、在任中に記した、この二冊の『神宮上卿至要抄』について、足代に一覧の上、誤りを訂正することを依頼した。それは嘉永六(一八五三)年に同職に就任した息子に読ませることを念頭においたものであった。第二部第一章第一節【神宮上卿・神宮伝奏一覧】によれば、同年に神宮上卿に就任したのは三条公睦《きんむつ》であり、この二冊の『神宮上卿至要抄』を作成し、足代に書簡を出したのはその父実万であることがわかる。

この【一覧】によれば、実万は文政十二(一八二九)年から天保三(一八三二)年にかけて、さらに天保十四(一八四三)年から弘化二(一八四五)年にかけての二度にわたり神宮上卿を務めている。したがって、この二冊が作成されたのもこの期間中であることは明らかである。

さらに実万と足代の関係について『三条大納言以下足代翁へ書簡』(15)には次のような実万から足代への書状がみえる。

度会弘訓神主捜索皇朝之史書、其用意也、甚深切足、可感嘆矣、為慰其労、付与硯一枚耳、此硯者自禁中拝謁之物也、

嘉永二年五月一日

権大納言実万

この書状について榊原頼輔氏は次のことを明らかにしている。文政十(一八二七)年に関白鷹司政通《たかつかさまさみち》が勅使を通じて伊勢神宮に種々の質問をした。そのとき、外宮一禰宜《いちのねぎ》松木範彦《まつきのりひこ》はその旨を弘訓に問い合わせて、その回答を答申したところ、勅使の意にかなったという。

このような朝廷からの質問が数回にわたり行われ、そのつど弘訓が回答を作成した。このことが仁孝天皇の耳にも入り、天皇から「古本を捜索し、新著述を上れ」との命をうけた。弘訓は、『続日本後紀』人名部類三冊・『文徳天皇実録』人名部類二冊、『三代実録』人名部類一〇冊、『文徳実録故事成語考《こじせいごこう》』一〇冊を稿して上洛し、まず日頃から目をかけてもらっている実万に検分してもらい、それらの天皇への献上を願い出た。

その後、実万から口頭にて右の史料にみえる諭旨《ゆし》があり、この書状はそれを弘訓が実万に依頼して文書にしてもらったものである。(16)

実万が弘訓に先述のような依頼をした理由は、こうした弘訓の学問に対して信頼していたことと、先述したように弘訓が天保十(一八三九)年に『神宮上卿次第』という神宮上卿就任者の一覧を作成しており、同職に関する知見を有していたことであったと考える。

先にみたように近世の三条家にとって神宮上卿は家職といえるものであり、とくに実万はその意識を強くもち、子孫の参考とさせることも考えて両書を作成したことを指摘することができる。

⑤昭和戦前期の『神道大辞典』「神宮上卿」の項には次のようにみえる。

朝廷にありて神宮の公事《くじ》文書を専当する職名。九条兼実の日記『玉葉』承安五年九月十一日の条によれば、大神宮の事繁多《はんた》になったので、堀河天皇の御代、久我雅実《こがまさざね》が内大臣の時、神宮に関する訴訟を計り奏すべき仰せを被り、それ以降神宮上卿を置かれた。

その後二条天皇の御代、中御門内大臣宗能《むねよし》に対し殊に神宮関係の文書を評定すべき勅を下されたので、宗能、神宮上卿となり敬神の余り、特にその家の神斎を厳重にしたが、九条兼実、神宮上卿となるや、故実にあらざる故を以て神斎を略したということが見えている。

中世以来は神宮伝奏がこの職に当たる事となった。『故実拾要《しゅうよう》』に、「神宮伝奏、諸社の伝奏とは格別なり、此伝奏の中は、僧尼重軽の服者等一切不入門内、家僕の男女等穢有之時は令下宿事也、」と記し、又清花《せいか》以下の大納言勤之とありて、この神宮伝奏を神宮上卿ともいった事が『百一録《ひゃくいちろく》』享保十三年正月二十九日の条に見えて居る。(17)

これによれば、『玉葉』の記事により、朝廷において神宮の公事文書を専門に担当する職として神宮上卿があり、久我雅実が神宮に関する訴訟を担当する役割を担って任命されたのが最初であるとしている。

任命時期は、堀河天皇の在位期間でかつ久我雅実の内大臣在任期間であった、康和《こうわ》二(一一〇〇)年七月十七日以降、嘉承二(一一〇七)年七月十九日以前であった。

さらに半世紀以上を経て中御門宗能《むねよし》が任命され、その時期は二条天皇の在位期間でかつ中御門宗能の在任期間であった、応保元(一一六一)年九月十三日以降、長寛二(一一六四)年閏十月十三日以前であった。また、中世以降は神宮伝奏がこの職に当たることになり、この神宮伝奏を神宮上卿とも称したとしている。

以上のことにより、本書によれば神宮伝奏は神宮上卿の後身にあたる職と位置づけられている。

⑥平安期の神宮上卿について、棚橋光男氏は、『玉葉』承安二(一一七二)年九月十四日条と十六日条の記事を引用して、神宮上卿は、「堀川院御時」(ママ)すなわち応徳三(一〇八六)年から嘉承二(一一〇七)年の間に初めて置かれ、「二条院御時」すなわち保元三(一一五八)年から永万元(一一六五)年の間以降に常設となった。そして、故内府宗能が上卿であったとき、神宮訴訟の「計成敗」を専らとすべき勅定《ちょくじょう》があり、そのためにしかるべき輩五、六人が寄せられ評定に当たったことを明らかに

している。(18)

⑦鎌倉期の神宮上卿について初めて本格的に論じたのは藤原良章氏である。同氏は次のことを明らかにしている。

鎌倉期の公家政権が行った徳政の柱として神事の興行があげられるが、それを具体的に規定した神宮興行令の濫觴《らんしょう》は弘長三(一二六三)年八月十三日の宣旨に見出すことができる。それは具体的には神宮訴訟の興行であり、同宣旨には神宮上卿・神宮奉行弁《ぶぎょうのべん》・神宮職事を定めおくよう規定されていたことである。

弘長法成立後の文永五(一二六八)年六月、後嵯峨院の御前で一二カ条の「意見」についての評定が行われた。そのうちの一カ条は「神事々」、すなわち神事の興行についての意見であり、評議の結果、「被置神宮上卿、可為内大臣之由一揆」したのである。このように後嵯峨院政期には、再三神宮上卿の設置が議されており、また大臣クラスの公卿がこれに選任されていることからみて、この時期、神宮興行が重大な政策課題であり、永久や建久頃の神宮上卿と異なり、雑訴の有無という決定的な相違があった。

さらに、亀山親政・院政期、とくに弘安頃には多くの諸社寺担当の上卿や伝奏、その下で実務に当たる弁・蔵人等の奉行が確認されるようになっており、この時期における〝担当奉行制〟の整備・拡大の進展をみることができる。(19)

⑧本郷和人氏は鎌倉期における上卿の形骸化について論じている。それは次の通りである。

鎌倉期に上卿は依然として広範におかれているが、多少なりとも具体的な働きを有していることを確認しえたのは、わずかに伊勢・賀茂・石清水の三社の上卿ばかりであった。

伊勢神宮については伊勢(神宮)奉行が全奉行中の重職であるのに対し、上卿は宣旨を出す際に名を現す程度であり、短期間に何人もが改補されていることからも実権を伴わぬ名誉職であったようである。

神宮に先例のごとく上卿・弁官を定めるようにとの弘長三年制符によれば、この上卿は奉行的な上卿を意味していると思われるが、尊崇厚い伊勢神宮がとくに問題となるくらいだから他の社寺一般に実質をもつ奉行的な上卿がおかれていたとは考え難い。伊勢・賀茂・石清水の三社はとくに社格が高かったこと、また石清水社は源氏との関係からか、鎌倉時代に重要視されるに至った神社であることに注意しなくてはなるまい[20]。

⑨玉井力氏は平安末期に神宮上卿を務めた九条兼実の活動を明らかにした。それは次の通りである。『玉葉』建久二(一一九一)年五月二十四日条には、神宮上卿のもとで、寄人《よりうど》を集め、伊勢国地頭のことが評定されたとある。これは、神宮評定と呼ばれているもので、兼実執政期間において、文治二(一一八六)年、建久二(一一九一)年、同四(一一九三)年の三回の例を見出すことができる。

兼実は、この評定について早くから強い関心をもっており、承安二(一一七二)年九月に上卿に任命されたとき、過去の事例を詳しく調べている。これは二条天皇のときに初めて行われたものであるが、兼実は、同朝において上卿、弁の外に五、六人の寄人が定められ、上卿の邸で訴訟の評定を行っており、その後の後白河院政下においてはすでに廃絶していたことを明らかにしている。

兼実はこの評定を復活した。文治二年と建久四年の場合、その寄人の構成員をみるといずれの場合も大夫史《たいふのし》、大外記《だいげき》、明法博士《みょうぼうはかせ》等、記録所の寄人とほとんど同じ顔ぶれであったことがわかる。このようにみてゆくと神宮評定がその構成といい、評定といい、記録所ときわめて深い関係にあったことが窺える[21]。

⑩藤森馨氏は『玉葉』承安五年九月十一日条の記事により「院政期の堀河院の治世下に朝廷は後に神宮伝奏といわれる神宮専当職の神宮上卿を設置する。この職は当初神宮関係の訴訟のみを扱ったが、後に神宮に関する万般に関与するようになる。こうした職の設置も朝廷の神祇信仰がこの時期神宮を機軸に展開していたことを裏付けるものと思われる」としている[22]。

⑪さらに藤森氏は神宮上卿は神宮伝奏成立当初の呼称であるとして次のことを明らかにした。

神宮伝奏は朝廷において神宮の祭祀および公事や訴訟をはじめとする雑務万般を取り扱う職であり、平安時代後期以後、特定の政務を処理する機関行事所《ぎょうじどころ》が太政官内に設置され、事に当たるようになったが、神宮伝奏も神宮に関する政務を担当するため、そうした行事所の一つとして設置された可能性が高い。

当初は大臣も任命されたが、のちには清華以下の大納言が務めることが多くなった。下僚《かりょう》に神宮関係担当の弁・史がおかれている。初め神宮上卿といわれ、『玉葉』承安五年九月十一日条の記事により院政期に源雅実が神宮関係の訴訟を計奏《はかりそう》するように命じられたのがその始まりと考えられる。

当初は『玉葉』にもあるように、神宮関係の事務処理を扱う職にすぎなかった。しかし二条天皇の時代に同職に任命された藤原宗能が、文書を櫃《ひつ》に入れてその扱いを厳重にし、評定に際しては神事札を立て、潔斎をして事に臨むようになったため、神宮上卿に任命されること自体が神事の一環と考えられるようにまでなった(23)。

⑫白根靖大氏は院政下における神宮上卿を弁・寄人とともに「神宮奉行」として、『玉葉』の記事により九条兼実の神宮上卿としての活動、兼実以前の神宮奉行の活動、兼実以降の神宮奉行の活動を取り上げている。

そのなかで、案件からみれば訴訟や人事など他の上卿・弁と大差ないことを扱っていたが、同じ案件でも神宮からもたらされる以上、その文書は神聖さを帯びて特別な扱いを呼ぶことにより他の案件と切り離して担当奉行をおく必要があったと、その設置の意義を明らかにしている。

また神宮上卿の交替が頻繁にみられるのは同職が神宮を対象にしているため禁忌に縛られる役職であったことであると指摘している。

さらに平安末期から鎌倉中期までの「神宮奉行」について次のように明らかにしている。

神宮奉行は堀河天皇下で臨時的に設けられたのを先蹤《せんしょう》とし、二条朝において神宮訴訟処理担当奉行として設置された。構成は上卿・弁・寄人からなっていたが、しだいに寄人はおかれなくなり、九条兼実が上卿に任じられた頃には専ら上卿・弁で事に臨んでいた。

しかし文治〜建久期に寄人補任や上卿の下での評定開催が復活され、神宮訴訟処理システムの整備がみられた。これは鎌倉中・後期において先例とされるに足るもので、一つの画期として評価されるべき出来事である。

鎌倉中期の弘長の新制で神宮訴訟の興行が明文化されたと言われているが、訴訟処理の適正化という点では建暦の新制にすでに規定が存在する。むろん、神領回復という徳政基調があった弘長とは目的が異なるが、保元以降、包摂的に説かれていた寺社の濫訴《らんそ》・濫妨《らんぼう》制止を建暦においては訴訟・濫妨・兵杖《ひょうじょう》と段階的に項目に分け、各々について規制を加えている点に注目しなければならない。神宮奉行を中心とした訴訟処理システムの構築を背景として見直すと、建暦の新制に関する再評価の要素として取り上げることができる(24)。

⑬拙稿においても、平安末期における神宮上卿の成立過程に言及し、鎌倉期における神宮伝奏の成立過程と室町期における神宮上卿および神宮伝奏の活動内容を明らかにしており、改稿して第一部第一章「神宮上卿の成立」および第二章「神宮伝奏の成立」として本書に収載している(25)。

⑭岡野浩二氏は、康和四(一一〇二)年から文永五(一二六八)年までの神宮上卿の人事を明らかにした上で、十二世紀半ばの神宮上卿は頻繁に交替しており、その理由が禁忌や触穢《しょくえ》にあったことを明らかにしている。そして平安末期から鎌倉期の神宮上卿に三つの画期があることを明らかにしており、それは次の通りである。

第一期は白河院政期である。この時期の神宮上卿は公卿勅使を務めた源雅実や源俊明が神宮からの言上を陣定《じんのさだめ》に諮ったり、神宮関係の定の上卿を担当したりしたという程度であり、特定の任務遂行のために時期を限っておかれた遷宮行事所・記録所の上卿とは性格を異にしていた。

第二期は二条朝の平治の乱の直後である。東海・関東地方に勢力を張った源義朝が平治の乱で敗死すると、神領の存廃が問題となった。そこで神宮上卿の藤原宗能の邸宅で寄人が評定を行い、奉行弁が裁許の宣旨を作成した。以後、神宮上卿は常置となり、神宮の文書を相伝し、九条兼実も神領問題の裁許に当たった。

第三期は文治・建久年間である。この時期には、地頭の設置や神領目録の提出があり、上卿の藤原宗家や中山忠親が寄人と評定を行った。しかし、その役割は国政の重要機関になった記録所によって吸収されていった。十三世紀には神宮上卿は常置ではなくなった。

神宮上卿の設置は祭主の地位確立と深く関わっていた。祭主は伊勢神宮の神官の長であるが、遷宮、社殿の維持、祭礼の執行などをめぐってしばしば禰宜ら下級神官と対立した。白河・鳥羽院政期には祭主が禰宜以下の人事権を掌握して、その地位を確立した。公卿勅使や神宮上卿は祭主の地位確立を外から支援した。

神宮上卿が神領問題を扱ったことは朝廷の神領の把握と関わっていた。十二世紀に入る頃に朝廷は神宮に神領目録の提出を命じ、天永の記録所を設置して、神領の整理・認定を行った。その後、保元記録所が設置されても、神宮は、神領目録を提出せず、鎌倉幕府が地頭を設置したのをうけて、建久三(一一九二)年に神領目録を提出した。

こうした事情から、平治の乱の後に御厨《みくりや》の存廃問題が生じたときには天永の記録所の史料をもとに裁定を下さなければならず、同記録所の上卿を務めた藤原宗忠の子で関係文書を相伝していた宗能が登用されたのである。神宮上卿が神領問題を扱うようになったのはこのときからである。しかし文治の記録所が活動し、建久三年に神領目録が提出されると、神宮上卿やその邸宅での評定は存在意義を失った。

神宮上卿が非常置の職であったのに対して、日常的に神宮の言上を天皇や上皇に奏上したのが弁官や蔵人であり、とくに職事弁官は伊勢神宮のことに当たる職と認識されていた。十三世紀には神宮職事の活動が活発で、神宮関係文書は、上卿ではなく、吉田や勘解由小路《かでのこうじ》が務める職事によって管理された。(26)

⑮平泉隆房氏は朝廷側にあって、遷宮行事全般を担当していたと考えられる遷宮上卿また役夫工《やくぶく》上卿について「平安後期から南北朝期において、その人選は神宮上卿とかなり似たものであることが窺われ、それがいくつかの特定の家筋より選ばれるものであり、具体的には、中御門家・滋野井《しげのい》家・徳大寺《とくだいじ》家・久我流・九条流である」としている。(27)

2　鎌倉〜戦国織豊期の神宮伝奏に関する研究史

①神宮伝奏に関する研究史は、それが実際に常置されていた江戸時代にまで遡ることができる。当時の有職故実書で江戸期の朝廷に関する万般のことを概説している『故実拾要』巻十には当時の公家の職制である神宮伝奏について次のように説明されている。

神宮伝奏

是伊勢大神宮ノ伝奏也、清花以下ノ大納言人勤之、神宮ノ事ヲ奏ス也、此伝奏ヲ被勤内、触穢ノ事有之時ハ早速伝奏辞退アル事也、諸社ノ伝奏トハ格別也、此伝奏ノ中ハ僧尼重軽ノ服者等一切不入門内、家僕ノ男女等穢有之時ハ令下宿事也、仍門ニ神宮伝奏也、僧尼重軽不浄之輩不可入門内ト板札ニ書テ常ニ其門ニ立ル也、又医師等病用ノ時ハ令蒙頭巾、其殿ニ入ル也、神事ヲ行フヲハ構フト云也、或被構神事也、其事ノ終ルヲハ神事ノ晩リト云也、[28]

これによれば、神宮伝奏は伊勢神宮のことを奏聞する伝奏であり、家格は清華家以下で、大納言となった人が勤め、穢れを厳重に避けなければならなかったことがわかる。

『故実拾要』の凡例によれば、その著者篠崎維章は、享保十(一七二五)年以降京都に居住し、元文五(一七四〇)年に没している。これによれば、本書の執筆もこの間に行われたと考える。この説明文が神宮伝奏に関する客観的記述として最も古いものである。

②他にも江戸期においては神宮伝奏の補任録が複数作成されている。まず『神宮伝奏補任録』[29]である。同書は文亀二(一五〇二)年から享保十九(一七三四)年までの就任者の人名・官職・就任年月日・退任年月日が記されている。

同書の奥書には「右神宮伝奏補任録一冊、宮内省図書寮蔵本を以て謄写す　昭和二年四月十九日　加藤才次郎」とあり、享保十九年以降に作成された補任録一冊が昭和二(一九二七)年に謄写されたことがわかる。①②によれば、江戸中期には解説や補任録の作成というかたちで神宮伝奏の研究が始まっていたことを指摘することができる。

③『神宮伝奏歴名《れきみょう》』[30]は応仁三(一四六九)年から寛延四(一七五一)年までの就任者の人名・官職・就任年月日・退任の理由が記されている。

④『神宮上卿 幷《ならびに》 奉行』[31]は寛文四(一六六四)年から天保四(一八三三)年まで年ごとの就任者の人名・官職が記されている。

⑤『神宮伝奏次第』[32]は文亀二年から天保十二(一八四一)年までの就任者の人名・官職・就任年月日・退任年月日・退任の理由が記されている。③④⑤も、作成者、作成年代ともに不明である。しかし、どの年代の就任者まで記しているかで、

その当時の成立であると推定することができる。

⑥大正末期に出された和田英松氏の『修訂官職要解』には「伝奏」の項が立てられており、次のような記述がみえる。

社寺にも伝奏があって、諸社・諸寺のことを執奏した。『雲上明鑑《うんじょうめいかん》』などに、それぞれ伝奏の名前がのせてある、そのなかには、伝奏一人で数社を兼帯していたものもあるが、伊勢、賀茂、石清水は、必ず別に伝奏が置いてある。伊勢は、ふるく王代の記録に神宮上卿とかいてある。また『玉葉』に「上古、大神宮上卿を定め置かるる事なし。堀河院の御宇、久我大相国（雅実）内大臣たるの時、始めて神宮の訴訟を計り奏すべきの由を仰せらる。」とあるが、『勘仲記』には「神宮奉行」とも「神宮伝奏」ともかいてある。賀茂・石清水伝奏も、足利時代にはすでにあり、『建内記』などに見えている。また、践祚、即位、御《ご》元服、改元、および凶事、八講《はっこう》などにも、それぞれ臨時に伝奏を置いたのである。[33]

⑦昭和戦前期の『神宮要綱』に掲載されている「神宮職官年表」には、孝徳天皇以降の歴代天皇ごとに当時の祭主・宮司・皇大神宮《こうたいじんぐう》禰宜・豊受《とようけ》大神宮禰宜の人名が記載されているが、後土御門天皇在位下の文明元（一四六九）年以降、「神宮伝奏」の項目が設けられ、藤原資綱《ふじわらのすけつな》の名がみえる。そのあと明治元（一八六八）年の正親町実徳《おおぎまちさねあつ》に至るまでの神宮伝奏就任者が記載されている。[34]

⑧戦後は菊地康明氏の室町期のそれへの言及が最も早い。同氏は、『広橋守光記』について紹介し、守光について、権大納言町広光《まちひろみつ》の男で文明十一（一四七九）年に広橋家を継ぎ、長享元（一四八七）年に叙爵《じょしゃく》以後、弁官、蔵人を経て、永正二（一五〇五）年に参議、同六（一五〇九）年に武家伝奏に任じられ、同八（一五一一）年には神宮伝奏をも兼ねて、当時公武の間にあって同じく伝奏勧修寺《かじゅうじ》尚顕《ひさあき》とともに最も活躍した人物の一人であり、その日記は当時の朝幕関係を考える上で貴重な史料であるとしている。

その主要な記事の一つとして、伊勢内外宮仮殿遷宮《ないげくうかりでんせんぐう》に関して内外宮の間に起こった争いについての記事を紹介した。それによれば室町期において両宮とも神殿の荒廃が著しかったため神殿造替《しんでんぞうたい》の沙汰を争うに至った。そのために永正九（一五一二）年に幕府より和談の儀を下知せしめられているが、この問題は容易に解決しなかったものとみえ、同十（一五一三）

年六月二十九日以下の条によれば、七月、祭主藤波伊忠《ふじなみこれただ》を遣わして両宮《りょうぐう》和与の儀を取り計らせた結果、十月に至り和談が始まったとしている(35)。

⑨次に橋本義彦氏は、『葉黄《ようこう》記』宝治元(一二四七)年三月十二日条の記事により伝奏制の成立を後嵯峨院政下の宝治元年として、鎌倉末期には神宮伝奏・諸社寺伝奏なども出現したとしている(36)。

⑩藤原良章氏は鎌倉期の神宮伝奏について初めて本格的に論じており、それは次の通りである。

当時、神宮奉行の交替を好機として訴人が「濫訴」を起こすことが問題となっていたため、神宮訴訟をなるべく同一の担当奉行、あるいは記録所のような一定機関にうけもたせようとする指向が、これ以前に進められていた。それが神宮伝奏の存在である。

たとえば弘安二(一二七九)年四月十三日に伝奏である参議左大弁吉田経長は神宮訴訟の奏事を行っているが、その吉田経長こそが神宮伝奏であった。その職務は神宮奉行の奏事を伝奏することが最も重要なことであったと思われるが、また、祭主と中門廊《ちゅうもんのろう》で対面し、その申請を奏聞している例もみられる。

この時期の伝奏が六人で、後嵯峨院政期の二人よりよほど多く、また伝奏が三番に結番《けつばん》され、原則として毎日「午刻」に奏事が行われるべきこと、その間は「不可有他事」と定められていたことからも、この時期における伝奏の重要性をみることができるのであるが、その伝奏もなるべく同一の訴訟対象に関する奏事を担当させようとする指向があったことは、この経長の神宮伝奏としての活動のなかにみることができる。

永仁三(一二九五)年、時に神宮奉行であった蔵人頭三条実躬《さねみ》がその日記に「朝間例、訴人済々如雲霞門前成市、毎朝之儀如此」と書き残したこと、また延慶《えんきょう》二(一三〇九)年三月八日の評定で成立した「条々《じょうじょう》」にこうした〝担当奉行制〟が完成した姿で立法されていることもみるならば、〝担当奉行制〟の整備・拡大は中世公家政権における雑訴の興行を支えた一つの大きな柱としての意義を有していたと考えられる。

しかし、貞和三(一三四七)年当時、鎌倉末期と同様に当時の公家政権においても伝奏以下が出仕せず、政務・雑務がほとんど停滞しきっており、〃担当奉行制〃の機能が低下していた。この後にも、貞治三（一三六四）年に神宮伝奏が全く出仕しないため、「付便宜伝奏、可奏事之由」を仰せ下されている。(37)

⑪室町期の神宮伝奏について菊地氏に続いて言及したのは飯田良一氏であり、室町期における神宮と幕府・朝廷との関係を神宮方《じんぐうかた》の機能を通じて整理、考察するなかで、祈禱の内容およびその命令系統を明らかにした。同氏は、神宮に祈禱を命じるルートとして神宮伝奏→祭主→大宮司→内・外宮長官があったとし、神宮伝奏を通じて祈禱を命令したのは朝廷、幕府、朝幕の両者と三つの場合があったことを明らかにしている。(38)

⑫伊藤喜良氏は嘉吉の乱後における「公武申次《もうしつぎ》」の伝奏・南都伝奏・神宮伝奏について次のことを明らかにした。『建内記』嘉吉三（一四四三）年七月八日条の記事により、幕府から神宮大宮司河辺《かわべ》氏長《うじなが》の重任《ちょうにん》について執奏があり、勅定の後、神宮伝奏日野資広が勅許の旨を伝奏奉書によって職事坊城俊秀《ぼうじょうとしひで》に伝えたことを明らかにし、この頃、彼らがしばしば発する伝奏奉書は天皇の意を奉じたものであり、勅定を職事に伝えるという重要な役割を演じていたこと、それは義満から義教期までの伝奏が室町殿の「仰《おおせ》」を奉じて伝奏奉書を発していた状況と異なり、彼らが活動している場は公家支配機構内であり、室町殿との関係は薄くなっていることを指摘している。(39)

⑬富田正弘氏は、応仁三（一四六九）年から慶長十二（一六〇七）年までの神宮伝奏の一覧表と文明四（一四七二）年から慶安元（一六四八）年までの賀茂伝奏の一覧表を作成し、次のことを明らかにした。

伝奏とは室町殿の王権にとって公家衆・寺社権門の支配や律令的天皇＝太政官の間接的支配のための重要な装置であるから、これに対する命令の主導権を手放すわけがなかった。伝奏に対する命令指揮の主導権はなお室町殿の下にあった。

そこで、「公家側の政務」は伝奏のうちに特別の担当の伝奏をおき、これを室町殿の支配下から切り離そうとした。それは神宮伝奏と賀茂伝奏であった。伊勢神宮と賀茂神社はいずれも皇室とはとくに由縁の深い神社であり、室町殿の介入を排除しやすい部分であった。それぞれ応仁の乱までにはこのような担当伝奏の分化が成立していたのである。

これに対し、特殊な担当をもたない伝奏は、室町殿に主として仕えるものとなり、永正年間以降、これを「武家伝奏」と限定的名称で呼称するようになった。このような限定的名称となったのは「公家側の政務」の伝奏への命令権への執念が実ったものであり、ここにおいて「公家側の政務」は神宮・賀茂両伝奏に対して独占的な命令権を確保できるようになったとしている。(40)

⑭瀬戸薫氏は、室町期における武家伝奏の補任について明らかにするなかで、神宮伝奏をはじめとする寺社伝奏の場合についても次のことを明らかにしている。

室町期の寺社伝奏は敷奏家《しきそうけ》であることが必須条件であった。敷奏は『職員令《しきいんりょう》』に大納言の管掌事項の一つとして規定され、「謂敷陳也、奏進也」すなわち天皇に意見を申し述べることである。三条西実隆が神宮伝奏に任じられた際、「可候敷奏」と「神宮事可令伝奏給」の二通の綸旨を所望した経緯が『実隆公記』に詳述されている。

さらに『諸家伝《しょかでん》』等によって敷奏補任年次の判明するものを表示すると、必ずしも神宮伝奏のみが敷奏を前提としているのではなく、武家伝奏や臨時の伝奏でも補任以前に敷奏に加えられる例が確認できる。(41)

⑮明石治郎氏は、後土御門天皇期における伝奏・近臣について明らかにするなかで神宮伝奏について次のことを明らかにしている。

明応五(一四九六)年に三条西実隆が神宮伝奏に補任されたときの経緯により、当時において神宮伝奏は伝奏のなかから選ばれるという関係が必ずしも成立していなかったようだが、実隆は「可令候伝奏」という綸旨を得ており、間違いなく伝奏であった。

また、室町殿から伊勢神宮に祈禱が命令された場合について明らかにした。それによれば、文亀元(一五〇一)年八月二日、神宮伝奏三条西実隆のもとへ武家伝奏勧修寺政顕より「変異事」につき「公武御祈」の命令を下すよう奉書があった。それをうけて、実隆は、翌日、前日付で奉行職事《ぶぎょうのしきじ》万里小路《までのこうじ》賢房《かたふさ》に神宮伝奏奉書を発給した。(42)

⑯拙稿においても鎌倉期における神宮伝奏の成立と室町期におけるその活動内容を具体的に明らかにしており、改稿して第一部第二章「神宮伝奏の成立」のなかに収載している。(43)

⑰また、筆者は『神道史大辞典』「神宮伝奏」の項を執筆し、大略以下のことを明らかにしている。
朝廷における伊勢神宮行政を専門に担当する役職であった神宮伝奏は、朝廷において鎌倉時代に成立し、少なくとも文亀二(一五〇二)年から慶応四(一八六八)年まで常置された役職である。その機能は、祭主・官務・神宮奉行を経て伝達された伊勢神宮からの奏事事項を天皇・上皇へ奏上し、それに関して天皇・上皇(江戸時代には、関白・武家伝奏も含む)の指示によって朝廷における伊勢神宮に関する政務を行うことであった。

その補任は宣旨によって行われた。就任者の官職は、権大納言が圧倒的に多く、次に権中納言が多かった。就任者は、親族の死去と服仮《ぶっか》、本人・親族・家人《かじん》の病気、娘の出産の際に辞職した。これは、伊勢神宮に関する公事、すなわち神事を担当する役職であったことによると考えられる。

さらに筆者が作成した「神宮伝奏・神宮上卿一覧」を掲載する。この一覧は、康和二(一一〇〇)年に就任した初代の神宮上卿久我雅実から始まり、慶応四(一八六八)年に就任した最後の神宮伝奏正親町実徳に至るまでの神宮上卿・神宮伝奏就任者と各の位階・官職・家格・就任年月日・退任年月日を網羅しており、改稿して第二部第一章第一節【神宮上卿・神宮伝奏一覧】として収載する。[44]
⑱さらに、拙稿において中世から近世にかけての朝廷において毎年神宮伝奏が天皇に対して一年で最初に伊勢神宮からの奏事事項を奏上する儀式であった神宮奏事始について、南北朝期から室町期の十五世紀前半にかけて成立したこと、神宮伝奏がその準備過程や当日の儀式において果たした機能を明らかにしており、改稿して第一部第三章のなかに収載する。[45]
⑲間瀬久美子氏は、天正十三(一五八五)年に内宮と外宮の間で起こった神宮式年遷宮の前後争論について明らかにしており、この問題の糺明のため、神宮伝奏柳原淳光《やなぎわらあつみつ》邸に官務左大史小槻朝芳《おづきともよし》・頭中将中山慶親《よしちか》・右大臣今出川晴季《いまでがわはるすえ》・権大納言勧修寺晴豊《はれとよ》・同中山親綱《ちかつな》・神祇伯白川雅英《じんぎはくしらかわまさひで》・吉田兼見《かねみ》の八名が集まって談合したことや、神宮伝奏が果たした役割について言及している。[46]
⑳神田裕理氏も間瀬氏と同様に、天正十三年度神宮式年遷宮の前後争論を取り上げるなかで神宮伝奏に言及している。

それによれば、両宮の申状《もうしじょう》は正親町天皇が目を通し、神宮伝奏・柳原淳光と公家衆が談合を加え、内宮に理があると判断されたとし、天皇(朝廷)へ訴えられた当相論は朝廷内で神宮伝奏を中心とした公家衆によって評定されたが、神宮伝奏の当該期における具体的活動の好例であるとしている(47)。

3　江戸期の神宮伝奏に関する研究史

①江戸期の神宮伝奏について、最初に言及したのは岩田貞雄氏である。同氏は、皇大神宮別宮《べつぐう》伊雑宮《いざわのみや》の謀計事件を取り上げている。それによれば、神宮からの訴訟は、幕府だけで解決されない場合、朝廷にも持ち込まれ、神宮伝奏が訴訟の窓口になったり、武家伝奏や神宮伝奏がそれを審判したりしたことがわかるとし、江戸期における朝廷の神宮行政や神宮伝奏の機能の一端を明らかにしている(48)。

②平井誠二氏は、近世の大中臣《おおなかとみ》祭主家について論じるなかで江戸期初頭の総位階復興問題を明らかにしている。この事例は岩田氏の明らかにした事例とほぼ同時期であるが、それによれば、神宮からの訴訟は朝廷・幕府の双方に持ち込まれるものであること、朝廷に神宮からの訴訟が持ち込まれる場合、祭主→官務→神宮奉行→神宮伝奏の順序で対応していくこと、神宮の問題については京都所司代での審判にも武家伝奏と神宮伝奏が加わること、最終的な処断は幕府側が行うことが明らかにされている。

また、元禄十二(一六九九)年に行われた神御衣祭《かんみそさい》再興について、このとき、まず神宮側から祭主の藤波景忠に再興の願いが出され、祭主から神宮伝奏にその旨が伝えられ、神宮伝奏・武家伝奏・関白等の間で協議されたことが明らかにされている。さらに、禰宜の位階昇進や交替等の申請もすべて祭主がこれを受け付け、神宮伝奏に伝達することになっていたことが明らかにされている(49)。

③藤森馨氏は、江戸中期には毎年正月十一日を式日に神宮奏事始が行われるようになったとし、その際神宮伝奏は、神宮祭主から進められた祈年祭《きねんさい》の再興・神領の再興・神職の官位申請を内容とする目録を読み上げることになっていたとし

ている。[50]

④間瀬久美子氏は、慶長十四（一六〇九）年度、寛永六（一六二九）年度、慶安二（一六四九）年度の神宮式年遷宮に際して発生した、内宮と外宮のいずれを先に行うかをめぐる争論を取り上げ、そこにみられる朝幕関係とそれら四度の同祭祀に際して朝廷において執行された諸儀式の準備過程を明らかにした。

それによれば次の通りである。江戸幕府成立後、最初に執行された慶長十四年度の場合、幕府の執行命令をうけて、神宮伝奏大炊御門経頼《おおいみかどつねより》が諸司を召集して、神宮造営の立案に取りかかり、山田奉行に式年遷宮祭祀日時《にちじ》定《さだめ》陣儀《じんぎ》の下行《げぎょう》を要請した。また神宮奉行と相談して先例の通りに両宮の山口祭《やまぐちさい》陣儀を別々に執行させた。寛永六年度の場合、神宮伝奏日野《ひの》資勝《すけかつ》が正《しょう》遷宮祭に先行する儀式の復興を試みた。

慶安二年度の場合、神宮伝奏姉小路公景《あねがこうじきんかげ》が両宮神主から出された正遷宮祭日時宣下を要請する書状を関白に提出した。関白一条昭良は古来の規範によって、慶長・寛永の式年遷宮と異なり、外宮を先に執行することを決定し、後光明天皇もこれに勅定を下した。[51]

⑤所功氏は、神宮奏事始の成立・式日・奏事事項・儀式次第等について明らかにし、神宮伝奏の機能についても言及している。[52]

⑥拙稿においては、神宮伝奏の基礎的研究を目的とし、近世における神宮伝奏・神宮上卿の補任について、『公卿補任』と諸記録から作成した「神宮伝奏・神宮上卿補任一覧」に基づき、神宮伝奏と神宮上卿という名称の問題、補任者の官職と家格、退任の理由、補任と退任の方法について明らかにしており、第二部第一章「神宮伝奏の補任」として収載する。[53]

⑦和田朋子氏は、貞享二（一六八五）年から元禄六（一六九三）年にかけて神宮伝奏を務めた久我通誠《こがみちのぶ》の『通誠公記』の記事により、神宮伝奏の性格と機能について以下のことを明らかにしている。

性格については穢れに対して一番敏感な職務であったと同時に、多少なりとも弊害がある職務であったことを指摘している。

機能については、伊勢神宮側からの叙爵《じょしゃく》・加階《かかい》申請を武家伝奏・関白の内意を得て奏聞したこと、貞享二年の神宮小《こ》作始《づくりはじめ》の儀式準備において神宮の要請に対応する窓口となり、このことを天皇に奏聞したり、下行の在り方について関白に提案したりしたこと、同年の例幣《れいへい》において、地下官人《じげかんじん》からの願書をうけ、武家伝奏両名の内意を得て、その指示によって関白に諮り、その内意と指示を得て天皇に奏聞して勅許が出されたこと、同三年の天災からの回復や同四年の東宮土御《とうぐうつちみ》門《かど》移徙《いし》が無事に行われることの祈禱依頼を神宮に伝達したことを明らかにしている。

以上のことをまとめて、神宮伝奏には人事権や官位の叙爵・加階に関する決定権などはないが、祭主が口頭で述べてきたことを上に伝えやすいように文書にするように指示するなど神宮側からの要求や依頼をある程度まとまった形にする役割を担っていたとする。

また、決定権がないから大した役職ではなかったということではなく、神宮側からの要求を朝廷側に伝え、迅速に処理をするためにも、神宮伝奏は必要であり、朝廷が年中行事や儀式などを行う上では、神宮伝奏といった専門の役職に就いた者が仕事をしなければ、儀式や伝統に重きをおく朝廷運営が機能しなかったとして神宮伝奏について評価している(54)。

⑧澤山孝子氏は、寛文十（一六七〇）年に師職《ししょく》が檀家《だんか》に配る御祓《おはらい》の銘文をめぐって、それぞれ伊勢の在地である宇治《うじ》会合《えごう》と三方《さんぽう》会合の間で起こった争論を分析することにより、この時期における朝幕関係のなかでの伊勢神宮の位置を論じている。そのなかで神宮伝奏の機能にも言及しており、それは次の通りである。

> 神宮は、正禰宜・権官《ごんかん》の叙位、遷宮、重要な神事、ほか重要な案件に際しては、朝廷に注進状を送る。神宮の注進状は神宮と朝廷を繋ぐ役割をもった大宮司の書状を副えて京都の祭主の許に送られた。その後、祭主から官務→神宮奉行→神宮伝奏→関白へと上奏され、注進状への返答・裁決はこの逆の経路で大宮司に送られ、大宮司から神宮へと伝えられた。外宮の注進状の受理から返却に至る過程で神宮伝奏・官務等の朝廷機構で決定できたのは、注進状を天皇に奏聞しないことのみであった(55)。

⑨今江廣道氏は、上卿と伝奏について、以下のように簡明に定義している。

宮廷で行われる朝儀・公事において太政官を代表してその儀式を取り仕切る大臣または大・中納言を「上卿」というが、上卿はその儀式限りで交替する。しかし、準備に長期間を要する臨時儀式や、ある特定の神社・仏事等のことを取り扱う専任者を、予め定めておくことがある。それが「伝奏」である。前者には「譲位伝奏」「即位伝奏」「改元伝奏」などがあり、後者に「神宮伝奏」「賀茂伝奏」「武家伝奏」等がある。前者はその儀式の終了とともに解任されるが、後三者は常置であるとする。(56)

⑩拙稿において、享保十六(一七三一)年以降、名称が神宮上卿へと変更された神宮伝奏について、名称変更前を近世前期の神宮伝奏、名称変更後を近世後期の神宮上卿として、近世前期の朝廷における神宮伝奏の機能、それを務めた公卿の意識と行動、朝廷制度全体におけるその位置づけがいかなるものであり、近世後期以降、幕末に向けて、それらがどのように変化したのか、また近世後期において神宮上卿へ登用されることの意味を考察することによってその性格の変化を解明しており、(57)その後、それらに大幅な加筆をして、第二部第一章と第三章に分けて掲載する。

⑪拙稿において、寛文九(一六六九)年度・元禄二(一六八九)年度・宝永六(一七〇九)年度・文政十二(一八二九)年度の神宮式年遷宮の朝廷における準備過程を明らかにしており、(58)それに大幅な加筆をして第三部第四章に掲載する。

⑫拙稿において、中世から近世にかけての朝廷において、毎年神宮伝奏あるいは神宮上卿が天皇に対して一年で最初に神宮からの奏事事項を奏聞する儀式であった神宮奏事始について、とくに近世における準備過程・式日・儀式次第・奏事事項を明らかにしており、(59)改稿して第三部第二章に掲載する。

⑬神田裕理氏は慶長十四(一六〇九)年度の神宮式年遷宮の前後争論を取り上げるなかで神宮伝奏について言及しており、遷宮問題が具体化していた同十三年八月十三日、家康方に神宮伝奏大炊御門経頼らが赴き、執行費用の提供を依頼し、家康が兵粮米六万俵を寄進したことを明らかにしている。(60)

⑭拙稿において、近世において神宮の神嘗祭《かんなめさい》に際して発遣された例幣について、神宮伝奏あるいは神宮上卿をはじめ、摂政・関白・神宮奉行・祭主が、その準備過程において果たした機能、ひいては近世朝廷における伊勢神宮行政の一端を

明らかにしており、[61] 改稿して第三部第五章に掲載する。

⑮拙著において『神宮雑事《じんぐうぞうじ》』[62]の解題と翻刻を行った。同書は、宮内庁書陵部に所蔵され、全六冊からなり、寛永二十一(一六四四)年一月十一日から延宝三(一六七五)年五月二日までの記事を収めている。

一冊目は壬生《みぶ》忠利《ただとし》が伊勢神宮行政に関係する記事について記した別記であり、二冊目から六冊目までは官務壬生重房《しげふさ》の従者奥西重好《おくにししげよし》が『重房宿禰《すくね》記』中の伊勢神宮行政に関係する記事を抄記したと推定できる別記である。[63] 神宮伝奏の機能を明らかにする記事も豊富にあり、第三部第三章第三節や同第四章第一節において引用する。

第二節　本書の課題と構成

1　中世における神宮上卿・神宮伝奏研究の課題

第一節1・2を通じて平安末期から戦国織豊期までの神宮上卿・神宮伝奏の研究史を概観した。本節においては、この研究史を踏まえ、本書において取り上げる、中世の神宮上卿・神宮伝奏研究の課題について明らかにする。

神宮伝奏の前身の役職である神宮上卿は、康和二(一一〇〇)年に久我雅実が初めてその職に就いたことをもってその成立とする。すなわち、初めて朝廷において神宮に関する政務万般を専門に担当する役職が設置されたのであった。

その機能は、鎌倉時代末期に成立した神宮伝奏に引き継がれた。同職は、十六世紀以降は常置され、享保十六(一七三一)年以降、神宮上卿と名称が変更されたが、慶応四(一八六八)年二月五日に就任した正親町実徳が同四月二十一日をもって退任するまで存続し、機能した。

こうして約七百六十九年間にわたり機能し、延べ二五一名の公卿たちによって担われたのが、神宮上卿・神宮伝奏の制度であった。このように中世の初頭から近世の終焉に至るまで展開した制度であるが、従来の研究史では、時期ごとの朝廷制度解明の必要から研究されたり、中世の公武関係論や近世の朝幕関係論のなかで部分的に言及されたりしてきた。

しかしながら天皇・朝廷・公家の歴史と密接不可分な神宮史という観点から考えると、先述した中世初頭の成立から近世の終焉に至って廃絶されるまでトータルして研究することが必要である。また、そうでなければ、江戸時代に神宮伝奏が神宮上卿と名称が変更され、その性格が変化した理由も明らかにすることができないのである。

中世における神宮伝奏研究の課題として考えられるのは、まず平安末期に成立した神宮上卿と鎌倉末期に成立した神宮伝奏との関係である。従来の研究史では先述した拙稿「神宮伝奏の成立について」のなかで言及したものが唯一である。また室町・戦国織豊期における神宮伝奏の研究は部分的な言及に留まっている。

そこで本書においては、先述した拙稿「神宮伝奏の成立について」と「神宮奏事始の成立」を、それぞれ改稿したものに新稿「戦国織豊期の神宮伝奏」を加えて、中世における神宮上卿と神宮伝奏および両者の関係について体系的に明らかにする。

2　近世における神宮伝奏・神宮上卿研究の課題

第一節3を通じて江戸期の神宮伝奏・神宮上卿の研究史を明らかにした。また一九八〇年代から近年にかけては近世の天皇・朝廷・寺社・公家社会の研究が目覚しく進展しており、それらを踏まえて本書において取り上げる近世神宮伝奏・神宮上卿研究の課題について明らかにする。

近世の朝廷は、官位叙任・改元・国家安全の祈禱《きとう》などの役割を果たしたとされ(64)、幕藩制国家における政治的・宗教的権威を担った存在として位置づけられている(65)。また近世朝幕関係史を論ずる視点から、高埜利彦氏によって江戸幕府が寛永七(一六三〇)年以降、尊号一件《そんごういっけん》を除いて幕末に至るまで摂家《せっけ》(摂政・関白・大臣)―武家伝奏―議奏のラインによって朝廷を統制したこと(66)が明らかにされるとともに武家伝奏・議奏に関する研究が進められ(67)、近世朝廷の法制や政務機構の概要が明らかにされている(68)。官位叙任のなかには寺社の僧侶・神職に対して位階《いかい》を宣下《せんげ》することが含まれ、その担当寺社からの叙位申請を奏聞することを主要な役割とするのが寺社伝奏であった。近世の寺社伝奏に関しては、賀茂伝奏の機能(69)・補任(70)・記録(71)に関する基礎的研究が行われている。

神宮伝奏については、諸先学の研究もみられるが、十七世紀に集中しており、就任者一人の機能について明らかにした研究や神宮から朝廷への訴訟事件を取り上げるなかで、その機能について言及している研究が大半である。すなわち、時期的にも内容的にも部分的な解明に留まっていることを指摘することができる。

これを踏まえて筆者は次のような問題意識に基づいて研究を進めてきた。寺社伝奏は原則として各公家が家職《かしょく》として務めたが(72)、伊勢神宮を担当する神宮伝奏、賀茂神社を担当する賀茂伝奏、春日社を担当する南都伝奏は、主として権中納言・権大納言であった公卿が交替で補任された(73)。

その理由は、朝廷における三社の位置づけの高さによると考えるが、とくに伊勢神宮行政についてみると、神宮奏事始・神宮例幣使発遣・神宮式年遷宮に関する諸祭祀の日時定《にちじさだめ》など、同社に関する朝廷儀式の準備と執行、神主からの頻繁な位階申請、大宮司《だいぐうじ》職《しょく》および禰宜職への任命申請、神宮からの訴訟への対応など多岐にわたり、繁忙をきわめていたこととともに、それらは幕藩体制下において限定されていた朝廷政務のなかでも皇祖神を祀る神社に関するものとして枢要な部分を占めており、神宮伝奏は近世朝廷において政務を統括した摂政・関白・武家伝奏・議奏に次ぐ要職であったからであると考える。

以上のことから近世朝廷におけるその機能と位置づけを明らかにすることは近世朝廷制度全体を解明する上において不可欠である。また、近世後期の神宮伝奏就任者は清華家・羽林家の公卿が圧倒的に多いが、それらの公卿は近世後期朝廷の枢機に参画したのである。

このことにより、彼らの神宮伝奏としての意識・行動などを明らかにすることは、その政治的・社会的台頭の理由を解明することになると考える。また神宮行政の在り方、すなわち朝廷統制機構と神宮伝奏・神宮上卿をはじめとする神宮奉行・官務・祭主という実務担当者が政務を遂行するとき、全体としてどのように機能したのか、近世の各段階においてどのように変化したのかを明らかにすることも重要である。

また、それらを明らかにすることは、近世の朝廷・公家社会の構造、ひいては朝幕関係史・幕末政治史を考える上で必要不可欠であると考える。

そこで、本書においては、先述した一連の拙稿である「神宮伝奏の補任について」、「近世朝廷と神宮式年遷宮」、「近世の神宮奏事始」、「近世の神宮例幣使発遣」をそれぞれ改稿したものに、新稿「近世神宮伝奏の行動規範―『神宮伝奏之間事《のかんのこと》 転法輪相談条々』の検討を通じて」、「近世神宮伝奏の記録」、「近世神宮神主への叙位」を加えて神宮伝奏・神宮上卿について体系的に明らかにする。

3 本書の構成

最後に本書の構成を明らかにする。第一部「神宮伝奏の成立」は三章からなる。第一章「神宮上卿の成立」では、第一節「神宮上卿の成立」、第二節「神宮上卿の常置化―後白河院政期を中心にして」、第三節「九条兼実執政期の神宮上卿」、第四節「後鳥羽院政期の神宮上卿」、第五節「後堀河天皇期の神宮上卿」、第六節「後嵯峨院政期の神宮上卿」、第七節「亀山親政・院政期の神宮上卿」において、平安末期におけるその成立過程をはじめとして成立期から鎌倉後期までの各時期における人事や機能について明らかにする。

第二章「神宮伝奏の成立」では、第一節「神宮伝奏の成立」、第二節「神宮伝奏制度の成文化」、第三節「神宮伝奏と神宮上卿」において、その成立過程・神宮上卿との関係・具体的な機能・人事について明らかにする。

第三章「神宮奏事始の成立」では、第一節「神宮奏事始の成立」、第二節「中世の神宮奏事始」、第三節「中世神宮奏事始の式日と奏事事項」において、その成立過程・準備過程・儀式次第・式日・奏事事項について明らかにする。この儀式は中世から近世にかけての朝廷において毎年神宮伝奏が天皇に対して一年で最初に伊勢神宮からの奏事事項を奏聞する儀式であり、朝廷における神宮関連儀式の最たるものであった。またその準備と執行は神宮伝奏の主要な機能の一つであった。

第二部「神宮伝奏の補任」は三章からなる。第一章「神宮伝奏の補任」では、第一節【神宮上卿・神宮伝奏一覧】、第二節「神宮伝奏の官職と家格」、第三節「近世における神宮伝奏から神宮上卿への名称変化」、第四節「近世における神宮伝奏・

神宮上卿の補任と退任」、第五節「神宮伝奏制度の廃絶」において、康和二（一一〇〇）年の成立から慶応四（一八六八）年の廃絶まで約七百六十九年にわたり、延べ二五一名の公卿が務めた神宮上卿・神宮伝奏の体系的かつ基礎的な制度史研究の根幹をなすものとして、その就任者・官職・家格・神宮伝奏から神宮上卿への名称変化・近世における補任と退任・その廃絶について明らかにする。

第二章「近世神宮伝奏の行動規範―『神宮伝奏之間事　転法輪相談条々《てんぽうりんそうだんじょうじょう》』の検討を通じて」では、第一節「全文紹介」、第二節「内容」、第三節「神宮伝奏の神職的性格」において、近世前期に神宮伝奏が就任直後に同職在任中に避けるべき触穢の内容について神祇伯白川雅陳王《しらかわまさのぶおう》に対して行った質問と回答が詳細に記されている、寛文十三（一六七三）年九月に神祇伯白川雅喬王《まさたか》が記した『神宮伝奏之間事　転法輪相談条々』の全文紹介とその内容の検討を通じて近世における神宮伝奏の行動規範とそこから読み取れる神職的な性格について明らかにする。

第三章「近世神宮伝奏の記録」では、第一節【近世神宮伝奏・神宮上卿記録一覧】、第二節「中山栄親《ひでちか》の『神宮上卿記』」、第三節「徳大寺公城《きんむら》の『神宮上卿記』」、第四節「正親町公明《きんあきら》の『神宮上卿間之事《かんのこと》』と公家社会」、第五節「三条家の神宮上卿記録」、第六節「三条実万《さねつむ》の部類記作成」、第七節「神宮上卿三条実万の活動」、第八節「徳大寺実則《さねのり》の『神宮申沙汰《もうしざた》雑誌』」において、近世神宮上卿の記録について、それらの性格、内容、相互関係などから、とくに近世後期における神宮上卿の性格を明らかにし、さらには、公卿による記録の書写や作成活動などから近世公家社会の一端を明らかにする。

第三部「神宮伝奏の機能」は五章からなる。第一章「戦国織豊期の神宮伝奏」では、第一節「戦国織豊期の神宮伝奏就任者」、第二節「後土御門天皇期における神宮伝奏の機能」、第三節「後柏原天皇期における神宮伝奏の機能」、第四節「後奈良天皇・正親町天皇期における神宮伝奏の機能―柳原資定《やなぎわらすけさだ》の場合」において、後柏原天皇・後奈良天皇・正親町天皇の各在位下における神宮伝奏の人事・記録・機能を網羅的に明らかにし、戦国織豊期の伊勢神宮行政を解明する。

第二章「近世の神宮奏事始」では、第一節「神宮奏事始の準備過程」、第二節「神宮奏事始の儀式次第」、第三節「神宮奏事始の奏事事項」において、近世の神宮奏事始について、準備過程・式日・儀式次第・奏事事項を明らかにする。とくに第三節では奏事事項の変化によりこの儀式が神宮権禰宜にとって有した意味を明らかにする。

第三章「近世神宮神主への叙位」では、第一節「寛永三年における神宮神主への叙位」、第二節「承応三年における神宮神主への叙位をめぐる訴訟事件」、第三節「寛文・元禄年間における神宮神主への叙位」、第四節「延享四年における神宮神主への叙位」、第五節「天保十五年における神宮神主への叙位」において伊勢神宮神主への叙位の過程を明らかにする。また、第二節では承応年間に発生した外宮下級神主への叙爵・加階とそれに伴う訴訟事件を取り上げ、神宮神主にとって叙位がもっていた意味についても解明する。

第四章「近世朝廷と神宮式年遷宮」では、第一節「寛文九年度式年遷宮の準備過程」、第二節「元禄二年度式年遷宮の準備過程」、第三節「宝永六年度〜寛延二年度式年遷宮の準備過程」、第四節「文化六年度式年遷宮の準備過程」、第五節「文政十二年度式年遷宮の準備過程」において、近世神宮式年遷宮の準備過程を明らかにする。

第五章「近世の神宮例幣使発遣」では、第一節「承応三年度例幣発遣の準備過程」、第二節「延享四年度例幣発遣の準備過程」、第三節「安永八年度例幣発遣の準備過程」、第四節「天明四年度例幣発遣の準備過程」、第五節「文化九年度例幣発遣の準備過程」、第六節「天保十五年度例幣発遣の準備過程」において奉幣使のなかでも神宮の神嘗祭《かんなめさい》に際して発遣された例幣の準備過程を明らかにする。

第二章から第五章は、近世朝廷における伊勢神宮についての主要な政務・儀式とその準備過程を時期ごとに検討することを通じて、神宮伝奏・神宮上卿をはじめ、天皇・摂政・関白・武家伝奏・神宮奉行・官務・祭主がそれらにおいて果たした機能、ひいては近世の朝廷における神宮行政の全体像とその変化を解明する。

註

（1）薗田稔・橋本政宣編『神道史大辞典』（吉川弘文館、二〇〇四年）、利光三津夫「薗田守良」六一三頁。

（2）前掲註（1）書、鈴木義一「神宮典略」五一〇頁。

（3）『大神宮叢書　神宮典略　後篇』（臨川書店、一九七六年）六七頁。

(4) 橋本政宣編『公家事典』(吉川弘文館、二〇一〇年)九一八頁。
(5) 伊東多三郎「足代弘訓」(『国史大辞典』一、吉川弘文館、一九七九年)一九六頁。
(6) 神宮文庫、一—三一八五。
(7) 前掲註(4)書、四五二・四五四頁。
(8) 榊原頼輔『足代弘訓』(印刷者・発行者=山村淺次郎、一九二三年)二三五頁。
(9) 神宮文庫、一—三一八七、二冊。
(10) 神宮文庫、十一—八、一冊。
(11) 東京大学史料編纂所、四一一二—一〇三。
(12) 東京大学史料編纂所、徳大寺家史料、三三—八〇。
(13) 拙稿「神宮伝奏の補任について」(『学習院史学』三八、二〇〇〇年)六五・六六頁。
(14) 神宮文庫、三—一七八四。
(15) 神宮文庫、一—一七八三。
(16) 前掲註(8)榊原著書、二四八~二五一頁。
(17) 『神道大辞典』第二巻(平凡社、一九三九年)、二三二頁。
(18) 棚橋光男『中世成立期の法と国家』(塙書房、一九八三年)一〇六~一〇七頁。
(19) 藤原良章「公家庭中の成立と奉行—中世公家訴訟制に関する基礎的考察—」(『史学雑誌』九四—一一、一九八五年、二・七・一七・一八頁。後に、同『中世的思惟とその社会』〈吉川弘文館、一九九七年〉第一部第二章に収録)。
(20) 本郷和人「鎌倉時代の朝廷訴訟に関する一考察」(石井進編『中世の人と政治』吉川弘文館、一九八八年、一四三~一四四頁。後に、同『中世朝廷訴訟の研究』〈東京大学出版会、一九九五年〉序章「朝廷訴訟の構造」として収録)。
(21) 玉井力「文治の記録所」(『年報 中世史研究』一六、一九九一年)八・九頁。
(22) 藤森馨「院政期に於ける朝廷の神祇信仰」(古代学協会編『後白河院』吉川弘文館、一九九三年)二六〇頁。
(23) 國學院大學日本文化研究所編『神道事典』(弘文堂、一九九四年)、藤森馨「神宮伝奏」の項、一一七頁。
(24) 白根靖大「院政期の神宮奉行について」(東北大学文学部国史研究室中世史研究会編『羽下徳彦先生退官記念論集 中世の杜』一九九七年、一二七~一三八頁。後に、同『中世の王朝社会と院政』〈吉川弘文館、二〇〇〇年〉第一部第三章として収録)。
(25) 拙稿「神宮伝奏の成立について」(『学習院大学 人文科学論集』八、一九九九年)八八~九六頁。

(26) 岡野浩二「平安末・鎌倉期の神宮上卿」(『年報 中世史研究』二五、二〇〇〇年)六二〜八六頁。
(27) 平泉隆房「役夫工上卿考―中世の伊勢神宮と朝廷―」(金沢工業大学日本学研究所『日本学研究』第五号、二〇〇二年、九六〜一〇九頁。後に、同『中世伊勢神宮史の研究』〈吉川弘文館、二〇〇六年〉前編第三章二に「遷宮上卿考」と改題して収録)。
(28) 『新訂増補 故実叢書 十巻』(明治図書出版、一九五二年)四〇八頁。
(29) 神宮文庫、一―一二一―六。
(30) 宮内庁書陵部、葉―一三〇〇。
(31) 神宮文庫、一―一七二九。
(32) 宮内庁書陵部、三五〇―八。
(33) 和田英松(所功校訂)『新訂 官職要解』(講談社、一九八三年)二九二頁。六頁の「凡例」によれば、本書は、『修訂 官職要解』(明治書院、一九二六年)を底本としている。
(34) 『神宮要綱』(神宮司庁、一九二八年)六二九〜六五七頁。
(35) 菊地康明「広橋守光記に就て」(『書陵部紀要』三、一九五三年)四九・五三・五四頁。
(36) 橋本義彦「院評定制について」(『平安貴族社会の研究』吉川弘文館、一九七六年)六七〜六九頁。
(37) 前掲註(19)藤原論文、七〜一〇・一九頁。
(38) 飯田良一「室町幕府と伊勢神宮―神宮方の活動を手がかりとして―」(『白山史学』一九、一九七七年)三五〜五六頁。
(39) 伊藤喜良「伝奏と天皇―嘉吉の乱後における室町幕府と王朝権力について―」(豊田武先生古稀記念会編『日本中世の政治と文化』吉川弘文館、一九八〇年、三五三〜三五七頁。後に、同『日本中世の王権と王威』〈思文閣出版、一九九三年〉Ⅲ部第四章に収録)。
(40) 富田正弘「室町殿と天皇」(『日本史研究』三一九、一九八九年)三六〜三七頁。
(41) 瀬戸薫「室町期武家伝奏の補任について」(『日本歴史』五四三、一九九三年)五四頁。
(42) 明石治郎「後土御門天皇期における伝奏・近臣」(羽下徳彦編『中世の政治と宗教』吉川弘文館、一九九四年)五五・五六・六六・六七頁。
(43) 前掲註(25)拙稿、九六〜一〇八頁。
(44) 前掲註(1)書、五一〇〜五一六頁。
(45) 拙稿「神宮奏事始の成立」(『皇學館大学史料編纂所報』二二八、二〇一〇年)。

(46) 間瀬久美子「伊勢・賀茂正遷宮前後争論をめぐる朝幕関係覚書」(今谷明・高埜利彦編『中近世の宗教と国家』岩田書院、一九九八年)二七七~三〇九頁。
(47) 神田裕理『戦国・織豊期の朝廷と公家社会』(校倉書房、二〇一一年)一八〇~一八七頁。
(48) 岩田貞雄「皇大神宮別宮伊雑宮謀計事件の真相—偽書成立の原由について—」(『國學院大學日本文化研究所紀要』三三、一九七四年)一~一〇〇頁。
(49) 平井誠二「近世の大中臣祭主家」(藤波家文書研究会編『大中臣祭主藤波家の歴史』続群書類従完成会、一九九三年)一六六~一六八、一九八~一九九頁。
(50) 前掲註(23)書、藤森馨「神宮伝奏」の項、一一七頁。
(51) 前掲註(46)間瀬論文、二七九・二八四・二八五・二九三頁。
(52) 所功「神宮奏事始と賀茂奏事始」(『瑞垣』一七九、一九九八年)。
(53) 前掲註(13)拙稿。
(54) 和田朋子「近世朝廷における公家—久我通誠の日記を中心に—」(『橘史学』一五、二〇〇〇年)一〇一~一〇八頁。
(55) 澤山孝子「朝幕関係のなかでの伊勢神宮—寛文十年御祓銘争論を事例として—」(『三重県史研究』一七、二〇〇二年)四三・四四・五五~五七頁。
(56) 今江廣道「『正親町実連賀茂伝奏記』—翻刻と解題—」(『大倉山論集』四八、二〇〇二年)二〇二頁。
(57) 拙稿「近世神宮伝奏の性格変化」(『日本歴史』六八九、二〇〇五年)。
(58) 同「近世朝廷と神宮式年遷宮」(『近世の天皇・朝廷研究—第1回大会成果報告集—』二〇〇八年)。
(59) 同「近世の神宮奏事始」(『皇學館論叢』四四—一、二〇一一年)。
(60) 前掲註(47)神田著書、一八七頁。
(61) 拙稿「近世の神宮例幣使発遣」(『近世の天皇・朝廷研究—第4回大会成果報告集—』二〇一二年)。
(62) 宮内庁書陵部蔵、F一〇—六九五、全六冊。
(63) 拙著『神宮雑事』(皇學館大学研究開発推進センター、二〇一四年)。同書は、『神宮雑事』第一冊から第六冊までの本文の翻刻と「宮内庁書陵部蔵『神宮雑事』について」と題する解題からなる。
(64) 高埜利彦「江戸幕府の朝廷支配」(『日本史研究』三一九、一九八九年、四八~四九頁。後に、同『近世の朝廷と宗教』〈吉川弘文館、二〇一四年〉Ⅰ部第一章に収録)。

(65) 深谷克己『近世の国家・社会と天皇』（校倉書房、一九九一年）一九一〜一九六頁。
(66) 前掲註(64)高埜論文、五二〜五六頁。また、最新の近世朝幕関係史研究として、田中暁龍『近世前期朝幕関係の研究』（吉川弘文館、二〇一一年）がある。
(67) 今江廣道「江戸時代の武家伝奏―久我信通『公武御用雑記』を中心に―」（『古記録の研究』続群書類従完成会、一九七〇年）。武部敏夫「議奏日次案に就いて」（『古記録の研究』続群書類従完成会、一九七〇年）。大屋敷佳子「幕藩制国家における武家伝奏の機能」〈1〉〈2〉（『論集きんせい』七・八、一九八二・一九八三年）。平井誠二「武家伝奏の補任について」（『日本歴史』四二二、一九八三年）。田中暁龍「江戸時代議奏制の成立について」（『史海』三四、一九八七年）。平井誠二「確立期の議奏について」（『中央大学文学部紀要』一二八、一九八八年）。平井誠二「武家伝奏と高家」（『近世の天皇・朝廷研究―第5回大会成果報告集―』二〇一三年）。
(68) 田中暁龍『近世朝廷の法制と秩序』（山川出版社、二〇一二年）。村和明『近世の朝廷制度と朝幕関係』（東京大学出版会、二〇一三年）。
(69) 所功「『賀茂奏事始』の基礎的研究」（『京都産業大学日本文化研究所紀要』二、一九九六年）。岸本香織「下鴨社家日記にみる賀茂伝奏と下鴨社惣代―延宝期を中心に―」（『史窓』五七、二〇〇〇年）。
(70) 前掲註(69)岸本論文。
(71) 前掲註(56)今江翻刻・解題。
(72) 『年々改正雲上明覧大全』下（天保八〈一八三七〉年刊、東京大学史料編纂所蔵）五二四三―二七八、全二冊。
(73) 前掲註(13)拙稿、七二頁。前掲註(69)岸本論文、九三頁。前掲註(72)書。

第一部　神宮伝奏の成立

第一章　神宮上卿の成立

はじめに

本章においては神宮伝奏《じんぐうてんそう》の前身の役職である神宮上卿《しょうけい》の成立について明らかにすることを目的とする。

神宮上卿の研究史は、その成立過程に関するものも含めて、序章第一節1において詳述しており、ここではすべてを再述しないが、神宮上卿の成立について研究する上で基本になるものと考える江戸期における二つの学説に言及しておく。

一つは近世後期の外宮禰宜《げくうねぎ》で国学者でもあった足代弘訓《あじろひろのり》[1]による『神宮上卿次第』[2]である。本書は、神宮上卿と神宮奉行の一覧であり、神宮文庫に所蔵され、上下二巻からなる。上巻には、序文が記されたあと、「天保十年己亥十月　従四位上度会弘訓」とあり、天保十(一八三九)年十月に弘訓によって完成されたことがわかる。続けて上巻には次のようにみえる。

神宮上卿次第

文亀二年

上卿権大納言従二位藤実隆卿　　神宮伝奏

奉行頭右中弁藤賢秀朝臣

このように上巻には文亀二(一五〇二)年から永正《えいしょう》三(一五〇六)年にかけて神宮伝奏を務めた三条西実隆《さんじょうにしさねたか》と神宮奉行を務めた中御門賢秀をはじめとして、年ごとに両職の就任者が記され、万治《まんじ》三(一六六〇)年までが記されている。下巻は寛文三(一六六三)年から天保四(一八三三)年までの就任者が記されている。その序文の冒頭には次のようにみえる。

○神宮上卿之事、玉海承安五年五月十二日、兼実公　法皇の詔爾答給ふ条爾、朝臣大事莫過神宮、故先代之上卿皆是国之重臣也、爰微臣齢未及二毛、職已帯三公弁満之恐、寤寐無聊、何況奉行重事哉、伏検先蹤、更不因官職高貴、唯

撰器量之堪否者也と見え、玉蘂建暦元年三月廿日の御消息にも神宮上卿之事、朝之大事莫過神宮、故先代上卿皆是国家之重臣也、爰微臣職上三台、齢未満二旬、何況愚昧之質於奉行重事哉と見えたり、三公の御人々といへとも尊之重し給ふ事かくの如し、志かる爾その次第を志るせるものなきハ神宮の一欠事といふへき歟、弘訓愚矇を恥すして此書を書き綴るハ此故なり、

○神宮上卿の始ハ玉海承安二年七月十四日の条に、凡神宮上卿事上古不定其人、堀河院御時源大相国殊為上卿行之、其後間有之、而自二条院御時連綿不絶とあり志たれとも、公卿補任爾載せらるゝ所者、後柏原院文亀二年以後なり、此書者公卿補任を拠と寸る故、文亀三年以前者志ひて考索せ寸、後人の増補を俟つ、

（後略）

この記事が神宮上卿の成立について言及したものとしては最も古いものである。これによれば、神宮上卿について『玉《ぎょく》葉《よう》』承安《じょうあん》五（一一七五）年五月十二日条には、九条兼実が法皇の詔に答申する条に、朝臣として神宮より大事なことはなく、先代の神宮上卿はすべて国家の重臣であったこと、また先例をみると、同職の就任者は、官職の高貴ではなく、器量によって選ばれてきたことが記されている。

また、『玉蘂《ぎょくずい》』建暦《けんりゃく》元（一二一一）年三月二十日条には、朝臣として神宮より大事なことはなく、先代の神宮上卿はすべて国家の重臣であったこと、三公《さんこう》の人々も同職を尊重してきたことが記されている。このことから同職の次第を記したものがないことは神宮の一欠事ではないかと考えた。弘訓が愚矇《ぐもう》を恥じずに本書を書き綴ったのはこのためである。

さらに神宮上卿の始まりについて『玉葉』承安二（一一七二）年七月十四日条とする記事を引用している。ちなみに、これは同九月十四日条の誤りである。これによれば、神宮上卿について、上古《じょうこ》は特定の人を補任していなかったが、堀河天皇の在位下、すなわち応徳三（一〇八六）年から嘉承《かしょう》二（一一〇七）年までの間、太政大臣久我雅実《こがまさざね》が神宮上卿として神宮行政を担当した。その後、しばらく間があり、二条天皇の在位下、保元三（一一五八）年から永万元（一一六五）年の間以降、同職は連綿として補任されるようになったことがわかる。

もう一つは江戸時代後期に神宮上卿を務めた三条実万《さねつむ》が神宮上卿の部類記として作成した東京大学史料編纂所徳大寺家史料の『神宮上卿至要抄《しようしよう》』(3)である。目次はないが、内容ごとに見出しがつけられている。その冒頭部分に「神宮上卿至要抄第一目録」とあり、改行して「上卿部　神斎軽重間儀附書」とみえる。

以下、見出しの順に番号を付すと〈1〉「上卿部神斎軽重間儀附書」、〈2〉「奉仰時幷辞時行事部」、〈3〉「神斎法部」、〈4〉「行事神斎部」であり、〈4〉の本文の記述はみられない。

その内容は古代・中世の古記録のなかから朝廷の神宮行政や古代・中世の神宮上卿に関する記事を抄出したものである。〈1〉には、平安時代の初代神宮上卿久我雅実から室町時代の神宮伝奏大炊御門《おおいみかど》信宗に至るまで三〇名の神宮上卿・神宮伝奏就任者が記され、各就任者の関連記事が抄記されている。

神宮上卿至要抄第一目録

上卿部　神斎軽重間儀附書

雅実公　久我太政大臣

俊明卿

宗能公　中御門内大臣

雅定公　中院右大臣

雅通公　久我内大臣

忠雅公　花山院太政大臣

経宗公　大炊御門左大臣

師長公　妙音院太政大臣

兼実公　月輪関白

実定公　後徳大寺左大臣

実房公　三条左大臣
宗家卿　中御門大納言
忠親公　中山内大臣
実宗公　坊城内大臣
頼実公　中山太政大臣
通資卿
道家公　光明峯寺摂政
師信卿
冬平公　後照念院関白
師継公　妙光寺内大臣
家経公　後光明峯寺摂政
基具公　堀川太政大臣
持忠公　鳳栖院贈太政大臣
宗氏公　瑞慶院内大臣
家俊卿　吉田大納言
隆光卿
師経公
資広卿
持季卿
信宗公　後瑞慶院内大臣

後掲の『薩戒記《さっかいき》』応永三十三(一四二六)年八月二十七日条の記事には信宗が太神宮行事上卿に補任された記事が引用されていることにより、三条実万は平安末期から室町期に至るまでの神宮上卿就任者を網羅的に明らかにしようとしたことがわかる。

この間、『公卿補任』においては承久四(一二二二)年の項で土御門定通《つちみかどさだみち》について「三月廿日、依辞退神宮上卿恐懼」との記事があるのみである。その後は応仁三(一四六九)年の項で柳原資綱《やなぎわらすけつな》について「神宮伝奏」との記載がみえるまで同書において神宮上卿・神宮伝奏の就任者を確認することはできない。

そこで自ら史料を博捜《はくそう》して平安末期から室町期までの神宮上卿・神宮伝奏の就任者を明らかにした三条実万の業績は高く評価することができる。

この就任者一覧の後に各就任者の関連記事が抄記されており、その冒頭に次のような序文がみえる。

> 代々之上卿記録不詳、凡可然之卿相多歴之歟、今九牛之一毛随管窺、採録之、応永之比以降間有伝奏之号、自文亀年間至
> 東山院御宇之始、専称伝奏、至行事之時者非此限、其後、改為上卿云々、子細注後、已復古例、文亀以後之人々粗見公卿補任、又先輩之抄録存之、因不載于茲、今所輯先賢之行跡、如神斎軽重之儀、略注其人条、但巨細之行事、神斎之法則条々多、端別挙各部、抄之、

序文のなかに「応永之比以降間有伝奏之号、自文亀年間至東山院御宇之始、専称伝奏、至行事之時者非此限、其後、改為上卿云々」とあり、応永年間には神宮伝奏との称号がみえ、文亀年間より江戸期の東山天皇在位下の始めにかけては専ら神宮伝奏と称している。ただし、行事のときはこの限りではなく、その後、神宮上卿と改称されたとしている。

この記事は、江戸期に二度神宮上卿を務めた三条実万が、神宮上卿・神宮伝奏をどのように認識していたのかを知ることができるきわめて興味深い記事である。実万の認識では、室町期の神宮伝奏も神宮上卿が名称を変更しただけのものと捉えている。この点については本書第一部第二章において論ずることにする。

この記事にあるように、近世においては数種類の神宮伝奏・神宮上卿就任者一覧が作成された。第二部第一章「はじめに」によれば、この一覧以外はいずれも『公卿補任』から抄出したとみられるが、[4]この一覧は編纂者自らが古記録を博捜することによって作成したものであった。

その後、『神宮上卿至要抄』には、三〇名の神宮上卿・神宮伝奏、それぞれについての関連史料が掲載されている。

序章第一節1において明らかにしたように、この二冊が作成されたのは、実万が神宮上卿を務めた文政十二(一八二九)年から天保三(一八三二)年までか、天保十四(一八四三)年から弘化二(一八四五)年までの間である。

第一節　神宮上卿の成立

神宮上卿の成立については、最初に足代弘訓が明らかにしたように、『玉葉』承安二(一一七二)年九月十四日条の記事が最も基本的な史料である。

凡神宮上卿事、上古不定其人、堀川(ママ)院御時、源太相国殊爲上卿行之、其後間有之、而自二条院御時、連綿不絶、

これによれば、神宮上卿について、上古は特定の人を補任していなかったが、堀河天皇の在位下、すなわち応徳三(一〇八六)年から嘉承二(一一〇七)年までの間、太政大臣久我雅実が神宮上卿として神宮行政を担当した。その後、しばらく間があり、二条天皇の在位下、すなわち保元三(一一五八)年から永万元(一一六五)年の間以降、同職は連綿として補任されたことがわかる。

その後、『神宮上卿至要抄』には、三〇名の神宮上卿・神宮伝奏就任者と、それぞれについての関連史料が掲載されている。その冒頭には「久我太政大臣　〇雅実公」とあり、『玉葉』承安五(一一七五)年九月十一日条の記事が引用されている。

久我太政大臣
〇雅実公

玉海云、承安五年九月十一日、上古無被定置太神宮上卿事、堀河院御宇久我太相国為内大臣之時、始被仰可計奏神宮訴訟事之由、自爾以降、定其人、奉行此事、雖然敢無神斎之儀、

これによれば、神宮上卿について、上古は設置されていなかったが、堀河天皇の在位下、すなわち応徳三(一〇八六)年から嘉承二(一一〇七)年七月十九日以前の間で、久我雅実が内大臣を務めていたとき、すなわち『公卿補任』によれば、康和二(一一〇〇)年七月十七日以降、嘉承二(一一〇七)年七月十九日以前に、雅実が天皇から神宮の訴訟を担当するように命じられ、それを契機として神宮の訴訟について専任の担当者が任命されるようになったことがわかる。

久我雅実とはどのような人物であろうか。橋本政宣氏は次のように記している。

　雅実は、村上源氏の嫡流である久我家の祖である。承暦《じょうりゃく》元(一〇七七)年、十九歳のとき従三位《じゅさんみ》に昇り、累進して康和二(一一〇〇)年、権大納言より内大臣に進み、保安三(一一二二)年、ついに従一位右大臣より太政大臣に昇った。藤原氏以外で大相国《だいしょうこく》に任ぜられた最初である。

　このような急速な昇進を遂げ、太政大臣にまで昇ったのは、雅実祖母が藤原道長の女尊子、御堂関白の血筋を引き、摂関家の庇護を受け、且つ姉賢子が白河天皇の中宮となり、堀河天皇の外叔《がいしゅく》となったことが大いに力があった(5)。

以上のことにより、朝廷において「神宮訴訟」の専任担当者が求められたとき、雅実の名が適任者として挙がったことも理解することができよう。それではその設置の理由は何であろうか。大西源一『大神宮史要』には「第六編　平安時代　下　白河天皇の御代より安徳天皇の御代に至る」の冒頭に「離宮院の火災」の項目が立てられており、平安時代末期の当時、神宮において特筆すべき事件があったことがわかる。その本文は次のようである。

　然るに、これより後二百六十三年を経て、堀河天皇の康和四年に、離宮院は再び火災に罹った。此の火災は、皇大《こうたい》神宮禰宜《じんぐうねぎ》延綱◯一作宣綱の放火によるものであつたが、其の前年八月に、皇大神宮の古宮の心御柱《しんのみはしら》が何処かへ紛失すると云う椿事《ちんじ》が起つた。心御柱の事は、神宮に於ては古来最も重しとせられているから、朝廷に於ては十二月、糺問のために延綱及び清澄に上洛を命ぜられ、廿七日には、其の為に仗議《じょうぎ》があり、軒廊御卜《こんろうのみうら》が行われ、翌四年の五月三

十日、更に仗議を重ねられた上、七月九日、延綱の禰宜職を停止せられるに至つた。延綱は深くこれを怨み十六日離宮院に放火して、属曹司〇一作属候屋一宇を焼き、尋《つい》で廿日には外宮《げくう》権禰宜《ごんのねぎ》良範の宿館《しゅくかん》に放火した。其のことは、延綱の落書にも認められていたと云うが、更に大神宮を焼き払い、神明を天の宮に焼き上げ奉るべき旨が載せられていたと伝えられる。依て八月、弟の清澄・延並以下、従者・眷属並《けんぞくならび》に僧慶秀等を召し上げられ、審問の結果、延綱も終に屈して、罪状を承伏するに至つた。

かくして四日には更に軒廊御卜を行われ、十二日には其の祈謝《きしゃ》のために、臨時奉幣使を発遣せられ、十九日重ねて仗議があり、越えて同五年の四月六日更に仗議が行われたが、当時のことを『本朝世紀』には、「大逆真犯、謀大逆、法家の博士申す所同じからず、議定未だ決せず」と記している。仗議は此の後、五月八日及び廿日にも行われ、廿四日、検非違使左衛門志《さえもんのさかん》中原資清《すけきよ》の勘申《かんじん》により、内宮《ないくう》禰宜荒木田延綱及び神祇大副《じんぎのたいふ》大中臣輔弘《おおなかとみすけひろ》を共に大逆《たいぎゃく》の真犯人と為し、斬刑《ざんけい》に処せられることに決した。六月九日更に仗議があり、十三日死一等を減じて流刑《るけい》に処せられることになり、八月十三日には、延綱を伊豆に流し、其の田宅《でんたく》・資財・奴婢等を没官《もっかん》せられ、また輔弘は解官《げかん》の上、佐渡に配流せられ、罪科は更に、両人の一族・従類にも及んだ。蓋《けだ》し輔弘は此の大逆の謀議に与《あずか》つたために、同犯と見られたのであろう。(中略)かくして九月六日には、参議源基綱に宸筆《しんぴつ》の宣命《せんみょう》を賜い、伊勢に遣わして神宝等を奉られ、事状を奉告せしめ給い、大逆事件も茲《ここ》に結末を見るに至つたのであるが、誠に神宮としては空前絶後の一大不祥事であつたのである。(6)

最後の一文からも、上古は設置されていなかった神宮訴訟の専任担当者が、このとき求められた事情を理解することができよう。棚橋光男氏は、『中世成立期の法と国家』の「Ⅱ　院政期の訴訟制度」において「康和四(一一〇二)年、伊勢神宮内宮前《さきの》禰宜荒木田宣綱罪名定《ざいめいさだめ》」の項目を立て、この事例を分析している。それは次の通りである。

『本朝世紀』『中右記』『殿暦《でんりゃく》』『百練抄』などの記述を総合すると、政務処理の経過は以下のごとくである。康和四年七月二十六日に、内大臣源雅実(神宮上卿であったと覚しい)が伊勢神宮離宮院・外宮放火ならびに落書を訴える伊勢神宮祭主書状を内覧藤原忠実のもとに持参、忠実は蔵人を以てこれを白河院に通報、翌月の八月十九日に陣定《じんのさだめ》が催された。
（後略）(7)

これにより雅実が神宮上卿としてこの事件処理に関与したことに初めて言及している。また、白根靖大氏は、久我雅実が「可計奏神宮訴訟事」という任務を課されたのは「康和四（一一〇二）年に起こった伊勢神宮離宮院・外宮放火ならびに落書の事件の折に仰せを受けた可能性が高い」とし、同七月二十八日に行われた仗議《じょうぎ》において雅実が上卿であったと思われるとしている。また雅実の神宮上卿就任はおそらく当時親政《しんせい》を行っていた堀河天皇によって講じられた措置であったとしている。(8)

岡野浩二氏も「源雅実は、康和四（一一〇二）年七月に神宮の放火事件についての陣定に祭主の言上を提出し、同五年五月には前禰宜荒木田宣綱らの罪名定の上卿をつとめた」ことを明らかにしている。(9)

『中右記』の記事により、焦点である康和四年七月二十八日の仗議について具体的にみていく。同日条には次のようにみえる。(10)

酉時許、蓬門之間、蔵人大進為隆送消息云、俄依大事可有仗議、只今可馳参、則乍驚陣座、内大臣・権大納言、家・左衛門督、能・帥中納言、季・右兵衛督、師・予・左大弁、基、同以参集、為隆仰下云、祭主親定朝臣進解状云、去十六日、離宮院属曹子焼、已是放火也、後朝落書云、近日、祭主有違例事等、仍有此放火也、七日之中、不言上公家者、奉焼太神宮者、見付件落書、驚恐之間、廿日夜、又放火、豊受宮禰宜宿館、但早依見付、打滅留了、両度之事依為稀有、所馳言上也者、而依此事、明日、相撲御覧停否之由、令諸卿定中、此間、右大臣殿参内給也、一々見解状了、外記可准拠例、大略雖勘申、不叶此例也、左大弁発語云、事雖希有、火已滅留了、御覧相撲何等事之有哉、但至音楽者被止可宜歟、且又可随勅定、

予申云、相撲召合雖恒例事、依為遊興、天下風水損年先以被止、太神宮者我朝家第一之所、已異諸社、聊有違例、先止他事、所被沙汰也、而今度火事之体、甚以希有也、就中落書之詞、雖人之所為、公家所可驚聞食也、被止相撲何難

之有哉、
右兵衛督申云、大略同右大弁議、抑往年上東門院御所七月廿一日焼亡、其年被止相撲了、又法興院焼亡之歳、被止相撲也、以之謂之、已為太神宮事、尤可被止相撲者、
帥中納言、左兵衛督、同被申云、同右大弁議、但可随勅定、権大納言議同右大弁、
内大臣被申云、凡太神宮事、小怪異時、先停他事、何況及放火、誠是朝家大事也、相撲召合全不可有事也、
民部卿雖有召、依為所労不被参仕、仍以消息被申旨、同右兵衛督議之由、内々所伝聞也、
依為急事、付為隆以詞被奏聞、重仰云、然者可有廃朝歟如何、諸卿一同申云、至廃朝者又不可被行、放火已不及太神宮宝殿之故也、但止遊興儀、先可被沙汰此事也者、奏聞之後、重仰云、早可停相撲召合者、内大臣移着端座、召大外記師遠、可止相撲之由被仰下、及夜半、退出、
件事後聞、依為小事、不可止相撲之由、内々院御気色之由、頭弁所被語也、

冒頭にみえる「蔵人大進為隆送消息云、俄依大事可有仗議、只今可馳参、則乍驚陣座、（中略）以参集」の一節からは、事件の一報が伝えられた直後の緊迫した朝廷の様子を窺うことができる。中御門宗忠の「公家所可驚聞食也」との発言と合わせて考えると、その報告に驚愕《きょうがく》した堀河天皇が、夕刻に関わらず、蔵人に指示して明日に控えていた相撲御覧《すまいのごらん》を中止すべきかどうかについて緊急の仗議を召集したことがわかる。

当初、陣座《じんのざ》に参集したのが内大臣久我雅実以下七名の公卿であり、後から参内した右大臣も含めると、八名の公卿によって仗議が行われた。そのうち六名の公卿が意見を述べたが、うち五名が相撲御覧の中止を主張し、最後に同様の主張をしたのが雅実であった。

仗議の結果は、緊急性が高いことにより、すぐさま天皇に奏聞された。報告を受けた天皇が廃朝の有無を下問すると、一同の意見として、その必要はないが、遊興は中止と決定すべきであるとの旨を奏聞した。天皇は早く相撲召合《めしあわせ》は中止すべきであると命じた。

この後の「内大臣移着端座、召大外記師遠、可止相撲之由被仰下」の記事からも、久我雅実がこの仗議の主宰者である上卿として天皇の命令を大外記《だいげき》に下知したことがわかる。堀河天皇は、急遽《きゅうきょ》、神宮についての仗議開催を蔵人に指示するとともに、外叔にあたり、信頼する雅実に対して、その仗議を取り仕切ることを命じたのである。これが神宮上卿の成立である。

『神宮上卿至要抄』には、先に引用した「○雅実公」の記事に続いて次のようにみえる。

○俊明卿

人車記云、仁安四年三月廿七日、今日、可被定石清水行幸御祈、御読経僧名、又可被行尊勝寺灌頂、為内覧参殿下間、右大将、本神宮事奉行、今行幸上卿兼行、示給云、故俊明卿為神宮上卿兼行行幸事、御読経事雖、奉行了、其後、近代神宮上卿潔斎、殊甚不似往古、下略、

これによれば、仁安四（一一六九）年当時、神宮上卿を務めていた藤原師長が石清水八幡宮行幸上卿と御読経僧名定《みどきょうそうみょうさだめ》上卿を兼任した際、かつて源俊明も神宮上卿を務めていたときに行幸上卿と僧名定上卿を兼任した先例を挙げたというものである。「其後、近代神宮上卿潔斎、殊甚不似往古」の記事からは、その後、神宮上卿の潔斎が厳格になったと解釈できる。

宮崎康充氏は俊明について次のように明らかにしている。寛徳元（一〇四四）年に醍醐源氏権大納言源隆国の三男として誕生、承保《じょうほ》二（一〇七五）年六月、蔵人左中将から参議に任ぜられ、検非違使別当など顕要の官を歴任したのち、正二位《しょうにい》大納言民部卿に至る。永久二（一一一四）年に七一歳で没した。

公事に通達し、数々の行事の上卿をよく務め、白河院近臣として朝廷で重きをなした。また、藤原摂関家の当主忠実との交誼《こうぎ》も厚く、摂関家の重鎮で『中右記』の記主である藤原宗忠は俊明を厳親のごとくに仰ぎ、公事について教えを蒙ることも多かった[11]。

岡野浩二氏は、俊明について神宮上卿と石清水八幡宮行幸の上卿を兼務したとの『兵範記《ひょうはんき》』の記事からすれば、その任期は天仁《てんにん》二（一一〇九）年頃になるが、康和四（一一〇二）年五月には神宮の心柱紛失を審議する陣定の上卿を務めており、同五

年五月に支障をきたした久我雅実にかわって神宮の放火事件に関与した荒木田宣綱らの罪名定の上卿を務めたことを明らかにしている。(12)

以上のことから久我雅実の後任の神宮上卿として源俊明が活動していることがわかるが、その後、岡野氏が、『兵範記』嘉応元(一一六九)年四月二十六日条の記事により長承《ちょうしょう》三(一一三四)年五月十日以前に権大納言三条実行《さねゆき》が神宮上卿を務めていたこと、(13)藤原頼長の『台記《たいき》』久安四(一一四八)年六月五日条の記事により、神宮上卿の頼長が古例によって神宮からの言上を蔵人に取り次いで奏上させるようにしたことを明らかにしているものの、(14)康和四(一一〇二)年以降、半世紀近くにわたって神宮上卿が常置化されている形跡はみられない。

藤原頼長について橋本義彦氏が作成した「略年譜」により、当時の頼長の主要な事績を抜き出してみる。(15)

久安三(一一四七)年四月一日、官政を復興する。

同六月十七日、蔵人所別当となる。

同日、外記日記・殿上日記の記載および上日月奏の励行を命ず。

同四年十一月七日、『入内旧記部類』を作る。

同五年十二月二十五日、『天子冠礼儀注』を作る。

以上から、頼長が朝廷政務の枢機《すうき》に参画して積極的に活動し、有職故実にも秀でていたことを窺うことができる。

『台記』同六年二月九日条によれば、頼長が参院すると蔵人右少弁平範家《たいらのりいえ》が神宮の怪異を報告する文書を持参した。頼長は一見して返却し、先例を勘進するように命じた。同十九日条には次のようにみえる。(16)

十九日、丙寅、範家送書曰、明日、諸卿於仗座可定申太神宮柱倒事、依遷宮、去年、新取柱也、有必可参御之仰者、報奏依疾不能参入之由返興、先日下賜太神怪異文曰、事不可遅留、依疾不能早参、下佗上、早可被行御卜可宜歟、

これによれば、頼長が範家に先日の怪異文書について、遅留《ちりゅう》させてはならないことであり、早く軒廊御卜を行ったほうがよいと指示している。同四月十七日条には「十七日、癸亥、頭弁来、伝勅曰、伊勢斎内親王、依疾遅参、帰京時、其路

不詳先例、今度如何、令奏可被用伊賀路之由了」とあり、頭弁《とうのべん》が伊勢斎王を務めた内親王が帰京するときの路をどうするべきかとの鳥羽法皇の勅問を伝えたところ、頼長は頭弁に伊賀路を用いられるべきとのことを奏聞させた。

藤原頼長の『宇槐記抄《うかいきしょう》』仁平《にんぺい》元（一一五一）年二月五日条には次のようにみえる。[17]

　五日、丙午、終日甚雨、今夕下名、酉刻、頭朝隆朝臣来、仰加階任官等事、又仰斎宮卜定事、報奏曰、卜定所、家成卿家有其便、祭主清親卿検輔親卿例、請叙正三位、彼流大嘗会叙之、大嘗会時、祭主加階、為流例、今以別功望申、不似彼例、拒否之間、可在叡念者、

これによれば、頭弁冷泉朝隆《あさたか》が頼長を訪れ、祭主への加階と斎宮卜定《さいくうぼくじょう》のことに関する法皇の下問を伝えた。頼長は法皇に対して、斎宮卜定所として四条家成邸が都合がよいこと、祭主大中臣清親《おおなかとみきよちか》が大中臣輔親《すけちか》の先例を調べて正三位に叙されることを希望したが、輔親は大嘗会《だいじょうえ》のときに叙された。大嘗会のとき祭主が加階されるのは慣例となっていたが、清親は別の功績によって加階を申請しており、その慣例には当たらない。ゆえに拒否するべきであるとのことを奏聞した。

岡野氏は、同四月七日条の記事により、この日、頼長の後任として久我雅定が神宮上卿に就任したことを明らかにしている。[18] さらに「初期の神宮上卿は、公卿勅使をしばしばつとめている。（中略）源雅定も三度勅使をつとめており、仁平元（一一五一）年に藤原頼長が後任者として推薦したときも『右大臣度々為勅使、参彼宮』と述べ」ており、「公卿勅使と神宮上卿が密接な関係にあった」ことを、この記事を一部引用して明らかにしている。[19]

同条によれば、頼長は法皇に頭弁冷泉を通じて神宮のことを右大臣久我雅定が担当するのがよいと奏聞した。その際に、頼長が皇后宮大夫《こうごうぐうのだいぶ》を務めていたことから、[20] 皇后宮権少進《ごんのしょうしん》がその意向を認めて頭弁に出した書状には次のように記されている。

「自らが神宮のことを専一に担当するように命じられたことについて、大小の雑務が隙なくある上に、大和国の訴訟が雨のようにあり、そこに伊勢からの訴訟が加われば、自然に職務怠慢になってしまう。よって神宮上卿を辞職することを申請する。雅定は度々勅使として神宮に参拝しており、既にその神恵を得ている。また、内大臣、右大臣と三台《さんたい》の任にも

昇っている。これに加えて検非違使別当の任にあった間、強盗を禁止し、清廉との名声は内外に聞こえている。また多忙でもなく、訴訟裁判の停滞もないのではないか。特に故入道太相国《だいしょうこく》は右大臣のときに別勅により神宮のことを担当した。鳥羽法皇の治世下のことである。こうした公私にわたる先例を皆吉例として早く雅定に神宮のことを担当するように命じられるとよい。以上の旨を奏聞してもらいたい」。

岡野氏のいうように、神宮上卿人事の際に伊勢公卿勅使の経験が重視されたことは確かであろう。それに加えて、この記事からは雅定が神宮上卿に推薦された理由として以下のことを指摘することができる。まず、右大臣という三台の任に昇進していたことである。このことについて『玉蘂《ぎょくずい》』[21]建暦《けんりゃく》元(一二一一)年三月二十日条によれば、神宮上卿就任を要請されていた権大納言九条道家が頭弁に固辞する書状を出している。

そのなかで「一日、仰下神宮上卿事、朝之大事、莫過神宮、故先代上卿皆是国之重臣也、爰微臣職、非三台、齢未満二旬、何況愚昧之質於奉行重事哉」とあり、神宮上卿に就任するように仰せ出されたが、朝廷の大事は神宮に過ぎることはない。ゆえに先代の神宮上卿は皆この国の重臣である。ところが、自らは三台の任に就いておらず、年齢も二〇歳にも満たない。愚昧《ぐまい》の質《しつ》でもあり、神宮を担当するという重事を務めることができないと記している。これにより、本来、神宮上卿は三台の任に就いている朝廷の重臣が就任するものであるという認識があったことがわかる。

さらに、雅定が検非違使別当の要職を経験し、実績をあげ、清廉との評価があったことである。同職を経験して神宮上卿に任命されたのは、先述した源俊明と同様である。神宮上卿は訴訟裁判を頻繁に担当する必要があり、行政実務における実績と人物の双方において評価が高かったことが、雅定が推薦された理由の一つであったと考える。加えて初代神宮上卿久我雅実を父にもっていたこと[22]は、その人物を保証するものであったことは言うまでもないであろう。

第二節　神宮上卿の常置化――後白河院政期を中心にして

『神宮上卿至要抄』には、先に引用した「○俊明卿」の記事に続いて次のようにみえる。

中御門内大臣

○宗能公

玉海云、承安二年九月十六日、此間中御門中納言自然来会、問神事之間事、故内府依被奉行此事也、答云、内府奉行之時、殊神宮訴訟事可計成敗由、殊有勅定、仍被申寄、可然之輩五六人評定此事、神事之条如此文書沙汰之時外、強不密月水女、僧尼、皆在家中、不被入置文書之屋云々、

同五年九月十一日、中御門内府二条院御時、殊奉可評定文書之勅、中寄可然之輩集会家中、議定神宮之訴等事、頗厳重、因之、置文書等櫃於別屋、在障之人、重軽服及僧尼月水之類也、不入件屋内、又兼定評議之日、其当日沐浴、解除、於件置文書之屋、議定、事訖之後、又以解斎、家不立神事札、又不禁僧尼服者等之出入、不憚仏事云々、文書評定之間、依厳重、以今案雖致其斎、敢非長時之斎、同月十八日申刻中御門中納言被来、為問中御門内府神事之間事、所招引也、先年、雖尋問彼度、潔斎、殊甚依不可叶、其儀不委之、仍重所相尋也、納言答云、惣以不立神事札、無忌、僧尼・障人等之儀、雖軒廊御卜、自敢無其斎、即雖神事、御卜無斎之由所被命也、但付内府上卿之時、申寄可然之輩、大外記・大夫史・明法博士等之類也、殊有文書評議、仍其文書安置別棟、置清棚、障人・僧尼不入件屋内許、又其評定日、兼示合、件寄人定其日、殊潔斎、沐浴、解除、出障人、雖評定了日内、猶以斎也、自翌日又解斎次第如此、又無旬日斎、月之斎儀云々、

二条天皇の在位期間は保元三(一一五八)年八月十一日から永万元(一一六五)年六月五日までであり、松木宗能《まつのきむねよし》が内大臣に就任したのが永暦《えいりゃく》二(一一六一)年九月十三日、退任したのが長寛二(一一六四)年閏十月十三日であった(23)。

以上のことから、この記事にあるように、宗能が二条天皇から神宮の訴訟文書を評定するようにとの勅をうけたのは永

暦二年九月十三日から長寛二年閏十月十三日までの間であったことがわかる。宗能は私邸に寄人《よりうど》を集めて、神宮の訴訟を議定《ぎじょう》したのであった。『玉葉』承安二年九月十四日条には神宮上卿について「而自二条院御時連綿不絶」とあるように、この二条天皇期以降、神宮上卿は常置された。

そして、神宮の訴訟文書を入れた櫃《ひつ》は別屋《べつおく》に保管され、重軽服者《じゅうきょうぶくしゃ》・僧尼《そうに》・月水《げっすい》の女性などはこの屋内に入ることが許されなかった。さらに、かねて定められた評議の日には、当日、沐浴《もくよく》、解除《げじょ》した上で、その文書のある別屋にて議定された。それが終わると解斎《げさい》し、家には神事札を立てず、僧尼服者などの出入りも禁止せず、仏事も憚《はばか》らなかった。

先述したように、久我雅実が神宮上卿のときには「雖然敢無神斎之儀」であり、源俊明のときには御読経僧名定上卿と兼任することも許されたことから、宗能の神宮上卿在任中に神宮からの訴訟文書を清浄に保ち、その評定が一つの神事となっていたことは注目すべきである。このことが神宮上卿自体にも清浄性が求められ、神職的な性格を有する契機になったと考える。

その証拠に『兵範記』仁安二(一一六七)年四月十六日条には「十六日癸未、参殿下、内覧文書、次向内府亭、宣下太神宮文書等」とあり、内大臣花山院忠雅《かざのいんただまさ》邸において神宮文書が宣下されており、宗能の後任として忠雅が神宮上卿を務めているが、同閏七月二十五日条には「今朝、内大臣女子夭亡云々、仍辞申太神宮上卿、月来奉行文書四櫃下官許」とあり、忠雅は、自らの息女の死去に伴い、神宮上卿を退任することを申し出て、神宮文書を頭権右中弁平信範《とうのごんのうちゅうべんたいらののぶのり》のもとへ送付したのであった。[24]

次に二条天皇期以降、神宮上卿が常置された理由について考える。白根靖大氏は、二条朝における神宮上卿の設置は、当時、朝廷の人事権を掌握していた二条天皇の主導によるものであるが、その没後、この役職はしだいに院の意向に左右されるようになっていくとする。[25]このことを踏まえると、神宮上卿の常置化は後白河院政との関係において検討する必要があろう。

三条実房の日記である『愚昧記《ぐまいき》』[26]仁安二(一一六七)年十二月七日条には次のような記事がみえる。(傍線・波線部は筆者によ

る）

今夜、院御仏名也、仍秉燭之後、参七条川原御所、事々如常、但半夜之間、源大納以下院司公卿等着殿上座、被定東宮朝覲雑事、堀川中納言忠親、書之、

参会人々、左大臣経・内大臣忠・源大納言雅通、大神宮上卿・按察公通・白川大納言師長・皇后宮大夫実定・大宮大夫公保・前中納言師仲・予・治部卿光隆・中御門中納言宗家・右衛門督実国、初斎宮上・堀川中納言忠親・東宮権大夫邦綱・源宰相資賢・藤宰相成頼・五条三位顕広・左兵衛督成範・大弐、頼盛、

これによれば、忠雅の後任として神宮上卿に在任中であった大納言久我雅通[27]以下の公卿が東宮守仁親王の朝覲行啓《ちょうきんぎょうけい》定《さだめ》に出席するために後白河院の七条河原御所《しちじょうがわらごしょ》に参内したことがわかる。朝覲とは、年の始めに天皇、あるいは東宮（成人していた場合）が太上天皇または皇太后の宮に行幸あるいは行啓して拝賀する儀式であった[28]。

注目すべきことは、傍線を引いた公卿は、すべて神宮上卿経験者か、この後、同職に就任した公卿であったことである。以下、列挙すると、左大臣大炊御門経宗・内大臣花山院忠雅・久我雅通・大納言藤原師長・皇后宮大夫《こうごうぐうのだいぶ》徳大寺実定・中納言三条実房・権中納言中御門宗家・権中納言中山忠親の八名である。忠親については、史料中に「堀川中納言」とあるが誤記であろう。

後白河法皇の院政は保元三（一一五八）年から治承《じしょう》三（一一七九）年までと同五年から建久三（一一九二）年まで行われている[29]。ただし九条兼実執政期が文治《ぶんじ》二（一一八六）年から建久七（一一九六）年までであり[30]、本章第三節において明らかにするように、その間は主に兼実が神宮上卿の人事権を有していたので、保元三（一一五八）年から文治元（一一八五）年までの神宮上卿就任者を第二部第一章第一節【神宮上卿・神宮伝奏一覧】によって通覧すると以下のようである。

松木宗能（内大臣）に始まり、忠雅（内大臣）→雅通（大納言）→経宗（左大臣）→師長（大納言）→雅通（内大臣）→経宗（左大臣）→雅通（内大臣）→九条兼実（右大臣）→久我定房（大納言）→定房（大納言）→兼実（右大臣）→兼実（右大臣）→経宗（左大臣）→実定（大納言）→実房（権大納言）の順序で補任されている。

すなわち、先述した後白河院主宰の朝覲行啓定にも出席した大臣・大納言クラスの公卿などが補任され、同一人物が複数回にわたって補任されている事例もみられる。また、以上、九名の就任者のうち、経宗・忠雅・雅通・定房・実定・実房の六名が後白河院の別当《べっとう》に就任しており、忠雅・雅通は院別当在任中に神宮上卿に補任されている(31)。

これらの公卿と後白河法皇との関係をより具体的にみておく。『後白河法皇日録』により、同院政下においてそれぞれ三度にわたり神宮上卿に補任された久我雅通と大炊御門経宗を例にとる。雅通については、保元三(一一五八)年十二月十三日、二条天皇の女御妹子内親王が内裏より退出して、女御の母、美福門院《びふくもんいん》の白河押小路殿《おしこうじどの》に入御《にゅうぎょ》したが、その際、後白河院の上白網代車《うわじろあじろぐるま》を内裏まで寄せて女御を迎え、白河押小路殿まで供奉している(32)。

経宗については、仁安二年正月八日、法勝寺修正会始《ほっしょうじしゅうせいえはじめ》が行われた際、後白河院は七条殿より御幸《みゆき》したが、この私的な御幸に院別当の忠雅など一六人の公卿とともに供奉している(33)。また、同十月二十一日、後白河院は女御滋子と競馬《くらべうま》観覧のため日吉社《ひえしゃ》に御幸したが、このときも忠雅などとともに供奉している(34)。以上、両者に共通することは院司を務めていないときでも(35)、院の私的な活動を支える近臣であったということである。

さらに『愚昧記』仁安三年十二月二十七日条には次のようにみえる。

廿七日、今日、於院神宮火事有僉議云々、摂政以下束帯、但太政大臣・按察使直衣、不可然事也、人以為失云々、
人々申旨可尋聞、左大弁明後日可発遣伊勢之由、蒙仰、退出了云々、

これによれば、院御所において神宮における火事について詮議が行われ、摂政藤原基房・太政大臣花山院忠雅・按察使《あぜち》藤原公通《きんみち》が出席していることがわかる。このとき法皇は左大弁源頼雅を奉幣使として伊勢に発遣することを命じた(36)。このことにより、当時の神宮行政が院御所において法皇の決裁によって行われていたことがわかる(37)。

以上のことから、『玉葉』に「而自二条院御時連綿不絶」とあるように、二条天皇期以降、神宮上卿が常置された理由は、当時の主要な公卿を院別当や近臣として院に付属させていた後白河法皇が、彼らを絶えず繰り返して神宮上卿に補任し、彼らを通じて神宮行政を統御しようとしたことであったと考える。

白根靖大氏は、『兵範記』の記事により、久我雅通が仁安二年八月十日に神宮上卿に就任して以降、同四年一月十四日に退任するに至るまでの活動内容を簡潔にまとめている。[38] また、岡野浩二氏は、雅通について「敬神の念の篤い源雅通（仁安二〈一一六七〉年就任）のときから始まった禁忌《きんき》の遵守や作法は、藤原経宗・師長によっても改められず、兼実もしぶしぶそれに従わざるをえなかったのである」とし、『兵範記』仁安二（一一六七）年八月十九日条の記事により、雅通に対して神宮禰宜等の叙位が宣下されたことや、『玉葉』承安二（一一七二）年九月十七日条の記事により、内大臣雅通のときから外宮の修造が遅滞しないように覆勘使《ふっかんし》が派遣されたことを明らかにして、「神宮上卿が伊勢神宮の万般を関知することになったのは、源雅通からであろう」と評価している。[39]

さらに白根氏は『兵範記』仁安四（一一六九）年一月十四日から同二月二日条の記事により、大炊御門経宗の神宮上卿として活動を簡潔にまとめている。[40] そのなかでも取り上げられている『兵範記』[41]同一月十四日条の記事によれば、内大臣久我雅通が神宮弁を務めていた平信範[42]に触穢《しょくえ》を理由にして神宮上卿退任の意向を伝えた。信範は摂政藤原基房にこの旨を報告すると、左大臣大炊御門経宗に打診してその意向を窺うように指示した。信範が経宗に打診すると、経宗はその場で承諾した。ここで注目されることは、摂政が「先仰左府、可随彼命」と即座に経宗の名を挙げていることであり、その朝廷における評価を窺うことができる。

細谷勘資氏は経宗について次のように記している。

二条天皇の信任も厚く、天皇親政の実現を果たすため、労を費やした。「当時朝之宿老」「国之重臣」たる評価のもと政界の重鎮としての責務を果たすことに努めた。特に仁安二（一一六七）年十一月より文治《ぶんじ》五（一一八九）年二月までの二四年間、左大臣の要職にあったことは、その政治的手腕の高さを物語るものであり、公事の経験も豊かなことから儀式作法に通じた識者として大きな発言力をもっていたと思われる。[43]

経宗の神宮上卿としての活動をみていく。同仁安四（一一六九）年一月十五日条によれば信範は神宮上卿経宗に神宮からの解状を渡した。それは、先日、炎上した内宮の正殿《しょうでん》・御船代《みふなしろ》・御樋代《みひしろ》を造るべきとの内容であった。経宗は信範に調進《ちょうしん》日時を勘申《かんじん》させるように命じた。その後、経宗が仗座《じょうざ》に着き、神宮神宝・御船代・御樋代の調進日時を定めた。信範は、神宝が記載された神宮解状を神祇官に下し、遷宮行事所《せんぐうぎょうじどころ》において調進するように命じた。御船代等については宮司に調進日時を下知し、本宮において調進するように命じた。同二十日条には次のようにみえる。

今日午剋、左大臣参著左仗座、仰左少弁為親、被仰可令勘申被発遣伊勢公卿勅使日時由、為親召仰陰陽寮持参、次左府令蔵人治部少輔兼光内覧奏聞、(後略)

これによれば、経宗が仗座に着き、左少弁為親に伊勢公卿勅使発遣日時を勘申させるように命じた。為親は陰陽寮《おんようりょう》を召して持参させた。次に経宗が蔵人治部少輔《じぶしょうふ》日野兼光にその日時を内覧奏聞させた。

『神宮上卿至要抄』には次のようにみえる。

妙音院太政大臣

○師長公

人車記云、仁安四年二月二日、或人来云、左府息僧阿闍梨於山上頓滅、仍被辞申神宮上卿、蔵人少輔奏聞、被仰左大将了、

於左大将、

七日、今夜、依太神宮造営事有仗議、按察使公通、左大将師長上卿、皇后宮大夫実定、中略、蔵人少輔下諸道勘文

三月廿七日、今日、可被定石清水行幸御祈、御読経僧名、又可被行尊勝寺灌頂、為内覧参殿下間、左大将、本神宮事奉行、今行幸上卿兼行、示給云、故俊明卿為神宮上卿兼行行幸事、御読経事雖、奉行了、其後、近代神宮上卿潔斎、殊甚不似往古、今度定許他人奉行有何難哉、早可申事由、如此神事、任意難進退、参否之条可随御定、今日外無日次云々、縦雖有例、聊憚思給者、即申殿下、神宮事厳重之上、被申之趣難避、早可催他上卿者、

これによれば、仁安四(一一六九)年二月二日、大炊御門経宗は息子の死去により神宮上卿を退任しており、それをうけて摂政藤原基房が大納言藤原師長を補任している。師長は以前に同職を務めた藤原頼長の二男であった(44)。

同七日には、神宮造営のことについて仗議があり、師長が神宮上卿として主宰している。その後、蔵人少輔が師長に神宮造営についての諸道による勘文《かんもん》を下したことがわかる。

同三月二十七日には、神宮上卿藤原師長が石清水八幡宮行幸上卿と御読経僧名定上卿を兼任していたが、神宮弁平信範に「近代神宮上卿潔斎、殊甚不似往古」を理由にして、後者については「今度定許他人奉行」を摂政藤原基房に申し上げるように命じた。信範が基房にその旨を申し上げると、基房は「神宮事厳重」であるとして、早く御読経僧名定上卿については交代させるように命じた。

白根靖大氏も同様に『兵範記』仁安四年二月二日条により、藤原師長の神宮上卿就任を明らかにし、同二月七日から六月九日条の記事により、その活動内容を簡潔にまとめている[45]。

たとえば、同四月二日条によれば、神宮弁平信範が師長の邸宅を訪れると、心柱《しんばしら》の本《もと》の土が曳《ひ》き散らされたことについて、先例を勘申させるように命じられた。信範は大夫史《たいふのし》にこのことを下知した。同五日条によれば、当時、神宮上卿師長に先の件についての外記《げき》勘文《かんもん》が次第解《しだいのげ》を副えられて提出された。すぐに摂政藤原基房の内覧に供された後、信範はそれを院に持参して後白河法皇に奏聞した。法皇は早く御占《みうら》を行うように指示した。信範はこのことを師長に伝えた。

白根氏は以上の事実に言及して、「即内覧殿下、次持参院、奏聞、仰云、任官続文外記例等、早可行御卜者、向左大将亭、仰御定旨了」の記事により、左大将＝師長（神宮上卿）に届いた本件の「御定旨」は院の裁定であったこと、天皇主導で設置された神宮奉行が幼主の出現により殿下か院の決裁を仰ぐようになり、政治状況から現実には院が裁定者になるのは自然な流れであることを指摘している[46]。

同六日条によれば、摂政藤原基房が信範に対して、心柱本土が掻《か》き散らされ、鎮祭物《ちんさいもつ》などが紛失した件について、さらに調整が必要か、人々に問うように指示した。信範は、内大臣源雅通、師長、按察使の西園寺《さいおんじ》公通《きんみち》を廻り、このことを尋問した。一同は、御占を行い、その結果に従って対応されるべきであると述べた。

信範は摂政にその旨を報告し、参内した。神宮上卿師長は仗座に候し、信範は神宮解状と外記勘文を師長に渡した。師長は「伊勢太神宮解状、任官外記勘文、令官寮卜申ョ」と述べて、右少弁重方《しげかた》を召し、官寮《かんりょう》の座を敷かせるように指示し、重方は、それを史に、史は官掌《かじょう》にそれぞれ指示した。

次に神祇官側から神祇大副《じんぎのたいふ》卜部兼康・卜部兼貞・神祇少祐《じんぎのしょうじょう》大中臣為貞・卜部兼衡《かねひら》・陰陽寮《おんようりょう》側から陰陽頭賀茂在憲《ありのり》・図《ず》書頭《しょのかみ》賀茂周平・主税助《ちからのすけ》安倍時晴・漏剋博士《ろうこくはかせ》安倍経時が左右に着座した。次に上卿師長が兼康に解状と勘文を下した。次に御卜が行われた。それが終了すると師長は信範にその結果を摂政に内覧させ、上皇に奏聞させた。次に祭物について御占を行った。

これらの結果をうけて、上卿師長が神宮奉行弁である右少弁重方に解状と卜形《うらかた》を下し、不浄不信の違例について神事を慎ませること、心柱祭物の紛失については、その役人に対応を課し、誠精《せいせい》を尽くさせること、卜占の結果により心柱の本にある祭物を掘り出して撤去すべきではないことなどを下知するように命じた。重方は大夫史に下知した。

その後も同七日条には「次参内、（中略）上卿左大将参著仗座、下官仰云、太神宮心柱本土被掻散事、官寮御卜趣可載伊勢宣命辞別」とあり、師長が信範に先日行われた御卜の結果を伊勢に対する宣命の辞別《ことわけ》に載せるように命じた。

白根靖大氏[47]、岡野浩二氏[48]によれば、『玉葉』嘉応二（一一七〇）年十二月二十七日条の記事により、藤原師長の後、再び内大臣久我雅通が神宮上卿を務めていることがわかる。同条によれば、外宮の別宮多賀宮《たかのみや》の御帳帷《みとばり》について、その替えを待たないで御倉に納めたこと、内宮火災のときに不参であった神宮神主の罪科を議題として仗議が行われた。

前者については、禰宜・宮司などを召喚し、一決されるべきであるとの意見が出され、後者については、法に基づいて問われるべきであるが、宿館《しゅくかん》が遠方の神主については、罪科はないのではないか、無罪との勅定が下されるべきであるとの意見が出された。雅通はその仗議の上卿を務めた。

『玉葉』承安二（一一七二）年四月十日条には「十日、戊申、今日、有仗議云々、去仁安三年神宮炎上之時、不参之輩罪科事云々、左大臣上卿也」とあり、仁安三（一一六八）年に起こった神宮火災のときに不参であった神宮神主の罪科を審議する仗議が再度開催され、経宗が上卿を務めていた。このことにより、再び経宗が神宮上卿を務めていたことがわかる。

九条兼実の神宮上卿としての活動に、初めて言及したのは棚橋光男氏である。同氏は、『玉葉』承安二(一一七二)年九月十七日条の記事により、「訴訟文書が上卿のもとに保管され、代々引き継がれていたことが知られる。兼実が難じているのは、これらの文書は『官底《かんてい》』か訴訟当事者かいずれかに渡すべきであって、上卿のもとに保管すべきでない」ことであるとしている(49)。

玉井力氏は、『玉葉』の記事により、承安二年に九条兼実が神宮上卿に就任した直後、当時は廃絶していた「神宮評定」に強い関心をもち、その二条天皇のときの事例を詳しく調べたことを指摘している。同氏によれば、後に執政となった兼実がこれを復活し、その執政期間の文治二(一一八六)年・建久二(一一九一)年・同四(一一九三)年、いずれの場合にも寄人を定め、神宮上卿のもとで評議が行われたことを明らかにしている(50)。

白根靖大氏は、『玉葉』の記事により、承安二年九月十四日に兼実が神宮上卿に就任すると、「太神宮文書」を受け取り、自宅に保管するなど、就任直後の対応をはじめ、各方面に問い合わせて同職に関する情報収集に動いたこと、「神宮文書」の内容、神宮上卿のもとに弁から持ち込まれた案件、祭主・宮司↓神宮弁↓神宮上卿という訴えのルートがあったこと、最終的には官宣旨の発給をもって裁許の通達がなされたことを明らかにし、以上のことにより一般の訴訟処理と同様の実態であり、「神宮上卿」、「神宮弁」と記される彼らは、神宮担当の専任奉行であるところにその意義を求めるべきであると指摘している(51)。

岡野浩二氏は兼実の神宮上卿としての活動について、家司に祭主を尋問させたこと、神宮の怪異を奏上したこと、「神宮怪異解状」などを神宮弁に渡したこと、神宮の万般にわたる仕事をこなし、神領をめぐる争論の裁定についても陣定に諮ったり、明法博士や官底に調査させたりしたことを明らかにしている(52)。

こうした先行研究を踏まえて、兼実の神宮上卿としての活動や兼実が神宮上卿就任と退任を繰り返した問題をみていく。『玉葉(53)』承安二(一一七二)年九月十四日条には次のようにみえる。

十四日、庚辰、蔵人左少弁兼光来仰云、可奉行太神宮文書事者、申承了由、但今一両日之間、可請取文書之由、相含了、此事去朔比有其催、而以愚昧之微質、難行厳重之神事、仍辞申了、而重又有此仰、仍愸領状、日来上卿内大臣也、而依服仮辞退替也、左府、左大将等可奉行之由、雖有其仰、各以辞遁、下官先年有此催、因以遁避、依為末役、殊所被仰歟、今明依為物忌、兼光於門外、以人所令申也、

これによれば、蔵人左少弁日野兼光が来て、右大臣兼実に神宮文書を担当するようにとの後白河法皇の意向を伝えた。兼実は承諾したが、それまでの経緯について次のように記している。

去る一日にも打診があり、「以愚昧之微質、難行厳重之神事」との理由で辞退したが、法皇から重ねてその意向が示されたので承諾した。この上卿は内大臣久我雅通が務めていたが、服仮《ぶっか》により辞退して交替した。左大臣大炊御門経宗や大納言藤原師長などが務めるようにとの法皇の意向が示されたが、それぞれ辞退した。そこで先年に兼実にも打診があったが、辞退したという。

同十六日条によれば、兼実は、家司の光経などに神宮文書のことを取り計らうように指示した後、沐浴《もくよく》、解除《げじょ》した。出納《しゅつのう》が神宮文書を持参した。光経が衣冠を着けて面会し、これを受け取った。次に予め邸内の一室に設けた三階の棚一脚に文書櫃《ひつ》を取り置き、委しく目録と照合し、請文《うけぶみ》を書いた。兼実も衣冠を着けて、それらの文書を披見《ひけん》した。

同十月八日条によれば、神宮で発生した三つの怪異事件について軒廊御卜が行われた。このときの怪異事件は外宮内院直会殿《なおらいでんほっぽう》北方の松木一本が転倒したことなどであった。軒廊御卜とは天変地異や不吉な事態が発生したときに紫宸殿の東軒廊で占いをすることである。(54) この日、兼実は、陣の奥座に着し、「次召云陰陽助朝臣」、「余仰云、祭主卿言豊受宮々々、(中略)吉凶可令占申」とあるように、御卜の進行を指揮している。

同十一月二十四日条には「廿四日、早旦、光経参来、余云、(中略)抑、此上卿再三雖令辞申、度々有勅定、仍奉行、殊以恐申、加之、穢出来了、尤可被仰他人歟、凡旁故障等子細示遣了」とあり、兼実は就任三カ月で早くも神宮上卿を辞退したい意向を示していることがわかる。

同二十九日条には「此日、申刻許、自兼光許送使者云、上卿御辞退之事、先申殿下之処、可奏之由有仰、令奏聞之処、

仰云、他人無可奉行之人、尚可令奉行歟」とあり、兼実は辞退の意向を摂政藤原基房に伝えたところ、基房は法皇に奏聞するように指示した。そこで奏聞すると、法皇は、他に務める人がいないので、まだ務めるように命じた。

しかし『玉葉』によれば、その後も兼実は辞退の意向を示し続けた。同十二月十二日条には、「兼光参上、余召寄、神宮上卿辞退之間事相尋、未奏聞云々」とあり、兼実が兼光に自らの神宮上卿辞退のことについて尋ねたところ、兼光はまだ奏聞していない旨を答えた。同二十九日条には次のようにみえる。

廿九日、癸亥、申刻許、左大史隆職宿禰来、植木官使参洛哉否問之、申云、去四日到来、即付弁兼光了云々、則左少弁兼光来、余相逢、来覧文等、

一、植木事、達文書等、為覆奏返付了、

一、馬斃事、依為光雅奉行、留事、

一、内宮怪異事、茸生事也、為下外記、留了、

一、園田御厨事、為覆奏返付了、

已上子細在目録、

此次、神宮上卿辞退之間事問之、答云、付泰経朝臣申入了、御気色不分明之由申云々、大略無許容歟、尚可相尋之由仰了、

これによれば、兼実は、蔵人兼光が持参した神宮文書をみて、一通ずつその処理の仕方を判断したことがわかる。また兼実が神宮上卿辞退のことについて尋ねたところ、兼光は、少納言高階《たかしな》泰経を通じて申し入れたが、法皇の意向は分明《ぶんめい》ではなく、おそらく不許可ではないかと回答した。

同閏十二月七日条には「又云、神宮上卿事、院仰云、申者尤可然、且ハ無心思食、然而無殊故障者、尚暫可奉行云々」とあり、兼実が神宮上卿の辞退を申し出たことに対して、後白河法皇が留任することを命じたことがわかる。

同三(一一七三)年二月一日条によれば、兼実が法皇に灸治《きゅうじ》を行うので神宮上卿を辞退したい旨を申し入れたところ、法

皇は後任の見当がつかないなどと回答した。続けて兼実は、神宮上卿について「此上卿於事有恐、付内外、過失難遁」とした上で、自らの能力不足を理由にしてたびたび固辞してきたが、許可されなかった。左大臣大炊御門経宗や左大将藤原師長などに内々に補任の意向が示されたが、実際には行われなかったことを述懐している。

同二十三日条には「左少弁兼光来、先日、所下官底之神宮文書請文持来」とあり、神宮上卿によって処理された後の神宮文書は官底に送付されて保管されたことがわかる。

同三月九日条によれば、兼実は兼光に会い、女院御不例《にょいんごふれい》を理由として神宮上卿の辞退を申し入れた。

同十三日条によれば、兼光が兼実に対して次のように伝えた。神宮上卿のことについて、関白藤原基房が、女院御不例は辞退の理由としてもっともなことであるが、しばらく補任されうる人がいない。今朝、事の次第を後白河法皇に奏聞したところ、法皇は大納言で皇后宮権大夫《こうごうぐうごんのだいぶ》の久我定房を補任する意向を示したので、現在、仰せ遣わせているとのことであった。兼実は、補任される者が未定でも辞退することは許可されている。そこで、今日出納に文書を渡すなどと述べた。定房は、神宮上卿を務めた久我雅定の子であり、同じく同職を務めた雅通と兄弟である(55)。

同七月十九日条によれば、兼実は、大夫史小槻隆職《おづきたかもと》とともに法皇の御前に出て、いくつかの事柄について尋問を受けた。同条には次のようにみえる。

一、神宮上卿事、

申云、于今未定、但若雖被定仰、未承及歟、凡神宮事、当時如無、就中、禰宜等可被召問之由、被下宣旨、黙止未曽有事也者、

神宮上卿のことについて尋問された兼実は、同職は未定であるとし、神宮行政が停滞していることを報告している。当時は、すでに定房が退任しており、後任がいない状態であったことがわかる。

同承安四(一一七四)年二月十七日条によれば、当時、再び久我定房が神宮上卿を務めており、この日、所労により退任した。そのため、頭左中弁八条長方《はちじょうながかた》が兼実に再び就任するようにとの後白河法皇の意向を伝えたが、兼実は、種々の事

情、とくに所労により灸治を加える必要があるとして辞退した。

同安元元(一一七五)年五月二日条には、「如一昨日、定能朝臣来、神宮上卿事、可被仰之由、兼光内々告示、旁可難奉行之由、事次可達天聴〔之〕旨、相含定能朝臣了」とあり、左中将平松定能《さだよし》が兼実を訪れて、神宮上卿を務めるようにという法皇の内示を伝えた。右大臣兼実は務め難いとのことを法皇に伝えるように述べた。

同四日条には「定能朝臣示送云、太神宮上卿事、申入之処、仰云、右大臣之外、無可勤仕之人云々者、何無勤仕之人哉、如何々々」とあり、定能が兼実に対してこのことを法皇に奏聞したところ、法皇は兼実よりほかに勤仕する者がいないと述べたことを伝えた。

同十二日条によれば、蔵人左少弁兼光が兼実を訪れて、神宮のことを計り行うようにという後白河法皇の詔を伝えた。兼実は次のように回答して、これを承諾した。

「朝臣の大事として神宮より過ぎたるものはない。ゆえに先代の神宮上卿は皆重臣であった。自らは二〇歳にも満たないうちに役職は三台《さんたい》を帯びたが、神宮上卿が務まるのであろうか。先例を調べると、官職の高貴に関わらず、能力によって撰ばれている。

そもそも、先年、神宮上卿に指名されたとき、再三辞退したが、適任者は、触穢《しょくえ》、服仮、故障《こしょう》であったため、その間、しばらくの間は務めるように法皇から何度も命じられて、止むを得ずに務めた。今度は適任者は皆障りなく、彼らを指名するのがよい。(中略)愚臣の所役としては絶え難いが、あえて君命を憚るものではない(後略)」。同六月四日条には次のようにみえる。

四日、癸丑、雨下、未刻、蔵人左少弁兼光来、伝法皇詔云、神宮上卿事令辞申之旨、其理可然、但最末納言等、承行重事、猶不穏事也、加之、先例多上﨟所勤仕也、理須在左大臣、而殊有申入之旨等許、彼人々辞遁、強出之、所請事已無理、但非重彼、軽是之儀、当時無殊障者、猶雖暫可奉行者、対曰、於旨趣者、再三申入了、今詔旨無所避、不得重請者、兼光、良久談語世間事、退出了、余中心案之、神宮上卿事々沙汰云、神事有恐多煩、故万人欲遁此役、微臣依疎遠、被押懸歟、但神慮定有所量、何強遁之、左相被申旨、宿老之者、可為先修繕、而依神事、不興仏事、枉可被免此役云々、古来朝之元老、所奉行来也、何依老被免哉、於神事軽重者、非勅宣事歟、可謂無其理、粗案先規、依年少被免重事者例也、即花園、宇治両左府是也、今優宿労、責弱冠、時移政変、此謂歟、亥刻許、蔵人所出納盛俊持来文書櫃二合、家司季長朝臣、衣冠、相逢、合目録、請取之、占潔所、先洗之、敷筵立棚、案之、如先年、余又衣冠、見文書之処、先年、余奉行之時、更無相違、浜名御厨文書一結所相加也、先是、仏経奉出家中、僧尼禁参入、月水女退宿廬、先年、出郭外、今度依式文、候宿廬也、

これによれば、蔵人兼光が兼実を訪れて、後白河法皇の詔を伝えた。内容は、兼実が神宮上卿を辞退したい理由は当然であるが、末席の納言らが重事を担当するのは穏当ではなく、先例の多くは、上席の公卿が務めていることなどを理由に、現在、とくに故障がないのであれば、なお、しばらく務めるようにとのことであった。兼実は承諾した。その後、兼実が「神宮上卿事々沙汰云、神事有恐多煩、故万人欲遁此役」と記していることにより、当時、神宮上卿の人事が容易には進まず、兼実が慰留された理由を窺うことができる。

その後、蔵人所《くろうどどころ》出納《しゅつのう》盛俊《もりとし》が神宮関連の文書櫃二合《にごう》を持参した。家司季長が衣冠を着けて応対し、目録と照合して受け取った。そして、邸宅内の潔所《けっしょ》を探して、その場所を洗い、筵《むしろ》を敷き、棚を立てて文書をおいた。兼実も衣冠を着けて文書をみた。同年八月十八日条には「為辞退上卿」とあり、兼実が神宮上卿を辞退したことがわかる。

同二十七日条によれば、兼光が右大臣兼実を訪れて、神宮上卿を勤仕《ごんし》するようにとの後白河法皇の意向を伝えた。兼実は承諾したが、来月五日に仏寺に参詣する予定があり、その日以前に文書を渡されるべきではない。その後、消息《しょうそく》を通じて、もう一度、その意向を伝達してもらいたい。ただし不都合であれば、この限りではないと述べた。兼光は承諾する旨を回答した。

同九月十日条によれば、再び兼光が兼実を訪れて、神宮上卿を勤仕するようにとの後白河法皇の意向を伝えた。その際に「神事が度を越しているので、次々と人々が辞退し、この役職を務める人がいない。これは非常に不都合である。先例

に従い、近代の新儀を遵用《じゅんよう》しないように」との意向も申し添えた。兼実は承諾した。

同二(一一七六)年九月一日条には「依所労、神宮上卿辞申之由付頭弁、又令申関白御許了」とあり、兼実が所労により神宮上卿を退任したことがわかる。

『玉葉』(56)安元三(一一七七)年正月十三日条には「神宮上卿、去五日為光能朝臣奉行被仰左府、左府領状云々」とあり、同五日に左大臣大炊御門経宗が神宮上卿に就任したことがわかる。

しかし、同三月八日条には「未刻、頭右中将光能来仰云、左相府依腫物、辞申神宮上卿、本早可奉行、又来十一日、可被発祈年穀奉幣、同可奉行、抑、神宮事、先々奉行之時、殊令尋沙汰之由聞食、尤神妙事也、必可奉行之者」とあり、頭右中将大炊御門光能《みつよし》が兼実に対し、法皇の命令として経宗が腫物《はれもの》により神宮上卿を辞退したので、元のように早く担当すること、祈年穀奉幣発遣《きねんこくほうへいはっけん》の上卿も務めることを伝えた。

さらに、光能は、以前、兼実が神宮上卿を務めていたときにはとくに事実を調査して処置していたことを法皇が聞いており、感心している。必ず担当するようにとのことを命じられた。しかし兼実は同条に「但当時沈病席、如不弁東西、何況奉行公事乎、今暫不可叶」と記して所労により辞退している。

同十一日条には「人伝云、神宮上卿事、有可被仰太相之云々、而依関白之被申、不被仰之、因之、下官奉之云々」とあり、太政大臣藤原師長が神宮上卿の候補者として挙げられたが、関白藤原基房の意見により指名されず、右大臣兼実が要請をうけることになった。

しかし、同十二日条には「自昨日夜、風病猶増気、無術、忽難復尋常、仍送書於光能朝臣、示可辞申神宮上卿之状、有可申沙汰之報」とあり、兼実が体調を理由に神宮上卿を辞退する意向を書面にて光能に伝えている。

同十四日条によれば、光能が兼実を訪れて、先日、兼実が体調を理由に「重又令辞申」ということに対して後白河法皇による「再三被仰之」との再三にわたる兼実に対する神宮上卿就任要請を伝えている。「今強遁申之条、頗遺恨所思食也者」「内々示云、御気色頗不快、令奉行御尤宜歟」とあるように、法皇の強い意向を窺うことができる。

兼実は、「綸旨重畳」により辞退もできないが、出仕することも「更不可堪」として、光能にそれらのことを法皇に奏聞することを依頼したところ、法皇は二十二日に入洛するので、そのときに奏聞すると答えた。同二十四日条によれば、兼実が後白河法皇に対して所労を理由に神宮上卿辞退を申し出たことにより、法皇は光能に早く左大臣徳大寺実定に神宮上卿就任を命じるように指示した。光能が実定に伝えると、実定は就任を承諾した。

加納重文氏は「兼実の人生における顕著な特徴の一つに、その絶えざる宿痾《しゅくあ》がある」とし、兼実を「生来の宿痾に悩みながら、あるいは時に宿痾を口実としながら、朝臣としての態度も恪勤《かくご》といえない公卿」と評している。(57) 兼実が就任と退任を繰り返した理由は、こうした体質や気質に加えて、「厳重之神事」、「神事有恐多煩」、「神事過法」と表現されているように、当時、神宮上卿が神事を担当する役職として厳格に清浄性を保つことを求められていたことや、神宮上卿を務めることができる大臣クラスの公卿のなかで法皇からその適任者と目された公卿がきわめて少なかったことであったと考える。

『神宮上卿至要抄』には次のようにみえる。

三条左大臣

○実房公

愚昧記云、安元三年十月五日、石清水行幸、抑八幡宿院是極楽寺也、予為神宮上卿入門内之条可有憚哉、頗以不審、仍申合相府之処、以神殿為本躰歟、又神事被憚之由不覚悟云々、問例於師尚之処、示云、先例只今不覚悟、但新嘗会以前、八幡行幸有其例也、不可憚也云々、此例尤可准拠也、仍参入了、

(中略)

廿一日、早旦、沐浴了、着衣冠、於庭中解除、神宮十二ヶ条解状宣下、先了、向予参宮之時、付遅怠之解状、則奏聞之処、可尋沙汰之由、一日比被仰之、仍披見文書等、次以史孝周尋遣隆職宿禰許了、

『愚昧記』治承元(一一七七)年十月五日・二十一日条によれば、権大納言三条実房が神宮上卿を務めており、神宮から提出された一二カ条の解状に対する宣下を担当したことがわかる。それに先立って庭中《ていちゅう》において解除していることが注目さ

れる。つまり、神宮に対する宣下も神事とされていたのである。

続いて同十二月八日条によれば、実房が神宮からの訴訟文書を清書するなどした。翌日、光能に渡すためであった。晩頭に洗髪し、夜に入り、沐浴の後、庭中において解除し、神宮に遥拝した。同九日条によれば、先日奏聞するように後白河法皇から命じられた神宮からの訴訟を折紙二枚に注したものを文書を副えて光能に付しており、当時、神宮文書を取り扱う際に如何に清浄性が求められたかがわかる。

実房は、先に神宮上卿を務めた大炊御門経宗の婿に当たる。三条家は、祖父実行・父公教《きんのり》以来の故実の家ではあったが、実房は経宗よりさらに公卿故実である花園流を伝授され、「職者」として周囲の模範となる公卿であったとされる(58)。以上、先述したことと考え合わせると、後白河法皇は、経宗や実房など有職故実に秀でた公卿を院別当に補任するなど自らの近臣とし、神宮上卿にも起用したのであった。

第三節　九条兼実執政期の神宮上卿

『神宮上卿至要抄』には次のようにみえる。

中御門大納言

○　宗家卿

吉部秘訓抄云、一於上卿亭神宮領訴評定事、

文治二五廿四同記云、大夫史広房来談云、今日、於上卿中御門大納言宗家亭、今日、始有神宮訴訟評定事、上卿、衣冠、取笏、横座、半帖、寄人一行、縁端畳、

夕拝備急至要抄云、一、神宮雑訴、上卿第沙汰、

文治二年

上卿権大納言宗家

『吉部秘訓抄《きちぶひくんしょう》』によれば、文治二(一一八六)年五月二十四日に権大納言松木《まつのき》宗家の邸宅において神宮訴訟の評定が行われた。『夕拝備急《せきはいびきゅう》至要抄』にも同年に神宮雑訴が宗家邸において評定されたことが記されている。宗家は神宮上卿を務めた松木宗能の子である(59)。

ただし、この記事については、玉井力氏が『玉葉』の記事により宗家が上卿になったのは同六月十七日のことであり、この評定は同日以降のことであると指摘している(60)。その六月十七日条には「雨下、五位蔵人親経・親雅等、申条々事、神宮上卿事、以親経遣宗家卿亭、仰神宮上卿事、日来其人未定、被申可奉行之由」とあり(61)、蔵人藤原親経らが当時、摂政となっていた兼実を訪ね、諸事を報告、相談したが、神宮上卿人事について、兼実の意向により親経が宗家に同職就任を要請し、その承諾を得たことがわかる。

同三(一一八七)年二月二十日条には次のようにみえる。

> 廿日、壬辰、天陰、時々小雨、親経来云、丹州三品事、昨日被宣下了、上卿兼光卿、名字栄子云々、又申神宮上卿之間事、右大将領状、欲遣文書之処、本上卿宗家(卿)参春日、仍未遣云々

これによれば、この日までに大納言三条実房が神宮上卿に就任することを承諾し、神宮文書の送付を希望したが、前任の松木宗家が春日社に参詣中であったことにより送付されていないことがわかる。

同四(一一八八)年六月二十一日条には次のようにみえる。

> 今旦、実教朝臣来、申所衆滝口等初参輩事、又申、神宮上卿、可仰右大臣旨、有勅定之由、申之、即仰可仰彼大臣之由了、

これによれば、神宮上卿に右大臣徳大寺実定を補任するようにとの勅定が下されたことがわかる。ところが、同二十七日条には「廿七日、辛卯、宗隆来、申神宮上卿幷役夫工上卿等事、右大臣辞神宮上卿、堀川(ママ)大納言辞遷宮上卿」とあり、実定は補任されて数日後に辞任したことがわかる。

同建久元(一一九〇)年十月三日条には「此日、佐保山陵使発遣、依東大寺棟上事也、雖為上皇御沙汰、自院依被申請、自公家発遣此使、此旨被載告文也、上卿内大臣、雖為神宮上卿、依先例、勤此上卿」とあり、当時、内大臣高野兼房が神宮上卿を務めていることがわかる。

同二(一一九一)年五月十日条によれば、右少弁資実が兼実を訪ね、五つの案件について相談しているが、その一つに「神宮上卿不置其人、経数月」とあり、神宮上卿が不在となって数カ月が経っていることがあった。それに対して兼実は「尤可被定仰事」とその補任が必要である旨を回答した。

玉井氏は同二十四日条の記事により、この日の神宮評定について詳細を明らかにしている。[62] また岡野氏も同じ記事により、大納言河原実家《かわはらさねいえ》が神宮上卿に補任されたことを明らかにしている。[63] 同条には次のようにみえる。

> 廿四日、辛未、天晴、宗頼朝臣来、申条々事、伊勢国地頭之間事也、先日、依頼朝卿奏請、遣官使於彼国、相副彼卿使者、尋捜子細、帰参、文書及数合、仰官令注進肝心之事也、余仰云、注出可仰遣関東之事等、其上於神宮上卿、実家卿領状云々、亭、定寄人、加評定、可仰遣関東、此旨可奏聞之由仰了、

これによれば、同日までに実家が神宮上卿への就任を承諾していたことがわかる。同十月十三日条には「又、被行軒廊、上卿同人也、神宮上卿藤大納言、所労不参〔之〕替也」とあり、この時点においても在任していたことがわかる。

同二年閏十二月二十一日条には「今日、神宮役夫工等上卿〔申以〕事、幷崇徳、安徳等事、以消息仰遣定長卿許、入夜、示送云、神宮上卿事、先可仰左内両府、(後略)」とあり、兼実が甘露寺定長《さだなが》のもとに神宮上卿人事についてまず左大臣三条実房と内大臣中山忠親に打診するようにとの書状を出している。

先述したように、玉井氏によれば、兼実は自らの執政期間において神宮上卿のもとで寄人《よりうど》を集めて神宮訴訟を審議する神宮評定を復活させたが、兼実の神宮行政への対応として、もう一つ注目すべきことは、清浄性が厳しく求められたことにより、就任を引き受ける公卿がいなかったためか、治承《じしょう》元(一一七七)年以降、その補任を確認することができなかった神宮上卿を、文治二(一一八六)年以降、神宮評定を主宰させるために再び常置化したことや、その人選も行っていたこと

である。

『神宮上卿至要抄』には次のようにみえる。

中山内大臣

〇忠親公

百錬抄云、建久四年四月十三日己酉、於太神宮上卿内大臣亭、寄人等評定神宮事、

夕拝備急至要抄云、

一、神宮雑訴上卿第沙汰

建久四年

上卿　内大臣中山

これによれば、『百錬抄』建久四（一一九三）年四月十三日条には、神宮上卿であった内大臣中山忠親の邸宅において寄人が集まり、神宮からの雑訴が評定されたことがわかる。『玉葉』同三年九月三日条には「以忠季朝臣、仰神宮上卿之間事於内大臣、内々仰也」とあり、兼実は忠季《ただすえ》を通じて忠親に神宮上卿就任を要請した。先述したように、このことは前年からの兼実の意向であった。同四日条には「忠季朝臣来、示内大臣返事、神宮上卿領状、但過今月、可承云々」とあり、忠親は十月以降の就任を承諾している。

兼実が忠親を神宮上卿として適任であると考えた理由は、遠藤基郎氏によれば、忠親は公事学習のために『小右記部類』、『中右記部類』を所持し、除目作法について『直物抄《なおしものしょう》』『中山内府抄』を編んでおり、兼実がその礼儀作法を激しく賞賛していることから、(64)忠親が有した有職故実の知識や実践能力を高く評価していたことに他ならないであろう。

同四年四月十一日条には「内大臣、神宮問注之間条々事、被申者、就状、又仰条々事」とあり、評定の前々日に忠親が兼実に対し、神宮訴訟について、原告、被告双方の主張を報告し、兼実もコメントしており、明後日の神宮評定に備え、神宮上卿が関白兼実に事前に相談していることが注目される。さらに、『百錬抄』同十二日条には「内大臣仰云、前隠岐守中

原師尚、（中略）宜為伊勢二所太神宮雑務評定寄人者」とあり、(65)評定の前日に忠親が前隠岐守中原師尚等を大神宮雑務評定寄人に補任している。(66)

以上のことにより、兼実執政期の文治二（一一八六）年から建久七（一一九六）年までの神宮行政は、その決裁権や神宮上卿の人事権を有した兼実と評定を主宰する神宮上卿のラインで行われたことを指摘できる。

『玉葉』建久五（一一九四）年正月十三日条には「十三日、乙亥、晴、戌刻、着直衣、相伴左大将、参法勝寺、上卿実宗卿奉神宮事、仍以親信卿為仮上卿」とあり、大納言西園寺実宗が神宮上卿に就任したことがわかる。

『神宮上卿至要抄』には次のようにみえる。

中山太政大臣

〇頼実公

愚昧記云、建久五年十二月廿六日、先太神宮大宮司定事、右大将奉行也、中略、次有東大寺供養定事、先是右大将退出、依為神事奉行也、

『愚昧記《ぐまいき》』建久五（一一九四）年十二月二十六日条によれば、神宮大宮司定《だいぐうじさだめ》が行われ、権大納言大炊御門頼実が奉行した。この後、東大寺供養定《くようさだめ》も行われたが、頼実は神事を担当していることにより、退出している。このことにより、当時の頼実が神宮上卿であったことがわかる。頼実は神宮上卿を務めた大炊御門経宗の子である。(67)

第四節　後鳥羽院政期の神宮上卿

藤原定家の『明月記』(68)正治《しょうじ》元（一一九九）年七月六日条には次のようにみえる。

六日、天晴、参角殿、入夜、退下、神宮上卿事、此間可被仰云々、又仗議已被□□神宮神鏡事、香椎宮神人自害事云々、祈年穀奉幣、公卿勅使召仰、連々可出仕由有仰、

これによれば、左少将藤原定家が神宮上卿の人事を知らされていたことがわかる。神宮神鏡の事件が仗議《じょうぎ》の議題になったことについても承知しており、仗議に出席していたかは不明であるが、定家が神宮行政を含めて朝廷の枢機《すうき》を知りうる立場であったことがわかる。同十六日条には次のようにみえる。

（前略）夕参大臣殿、左宰相中将兼参入、又神祇大副為定参入、申小朝熊社神鏡事等、私所存申之、事次被仰神宮上卿神事間事、深更退出、

これによれば、定家が左大臣九条良経邸を訪れた(69)。定家は神宮末社の小朝熊《こあさくま》社神鏡紛失事件について自らの見解を述べている。その際に、良経から「神宮上卿神事間事」、すなわち神宮上卿の職務に当たる際の心構えについて話があった。良経は九条兼実《かねざね》の次男であったことにより(70)、神宮上卿補任の内示が出されていたためであると考える。

岡野浩二氏は同二十二日条の記事により良経が神宮上卿に就任したことを明らかにしている(71)。この記事によれば、定家が良経邸を訪れると、良経がこの日神宮文書を渡すように命じた。そこで定家は、沐浴《もくよく》の後、解除《げじょ》した。良経も衣冠を着け、晴光の奉仕で庭上《ていじょう》にて御祓いを受けた。定家は近侍した。良経は神宮に御拝の後、定家から神宮文書を受け取った。家司の親房も束帯で伺候《しこう》しており、中門の妻戸《つまど》内をもって文書の保管場所とした。

多賀宗隼氏によれば、建久七（一一九六）年、兼実は源通親により執政の地位を追われ、その子、良経も正治二（一二〇〇）年まで五年にわたる籠居《ろうきょ》を余儀なくされたが、後鳥羽上皇は、正治元年六月の除目で、良経を左大臣に、兼実の代わりに執政となった近衛基通の子家実を右大臣に任じ、両家に対して公平な態度を示した(72)。

これらのことを踏まえると、良経が左大臣に就任し、その直後に神宮上卿に補任されたことは九条家を復権させようという後鳥羽上皇の意向に基づくものに他ならないであろう。同二十五日条には次のようにみえる。

廿五日、天晴、旱魃渉旬、参大臣殿、今日、依小朝熊神鏡定、可有御参内、公卿等多申障云々、甚乏少云々、右府雖有別院宣、称病不被参云々、

このことは『百練抄』同日条にも「七月廿五日、有仗議、伊勢太神宮末社小朝熊社岩上御鏡紛失事也」とあるように、良経

を上卿として神宮末社小朝熊社の神鏡紛失事件についての仗議が行われていることがわかる。『明月記』同二十七日条には「廿七日、天晴、参大臣殿、兼定参入、進神宮文書、訴訟記録所勘状等」とあり、蔵人《くろうど》壬生《みぶ》兼定《かねさだ》が良経のもとへ神宮文書や神宮訴訟に関する記録所の勘状《かんじょう》などを持参したことがわかる。

同十二月二十一日条には「廿一日、天晴、兵部権少輔入来、神宮文書、明日早旦可被渡源大納言云々」とあり、同二十二日条には「今日、神宮文書渡被（ママ）源大納言許云々」とある。これらによれば、兵部権少輔《ひょうぶごんのしょうふ》が定家を訪れ、神宮文書を明日権大納言唐橋通資《からはしみちすけ》に渡すように指示した。それをうけて、翌日、定家は通資に神宮文書を渡した。以上のことにより、良経の後任として通資が神宮上卿に補任されたことがわかる。

通資は、当時、後鳥羽上皇の院執事別当を務めており[73]、上皇の信任が厚い公卿であったこと、さらに、神宮上卿を務めた久我雅通の次男であり[74]、当時、内大臣として朝廷の主導権を有していた久我通親の弟として多年にわたり通親と手を携えてきたことが[75]、選任された理由であったと考える。

岡野浩二氏によれば、『猪隈関白記』《いのくま》承元《じょうげん》三（一二〇九）年八月二十二日条の記事により権大納言久我通光が神宮上卿を務めていた[76]。同条によれば、陣定《じんのさだめ》が行われ、造伊勢太神宮行事官《ぞういせだいじんぐうぎょうじかん》より神宮の外院《げいん》において穢れが発生したときは内院においても穢れとするのかとの提議があった。この陣定は、左大臣以下一一名の公卿によって行われ、奉行を神宮上卿久我通光が務めた[77]。

通光は、通親の三男に当たるが、その嫡子に擬せられて、速やかな昇進を遂げ、建保《けんぽう》七（一二一九）年、内大臣に昇り、承久三（一二二一）年、後鳥羽上皇の近臣として承久の乱の責任を追及され、恐懼《きょうく》（朝廷の譴責《けんせき》をうけ、出仕を止めて閉居《へいきょ》すること）に処されたが、寛元四（一二四六）年には太政大臣にまで昇った[78]。白根靖大氏は、「後鳥羽院政期になると、兼実の孫にあたる九条道家もまた神宮上卿を拝命したことがあった。建暦《けんりゃく》元（一二一一）年五〜七月の『玉蘂』《ぎょくずい》を眺めると、割と頻繁に宣旨が持ち込まれており、日常的に案件処理を行っていたことを看取できる」とし、『玉蘂』の建暦元年三月二十日に辞退を申し出た記事や五月一日以降、神宮上卿として活動した記事を明らかにしている[79]。

『玉薬』承元四(一二一〇)年十月十七日条によれば、去る九月十九日に神宮において触穢《しょくえ》事件が起こったことをうけて、十月十七日に軒廊御卜が行われ、権大納言道家が神宮上卿としてこの儀式を取り仕切っている。さらに、同日条には「今夜、帰上神宮文書了、召出納給之、取請文歟、帰之後、有秘事」とあり、道家が神宮文書を内覧していたことが窺える。道家は良経の長男に当たる。(80)

同建暦元年三月二十日条によれば、当時、道家が頭弁に書状を出して、神宮上卿退任を申請した。道家が「朝之大事莫過神宮、故先代上卿皆是国之重臣也」と記していることにより、朝廷における神宮上卿の位置づけの高さを窺うことができる。

後鳥羽院政期における神宮上卿人事について注目すべきことは、兼実の子の後任として、時の権力者であり、兼実の政敵であった久我通親の弟をあて、その後、通親の子、兼実の孫という順序で補任するという、言わば九条家と久我家のバランスをとった人事が行われていたことであり、このことは後鳥羽上皇一流の政治的配慮であったと言えよう。

この書状のなかで道家は「叔父僧都良海、年来宿痾近日弥留」と叔父の容体を記し、追伸と併せて神宮上卿を退任したい意向を伝えている。親族の病気や死も穢れとなり、自ら退任しなければならなかったことを指摘することができる。しかし、その後も道家は神宮上卿を務めており、この申請は認められなかったようである。

同五月七日条には次のようにみえる。

依為神宮上卿、不拝北斗、昨日、問遣為定朝臣状申状也、

北斗御拝不可候、可被行、其由御禊候歟、斎王群行日不可奉燈北辰之趣、依□□式条、神事之上卿、雖群行之時、

被指揮憚候也、恐惶謹言、

五月六日　　神祇大副為定

これによれば、道家が神宮上卿であったことにより、北斗七星を拝まないことについて神祇大副《じんぎのたいふ》為定に問い合わせ、そのことに対して返状《へんじょう》が届いている。禁忌事項の確認も職務遂行の上で欠くことのできないものであったことがわかる。同

十九日条には次のようにみえる。

未刻左中弁宣房朝臣来、予仰云、月読宮造替間事、可准別宮之由宣下已畢、又可増寸法一定切了、雖不可□長承例、已有議定、御占等今度無沙汰被仰下了、守神慮、非無疑、若准長承例、被行御占歟、不審申之由便宜可間伝奏光親卿也、如此申状非無恐、然而先度已無□仰下了、而可進忽不申外訴依申諸給之了、

これによれば、道家が左中弁宣房に月読宮《つきよみのみや》の造替《ぞうたい》を別宮に准ずるように宣下されたこと、建物の寸法を増やすことが定められたことを伝えた。承元三(一二〇九)年九月十六日には第二十八回内宮式年遷宮が行われており、それに伴うものであった(81)。

同建暦元(一二一一)年六月十七日条によれば、神宮における触穢事件をうけて軒廊御卜が行われた。道家は神宮上卿として頭弁・職事の蔵人・地下官人・陰陽寮と神祇官の役人を指揮し、その運営に当たっている。その指示は、微に入り、細にわたるものであった。

具体的に主な内容を挙げると、陣座において出欠席者を確認するなどした後、「大神宮雑穢事御卜候フ」と職事の蔵人民部少輔藤原資頼を通じて後鳥羽上皇に奏聞した。「聞食之由」と承ると、列席者に集合をかけ、陰陽寮と神祇官の役人を召した。

そこで神祇権少祐大中臣清重《ごんのしょうじょうおおなかとみきよしげ》に「吉凶可令卜申」と命じた。次に陰陽頭に「二所太神宮雑穢事、吉凶可令占申者」と命じ、「穢気連々」についても占申《せんしん》するように命じた。その後、道家のもとへ神祇官から二通、陰陽寮から二通提出された計四通の卜形《うらかた》と法家寮《ほうかりょう》の勘文《かんもん》二通が提出された。道家は筥《はこ》を用意させて、それらを納め、蔵人資頼を呼び、関白近衛家実への内覧と後鳥羽上皇への奏聞を指示した。

同二十九日条によれば、道家が女院を訪問したいと考えたが、職務上疑念があり、土御門泰基を召してこれを卜《ぼく》させたところ、神事に携わる間は参入すべきではないとの回答であり、取り止めた。女院には所労により不参とのことを伝えた。また、「今夜聊有夢想事」は、神宮上卿退任の理由として神慮に適うべきかどうかを泰基に占わせたところ、適当である

として早く辞退を申し出るべきであると回答した。そこで道家は、中宮大夫《ちゅうぐうだいぶ》を通じて内々に申し入れた。同七月一日条に「依神宮上卿、不書心経先例也」とあることも考え合わせると、清浄性を保つために自ら日常生活も厳格に律することが求められた神宮上卿は、当時の公家にとって非常に荷が重く、就任を避けたい役職であったことを窺うことができる。同三日条によれば、左中弁宣房が道家に遷宮《せんぐう》行事所《ぎょうじどころ》始《はじめ》の日次《ひなみ》について相談した。道家は早く先例によって処理するように命じた。

同四日条によれば、再び宣房が道家を訪れて同様の相談をしており、道家は十日が適当であると回答した。同五日条によれば、道家の神宮上卿退任の意向が受け入れられて、道家は出納《しゅつのう》に神宮文書を引き渡した。

第五節　後堀河天皇期の神宮上卿

『公卿補任』(82)承久四(一二二二)年の項には次のようにみえる。

権大納言　正二位　源定通　三十五　三月廿日、依辞退神宮上卿恐懼、五月十三日免、

この記事は、『公卿補任』にみえる神宮上卿の初見記事である。この年の三月二十日、権大納言土御門定通は、承久の乱に際して後鳥羽院の近臣として活躍したため、兄通光らとともに恐懼《きょうく》に処されたことにより(83)、神宮上卿を辞任したことがわかる。定通は神宮上卿を務めた久我雅通の孫、通親の四男に当たる(84)。『神宮上卿至要抄』には次のようにみえる。

〇師経公

宮槐記云、元仁元年十一月廿日、改元定、今夜、先太神寶定、中宮大夫上卿、次軒廊御卜、上卿内府、神宮上、伊勢事、其後、可有定云々、

このように『宮槐記《きゅうかいき》』元仁《げんにん》元(一二二四)年十一月二十日条によれば、内大臣大炊御門師経が軒廊御卜の上卿を務めたが、伊勢に関することであったことにより神宮上卿を務めていた師経が担当したことがわかる。師経は神宮上卿を務めた大炊

御門経宗の孫、同じく同職を務めた頼実の子に当たる。(85)

『百練抄』嘉禄元（一二二五）年十二月二十七日条には「二条堀川源大納言亭焼亡、放火云々、神宮上卿之文書等紛失云々」とあり、この日、大納言堀川通具《みちとも》邸が焼失し、神宮上卿の文書も紛失するという事件があった。このことから、当時、通具が神宮上卿を務めていたことがわかる。通具は通親の次男であり、同じく同職を務めた久我通光や土御門定通の兄に当たる。(86)

以上、後堀河天皇期の神宮上卿人事についてみると、久我通親の二人の子が就任したことが注目される。第四節において明らかにした後鳥羽院政期においても、通親の弟や子が就任しており、後鳥羽院政期から後堀河天皇期にかけての神宮上卿人事において通親の親族が一つの軸となっていたことは確かであろう。

第六節　後嵯峨院政期の神宮上卿

『神宮上卿至要抄』には、花山院師継《かざのいんもろつぐ》の記録である『妙槐記《みょうかいき》』文応《ぶんおう》元（一二六〇）年十月十四日条の記事が抄出され、師継が、この日、神宮上卿に補任されたことが記されている。増補史料大成本『妙槐記』(87)の同日条には次のようにみえる。

十月十四日、今日、蔵人次官高俊神宮雑穢三ヶ条宣旨、即下右中弁成俊朝臣、件状書様、雖為例事記之、職事状続去
□□、本解三通籠体紙一枚、結中、
□□□云、入夜、蔵人次官高俊下神宮宣旨、其状云、
献上
宣旨、
　祭主隆蔭朝臣言上、太神宮司言上、豊受大神宮禰宜等注進、去六月八日、鹿甕穢出来、不供進二宮朝夕御饌事、
同朝臣言上、同宮司言上、同禰宜等注進、去八月一日、同穢依触及、不供進二宮朝夕御饌事、已上副次第解、

仰、已上令勘例、
右宣旨、献上如件、高俊恐惶謹言、
予返答云、祭主隆蔭朝臣申雑穢条々事、可令下知之趣、神宮上卿事　宣下之由、雖承及候、件宣旨未見給候、仍無左右、下知猶豫候、本解相具、仰詞令返献候、宣旨到来之後、可被下歟、謹言、
宣旨、
祭主隆蔭朝臣言上、太神宮司言上、豊受大神宮禰宜等注進、去六月八日、鹿斃穢出来、不供進二宮朝夕御饌事、
同朝臣言上、同宮司言上、同禰宜等注進、去七月五日、犬産穢依触及、不供進二宮朝夕御饌事、
同朝臣言上、同宮司言上、同禰宜等注進、去八月一日、同穢依触及、不供進二宮朝夕御饌事、已上、副次第解、
仰、已上令勘例、
右宣旨、早可令下知給之状、如件、
十月十四日、　権大納言師継
右中弁殿

これによれば、外宮における触穢により、二宮《にぐう》朝夕《あさゆう》御饌《みけ》を供進することができなかった三例について祭主から次第解が到来したが、十月十四日、これに対して蔵人次官高俊が宣旨を下した。それは、朝廷がこれらのような異常事に如何に対応したか、先例を勘申するように命じる内容であった。

高俊は、権大納言花山院師継にこの宣旨を献上し、師継の神宮上卿就任宣下も伝達したものと思われる。師継は高俊に、この宣旨を下知させ、神宮上卿就任宣下も承諾するとのことを答えた。その後、師継は右中弁平成俊に早くこの宣旨を下知するように命じた。同十八日条には次のようにみえる。

十八日、今日、神宮雑穢三ヶ条、勘例遣高俊許、其状如此、
献上、

□奏文、

官勘申、祭主隆蔭朝臣言上、豊愛《（ママ）》大神宮神事、

依雑穢違例三箇条事、

右可令奏聞給之状、如件、

十月十八日　　権大納言師継

蔵人勘解由次官殿

文殿勘例等、大概取詮注之、

一通、豊受大神宮、去六月八日、鹿斃、穢触、及宮中間、不供進二宮朝夕御膳例事、

永承五年九月、承元四年七月、被行御卜、下知本宮、令祈御卜之趣、

一通、同宮八月一日、犬産穢触及宮中間、不供進二宮朝夕御膳例事、

建永元年八月、被行御卜、仰本宮注進神事違例不浄、令祈御卜之趣、

一通、同宮七月五日、犬産穢触及宮中間、不供進二宮朝夕御膳例事、

承元二年八月被行御卜之後、且注進神事違例、不浄不信、可祈請公家御慎口舌闘諍及怪所病事、

これによれば、師継が高倹に要請されていた文殿《ふどの》の勘例《かんれい》を提出したことがわかる。師継は有職故実に通じ、深く天皇の信任を得て朝廷の要務に携わった公家であるとされ(88)、この事例でも、亀山天皇は、神宮における不祥事の報告をうけて先例を勘申《かんじん》するように命じたが、同時に不在であった神宮上卿に信任していた師継を任命し、その対応に当たらせようとしたと考える。

その後、亀山天皇下の弘長三(一二六三)年八月十三日に出された宣旨には次のようである(89)。

(前略)

一、可早速裁断同訴訟事、

仰、神宮奏状不経一宿、亦不顧機嫌、早可奏聞、□□先規、可定上卿・弁官、亦随近例、被定職事一人、是則依崇重異他、為早速裁断也、宮中違例・式内神領、委尋陵遅運、致沙汰、但誇此行、恣莫致濫訴、兼亦諸人越訴一切停止、

（後略）

この宣旨については、藤原良章氏によって神宮興行令の濫觴《らんしょう》として取り上げられ[90]、白根靖大氏は院政期の神宮奉行について論ずる契機として紹介している[91]。さらに、岡野浩二氏が「□□先規、可定上卿・弁官、亦随近例、被定職事一人」について、以前におかれた上卿・弁を復活せよ、現在は職事一人だけが神宮を担当していると解釈できるとしている[92]。

この宣旨の内容は次のようである。「神宮よりの提訴は日をおかず、時機《じき》を顧慮《こりょ》することなく早く奏聞すべきである。そして、先規により上卿・弁官を定めるべきである。また近年の例では、職事一人が定められている。このことは神宮に対する崇重《すうちょう》が他とは異なることにより、早速に裁断するためである。神宮における違例や『延喜式』で定められた神領が廃れた場合には、詳細に原因を尋ねて対応すべきである。ただし、この法によって付与された特権をふりかざして濫《みだ》りに訴訟をしてはいけない。さらに、神宮訴訟に敗訴した当事者の越訴《おっそ》は一切停止する」。

以上のように、神宮訴訟に速やかに対応して裁断するために、改めて専任の上卿・弁官を定めることが命じられたことがわかる。

『神宮上卿至要抄』には次のようにみえる。

後光明峯寺摂政

〇家経公

吉続記云、文永五年六月十五日、昨日、十二ヶ条意見、評定、神事々許有沙汰云々、被置神宮上卿、可為内大臣之由一揆、此外無聞事、

これによれば、『吉続記《きちぞくき》』文永五（一二六八）年六月十五日条の記事により、同十四日に評定が行われ、神宮上卿を補任す

ること、それには内大臣一条家経を当てることが決定されたことがわかる。

このことは藤原良章氏によっても指摘され、このように後嵯峨院政期には、再三、神宮上卿の設置が議されており、また大臣クラスの公卿がこれに選任されていることからみて、この時期、神宮興行が重大な政策課題であったことがわかるとしている(93)。

さらに、岡野浩二氏によれば、このときの神宮上卿設置の決定は同年に祭主大中臣隆蔭と禰宜荒木田延季が神事の執行をめぐって争ったのをうけたものであり、この時期には神官の争いが大きな問題になったときに限って神宮上卿がおかれたようであるとしている(94)。

第七節　亀山親政・院政期の神宮上卿

『妙槐記』文永十(一二七三)年十一月二十四日条には次のようにみえる。

文永十年十一月廿四日、去廿一日、於禁裏、頭中将実冬朝臣下口宣、豊受大神宮心御柱触穢、遂仮殿遷宮、可立替件柱事也、其状云、

文永十年十一月廿一日　宣旨

祭主神祇権大副大中臣為継朝臣上、

豊受大神宮禰宜等注進、当宮正殿心柱奉巻絹布切放、奉差御榊抜落紛失、同御柱謝懸物事、

蔵人頭右近権中将実冬奉、

(中略)仍書消息、相具口宣本解等、下左中弁親朝々臣、可下知之由、有請文、口宣即返上、此事最前勘例、行御卜、

令仮殿遷宮、至御柱立替事、予並左中弁所奉行也、神宮上卿未定間、仮所奉行也、

これによれば、禁裏《きんり》において頭中将滋野井実冬《しげのいさねふゆ》が内大臣花山院師継に対して、外宮の心御柱に触穢が発生したため、仮《かり》殿《でん》遷宮を行い、柱を立て替えるようにとの亀山天皇の命を口宣にして下した。これをうけて師継は、その内容を消息にして左中弁葉室親朝《はむろちかとも》に下し、下知するように命じた。親朝からは請文が提出された。

注目すべきことは、「予並左中弁所奉行也、神宮上卿未定間、仮所奉行也」とあるように、当時、師継は神宮上卿ではなく、同職人事が未定のため、仮に奉行していたということである。天皇の師継に対する信任の厚さと神宮上卿不在時の神宮行政の実態として実務経験豊富で有職故実に通じている公卿が臨時に担当していたことがわかる。

『神宮上卿至要抄』には、『妙槐記』文永十一（一二七四）年七月四日条の記事が抄出され、この日、堀川基具《もととも》が補任されたことが記されている。増補史料大成本『妙槐記』の同日条には次のようにみえる。

同十一年七月四日、申剋許、頭内蔵頭経業朝臣来、示有宣下事之由、著冠出逢、仰云、以大納言源朝臣令行伊勢太神宮事、仰了、自懐中取出口宣、下之、仍取之、暫招留経業、雑談、及日斜、令退了、左中弁経長朝臣、右中弁兼頼朝臣重服、左少弁棟望軽服、仍書消息、下右少弁定藤了、其状等如例、

文永十一年七月四日　宣旨

大納言源朝臣　基

宜令行伊勢太神宮事

蔵人頭内蔵頭藤原経業奉、

定藤請文、自是可進之由返答、翌日、出請文、

これによれば、頭内蔵頭《とうのくらのかみ》日野経業《つねなり》が師継に対して、後宇多天皇が権大納言堀川をもって伊勢神宮のことを担当させるように命じたことを口頭で伝え、口宣も手渡した。師継はその旨を消息に認めて右少弁葉室定藤《さだふじ》に下した。これをうけて定藤は請文を提出すると返答し、翌日、請文を出した。

以上のことにより、鎌倉時代における神宮上卿の補任方法について具体的に明らかにすることができた。基具は神宮上卿を務めた堀川通具《みちとも》の孫に当たる。(95)

おわりに

本章第一節において明らかにした、神宮上卿成立期の康和四(一一〇二)年から仁平元(一一五一)年までの就任者である、内大臣久我雅実をはじめとする大納言源俊明・内大臣藤原頼長・右大臣久我雅定(官職はすべて就任当時のもの)について、その特徴をみておく。

その成立は、康和四年に神宮で発生した前代未聞の大事件に驚愕した堀河天皇が、急遽神宮についての仗議開催を蔵人に指示するとともに、外叔に当たり、信頼する雅実に対して、その仗議を取り仕切ることを命じたことであった。

雅実に続いて大納言源俊明が任命されたのは、公事に通達し、数々の行事の上卿をよく務め、白河院近臣として朝廷で重きをなしたことや、藤原摂関家の当主忠実との交誼も厚かったことに加えて、検非違使別当を経験するなど、行政実務にも長けていたことが大事件に対応するために成立した神宮上卿に適任であると判断されたことによると考える。

頼長についても朝廷政務の枢機に参画して積極的に活動し、有職故実にも秀でていたこと、神宮政務について鳥羽法皇の下問に的確に回答していることにより、法皇の信任が厚かったことが同職に補任された要因であったと考えるが、注目すべきことは頼長が自らの後任として雅定を推薦した理由である。

まず右大臣という三台の任に昇進していたことである。さらに検非違使別当の要職を経験し、実績をあげ、清廉との評価があったことである。同職を経験して神宮上卿に任命されたのは先述した俊明と同様である。

神宮上卿は訴訟裁判を頻繁に担当する必要があり、行政実務における実績と人物の双方において評価が高かったことが雅定が推薦された理由の一つであったと考える。加えて初代神宮上卿久我雅実を父にもっていたことは、その人物を保証するものであったことは言うまでもないであろう。

成立期における神宮上卿の機能をまとめると、①神宮における事件についての仗議を主宰したこと、②神宮における怪異事件の報告をうけて、蔵人に朝廷における対応の先例を勘申させるように命じたこと、③②の事件について蔵人に軒廊御卜を行うように指示したこと、④法皇による神宮行政についての勅問に回答したことであった。

第二節「神宮上卿の常置化——後白河院政期を中心にして」において明らかにした、永暦二(一一六一)年～長寛二(一一六四)年の就任者である松木宗能から、文治二(一一八六)年の松木宗家までの神宮上卿について考えてみる。先述した成立期の神宮上卿が約五十年間で三名しか確認することができないのに対して、この時期は約二十年間で延べ一六名の就任者を確認することができ、まさに神宮上卿が常置化された時期といえよう。

この時期は後白河院政下に該当し、同院政下における神宮上卿人事は、大臣・大納言クラスの公卿でかつ院別当や近臣などを軸とし、当時の神宮行政は院御所において法皇の決裁によって行われていた。二条天皇期以降、神宮上卿が常置された理由は、当時の主要な公卿を院別当や近臣として院に付属させていた後白河院が、彼らを絶えず繰り返して神宮上卿に補任し、彼らを通じて神宮行政を統御しようとしたことであったと考える。

また、この時期における神宮上卿人事の特徴は、一人の公卿が複数回にわたり補任される事例や、同一親族から複数の就任者を出している事例が多いことである。前者の具体例としては、久我雅通は三度、大炊御門経宗は三度、九条兼実は五度、補任されている。三名の人事とも法皇の信任の厚さや実務能力に対する朝廷内の評価によるものと考えるが、とくに注目すべきは兼実である。

最初の就任に際しても「以愚昧之微質、難行厳重之神事」との理由で辞退したが、法皇から重ねてその意向が示されたので承諾した。この上卿は内大臣久我雅通が務めていたが、服仮により辞退して交替した。その後、左大臣大炊御門経宗や大納言藤原師長などが務めるようにとの法皇の意向が示されたが、それぞれ辞退しており、兼実に打診があった。

就任後も短期間で退任の意向を示したが、法皇は「他人無可奉行之人」を理由に受け入れなかった。その後も兼実は何度も退任の意向を示し続けたが、法皇は後任がいないことを理由に認めなかった。二度目の退任理由として、兼実は「神宮上卿事々沙汰云、神事有恐多煩、故万人欲遁此役」と記している。法皇は三度目の就任を要請するに際して、「但神事過法之間、有人煩云々、因之、人別辞退、此役動無人于奉行、尤不便宜、依先例、専不可遵用近代之新儀者」と述べている。

以上のことにより、兼実が就任と退任を繰り返した理由は、所労がちな兼実の体質に加えて、「厳重之神事」、「神事有恐多煩」、「神事過法」と表現されているように、当時、神宮上卿が神事を担当する役職として厳格に清浄性を保つことを求められていたことや、神宮上卿を務めることができる大臣クラスの公卿のなかで法皇からその適任者と目された公卿がきわめて少なかったことであったと考える。そして、このような神宮上卿の性格は、自邸の別屋において神宮からの訴訟文書を清浄な状態で保管し、自らも潔斎してその評定に臨んだ松木宗能の就任以降、歴代神宮上卿が受け継ぐことになったのである。

常置化された時期における神宮上卿の機能をまとめると、①神宮からの解状に対する宣下、②内宮炎上に伴う神宮からの御船代《みふなしろ》・御樋代《みひしろ》の調進要請に対して、頭弁に調進日時を勘申させるように命じ、神宮神宝・御船代・御樋代の調進日時を定めたこと、③蔵人に伊勢公卿勅使発遣日時を勘申させるように命じ、陰陽寮が持参した日時を蔵人に内覧奏聞させたこと、④神宮造営についての仗議を主宰したこと、⑤神宮における事件の報告をうけて、神宮弁に朝廷における対応の先例を勘申させるように命じたこと、⑥⑤の事件をうけて仗議を開催し、卜占を行わせ、その結果をうけて神宮への指示を神宮弁に伝えたこと、⑦仗議を開催して神宮神主の不祥事についてその罪科を審議したこと、⑧自邸に運ばれた神宮文書を披見して、その処理の仕方を指示したこと、⑨自邸において神宮からの雑訴を評定したことであった。

第三節「九条兼実執政期の神宮上卿」において明らかにしたように、清浄性が厳しく求められたことにより、就任を引き受ける公卿がいなかったためか、治承元(一一七七)年以降、その補任を確認することができず、「日来其人未定」(『玉葉』)の状態となっていた神宮上卿が、執政の立場となり、神宮評定の再興を企図した兼実の意向により、文治二(一一八六)年以降、再び補任され、常置化されたことや、その人選も主として兼実によるものであったことは注目に値しよう。

兼実は、神宮上卿への就任を渋り、就任後も短期間で退任することを繰り返していたが、一方では「此上卿極大事也」や「大事莫過神宮」と神宮行政を統轄する神宮上卿の重要性も十分認識していた。

兼実執政期の文治二（一一八六）年から建久七（一一九六）年までの神宮行政は、その決裁権や神宮上卿の人事権を有した兼実と評定を主宰する神宮上卿のラインで行われたことを指摘できる。

第四節「後鳥羽院政期の神宮上卿」〜第七節「亀山親政・院政期の神宮上卿」において明らかにした、正治元（一一九九）年の九条良経から文永十一（一二七四）年の堀川基具までの神宮上卿について考えてみる。この時期は約八十年で延べ一一名しか確認することができず、鎌倉期において神宮上卿制度がしだいに衰退したことは明らかである。

ただし、兼実失脚後の建久九（一一九八）年から承久三（一二二一）年までの後鳥羽院政下において、上皇の意向により九条良経・唐橋通資・久我通光・九条道家の順に神宮上卿が補任され、活発に神宮行政が行われており、嘉禄元（一二二五）年に至るまで、ほぼ常置されていた。良経が左大臣に就任し、その直後に神宮上卿に補任されたことは、九条家を復権させようという後鳥羽上皇の意向に基づくものに他ならないであろう。

さらに、このように兼実の子の後任として、時の権力者であり、兼実の政敵であった久我通親の弟をあて、その後、通親の子、兼実の孫という順序で補任するという、言わば九条家と久我家のバランスをとった人事は、後鳥羽上皇一流の政治的配慮であったと言えよう。

後堀河天皇期の神宮上卿人事についてみると、久我通親の二人の子が就任したことが注目される。第四節において明らかにした後鳥羽院政期においても、通親の弟や子が就任しており、後鳥羽院政期から後堀河天皇期にかけての神宮上卿人事は、通親の親族を一つの軸として行われていた。

これより後は、しばらく就任者を確認することができず、後嵯峨院政下の文応元（一二六〇）年に花山院師継の活動が確認される。弘長三（一二六三）年八月十三日宣旨は、神宮上卿制度を成文化したものとして注目すべきであろう。その後は、文永五（一二六八）年に一条家経、同十一（一二七四）年に堀川基具の就任を確認することができる。

鎌倉期における神宮上卿の機能をまとめると、①自邸において神宮からの雑訴を評定したこと、②神宮大宮司定の上卿を務めたこと、③在任中、自邸にて神宮文書を管理したこと、④神宮についての陣定を主宰したこと、⑤神宮で触穢事件が起こったことをうけて行われた軒廊御卜において、頭弁・職事の蔵人・地下官人・陰陽寮と神祇官の役人を指揮して、その運営に当たったこと、⑥頭弁からの問い合わせに対して遷宮行事所始の日次を回答したことであった。

付言すると、第二章「神宮伝奏の成立」において明らかにするように、後白河院政期において成立した伝奏制度が分化したことにより、弘安二(一二七九)年に神宮伝奏の活動を初めて確認することができることである。また鎌倉時代後期においても神宮上卿は補任されており、室町時代においても神宮伝奏と神宮上卿が併置されたのである。

註

(1) 伊東多三郎「足代弘訓」(『国史大辞典』一、吉川弘文館、一九七九年)一九六頁。
(2) 神宮文庫、一—三一八五。
(3) 東京大学史料編纂所、徳大寺家史料、三三—八〇。
(4) 拙稿「神宮伝奏の補任について」(『学習院史学』三八、二〇〇〇年)六五・六六頁。
(5) 橋本政宣編『公家事典』(吉川弘文館、二〇一〇年)六四六頁。
(6) 大西源一『大神宮史要』(平凡社、一九五九年)一六九〜一七一頁。
(7) 棚橋光男『中世成立期の法と国家』(塙書房、一九八三年)六七頁。
(8) 白根靖大「院政期の神宮奉行について」(東北大学文学部国史研究室中世史研究会編『羽下徳彦先生退官記念論集　中世の杜』一九九七年)三一頁。
(9) 岡野浩二「平安末・鎌倉期の神宮上卿」(『年報　中世史研究』二五、二〇〇〇年)七一頁。
(10) 『増補史料大成　中右記　二』(臨川書店)以下、本章で引用した『中右記』の記事は本書の二〇三・二〇四頁によった。
(11) 『国史大辞典　第十三巻』(吉川弘文館、一九九二年)四一八頁、宮崎康充執筆「源俊明」の項。
(12) 前掲註(9)岡野論文、七一・七二頁。
(13) 前掲註(9)岡野論文、六五頁「表1　神宮上卿の人事」。

(14) 前掲註(9)岡野論文、六七頁。
(15) 橋本義彦『藤原頼長』(吉川弘文館、一九六四年)二二五・二二六頁。
(16) 『増補史料大成　台記　二』(臨川書店)一二頁。
(17) 『増補史料大成　台記　三』(臨川書店)。以下、本章で引用した『宇槐記抄』の記事は本書の一九一・一九四頁によった。
(18) 前掲註(9)岡野論文、六五頁「表1　神宮上卿の人事」。
(19) 前掲註(9)岡野論文、六四頁。
(20) 前掲註(5)書、一二一頁。
(21) 今川文雄校訂『玉蘂』(思文閣出版)八五頁。
(22) 前掲註(5)書、六五〇頁。
(23) 前掲註(5)書、三四八頁。
(24) 白根靖大氏によれば、忠雅は、仁安二(一一六七)年三月十八日には神宮上卿として活動している。前掲註(8)白根論文、三三頁。また、岡野浩二氏は、この藤原忠雅をはじめとして、源雅通、藤原経宗が親族の死亡を理由に神宮上卿を辞職していることを明らかにしている。前掲註(9)岡野論文、六七頁。
(25) 前掲註(8)白根論文、三一・三二頁。
(26) 『大日本古記録　愚昧記 上』(岩波書店)。以下、本章で引用した『愚昧記』の記事は本書の一一四・一八三・一八四頁によった。
(27) 橋本義彦氏によれば、久我雅通は、久安六(一一五〇)年に参議に昇り、侍従を兼ね、仁安三(一一六八)年、内大臣に至った。嘉応元(一一六九)年以降、籠居したが、「故実を伝ふるの人」(『玉葉』)として推重されたという。『国史大辞典　第十三巻』(吉川弘文館、一九九二年)四二〇頁、橋本義彦執筆「源雅通」の項。
(28) 『日本国語大辞典　七』(小学館、一九八〇年)四九一頁。
(29) 児玉幸多編『日本史小百科　天皇』(東京堂出版、一九七八年)一九四頁。
(30) 多賀宗隼『玉葉索引　藤原兼実の研究』(吉川弘文館、一九七四年)五一七頁。
(31) 小松茂美編「後白河院司異動一覧」(小松茂美・前田多美子編『後白河法皇日録　別冊』学藝書院、二〇一二年)七四～九三頁。および本書第二部第一章第一節【神宮上卿・神宮伝奏一覧】によった。
(32) 前掲註(31)小松・前田編著書、七〇・七一頁。
(33) 前掲註(31)小松・前田編著書、一〇九頁。

(34)前掲註(31)小松・前田編著書、一二六頁。
(35)前掲註(31)「後白河院司異動一覧」七四〜九三頁。
(36)『神宮史年表』(戎光祥出版、二〇〇五年)の五六頁によれば、同二十九日に奉幣使として参議左大弁源頼雅が内宮に発遣されたことがわかる。
(37)下郡剛氏は、この伊勢神宮の焼亡事件について『兵範記』の記事によって明らかにしている。そのなかで同二十七日に院中行事執行の可否について院御所議定が開催されたが、その二日後の二十九日には神宮炎上のことそのものについてを議題にした議定が陣座で開催されていることを明らかにし、その理由について、先に行われた院御所議定が院中のことを審議し、伊勢神宮の問題は陣定で審議すべきものとの認識があったためと考えられるとしている(同『後白河院政の研究』吉川弘文館、一九九九年、七一頁)。しかし、本文中で明らかにしたように、『愚昧記』仁安三年十二月二十七日条には、「於院神宮火事有僉議」とあり、後白河法皇から「左大弁明後日可発遣伊勢」との命令が出されていることにより、そうとは言えない。
(38)前掲註(8)白根論文、三三一頁。
(39)前掲註(9)岡野論文、七〇・七一頁。
(40)前掲註(8)白根論文、三三一頁。
(41)『増補史料大成　第二十一巻　兵範記 四』(臨川書店)。以下、本章で引用した『兵範記』の記事は本書の三〇二・三〇三・三〇五頁によった。
(42)前掲註(8)白根論文、三三一頁。
(43)細谷勘資「中御門経宗の儀式作法と大炊御門家」(十世紀研究会編『中世成立期の政治文化』東京堂出版、一九九九年)二八五頁。
(44)前掲註(5)書、一二一頁。
(45)前掲註(8)白根論文、三三一頁。
(46)前掲註(8)白根論文、三三一・三三三頁。
(47)前掲註(8)白根論文、三三一頁。
(48)前掲註(9)岡野論文、六五頁「表1　神宮上卿の人事」。
(49)前掲註(7)棚橋著書、一〇七頁。
(50)玉井力「文治の記録所について」(『年報　中世史研究』一六、一九九一年)八頁。
(51)前掲註(8)白根論文、二九頁。

(52) 前掲註(9)岡野論文、六八・七四・七五頁。
(53) 『玉葉　第二』(名著刊行会)。以下、本節で引用した『玉葉』の記事は、本書の二一九・二二一・二四〇・二四一・二五二・二五八・二六二・二八二・二八五・二八八・二八九・三〇六・三〇七・三五六・三五七・四四三・四四四・四四八・四四九・四六八・四六九・六〇三頁によった。
(54) 『日本国語大辞典　四』(小学館、一九八〇年)一二一一頁。
(55) 前掲註(5)書、六四九頁。
(56) 『玉葉　第二』(名著刊行会)。以下、本節で引用した『玉葉』の記事は、本書の七・八・二四・二六頁によった。
(57) 加納重文『ミネルヴァ日本評伝選　九条兼実』(ミネルヴァ書房、二〇一六年)七四・七五頁。
(58) 遠藤基郎『日本史リブレット人24　後白河上皇』(山川出版社、二〇一一年)五〇頁。
(59) 前掲註(5)書、三四七頁。
(60) 前掲註(50)玉井論文、一〇頁。
(61) 『玉葉　第三』(名著刊行会)。以下、本節と第三節で引用した『玉葉』の記事は、本書の二一四・三三三・五二一・五二二・六二八・六九四・七〇一・七三九・七七一・八一〇・八三五・八六〇・八六一頁によった。
(62) 前掲註(50)玉井論文、九頁。
(63) 前掲註(9)岡野論文、六五頁「表1　神宮上卿の人事」。
(64) 前掲註(58)遠藤著書、五〇頁。
(65) 『新訂増補国史大系　第十一巻　日本紀略後篇　百錬抄』(吉川弘文館)。以下、本節で引用した『百錬抄』の記事は、本書の一二二・一二三・一三〇・一六二頁によった。
(66) 玉井力氏は、こうした神宮評定について、文治二年と建久四年の場合、その構成員をみると、いずれの場合も大夫史・大外記・明法博士等・記録所の寄人とほとんど同じ顔ぶれであったことや、文治以降の神宮評定の場合は、そのつど寄人が定められていることからみて、臨時的に組織されたことを指摘している。前掲註(50)玉井論文、八・九頁。
(67) 前掲註(5)書、三〇三頁。
(68) 『明月記　第一』(国書刊行会)。以下、本節で引用した『明月記』の記事は、本書の一〇一・一〇二・一〇五頁によった。
(69) 多賀宗隼氏によれば、定家は生涯にわたって九条家の庇護のもとにあり、同家に対していわゆる「門下の客」ともみるべき地位にあったという。前掲註(30)多賀編著書、五四二頁。

(70)前掲註(5)書、四四頁。
(71)前掲註(9)岡野論文、六五頁「表1　神宮上卿の人事」。
(72)前掲註(30)多賀編著書、五三四・五三六頁。
(73)橋本義彦『源通親』(吉川弘文館、一九九二年)一六三頁。
(74)前掲註(5)書、六四九頁。
(75)前掲註(73)橋本著書、一四〇・一四一・一六三頁。前掲註(5)書、六四九頁。
(76)前掲註(9)岡野論文、六五頁「表1　神宮上卿の人事」。
(77)『大日本古記録　猪隈関白記　五』(岩波書店)八一頁。
(78)前掲註(73)橋本著書、一八八・一八九頁。
(79)前掲註(8)白根論文、三七頁。
(80)前掲註(5)書、四六頁。
(81)前掲註(36)書、六五頁。
(82)『新訂増補国史大系　公卿補任　第二篇』(吉川弘文館)四三頁。
(83)前掲註(73)橋本著書、一八九頁。
(84)前掲註(5)書、六四九頁。
(85)前掲註(5)書、三〇三頁。
(86)前掲註(5)書、六四九頁。
(87)『増補史料大成　第三十三巻　平戸記　二　妙槐記』(臨川書店)。以下、本章で引用した『妙槐記』の記事は、本書の二〇九・二一〇・二一一頁によった。
(88)矢野太郎「妙槐記解題」、前掲註(87)書、一頁。
(89)『日本思想大系二二　中世政治社会思想　下』(岩波書店、一九八一年)三三頁。
(90)藤原良章「公家庭中の成立と奉行—中世公家訴訟制に関する基礎的考察—」(『史学雑誌』九四—一一、一九八五年、二頁。後に、同『中世的思惟とその社会』〈吉川弘文館、一九九七年〉第一部第二章に収録)。
(91)前掲註(8)白根論文、二七頁。
(92)前掲註(9)岡野論文、七六頁。

(93) 前掲註(90)藤原論文、一七頁。
(94) 前掲註(9)岡野論文、七六頁。
(95) 前掲註(5)書、六七一頁。

第二章　神宮伝奏の成立

はじめに

本章においては、鎌倉期における神宮伝奏《じんぐうてんそう》の成立過程、室町期における神宮伝奏と神宮上卿《しょうけい》の関係、それらの具体的な機能や人事について明らかにする。なお、鎌倉〜戦国織豊期の神宮伝奏に関する研究史については、その成立過程に関するものも含めて、序章第一節2において詳述している。

第一節　神宮伝奏の成立

伝奏制度は鎌倉後期・南北朝期・室町初期を通じた公家政治、および公武関係の変化に伴って公家政治および公武の交渉の要となった(1)。このため、従来、中世の公家政治史および公武関係史を解明する上で、武家伝奏とその前身の役職である伝奏の存在が注目され、諸先学による研究が蓄積されてきた(2)。

下郡剛氏は、白河・鳥羽院政期において奏事は伝奏に付すものではなく、奏者が直接に天皇や院と対面してなされるのを通例としたが、後白河院政期以降、奏事目録が作成され、奏事が常に伝奏を経由して行われるようになったと指摘し(3)、詳細な「後白河院政期　院伝奏一覧」(4)を作成して、伝奏制度は後白河院政期において確立したとしている。

美川圭氏は、続く後鳥羽院政期に伝奏の存在を見出すことができず、院への奏事伝奏は専ら院側近女房に担われていたこと(5)、橋本義彦氏は後嵯峨院政期に権中納言吉田為経と参議葉室定嗣《はむろさだつぐ》の二人が伝奏に補任されるに及び、両人は隔日に出勤して諸人の奏事を伝奏することとし、以後、関東申次《かんとうもうしつぎ》の管掌するものを除くすべての奏事は原則として伝奏の専当するところとなったことを指摘している(6)。

この伝奏制度から神宮伝奏が分化したのである。鎌倉期における神宮伝奏の活動を最初に明らかにしたのは藤原良章氏である。同氏によれば、『吉続記《きちぞくき》』弘安二（一二七九）年四月十三日条の記事により、この日、伝奏である参議頭左大弁吉田経長は神宮訴訟の奏事を行っているが、その吉田経長こそが神宮伝奏であり、その職務は神宮奉行の奏事を伝奏することが最も重要なことであったと思われるとしている。

また、この時期の伝奏が六人で、後嵯峨院政期の二人よりよほど多く、また伝奏が三番に結番され、原則として毎日「午刻」に奏事が行われるべきこと、その間は「不可有他事」と定められていたことからも、この時期における伝奏の重要性をみることができるのであるが、その伝奏もなるべく同一の訴訟対象に関する奏事を担当させようとする指向があったことは、この経長の神宮伝奏としての活動のなかにみることができるとしている(7)。さらに藤原氏が、同五月二十日条の記事により、祭主と中門廊で対面し、その申請を奏聞している例もみられるとしており、同条には「予依神宮伝奏也」と明記されているとしている(8)。同条には次のようにみえる(9)。

廿日、晴、参院、今日伝奏当番也、（中略）頭弁神宮幷最勝講事等伝奏、来廿四日、八幡奉幣使之次、可被献神宝、又若宮武田等社可被奉官幣、是今度、神輿入洛無先規、御敬神之余、如此被思食、可為何様哉之由、以頭弁被申合関白、両条何事之有哉、而可被問人々歟之由被申、頭弁帰参、申此趣、即奏聞、先可問例之由有仰、々頭弁了、祭主隆景卿参仕、候中門廊、神宮条々、高宮盗人参昇所々、幷子良館修造任先例、可被付功人事、可被停越訴事、前斎宮寮人之号可被止事、山僧不触祭主、直被入神郡狼藉、向後可被停止事、為成朝臣可被停止非分濫望（為重所望事也、）事、新加供御人、加増可被停止事、益田庄御神楽用途事、付予申入伝奏、予依神宮伝奏也、（後略）

これによれば、当時、亀山院政下において参議頭左大弁吉田経長が伝奏を務めており、五月二十日は当番の日で参院していた。頭弁から付されて八幡奉幣使の際に神宝を献ずることや若宮武田社にも奉幣することなどを奏聞しており、伝奏として活動していたことがわかる。

さらに祭主と中門廊で出会い、神宮条々についての奏聞を要請されている。その際の記述に「予依神宮伝奏也」とあるのが注目されるのである。その内容は、外宮別宮高宮《げくうべつぐうたかのみや》（現、多賀宮）への盗人参昇《さんしょう》事件、子良館《こらかん》の修造について先例に任せて功人《こうじん》を付すこと、越訴《おっそ》の停止、前斎宮寮《さきのさいくうりょう》人の称号停止、山僧《さんそう》による神郡での狼藉《ろうぜき》停止、新たに供御人《くごにん》を加えて加増することの停止、益田庄への御神楽用途《おかぐらようと》賦課《ふか》などであった。

吉田経長が神宮伝奏に就任するまでの経緯をみておきたい。矢野太郎氏によれば、建治元（一二七五）年、蔵人頭左大弁となり、三年、参議に任じられて公卿の班《はん》に列した。弘安四（一二八一）年、権中納言に進み、正応《しょうおう》元（一二八八）年十月、中納言に転じたが、大覚寺統を奉じており、伏見天皇在位下であったため、翌月罷め、正安《しょうあん》三（一三〇一）年、後二条天皇の即位に及び、再び中納言に復し、嘉元元（一三〇三）年正月、権大納言に進んだが、十月に辞任した。この間、亀山・後宇多の両天皇に信任され、両院政下において院執権を務めた。『大日本史』の記述により朝典に練達していたという。(10)

また、森茂暁氏によれば、建治三（一二七七）年五月日、神祇権少副《じんぎごんのしょうふ》大中臣隆有《おおなかとみたかあり》申状の提出先は、同二十九日祭主神祇大副大中臣隆蔭挙状によって頭弁吉田経長であることが知られ、当時、経長が神宮奉行であったことを指摘している。そして、経長の後任として神宮奉行に就任したのが勘解由小路《かでのこうじ》兼頼ではないかとし、その交替の時期は、経長が参議に昇進し、替わって右大弁兼頼が蔵人頭に補された建治三（一二七七）年九月十三日をさほど下らない頃とする。(11)

さらに、岡野浩二氏は、鎌倉後期には、伊勢神宮の訴訟を受理する担当官として職事（蔵人）が活動し、「神宮奉行」とも呼ばれているとし、経長が文永四（一二六七）年、同五年、建治三（一二七七）年頃に蔵人や蔵人頭として神宮のことを担当したことが『吉続記』などから知られるとしている。(12)

以上の先行研究を踏まえると、経長は、参議に昇進して神宮奉行職を兼頼に譲った建治三年九月十三日以降、少なくとも弘安二（一二七九）年四月十三日までには、神宮伝奏に就任しており、この時期に神宮伝奏が成立したと言えよう。亀山上皇は、神宮奏事を専門に担当する伝奏である神宮伝奏を創設することを企図し、神宮奉行としての経験を積み、院伝奏も務めていた、吉田経長を起用したものと考える。

経長の神宮伝奏の活動として注目すべきことがある。『吉続記』弘安二年四月二十日条に「太多御厨内、得久名相論事、文殿勘状等可進之由有仰、々遣師顕許了、文殿輩明日評定可参之由、同仰遣了」とあり、当時、太多御厨《おおたのみくりや》に関する相論があり、亀山上皇から文殿衆《ふどのしゅう》に対して勘状を提出し、明日の評定《ひょうじょう》に出席するようにとの指示があった。同二十一日条には次のような記事がみえる。

今日、評定也、(中略)按察卿与高望朝臣相論、太多御厨内得久名事、有沙汰、文殿輩等勘状(中略)十余通、予読中、(中略)畢予定申云、経高卿義絶父寂縁事絶常篇、妙心告訴父経高卿、雖儲其罪、告訴父之本罪可為存日、又死生同、此等闘諍律集解所見也、死生同説古来用来、父没之後、◯缺文歟、

これによれば、この日の評定において太多御厨に関する相論が評議されたが、経長は文殿衆の提出した勘状十余通を読み上げ、「定申云」とあるように裁定を下していることがわかる。同二十二日条には「参院、候御前、昨日評定委細之由有仰、太多御厨重勘状可廻人々之由有仰」とあり、亀山上皇はそれらの勘状を人々に回覧させるように指示しているが、経長の裁定自体には異論を挟んでおらず、経長は神宮伝奏として神宮雑訴《ざっそ》の裁定権を有していたことを指摘できる。

しかし、これ以降、神宮伝奏が常置されたわけではなかった。たとえば、『勘仲記』弘安七(一二八四)年閏四月十八日条に「十八日、丙寅、晴、参院、奏聞神宮已下条々事、前藤中納言伝奏、次参内、(後略)」、同十九日条に「十九日、丁卯、晴、参院、奏神宮条々事、二条前中納言所伝奏也、(後略)」、同二十二日条に「廿二日、庚午、晴、参院、以二条前中納言奏聞条々事、神宮幷賀茂以下諸人雑訴等也、(後略)」、同六月二十七日条に「以二条前中納言奏神宮事」とあり、同十月二十二日、二十五日、二十六日条には次のようにみえる[13]。

廿二日、丙寅、参殿下、(中略)於御前内覧神宮条々事、其内、玉串大内人常顕申貞常遺失事、去年九月内宮仮殿御遷宮、付貞常左相殿御体奉入御樋代、猶奉入御船代、件御船代奉置板敷上、已為遺失、而左方供奉一禰宜成行奉蹴之由訴之、去比予為奉行、尋究可申之由、被下院宣於祭主定世朝臣了、尋究方々祭主執奏、所内覧也、可奏聞之由有仰、
(後略)

廿五日、己巳、晴、参院、以吉田中納言奏聞神宮条々事、其内、玉串大内人貞常遺失事、明日、評定之次、可申出之由有勅定、次参殿中、条々事、

廿六日、庚午、早旦、参内、着到之後、退出、次参院、今日、御評定、神宮玉串大内人常顕申貞常遺失事、吉田三位入道与権弁俊定朝臣相論小林上庄事、両条可申出之故也、上皇有出御、殿下御参、先有御対面、其後、人々参御前、土御門大納言、師卿、前平中納言、民部卿、前藤中納言、二条前中納言、吉田中納言等参仕、(中略)

後日、吉田中納言注進、

弘安七年十月廿六日

一、神宮玉串大内人常顕訴申、遷宮時貞常遺失事、

人々申云、供奉禰宜等不存知之由書請文之上者、不可及沙汰、

(後略)

以上のように、弘安七年四月十八日には参院した神宮奉行蔵人治部少輔《じぶのしょうふ》勘解由小路兼仲(14)が前権中納言日野資宣を通じて、同十九日・同二十二日・同六月二十七日には前権中納言二条経良を通じて、同十月二十五日には権中納言吉田経長を通じて神宮の奏事を亀山上皇に奏聞した。

この十月二十五日の場合、兼仲が参院し、経長を通じて前年九月の内宮仮殿遷宮《ないくうかりでんせんぐう》の際に内宮の神主が起こした不祥事等について上皇に奏聞したところ、上皇は明日の評定においてこの件を申し出るようにとの勅定を下している。

この奏聞は、同二十二日に兼仲が関白鷹司兼平を訪れ、この件等が記された奏事目録を内覧に供し、兼平から奏聞するようにとの命令をうけた上でのことであった。同二十六日には、上皇の御前における評定のなかで、この問題が取り上げられ、裁断には及ばないとの結論が出されている。

このように、この時期、神宮の奏事は神宮奉行が関白による奏事目録の内覧を経た上で、当番の伝奏に付して上皇に奏聞してもらっており、奏聞は伝奏が交替で担当している。上皇の判断によっては、院の評定で取り上げられ、結論が出さ

れている。

それでは、何故、神宮伝奏という職制が創設されたのであろうか。その後、伏見天皇下における神宮奏事について、『実躬卿記《さねみきょうき》』永仁三（一二九五）年八月八日条に次のような記事がみえる。(15)

八日、戌、甚雨、著束帯、参内、以中御門中納言為方、奏条々事、奏書二結、一結神宮、一結雑訴、神宮奏事不相交他事之故也、

これによれば、当時、神宮奉行を務めていた蔵人頭の三条実躬(16)が参内し、伝奏を務めていた権中納言中御門為方《なかみかどためかた》を通じて神宮からの訴訟とその他の雑訴を奏上したことがわかる。注目すべきことは、「一結神宮、一結雑訴」とあるように、同じ訴訟文書でも神宮関連の文書はその他の雑訴文書と区別してまとめられており、その理由として実躬が神宮奏事には他の奏事を交えないようにするためであると記していることである。すなわち、当時、神宮奏事はその他の奏事とは別格に位置づけられていたのである。このことが神宮伝奏創設の理由であり、本章第二節において述べるように延慶《えんきょう》二（一三〇九）年や文保《ぶんぽう》元（一三一七）年に神宮伝奏の設置が成文化されたことの背景にあると考える。

一方、鎌倉時代後期においても神宮上卿の補任は行われていた。東京大学史料編纂所の徳大寺家史料である三条実万《さねつむ》編『神宮上卿至要抄《しようしょう》』(17)には、中世の神宮上卿・神宮伝奏についての記事がまとめられており、そのなかに次のようにみえる。

〇師信卿

綸旨抄云、　諸社上卿事

嘉元二年五月廿日　宣旨

権大納言藤原朝臣師

宜令行伊勢太神宮事、

権中納言藤原実躬奉

後照念院関白

○冬平公

綸旨抄云、　　諸社上卿事

右大臣

宜令行伊勢二所太神宮事

右、宣旨早可被下知之状、如件、

嘉元三

三月三日　　権中納言実躬奉

右中弁殿

これによれば、『綸旨抄《りんじしょう》』の記事から嘉元二（一三〇四）年五月二十日の宣旨によって権大納言花山院師信が神宮上卿に補任されたことがわかる。師信は、第一章第六節において取り上げた後嵯峨院政期における神宮上卿花山院師継の次男であり、(18)この嘉元二年に後宇多上皇の伝奏にも就任しており、(19)神宮上卿就任者を親族にもち、かつ実務能力にも秀でていたことが補任された理由であったと言える。

さらに翌三年には三月三日の宣旨によって右大臣鷹司冬平が同じく補任されたことがわかる。神宮伝奏の成立以降も神宮上卿が補任され、そのなかに摂家公卿もいたことは、後述するように両者の役割や朝廷における位置づけの相違を明確にするものとして注目すべきである。

藤原良章氏は『吉口伝《きつくでん》』嘉元三（一三〇五）年二月六日条の記事が、当時の神宮行政について永久・建久の頃と比較すると、雑訴の有無という決定的な相違があることは注目に値するとしている。(20)同条には次のようにみえる。(21)

神宮上卿幷政道事

同日記云、人々退出之後、可参西向之由有仰、有房卿・予令参、政道事等有御尋、両人申所存、其次神宮難《ママ》訴被定上卿、可有沙汰之由被仰下、倩案此事、永久・建久被定上卿、其後、中絶、彼時代更無雑訴、当時雑訴繁多之折節、

於上卿――被仰下之条、為訴人不便乎、不可事行、此上者神宮領訴訟一向可為無沙汰之儀歟之由粗申入、(後略)

これによれば、後宇多上皇が、六条有房と吉田定房を招いて政道について尋ねた後、伊勢神宮の雑訴について担当する上卿を補任し、処理するように命じた。これに対して定房も、当時は雑訴が繁多《はんた》であり、専任の上卿を補任しなければ、訴訟人が不便であり、神宮領の訴訟が一向に解決されないと応じている。先述した同三月三日における右大臣鷹司の神宮上卿への補任は、こうした経緯のもとに行われたことがわかる。

第二節　神宮伝奏制度の成文化

藤原良章氏によれば、伝奏や弁・蔵人がセットとなって自分の担当する訴訟対象に関する実務を取り扱う〝担当奉行制〟とでもいうべきシステムの完成形態は、降って延慶二(一三〇九)年三月八日の評定で成立した「条々」のなかに成文化されているとする。(22)それは次のようである。

条々

一、神宮伝　奏、可被定置其仁事、

一、祭主已下祠官等訴訟、閣奉行職事、直付伝奏条、一切可停止事、

一、諸社諸寺伝　奏、可被定置其仁事、

(後略)

これによれば、神宮伝奏を設置することが定められていることをはじめとして、その下には奉行職事《ぶぎょうのしきじ》を設置し、祭主と神宮神主等からの訴訟はまず奉行職事に付して最初に神宮伝奏に付してはならないこと、寺社ごとに専任の伝奏を設置することが定められている。藤原氏によれば、さらに、文保《ぶんぽう》元(一三一七)年に成立した「政道条々」には、以上の三カ条の他、第四条として次の一カ条が追加されていることを明らかにし、伝奏を含み込んだ〝担当奉行制〟を明確に規定している

とする。[23]

一、神宮以下諸社・諸寺雑訴日来他人奉行事、可渡其寺社伝奏事、弁官・職事奏事時、急時之外、面々可付其寺社伝奏事、

これによれば、神宮以下の諸社寺の雑訴を日頃他人が担当しているが、それぞれの寺社伝奏に任せるべきこと、弁官・職事に奏事があるときは、急ぎの場合の他はそれぞれの寺社伝奏に付すべきことが規定された。以上、「条々」と「政道条々」の規定によって神宮伝奏の設置が法的根拠を得たといえよう。

これ以降、神宮伝奏の補任状況はどうであったのか。平泉隆房氏は、『師守記《もろもりき》』貞治三（一三六四）年二月十七日条の記事により、同年二月十六日の内宮正遷宮《ないくうしょうせんぐう》の翌日、神宮伝奏であった前権大納言四条隆蔭が所労のため辞職したことを明らかにしている。[24]『神宮史年表』によれば、このとき、四条の後任として権中納言日野時光が神宮伝奏に補任されたことがわかる。[25]

また藤原氏がすでに指摘しているが、[26]『師守記』[27]同年九月十一日条には次のようにみえる。

神宮伝奏ハ葉室大納言無子細候、然而当時不及出仕候、其間ハ随出仕、付便宜伝奏、可奏事之由、被仰下候云々、

これによれば、前権大納言葉室長光が神宮伝奏を務めており、延慶二（一三〇九）年の「条々」制定以来、五五年後であるが、就任者を確認することができる。しかし長光が出仕しないため、伝奏に付して奏聞することが命じられている。つまり、神宮伝奏は機能していなかったが、伝奏が奏事を代行することによって対応したのである。

また、葉室長光については付言することがある。長光は、賀茂伝奏を務め、院の要職であった評定衆に就任して、観応《かんのう》元（一三五〇）年には崇光院大嘗会《すこういんだいじょうえ》伝奏を兼任した後、神宮伝奏に就任している。[28]以上のことにより、当時、院政を行っていた光厳上皇に信任されて同院政下において重きをなした公家であったことがわかり、当時の神宮伝奏が要職に位置づけられていたことを指摘できる。また、その在職者が出仕することができない状態であっても交替させることができないことから、人選が容易ではなかったこともいえる。

その後、この時期の史料ではないが、第一部第三章第一節と第三部第一章第三節1において明らかにするように、戦国時代において神宮伝奏を務めた三条西実隆《さんじょうにしさねたか》の記録である『実隆公記』明応六(一四九七)年一月三日条には、「奏事始之儀、故一位不注置候、目録なとも年々分乱来、令紛失候了、口惜候、永和度保光卿奏事始記虫損、旁無正体候上、殊子細もみえ候ハねとも、不存隔心、入見参候」とあり、『永和度保光卿奏事始記』とあるのが注目される。[29]

第一部第三章第一節において明らかにするように、奏事始とは神宮奏事始のことと考えられ、『公卿補任』[30]によれば、永和元(一三七五)年から同二年四月までこの土御門保光《つちみかどやすみつ》は権中納言の任にあり、『続史愚抄《ぞくしぐしょう》』永和五(一三七九)年三月二十六日条には「有雑訴沙汰、伝奏公卿藤中納言保光。」とあることから、[31]永和年間に伝奏の任にあった保光が神宮奏事始を執り行っており、保光は神宮伝奏であった可能性があると考える。

『神宮史年表』によれば、『吉田家日次記《ひなみ》』の記事から、応永十(一四〇三)年閏十月十日、神宮伝奏前権大納言坊城俊任《としとう》が嫡子俊継の喪に遭ったことから、軽服《きょうぶく》中に神務《しんむ》に従うべきか吉田兼敦に諮問したことがわかる。[32]俊任の経歴をみると、賀茂伝奏と兼任して応永二(一三九五)年に後円融院三回忌法華八講《ほっけはっこう》伝奏、同九(一四〇二)年に後小松院土御門殿遷幸伝奏を務めており、[33]後亀山院政下において実務経験を積み重ねた公家であったことがわかり、先述の葉室長光と同様の人選であったことを指摘することができる。

第三節　神宮伝奏と神宮上卿

『神宮上卿至要抄』には、「瑞慶院内大臣〇宗氏公」として『康富記《やすとみき》』応永二十五(一四一八)年八月五日条の記事がみえる。実際に「増補史料大成」の『康富記』応永二十五(一四一八)年八月四日・五日条には次のようにみえる。[34]

四日、壬午、晴、自大炊御門殿、日時定次第可借進之由被仰之間、則一本進上之、明日、神宮仮殿御遷宮日時定也、仍為神宮上卿御参之由、以御文被仰了、(後略)

五日、癸未、晴、(中略)今夜、仮殿御遷宮日時定也、上卿権大納言宗氏卿、神宮上卿也、奉行職事頭中将公保朝臣、権右少弁盛光、陰陽頭安倍泰継朝臣、権大外記中原師野、右大史高橋範職等参陣云々、

これによれば、権大納言大炊御門宗氏《おおいみかどむねうじ》が神宮上卿を務めており、権少外記中原康富に神宮の仮殿遷宮日時定《かりでんせんぐうにちじさだめ》上卿を務めるに当たり、日時定の次第を借りたいと申し入れ、康富はそれを宗氏に進上したということ、翌五日には実際に宗氏が日時定上卿として奉行職事《ぶぎょうのしきじ》を務める三条西公保《さんじょうにしきんやす》らと参陣したことがわかる。

『神宮上卿至要抄』には、「瑞慶院内大臣○宗氏公」の記事に続けて「吉田大納言○家俊卿」として『薩戒記《さっかいき》』の記事がみえる。

応永卅三年五月十二日晩、頭権中弁忠長来臨、談云、伊勢太神宮造宮使宣旨到来、上卿吉田大納言、神宮上卿也、職事右頭中将基世朝臣也、下略

廿三日、左頭中将来曰、可被行政始、相尋日次、可令申沙汰之由、吉田大納言家俊太神宮雑訴伝奏也、奉　院宣、所仰遣也、下略

九月十二日、上皇被仰云、吉田大納言家俊息女、為喝食、在大聖寺、今日、頓死、家中忽触穢、彼大納言者太神宮伝奏也、役夫工之時節、殊難治事也者勅定趣、為太神事之身無左右、触穢不可有之由也、尤可恐也、

十二月四日、等持寺八講、今日、右大弁談云、吉田大納言、家俊伝奏、藤大納言、光行事、等不可参御八講云々、是役夫工伝奏幷造内宮行事上卿等之故也、於上卿者勿論、於伝奏者非齊月者強不可憚歟如何、予答云、所命有謂上卿、猶非斎月之時参入仏事、但不取布施上者、此事慥不覚悟、可勘先例也、

まず、応永三十三(一四二六)年五月十二日条によれば、権大納言清閑寺家俊《せいかんじいえとし》が伊勢太神宮造宮使宣下の上卿を務めていたことがわかるが、「神宮上卿也」とみえる。同二十三日条にはこの家俊について「太神宮雑訴伝奏也」、同九月十二日条には「太神宮伝奏也」、同十二月四日条には「役夫工伝奏」と称されていることが注目される。以上のことにより、神宮上卿と神宮伝奏が一体化しつつあったと考えることができる。

後述するように、宝徳元(一四四九)年より後、神宮上卿の活動はみられなくなり、その活動は神宮伝奏に吸収されるが、その端緒を示す事例と考える。

また、この年の十月十九日には内宮《ないくう》式年遷宮山口祭《やまぐちさい》・木本祭《このもとさい》日時定が行われるなど、当時は永享三（一四三一）年に行われた第三十九回内宮式年遷宮に向けての準備が行われているときであった。(35)「役夫工伝奏」と称されていることは、かつての役夫工《やくぶく》上卿の役割が神宮伝奏に吸収されたことの表れであると考える。(36)『神宮上卿至要抄』には続いて「〇隆光卿」として『薩戒記』の記事がみえる。

応永卅三年九月二日、或人云、神宮上卿藤大納言隆光、弁左中弁房長朝臣申領状云々、
十月十九日、伝聞、今日、有請印政、上卿初度着行雨儀、雖有例、不度幾事也、政事 造伊勢太神宮山口幷木本祭官符請印也、上卿藤大納言隆光行事太神宮上卿也、少納言、可尋、弁不参也、次上卿已下参陣、同両祭日時定、請印以前、先可被行日時定也、而上卿以下為同文両度参内、依有煩、如此、且延文例、幷内条行之云々、弁左中弁房長朝臣、神宮行事弁、参陣歟、委可尋記、
十二月四日、等持寺八講、今日、右大弁談云、吉田大納言家俊伝奏、藤大納言光行事等不可参御八講云々、是役夫工伝奏幷造内宮行事上卿等之故也、下略見上文、

これによれば、家俊が太神宮雑訴伝奏に在任中であった同九月二日に、権大納言武者小路《むしゃのこうじ》隆光《たかみつ》が神宮上卿に補任されたことがわかる。同十月十九日には造伊勢太神宮山口祭幷木本祭官符《かんぷ》請印《しょういん》があり、隆光が上卿を務めている。その際に「行事太神宮上卿」とあるのは神宮の遷宮行事を担当する役割が強調された呼称と考える。官符請印の後、この両祭の日時定が行われた。

さらに同十二月四日条には、家俊については「役夫工伝奏」、隆光については「造内宮行事上卿」と称されているが、神宮伝奏と神宮上卿についてそれぞれの役割の一部が強調された呼称であると考える。

『建内記』(37)応永三十五（一四二八）年三月十四日条には次のようにみえる。

応永卅五三御記云、
神宮禰宜有欠、新任之事、今日被宣下、伝奏吉田大納言家俊也、奉行頭中将基世朝臣依軽服、蔵人右中弁忠長　宣下、則下吉亜相云々、

これによれば、当時も家俊が神宮伝奏を務めていた。神宮禰宜に欠員が生じたために新しく禰宜を補任するとの称光天皇の命令が出され、軽服《きょうぶく》であった神宮奉行頭中将園基世《そのもとよ》に代わり、蔵人右中弁甘露寺忠長《かんろじただなが》がその命令を宣旨によって下した。このとき、家俊は宣下の上卿の役割を果たしたのである。これは神宮伝奏が神宮上卿の役割を吸収しつつあったことを示すものと考える。

また、ここでは太政官の行事を奉行する上卿を治天の政務に関わる伝奏が務め、職事を奉行が務めている。富田正弘氏は、後嵯峨院政期以降における治天の伝奏—奉行の組織と天皇＝太政官の組織との関係および文書発給伝達ルートで注目すべきは、伝奏と上卿、奉行と職事・弁官を同一人物が兼務することが多いことであるとする。

とくに天皇の勅旨を太政官上卿に伝える職事が治天の奉行を兼務する点が重要であって、治天の命令を受けた伝奏がこれを奉行職事に伝達する。そうすると、職事はこれを天皇に奏聞することなく、これを天皇の勅命として口宣《くぜん》を上卿に伝えるのであり、機構的に治天が天皇＝太政官を操縦できる構造になっていたと指摘している(38)。

『師郷記《もろさとき》』(39)永享二（一四三〇）年十月七日条には次のようにみえる。

今夜、於陣有　内宮上棟日時定、上卿花山院大納言持忠卿、神宮上卿、職事頭右大弁忠長朝臣、神宮奉行、権右少弁嗣光、右大史安倍盛久等参陣、陰陽寮々頭以下三人参之、腋陣座設之、寮役料足三十疋被下行了、

これによれば、朝廷において内宮式年遷宮祭祀の一つである上棟祭《じょうとうさい》の日時定を陣座において行い、その上卿を当時神宮上卿であった権大納言花山院持忠《かざのいんもちただ》が務め、職事を当時神宮奉行であった頭右大弁甘露寺忠長が務めている。

『神宮史年表』によれば、『氏経卿引付《うじつねきょうひきつけ》』の記事から、永享十（一四三八）年十一月二十一日、神宮伝奏三条西公保《さんじょうにしきんやす》の尋問により内宮禰宜等が解状を奉り、大宮司職を競望していた大中臣忠氏が禁忌故障につき、大宮司河辺長盛《かわべながもり》の重任《ちょうにん》を求めている(40)。同じく『氏経卿引付』の記事から、永享十二（一四四〇）年三月三十日、神宮伝奏中山定親が祭主藤波清忠《ふじなみきよただ》を通じて内宮に来る二日より関東静謐御祈《せいひつのごき》を命じている(41)。『建内記』嘉吉三（一四四三）年二月二十日条には次のようにみえる(42)。

今夜、蔵人権弁俊秀来、明後日、廿二日、祈年穀奉幣惣用事、已及三万疋許之内、八千疋未下也、催促事、可仰遣武

家奉行松田対馬入道、其状案所望云々、又染筆了、
俊秀相語云、伊勢一社奉幣使事、祈年穀奉幣同日可被付行、是去年盗人参昇神宮事、為祈謝云々、但同日事可尋沙汰之由、伝　奏、日野新大納言資広卿、奉書之間、相尋之処、官注進、如月次祭被付行有例、於祈年穀奉幣者未勘得云々、大外記業忠注進、是又月次祭被付行例也、付伝　奏之処、奏聞歟、所詮、無祈年穀之例者、難被付行、只可尋他日於陰陽頭之由、被仰下、仍相尋之処、来廿五日載風記、来廿五日、可然之由、資広卿且入魂云々、即以件日可申沙汰、於上卿者被仰資広之由、示俊秀云々、（後略）

これによれば、当時、権大納言町資広《まちすけひろ》が神宮伝奏を務めており、神宮職事蔵人権右中弁坊城俊秀に伊勢一社奉幣《いせいっしゃほうへい》を祈年《きねん》穀《こく》奉幣と同日に付して行うことについて、先例を調査して検討するようにとの後花園天皇の命令を奉じた伝奏奉書を出した。

俊秀は神祇官と大外記舟橋業忠《だいげきふなはしなりただ》に先例を勘申《かんじん》するように指示したが、神祇官は、月次祭《つきなみさい》に付して行った先例はあるが、祈年穀奉幣についてはは先例を見出すことができない。大外記も月次祭に付して行った先例があると勘申したのみであった。俊秀はその旨を資広に伝えた。資広がこの件を天皇に奏聞すると、天皇は、先例がなければ行い難いが、他日、陰陽頭土御門有季に尋ねるように命じた。

資広はこの命令を俊秀に下知し、俊秀が有季に尋ねると、一社奉幣は来る二十五日に行うと風記《ほのき》（儀式その他の諸事を行うに先立ち、決行の日時を占って上申する文書）[43]にあり、この日に行うべきであると回答した。以上のように、当時の朝廷において天皇―神宮伝奏という神宮行政の指揮系統が確立していたことがわかる。

さらに、資広について、『建内記』[44]同五月十四日条によれば、長講堂伝奏を務めていた資広が神宮伝奏に就任した後、後花園天皇が資広に神宮伝奏は他の役職と兼任すべきものではないとして長講堂伝奏を辞任するように命じたことがわかる。同六月二十八日条には次のようにみえる。

日野大納言資広卿、下姿、至庭上参仕、申入御瘡事、神宮伝　奏也、参会之処、相談曰、宮司事、秩満之間、当職氏

長重任事、武家執　奏也、然前司忠春、忠清事也、改名云々、望申之、仍御沙汰延引、自旧冬及今日未定、太不可然、氏長為重任者、月読宮以私力可造進之由、申請之、殊有公平之上、執　奏之上者不可有予義（ママ）歟、（後略）

これによれば、資広が武家伝奏万里小路《までのこうじ》時房と面会して、神宮大宮司河辺氏長の任期満了に伴い、幕府が氏長の重任を執奏したが、前任者の忠春も希望しており、昨冬より今日に至るまで決定が延引していること、氏長は重任されれば月《つき》読宮《よみのみや》を私力で造進すると申請していることや、幕府が執奏している以上、猶予することはできないことなどについて相談していることがわかる[45]。

当時、祭主・大宮司職への就任を希望する者は、室町殿の内諾を得た上で朝廷に申請したり、その執奏、つまり推薦をうけたりする必要があり[46]、こうした大宮司の人事など室町幕府の意向が絡む案件については武家伝奏―神宮伝奏のラインによって検討されたことが窺える。この後、同七月八日条には「蔵人権弁示送大神宮大宮司氏長重任事、可　宣下之由、伝奏日野大納言資広卿、奉書到来」とあり、幕府の執奏通りに氏長の重任が決定され、神宮伝奏資広からその宣下を行うようにとの伝奏奉書が出されたことがわかる。

さらに、『建内記』文安四（一四四七）年七月十三日条[47]によれば、神宮伝奏権大納言松木《まつのき》宗継が神宮職事頭左大弁坊城俊秀に、内宮正殿《しょうでん》の千木《ちぎ》・鰹木《かつおぎ》・覆板《おおいのいた》が傾いたことを知らせる解状を後花園天皇に奏聞したところ、天皇が修理などのことは先例に従ってその処置をするように幕府に指示するべきとの旨を下知するように命じたこと、次に同宮と荒祭宮《あらまつりのみや》が鳴動し、櫪馬《れきば》が厩《うまや》から走り出たことについて、先例はどうか調べさせるように命じたことを下知している。

『康富記』文安六（一四四九）年四月二十九日条[48]によれば、権中納言正親町持季《おおぎまちもちすえ》が神宮上卿を務めており、足利義政に対する征夷大将軍　幷《ならびに》禁色等宣下《きんじきとうせんげ》の上卿を務めている。さらに『神宮上卿至要抄』には「〇持季卿」として『康富記』の記事がみえる。

宝徳元年八月廿二日、是日、軒廊御卜被行之、去六月廿八日未剋、天気長閑折節、豊受太神宮正殿鳴動、西宝殿千本（ママ）・鰹木・覆板、悉頽落事、禰宜等注進之故也、上卿権中納言藤原持季卿、神宮奉行上卿也、仍奉行給、職事頭右中弁藤原冬房朝

臣、神宮行事弁、職事也、下略、
廿八日、伊勢豊受太神宮正殿、去六月廿八日、鳴動西宝殿千本（ママ）・鰹木・覆左右板頽落事、廿二日、有軒廊御卜、廿三日、祈年穀奉幣宣命辞別被載也、是日、禰宜等可祈謝申之由、宣旨被成、神宮上卿右衛門督持季、弁右中冬房朝臣、官務長興宿禰也、

これによれば、宝徳元（一四四九）年八月二十二日に軒廊御卜が行われた。これは、六月二十八日に外宮正殿《げくうしょうでん》が鳴動し、西宝殿の千木・鰹木・覆板が悉く頽落《たいらく》したことを禰宜等が注進したことによるものであった。この儀式の上卿を務めたのが神宮上卿正親町持季であった。さらに、同八月二十八日、禰宜等に祈謝《きしゃ》するようにとの宣旨が下された。その上卿も持季が務めた。

つまり、当時までは神宮伝奏と神宮上卿が併置されており、神宮行政のなかでも「雑訴」「伝奏奉書」「奏聞」は神宮伝奏が担当し、「宣旨」「官符請印」「日時定」「軒廊御卜」は神宮上卿が担当しており、両者の間で役割分担がなされていたことを指摘できる。

先述の神宮伝奏松木宗継について『康富記』宝徳二（一四五〇）年十月二十一日条に次のようにみえる。(49)

神宮伝奏・職事未補間事、
官務被語云、太神宮千木・鰹木堕落、東宝殿転倒事、禰宜等注進、而神宮伝奏事、中御門大納言宗継卿被辞退申、職事々園頭中将又被辞申之、仍不及付申、此子細直参長橋局、申入之処、去月廿八日以来、内裏丙穢也、今月廿八日穢限、以後、可被申之由有返答、神宮伝奏・職事等如此未補被置之条不可然云々、

これによれば、当時、宗継は神宮伝奏、園基有は職事を、それぞれ退任しており、後任も補任されていないため、官務壬生《みぶ》長興は禰宜等から注進のあった神宮の異常事を神宮伝奏と職事に伝えることができず、このことを長橋局《ながはしのつぼね》に参り、申し入れたところ、先月二十八日から今月二十八日まで内裏丙穢《だいりへいえ》であり、その後で申し入れるように回答された。壬生は両者の後任が補任されていないことを問題視している。このことは神宮伝奏―神宮職事の職制がこの時期の神宮行政にお

いて不可欠な存在になっていたことを示すと考える。

その後も『神宮史年表』によれば、神宮伝奏の補任を確認することができる。同書にみえる『氏経神事記《うじつねしんじき》』の記事によれば、享徳四（一四五五）年二月四日、大宮司河辺則長に九十日の禁忌が出来《しゅったい》したことにより神宮伝奏町資広が祈年祭の延引を祭主藤波清忠に命じた。[50] さらに、同書にみえる『氏経卿引付』の記事によれば、寛正《かんしょう》三（一四六二）年九月二十四日、町資広が同様に神宮伝奏を務めており、祭主藤波清忠を通じて連続星変《せいへん》の御祈禱《ごきとう》を両宮に命じている。[51]

おわりに

伝奏制度は後白河院政期に確立されたが、そこから分化した神宮伝奏の活動が初めて確認されるのが、鎌倉時代後期の亀山院政下、弘安二（一二七九）年においてである。当時、亀山院政下において参議吉田経長が伝奏を務めており、五月二十日は当番の日で参院して伝奏として活動していた。さらに、祭主と中門廊《ちゅうもんろう》で出会い、神宮条々についての奏聞を要請されている。その際の『吉続記』の記述に「予依神宮伝奏也」とあるのが注目されるのである。

亀山上皇は、神宮奏事を専門に担当する伝奏である神宮伝奏を創設することを企図し、神宮奉行としての経験を積み、院伝奏も務めていた、吉田経長を起用したと考える。経長は、参議に昇進して神宮奉行職を勘解由小路兼頼に譲った建治三（一二七七）年九月十三日以降、少なくとも弘安二（一二七九）年四月十三日までには、神宮伝奏に就任しており、この時期に神宮伝奏が成立したと言えよう。経長の神宮伝奏としての活動をみると、神宮雑訴の裁定権も有していた。

しかし、これ以降、神宮伝奏が常置されたわけではなく、神宮の奏事は、神宮奉行が関白による奏事目録の内覧を経た上で、当番の伝奏に付して上皇に奏聞してもらうことが一般的であり、奏聞は伝奏が交替で担当している。上皇の判断によっては、院の評定で取り上げられ、結論が出されている。

それでは、何故、神宮伝奏が創設されたのか。永仁三（一二九五）年当時、同じ訴訟文書でも神宮関連の文書は、その他の雑訴文書と区別してまとめられていたが、その理由として神宮奉行三条実躬《さねみ》が神宮奏事には他の奏事を交えないようにするためであると記しており、当時、神宮奏事はその他の奏事とは別格に位置づけられていたことである。

さらに、このことは、その後、延慶二(一三〇九)年三月八日、伏見院政下の評定で成立した「条々」と文保元(一三一七)年、後伏見院政下で成立した「政道条々」において神宮伝奏を設置することが定められた背景でもあると考える。

それらにおいては、神宮伝奏の下に奉行職事を設置し、祭主と神宮神主等からの訴訟は、まず奉行職事に付して、最初に神宮伝奏に付してはならないこと、寺社ごとに専任の伝奏を設置することも定められたのであった。「政道条々」においては、以上の三カ条に加えて、神宮以下、諸社寺の雑訴を日頃他人が担当しているが、それぞれの寺社伝奏に任せるべきこと、弁官・職事に奏事があるときは、急ぎの場合の他はそれぞれの寺社伝奏に付すべきことが規定された。「条々」が定められてから約八年後に、再び同様の三カ条と新規にこの条項が出されたことは、神宮伝奏をはじめとする寺社伝奏が制度化されていたが、実際には機能しておらず、神宮以下、諸社寺の雑訴も寺社伝奏は担当していなかったことを示すものであろう。

その補任と活動が顕著にみられるのは、十五世紀以降のことである。その半ばまでは神宮伝奏と神宮上卿が併置されていたが、応永三十三(一四二六)年には神宮伝奏が神宮上卿の役割を吸収しつつあったことを示す事例がみられ、宝徳元(一四四九)年より後、神宮上卿の活動はみられなくなり、その活動は神宮伝奏に吸収された。

十五世紀前半の朝廷においては天皇—神宮伝奏という伊勢神宮行政の指揮系統が確立していた。一方、祭主・大宮司職への就任を希望する者は、室町殿の内諾を得た上で朝廷に申請したり、室町殿の推薦をうけたりする必要があったため、大宮司の人事案件について武家伝奏—神宮伝奏のラインによって検討されることもあった。

室町期における神宮行政のなかでも、「雑訴」「伝奏奉書」「奏聞」は神宮伝奏が担当し、「宣旨」「官符請印」「日時定」「軒廊御卜」は神宮上卿が担当しており、両者の間で役割分担がなされていた。

神宮伝奏の具体的な役割は、①神宮奏事始の準備と執行、②伊勢一社奉幣に関する天皇命令を伝奏奉書で職事に伝えること、③神宮大宮司人事の検討と宣下、④神宮からの異状報告を天皇に奏聞し、その指示を神宮職事に下達すること、⑤朝廷から神宮に対する祈禱命令の伝達であった。

一方、神宮上卿の役割は、①神宮遷宮に関する祭祀日時定の上卿、②同祭祀についての官符請印、③伊勢太神宮造宮使宣下の上卿、④神宮禰宜補任宣下の上卿、⑤神宮の異状をうけて行われる軒廊御卜の上卿であった。

註

（1）本郷和人「鎌倉時代の朝廷訴訟に関する一考察」（『中世の人と政治』吉川弘文館、一九八八年。後に、同『中世朝廷訴訟の研究』〈東京大学出版会、一九九五年〉序章に収録）。森茂暁『南北朝期公武関係史の研究』（文献出版、一九八四年）。伊藤喜良「応永初期における王朝勢力の動向―伝奏を中心として―」（『日本歴史』三〇七、一九七三年。後に、同『日本中世の王権と権威』〈思文閣出版、一九九三年〉Ⅲ部第二章に収録）。

（2）橋本義彦「院評定制について」（同『平安貴族社会の研究』吉川弘文館、一九七六年）。小川信「足利将軍家の権力に関する一考察―伝奏の機能を通じて―」（『日本中世の政治と文化』吉川弘文館、一九八〇年。同『足利一門守護発展史の研究』〈吉川弘文館、一九八〇年〉に収録）。伊藤喜良「伝奏と天皇―嘉吉の乱後における室町幕府と王朝勢力について―」（『日本中世の政治と文化』吉川弘文館、一九八〇年。後に、前掲註（1）伊藤著書に収録）。森茂暁「足利義満政権と伝奏」［前掲註（1）森著書に収録］。富田正弘「室町殿と天皇」（『日本史研究』三一九、一九八九年）。同「嘉吉の変以後の院宣・綸旨―公武融合政治下の政務と伝奏―」（『中世古文書の世界』吉川弘文館、一九九一年）。瀬戸薫「室町期武家伝奏の補任について」（『日本歴史』五四三、一九九四年）。明石治郎「後土御門天皇期における伝奏・近臣」（『中世の政治と宗教』吉川弘文館、一九九四年）。高田星司「室町殿の側近公家衆について―応永・永享期を中心として―」（『國學院雑誌』九五―九、一九九四年）。家永遵嗣「足利義満と伝奏との関係の再検討―伝奏が義満の家礼であることの意味―」（『古文書研究』四一・四二、一九九五年）。松島周一「院伝奏としての藤原定能―後白河院と藤原兼実の交渉をめぐる断章―」（『年報　中世史研究』二二、一九九七年）。桃崎有一郎「室町殿の朝廷支配と伝奏論―〈公武統一政権〉論の再考に向けて―」（『室町・戦国期研究を読みなおす』思文閣出版、二〇〇七年）。伊藤瑠美「鳥羽院政期における院伝奏と武士」（『歴史学研究』八三二、二〇〇七年）。家永遵嗣「室町幕府と『武家伝奏』・禁裏小番」（『近世の天皇・朝廷研究―第5回大会成果報告集―』、二〇一三年）。

（3）下郡剛『後白河院政の研究』（吉川弘文館、一九九九年）一三一～一三二頁。また、松島周一氏は、『玉葉』安元三（一一七七）年一

月十四日条の記事により、九条兼実が後白河法皇の側近であった藤原定能を「伝奏之人」と呼んでいることを指摘し、定能が兼実と後白河院の間に立って伝奏の役割を果たしている事例を明らかにしている。前掲註(2)松島論文、一～八頁。さらに、伊藤瑠美氏は、鳥羽院政期における「伝奏」行為について明らかにし、「鳥羽院政期には、『伝奏』という語はすべて動詞として使用されていると考えられ」るが、後白河院政期になると「職務を示す名詞として使用されるようになる」と伝奏制度の成立過程を示す指摘をしている。前掲註(2)伊藤論文、三頁。

(4) 前掲註(3)下郡著書、一七八～一八六頁。

(5) 美川圭『院政の研究』(臨川書店、一九九六年)一九九頁。

(6) 前掲註(2)橋本論文、六七頁。

(7) 藤原良章「公家庭中の成立と奉行―中世公家訴訟制に関する基礎的考察―」(『史学雑誌』九四―一一、一九八五年)九頁。

(8) 前掲註(7)藤原論文、九・三七頁。

(9) 『増補史料大成 第三十巻 吉記 二 吉続記』(臨川書店)三八六・三八七頁。

(10) 矢野太郎「吉続記解題」(『増補史料大成 第三十巻 吉記 二 吉続記』(臨川書店、一九八一年)三～五頁。

(11) 森茂暁『鎌倉時代の朝幕関係』(思文閣出版、一九九一年)四六六・四八〇頁。

(12) 岡野浩二「平安末・鎌倉期の神宮上卿」(『年報 中世史研究』二五、二〇〇〇年)七六頁。

(13) 『増補史料大成 第三十五巻 勘仲記 二』(臨川書店)。以下、本章で引用した『勘仲記』の記事は本書の三三・三四頁によった。

(14) 藤原良章氏は勘解由小路兼仲について次のことを明らかにしている。弘安七(一二八四)年三月には神宮奉行としての活動がみられるようになる。すなわち「神宮已下雑訴事」について奏聞したり、関白鷹司兼平に内覧させたりしており、神宮雑訴の実務を兼仲が担当していたことが確認される。前掲註(7)藤原論文、七頁。

(15) 『大日本古記録 実躬卿記 三』一七二頁。

(16) 藤原良章氏は、三条実躬が、当時、神宮奉行を務めていたことを指摘している。前掲註(7)藤原論文、一九頁。

(17) 東京大学史料編纂所、徳大寺家史料、三三―八〇。

(18) 橋本政宣編『公家事典』(吉川弘文館、二〇一〇年)三〇〇頁。

(19) 前掲註(1)本郷著書、二五一頁、「廷臣小伝」の「花山院師信」の項。

(20) 前掲註(7)藤原論文、一七・一八頁。

(21) 『内閣文庫所蔵史籍叢刊 古代中世篇 第六巻』(汲古書院)三八三～三八五・五七二・五七三頁。

(22) 前掲註(7)藤原論文、一〇頁。
(23) 前掲註(7)藤原論文、一〇頁。なお、『皇室制度史料　太上天皇　三』(吉川弘文館)二七九・二八〇頁には、「政道条々」の全文が翻刻、掲載されている。
(24) 平泉隆房「役夫工上卿考─中世の伊勢神宮と朝廷─」(金沢工業大学日本学研究所『日本学研究』第五号、二〇〇二年、一一六頁。後に、同『中世伊勢神宮史の研究』〈吉川弘文館、二〇〇六年〉前編第三章二に「遷宮上卿考」と改題して収録)。
(25) 『神宮史年表』(戎光祥出版、二〇〇五年)八四頁。
(26) 前掲註(7)藤原論文、三五・四二頁。
(27) 『史料纂集　師守記　第一』(続群書類従完成会)一三二・一三三頁。
(28) 拙稿「中世儀式伝奏の補任」(『皇學館論叢』三七─五、二〇〇四年)五頁。
(29) 『実隆公記　巻三下』(続群書類従完成会)三五九頁。
(30) 『新訂増補国史大系　公卿補任　第二篇』(吉川弘文館)七一六・七一七・七一九・七二〇頁。
(31) 『新訂増補国史大系　第十四巻　続史愚抄　中篇』(吉川弘文館)一二三頁。
(32) 前掲註(25)書、八八頁。
(33) 前掲註(28)拙稿、六頁。
(34) 『増補史料大成　第三十七巻　康富記　二』(臨川書店)三四・三五頁。
(35) 前掲註(25)書、九〇・九一頁。
(36) 小島鉦作氏は役夫工上卿について「平安時代中期以降室町時代に至る約二十度の両大神宮式年遷宮、その間の年代を通算すれば前後約四百年間の造営遷宮は、その用途を専ら役夫工米によったのであった。当時廟堂にあって、神宮遷宮の行政を掌理する者を伊勢遷宮行事といい、これを統裁する公卿を遷宮上卿といい、その下に弁官がいて上卿を輔けたのであるが、前者を一名役夫工上卿といい、後者をまた役夫工行事と称したことは、遷宮に関する行政事務の中心が何であったかを、おのずからにして語るものである」としている。同『伊勢神宮史の研究　小島鉦作著作集　第二巻』(吉川弘文館、一九八五年)三〇頁。
(37) 『大日本古記録　建内記　二』(岩波書店)一一七・一一八頁。
(38) 前掲註(2)富田論文「室町殿と天皇」一一頁。
(39) 『史料纂集　師郷記　第一』(続群書類従完成会)一四六頁。
(40) 前掲註(25)書、九二頁。

(41)前掲註(25)書、九二頁。
(42)『大日本古記録　建内記　五』(岩波書店)一三八・一三九頁。
(43)『日本国語大辞典〔縮刷版〕　第九巻』(小学館、一九八一年)九一七頁。
(44)『大日本古記録　建内記　六』(岩波書店)一六・一〇五・一〇六・一四一頁。
(45)伊藤喜良氏は、万里小路時房の武家伝奏としての任務について、「私曲なく公武の申次を行なう」ことであり、「具体的に言えば、幕府側の官位、装束の諮問、任官、伊勢大神宮職の執奏等を行なっている」ことを明らかにしている。〔前掲註(1)伊藤論文、七一頁〕また、前掲註(2)瀬戸論文の表2「『武家』伝奏補任一覧」(四八頁)で時房の武家伝奏としての活動時期が明らかにされている。
(46)岡田荘司氏は、『建内記』応永三十五(一四二八)年五月七日条の記事により、「清世ののち、祭主職を継いだ通直は、正長元(一四二八)年四月に逝去し、その後任には清世の息清忠が望んで、公家・武家に働き掛け、五月初めには宣下される。この決定には公家のみが従来通り関与したが、武家方の大館満信より万里小路時房に対して、祭主任命につき問い合わせがあり、時房は勝定院殿(四代将軍義持)のときに取決められた大事については、公武の間で『談合』することに、祭主補任も該当すると考え、武家の了解の上で決めた方が新祭主本人にとっても都合がよいのではないかと判断している」とする(藤波家文書研究会編『大中臣祭主藤波家の歴史』〈続群書類従完成会、一九九三年〉一五二・一五三頁)。また、この記事によれば、時房は大宮司についても幕府から執奏があることを承知しており、この場合の宣下も談合を経てから行うべきであると幕府側に申し入れている。〔前掲註(37)『建内記』同日条、一二八頁〕
(47)『大日本古記録　建内記　九』(岩波書店)一五・一六頁。
(48)『増補史料大成　第三十八巻　康富記　二』(臨川書店)三九八頁。
(49)『増補史料大成　第三十九巻　康富記　三』(臨川書店)二二〇頁。
(50)前掲註(25)書、九五頁。
(51)前掲註(25)書、九七頁。

第三章　神宮奏事始の成立

はじめに

本章は、中世から近世にかけての朝廷において、毎年神宮伝奏《じんぐうてんそう》が天皇に対して一年で最初に伊勢神宮からの奏事事項を奏上する儀式であった神宮奏事始《そうじはじめ》について、とくに中世における成立過程・準備過程・儀式次第・式日・奏事事項を明らかにし、それらを通じて神宮伝奏の機能、ひいては中世朝廷における神宮行政の一端を明らかにすることを目的とする。

最初に神宮奏事始についての研究史をみておく。神宮奏事始について初めて本格的に論及したのは相田二郎氏である。相田氏は『日本の古文書』のなかで「上申文書」の一形態としての「奏事目録」について明応六（一四九七）年に行われた神宮奏事始に関する複数の史料によって解説しており、それはおおよそ次の通りである。

「奏事目録と申す神宮の奏事始の吉書《きっしょ》」について「平素は（中略）款状《かんじょう》を上《たてまつ》る。これは内宮権禰宜《ないくうごんのねぎ》荒木田盛員の款状であるから、神祇権副《じんぎのごんのふ》が、之《これ》を官務即ち史に執進する。（中略）更に之を受けた官務が神宮の奉行《ぶぎょう》職事《しきじ》に執進する。（中略）蔵人、伝奏はこの執進せる文書に依り、その申請の奏下《そうか》の手続をとる。それが消息宣下である。奏事目録は年頭の吉例として奉行の蔵人が伝奏の手を経て執奏を乞《こ》はんが為めに作る文書、之を披露状《ひろうじょう》に巻込める。（中略）こゝに於て伝奏が奏聞し、その勅答の旨、即ち仰詞《おおせことば》を前記目録の各箇条の次に記入し、之を奉行の許《もと》に伝える」[1]。

また「明応五年十二月、三条西《さんじょうにし》実隆が、神宮の伝奏に任ぜられ、その翌年二月四日に、神宮の奏事始の式を行い、その時実隆が仰詞を記入して神宮奉行中御門宣秀《なかみかどのぶひで》に目録を返進《へんしん》した時の書状がある」として先に引用した記事である「神宮伝奏三条西実隆書状」を紹介している。さらにこの記事により「執奏の日付の日の数を伝奏が記入することが明らかに知られる。仰詞も同様であった」としている。

この書状に続いて引用した「神宮奉行中御門宣秀書状」についても「これは、仰詞の入った目録を受けた宣秀が、それを写して三条実香《さねか》に送った書状である。――とあるのは之を実隆が日記に写しておいたので、前出の文書のその本文が見えて重複するので略したのである。実香に送ったのは、実香が武家の申次《もうしつぎ》に当っていたからであろう。尚、奏事目録の下知が終わると、伝奏から目録を更に勾当内侍《こうとうのないし》に進めて御披露を乞うものであった。明応六年の翌年の奏事始が、正月十四日に行われ、その時の文書が同じく『実隆公記』に挙げてあるが、その中には、翌朝実隆が内侍《ないし》に上った披露状も収めてある」として「神宮伝奏三条西実隆披露状」を紹介している。その解説によれば奏事目録の「一通は家の文書に納め、他の一通を御所に進めた」としている。(2)

八束清貫氏は、『後水尾院当時年中行事』にある「○神宮奏事始」の項を引用して、その式次第を明らかにしている。(3)

本郷和人氏は『実隆公記』明応七(一四九八)年一月十四日条の神宮奏事始の記事をもとにして伝奏の機能である奏事について論じている。それによれば、「①まず職事が付された文書を要約し、(目録にとる)、それを伝奏に託す」、「②伝奏は院の判断を求め、仰詞を書き、日付を入れて職事に返す」、「③職事は②の案文《あんもん》を二通作成する。そして銘《めい》を加え、伝奏の名を書いて、一通を院に、一通を伝奏に進める」とあり、同年の神宮奏事始について明らかにしている。(4)

高田義人氏は、平安時代における天皇決裁の記録である「御目録」「奏書目録」について明らかにするなかで、「鎌倉時代になると、伝奏の成立に伴い、あらゆる奏事は伝奏を介して上皇に奏聞されるようになり、『奏事目録』が史料に頻出するようになる」とし、先述した相田氏の研究を踏まえて、『実隆公記』明応六年二月四日条の記事を検討している。

その結果、「この時期の決裁の記録のされ方は、あらかじめ職事によって『仰詞』と『日付』を書き込む余白をもった目録が作成され、奏文とともに伝奏に送られる。伝奏はそれを持って奏上し、奏上後、『仰詞』と『日付』が伝奏によって書き込まれること」を指摘している。またこのときの神宮奏事始について「三条西実隆が奏事目録を懐中から取りだし、それを開いて読申し、条ごとに天皇の気色《きしょく》を伺い、読み終わると目録を巻いて懐中に入れて退出」したことを明らかにしている。(5)

所功氏は、神宮奏事始の成立・式日・奏上事項・儀式次第などについて言及している。それによれば、『親長卿記《ちかながきょうき》』文明十六(一四八四)年正月二十六日条に「今日、神宮奏事始」とみえるが、鎌倉中・後期から行われていた可能性があるとし、その行事日は、当初、正月の中下旬から二月の上旬が多いものの、一定しておらず、やがて江戸初期からは正月十一日が式日《しきじつ》とされ、明治初年に至っているとする。また、その奏事事項は、神宮の造替《ぞうたい》・神領の再興・神職の官位・神馬《しんめ》の進献であり、主に実効を伴うのは任官叙位であったとみられるとし、その儀式次第は、天皇が清涼殿代《せいりょうでんだい》(小御所)に出御《しゅつぎょ》すると、神宮伝奏(大納言クラス)が簾中《れんちゅう》に入り、祭主の申状《もうしじょう》を記した「奏事条目」(目録)を読み上げ、いちいち御沙汰(勅裁)を仰いでいるとする。その勅裁結果は、各奏事の左肩に神宮の造替のことには「仰、早可申沙汰」、神領の再興のことには「仰、可仰武家」、任官叙位のことには「仰、可宣下」等と記すことになっているとする。(6)

第一節　神宮奏事始の成立

本節においては神宮奏事始の成立過程を明らかにする。そもそも、朝廷において正月に行われた公事《くじ》として、御斎会《ごさいえ》が一段落した頃、吉日《きちじつ》を選んで上卿《しょうけい》などが天皇に神宮のことや諸般の政事の議を奏上する政始《まつりごとはじめ》という儀式があった。(7)所功氏によれば「政始」「官政始《かんせい》」「外記政始《げきせい》」など律令太政官政治の年頭儀礼はすでに平安中期(十～十一世紀)から行われていたという。(8)

本節はそれらが鎌倉時代においてどのように変化したのかを明らかにすることはできないが、南北朝期についてみると、『師守記《もろもりきりゃくおう》』暦応四(一三四一)年一月十九日条には、(9)光厳《こうごん》上皇が出御して文殿雑訴始《ふどのざっそはじめ》が行われた記事に続いて、「大蔵卿一人奏事始云々」とあり、このときすでに奏事始が行われていたことがわかる。

以下、具体的な記述はないため、その詳細は不明であるが、このときの奏事始を担当した大蔵卿とは光厳院政下で伝奏を務めた高階雅仲《たかしなまさなか》である。(10)一方、同二十二日条には「今日、被行年始政始、奉行職事頭内蔵頭隆持朝臣、已始被行之、上卿権大納言源通冬(後略)」とあり、政始も行われている。

以上のことにより、当時は、従来から行われてきた政始に加え、伝奏制度が成立していた同院政下において年頭にあたり雑訴《ざっそ》の審議を開始する「文殿雑訴始」や院の政務を開始する「奏事始」という儀式が行われていたのである。

さらに同二十二日条には「政始官符也」とあり、内宮《ないくう》禰宜《ねぎ》に一名の欠員が生じたことに伴い、同三年十一月二日付で新しく禰宜を補任する旨の太政官符が掲載されている。このときの政始についての記述は他になく、当時の政始は伊勢神宮に関する政務にウェートをおくものであったことは確かであろう。

次に南北朝時代の朝廷について詳細に記録した『園太暦《えんたいりゃく》』観応《かんのう》二（一三五一）年一月二十九日条(11)には次のような注目すべき記事がみえる。

頭中将来、奏事始事語之事、

廿九日、陰晴不定、頭中将伊俊朝臣来、謁之、今日、奏事始也、政始一ヶ条付四条前大納言、奏之、伝奏彼卿一人参仕、職事又一身云々、

これによれば、この日、院において政務に関する奏事事項を一年で最初に奏上する儀式である「奏事始」が行われ、内容は不明であるが、政始として一カ条が伝奏四条《しじょう》隆蔭《たかかげ》によって光厳上皇に奏上されたことがわかる。これが、わずかではあるが、「奏事始」の具体相を知ることができる初見史料である。この前後の史料を博捜《はくそう》しても神宮奏事始の事例はなく、最初に「奏事始」が成立し、その後、それらが神宮奏事始、賀茂奏事始(12)に分化したと考える。

森茂暁氏によれば、光厳院政の運営は伝奏グループによって担われており、四条は評定衆《ひょうじょうしゅう》を兼任した、同院政の中枢を支えるメンバーの一人であった(13)。

また『続史《ぞくし》愚抄《ぐしょう》』(14)観応三（一三五二）年九月六日条には「六日、丙子、被仰伝奏、人数如日来者、按察使資明卿為人数、事々蒙勅問」とあり、光厳院政下における伝奏は上皇から頻繁に勅問をうける要職であったことがわかる。

さらに拙稿において次のようなことを明らかにした。伝奏が政務において重要な役割を果たした後嵯峨院政下においても上皇―関白―奉行などが朝廷儀式を準備する体制であり、これが光厳天皇まで続いた。

南北朝期の貞和四（一三四八）年から応安四（一三七一）年にかけて、北朝では光厳《こうごん》上皇・光明天皇・崇光《すこう》天皇・後光厳天皇の下で践祚《せんそ》伝奏・立坊《りつぼう》伝奏・即位伝奏・大嘗会《だいじょうえ》伝奏・諒闇《りょうあん》伝奏などが相次いで設置されたが、それらすべての初代就任者は別当《べっとう》（執事《しつじ》・執権《しっけん》・年預《ねんよ》）・評定衆・伝奏という院政を担った要職のいずれかを務めている上皇の近臣であった。このように光厳上皇は院の要職にある自らの近臣を儀式担当の伝奏に補任し、その伝奏を通じて重要儀式の準備を主導する体制を確立した(15)。

以上のような光厳院政下における伝奏制度の強化と拡大は、必然的にその主要な機能であった「奏事」の政務における位置づけの上昇をもたらし、同院政下において「奏事始」が成立したと考える。

所功氏によれば、神宮奏事始の初見史料は『親長卿記』文明十六（一四八四）年一月二十六日条に「今日、神宮奏事始」とあるものであるが、同氏は、賀茂奏事始より早く、鎌倉中後期から行われていた可能性があるとしている(16)。一方、同氏によれば賀茂奏事始は同二（一四七〇）年までには成立していた(17)。

初めて神宮奏事始についての準備過程と儀式次第を示す史料は、戦国時代において神宮伝奏を務めた三条西《さんじょうにし》実隆《さねたか》の記録である『実隆公記』明応六（一四九七）年一月三日条(18)の記事である。

（前略）兼又神宮伝奏事已被治定候之条、尤珍重候ツ、固辞之趣事旧候了、雖然及再往之仰之条、争猶可被申子細候哉、併神慮之所令然之候、仍当月中内々被尋日次、可令候御奏事始給之条可然存候、一紙被注下候了、加拝見、可返入候、先被告知祭主候者可然候、書札事、故一位直書遣候し、謹言、又状如件、草名にて候しと存候、凡伝奏之時、対祭主以敬神存宥恕儀之条、固実《ママ》之様申伝之旨相語候キ、（中略）

正月二日　広光

（前略）奏事始之儀、故一位不注置候、目録なとも年々分乱来、令紛失候了、口惜候、永和度保光卿奏事始記虫損、旁無正体候上、殊子細もみえ候ハねとも、不存隔心、入見参候、（中略）返々御奏事始不可有殊儀候哉、奉行頭弁候歟、（中略）返々目六ハた丶以職事付進、御奏聞無子細候哉、大略其分候、（中略）

正月三日　広光

実隆は、前年十二月三十日に神宮伝奏に就任して[19]、同書の二月四日条によれば、初めて神宮奏事始を執り行ったが、これによれば、前権中納言町広光が就任直後の実隆に書状を送って、一月中の神宮奏事始の執行を促し、その準備と執行について具体的に指南している。

さらに「永和度保光卿奏事始記」とあるのが注目され、実隆は広光からその所有していた同記録を借覧していることがわかる。

第二部第一章第一節に掲載する【神宮上卿・神宮伝奏一覧】によれば、広光自身は神宮伝奏を務めていないが、父の資《すけ》広《ひろ》[20]については、嘉吉三(一四四三)年に在任し、享徳四(一四五五)年以前から応仁三(一四六九)年以降にかけても在任しており、後者については約十五年間以上にわたって同職を務めた。

以上のことにより、広光が神宮奏事始の記録を所有していた理由は、父、資広が蓄積していた神宮伝奏の職務についての諸記録を引き継いでいたことであった。また神宮奏事始について指南役を務めた理由も父からその故実を口伝されていたことであったと考える。

したがってこの『永和度保光卿奏事始記』の「奏事始」とは神宮奏事始のことと考えられる。『公卿補任　第二篇』によれば永和元(一三七五)年から同二年四月までこの土御門保光《つちみかどやすみつ》は権中納言の任にあり[21]、『続史愚抄』永和五(一三七九)年三月二十六日条には「有雑訴沙汰、伝奏公卿藤中納言保光。」とあることから[22]、永和年間に伝奏の任にあった保光が神宮奏事始を執り行ったことがわかる。

以上のことにより神宮奏事始は「奏事始」が成立した観応二(一三五一)年後から永和五(一三七九)年(この年に康暦《こうりゃく》と改元。)までに成立したと考える。それではなぜ神宮奏事始が成立したのか。

このことについて考えるとき、注目すべき史料がある。東京大学史料編纂所の徳大寺家史料である三条実万《さねつむ》編『神宮上《しょう》卿《けい》至《し》要抄《ようしょう》』[23]には、中世の神宮上卿・神宮伝奏についての記事がまとめられており、そのなかに「吉田大納言〇家俊卿」としてみえる『薩戒記《さっかいき》』応永三十三（一四二六）年五月二十三日条の記事である。

> 廿三日、左頭中将来曰、可被行政始、相尋日次、可令申沙汰之由、吉田大納言家俊太神宮雑訴伝奏也、奉　院宣、所
> 　仰遣也、下略

これによれば、頭中将が神宮伝奏清閑寺家俊《せいかんじいえとし》に対して後小松上皇が政始を行うように命じたので、日次《ひなみ》を勘進《かんしん》させて執り行うように伝えた。さらに、室町期の政始について、時期は下るが、朝廷において官務を務めた壬生晴富《みぶはれとみ》が文明十六（一四八四）年に子孫のために記した『当局遺誡《とうきょくゆいかい》』[24]に次のような記事がみえる。

> 文明十六・十二・廿四、於灯下書始也、
> 一、神宮遷宮廿年一度也、十七年孟夏山口、其祭物等官調進也、四年之間造替、造　宮使被補時者、官符請印ノタメ、
> 被行政始也、用脚造　宮使沙汰之、政始、年始被行事也、近代一向無其儀、造　宮使被補時計、為年始通用之儀
> 　被行也、政始文書、中ノ棚、西頬ノ西面ノ南ノ端ノ黒皮籠在之、

これによれば、神宮式年遷宮の執行に際して朝廷において神宮の造営を掌る令外官であった造宮使[25]を補任するが、太政官符に請印《しょういん》するために政始を行っている。本来、政始は年始に行われる儀式であるが、当時は全く行われておらず、造宮使補任のときにだけ年始の場合にも通用する政始を行っているとしている。

以上のことにより、応永三十三年の政始は、永享三（一四三一）年の内宮《ないくう》式年遷宮[26]、同六（一四三四）年の外宮《げくう》式年遷宮[27]に向けて造宮使を補任するために行われたと考える。このように、室町期の政始において神宮に関する政務は主要なものの一つとして行われており、神宮伝奏が準備と執行を担当していた。

こうしたことから、院における政始ともいうべき「奏事始」においても神宮についての奏事が主要なものとなり、神宮奏事始が成立したのは必然的なことであったと考える。

『実隆公記』[28]によって先述した明応六（一四九七）年の神宮奏事始についてみていく。同二月三日条には「師卿入夜来臨、合宿雑談、明日、神宮事可候奏事始之支度也、其間事等相談、入夜行水、青女重服之間、落庇、曳隔注連、不能対合也」と

ある。

これによれば、神宮奏事始の前日に広光が来て、実隆と明日のことについて相談していることがわかる。さらに、実隆は行水《ぎょうずい》して、その妻が重服《じゅうぶく》のため、庇《ひさし》を落とし、注連縄《しめなわ》を曳き、対面しないようにした。同四日条には次のようにみえる。

四日、丙子、晴、早朝、行水、著直衣、大帷借請中御門大納言了、大帷、指貫、可用下袴之処、難得上括頗聊爾之儀也、把笏、奏事目録懐中之、今朝、職事以消息送之、乗輿、大夫将監重興直衣、在共、参内、堅固内々儀也、極﨟資直参仕、議定所御座前板令敷円座、資直参入、相待之間、予先参詣内侍所、両段再拝了、出御之由資直告之間、入布障子、跪長押際、受天気、参入、跪円座際、聊引寄円座、懸膝、安座、置笏右円座下、取出奏事目録、置座前、円座上、聊刷衣裳、取揚目六、披之、読申、毎条三ケ条、伺御気色、読了、巻目六、入懐中、取笏、退円座、于時入御、深敬屈、入御之後、退出、則有召之間、参常御所庇、此時、笏入懐中、取出檜扇、持之、賜天盃、勾当内侍酌也、造宮事有其実之様、可申沙汰之由等委細勅語、条々令言上、退出、則奏事目録入日、注仰詞、以消息遣頭弁了、今日、無為無事、珍重々々、件目録等写置、続之、

（中略）

此日以愚筆入之、仰詞同以愚筆注之、

明応六年二月四日、宣秀奏事

神宮条々

祭主伊忠申造営事、

仰早可申沙汰、

同申神領再興事、

仰可仰合武家、

同申度会常隆・同晴子・同晨則等叙爵事、

仰可宣下、
御奏事目録注仰詞、返進候、謹言、 腰文・立文也、巻加件目録了、
二月四日　　実隆
頭弁殿
銘　奏事目録　　　　侍従大納言
明応六年二月四日、宣秀奏事、
神宮条々
祭主――
仰――
同申――
仰
同申――
仰
奏事目録一紙写進入候、旁可参申候、誠恐謹言、
二月四日　　宣秀
三条殿
白紙・立文也、

これによれば、実隆は、早朝に行水して、直衣《のうし》を着け、笏《しゃく》を持ち、職事《しきじ》から送付された奏事目録を懐中にして参内した。六位蔵人である極﨟《きょくろう》の富小路資直《とみのこうじすけなお》も参仕したので、議定所《ぎじょうしょ》の御座前に円座《えんざ》を敷かせた。実隆は、先に内侍所《ないしどころ》に参り、両《りょう》段再拝《だんさいはい》した。資直が後土御門天皇の出御を告げたので、議定所の長押《なげし》の際にひざまずき、天皇の意をうけて参入した。

円座の際にひざまずき、いささか円座を引き寄せ、そこに膝を掛けて安座し、笏を右の円座下に置き、奏事目録を取り出して、座の前に置き、目録を取り上げてこれを披《ひら》き、三カ条を読み申した。一カ条を読むごとに天皇の意向を伺った。読み終わり、目録を巻いて懐中に入れ、笏を取り、円座を退いた。天皇が入御したので、深く敬屈し、その後、退出した。召しがあったので、常御所《つねのごしょ》の庇に参り、笏を懐中に入れ、檜扇《ひおうぎ》を取り出してこれを持ち、勾当内侍《こうとうのないし》の酌《しゃく》により天盃《てんぱい》を賜った。その際に内侍を通じて「造宮事有其実之様、可申沙汰之由」などの勅語が伝えられ、実隆も条々を言上して退出した。その後、奏事目録に日を入れ、仰詞《おおせことば》を記して、消息《しょうそく》とともに頭弁に遣わした。以上が神宮奏事始当日の早朝からその終了後までの流れである。

第二節　中世の神宮奏事始

本節においては十六世紀における神宮奏事始の儀式次第を明らかにする。中御門宣胤《なかみかどのぶたね》の『宣胤卿記』[29]永正《えいしょう》三(一五〇六)年三月二十三日条には次のようにみえる。

　神宮奏事始、明日可祇候之由申入了、
　　勾当内侍との、御局へ　のふ胤
　神宮奏事はしめに、あす夕かたしこう仕候へきよし、御心え候て、御披露給へく候、かしく、

これによれば、三月二十三日、神宮伝奏中御門宣胤が天皇への奏請と勅旨の伝達をつかさどる勾当内侍に明日の夕方に神宮奏事始があり、祇候《しこう》することを天皇に伝えてもらいたい旨の書状を出した。同二十四日条には次のような記事がみえる。

　申斜着衣冠、重大帷、持笏、不可着直衣云々、参内、神宮奏事始也、(中略)先立寄内府第、問近年之作法、次参内、候便宜所、番衆所、殿上下侍、六位蔵人藤原資直、極臈、早祇候云々、待頭弁、無程参、於愚亭可着装束之由、契約

之処、有所用、於三位殿(伯母)里可着之由、先刻来、演説之、於殿上付給目録、御鞠時分云々、頭弁申入、則被閣御鞠、早出御儀定(ママ)所、御引直衣、頭弁候簀子西廂、告之、余取副目録於笏、入西面戸、着円座、六位参事為敷之也、然今日資直参以前、已内々被敷置云々、近年、六位不参之間、為其定、内々被敷歟、件円座御前畳南、板上去二尺許、不安座、置笏、披奏事目録、読申、永正三年三月廿四日、尚顕朝臣奏神宮条々、祭主伊忠朝臣申、造替事ト読了、伺見天気、同申神領再興事ト読之、又伺見天顔、同申荒木田守雄叙爵事ト読之、又伺見天気、毎度不及勅答、其由許也、次巻目録、取副笏、退円座、申入御、其体平伏、左廻、経本路退、於便宜所、殿上下侍、番衆所、付仰詞、入廿四二字、硯筆内々用意、於同所返頭弁、次被召御末、賜天盃、誠被聞食御盃也、女官取杓、勾当内侍被謁、有仰旨等、退出、

永正三年三月廿四日、尚顕　奏、五位職事ハ奏事ト書云々、此事不審、条々多時、袖マテ書之、近年目録、神宮条々、

神宮条々、

祭主伊忠朝臣申造替事、　　無此一行、又同申字無之、不可然、

仰、早可申沙汰、

同申神領再興事、

仰、可仰武家、

同申荒木田守雄叙爵事、

仰、可　宣下、

一、神宮　奏事始、不着直衣事、一、持笏事、他事不然、

一、奉行職事近年不参也、雖然、今度伝奏、奉行各初度之間、所参也、頭弁自旧冬存知之、所参也、

一、六位近年不参円座、女孺自外指入、置之、女孺不入内也云々、今日、極臈参候、為厳重事、一、今日、不及神事事、

一、官状幷守雄款状等、置職事方、不及奏聞事、

これによれば、午後四時半過ぎに中御門は衣冠を身につけ、笏を持ち、内大臣三条西実隆邸を訪れた。近年の神宮奏事始の作法について質問した後、参内し、便宜所《びんぎしょ》に入った。六位蔵人富小路資直と神宮奉行勧修寺尚顕《かじゅうじひさあき》も参内した。勧修寺は中御門に奏事目録を渡した。後柏原《ごかしわばら》天皇は蹴鞠《けまり》をしており、勧修寺が申し入れて、天皇は議定所に御引直衣《おひきのうし》を着て出御した。

勧修寺は、西廂《にしのひさし》の簀子《すのこ》に行き、このことを告げた。中御門は、奏事目録を笏に取り副え、西面戸から入り、円座に着いた。安座《あんざ》せず、笏を置き、奏事目録を披《ひら》いて三カ条を読み上げた。読み上げるごとに天皇の意向を伺い、天皇は自らの意向を示した。

次に奏事目録を巻き、笏を取り副え、円座を退き、平伏して天皇に入御を申し上げた。左に廻り、本路を経て退出した。便宜所において天皇の意向である仰詞を書き、同所において勧修寺に返した。御末《おすえ》に呼ばれ、女官から天盃を賜った。勾当内侍に面会し、退出した。同二十六日条には次のようにみえる。

尚顕朝臣神宮奏事目録写之、宿紙二枚送之、表ニ銘ヲ書、奏ノ下ニ伝奏ヲ付、昨日両度催促、及今日如何、一通可進禁裏之処、今日御衰日也、

これによれば、勧修寺が奏事目録の写し二通を作成し、表に自らの名を記し、「奏」の下に「伝奏」の語を記した。勧修寺は中御門にそれらを送った。同二十七日条には次のようにみえる。

早旦、奏事目録進禁裏、一通ハ置伝奏方也、

散所如常、表書如常、

神宮の奏事のもくろくまいらせ候、御心得候て、御披露給べく候、かしこ、

これによれば、同二十七日、中御門は、奏事目録一通を禁裏に進上し、もう一通同じものを自らのもとに残した。以上、神宮奏事始の儀式次第を明らかにすることができたが、これ以降の場合についても確認したい。

天文《てんぶん》六(一五三七)年の場合についてみる。柳原資定《やなぎわらすけさだ》の『神宮奏事始記』(30)同三月二十九日条には次のようにみえる。

天文六年三月廿九日　奏事始也、日次事兼日申遣在富卿畢、

神宮　奏事始日次

今月廿九日　戊申

来月一日　己酉

三日　辛亥

三月廿二日　従二位賀茂朝臣在富

右兼日付勾当内侍、可為何日哉之由相伺之処、可為廿九日之由被仰下畢、仍奏事目録事以折紙申送頭中将許者也、

神宮　奏事始事、明日早々可申沙汰候、然者目録今夕所望也、調給者為悦候也、

廿八日　資定

御方

中山殿

天文六年三月　日、孝親　奏、

祭主朝忠卿申造替事、

同申神領再興事、

同申度会矩光叙爵事、

神宮　奏事目録内々進入候、忝候、故障子細候、可得御意候、恐惶謹言、

三月廿九日

日野中納言殿

これによれば、神宮奏事始に先立って神宮伝奏柳原資定が賀茂在富《かもありとみ》にその日時の候補を勘申《かんじん》するように命じ、同三月二

十二日、賀茂は柳原に三つの候補が記された書付を提出した。同二十八日、柳原は勾当内侍にそれを提示し、どの日時がよいか伺ったところ、後奈良天皇は同二十九日に行うようにとの意向を示した。

これをうけて、柳原は、神宮奉行中山孝親にこのことを伝え、夕刻までに奏事目録を用意するように指示する書状を送った。同二十九日、中山は、奏事目録を柳原に提出し、その内容について天皇の内諾を得るべきであるとの書状を送った。同条には続いて次のようにみえる。

> 廿九日、戊申、雨下、早旦、着衣冠、重大帷、参　内、候外様番衆所、小時、美濃守以緒告出御之由、予持笏、限神事、衣冠之時、持之、奏事目録懐中之、於長押下伺御気色候也、起揚、懸膝、而昇、聊膝行、而着円座、自懐中先之笏右方置之、微々取出奏事目六、於座下方披之、不持上読之、自年号読之、毎条目伺御気色、読畢、巻之、令懐中、取笏、下円座後方、平伏、入御之後、退下、於男末令頂戴　天盃畢、可謂祝意乎、抑依天下触穢、頗延引、(中略)退朝候後、奏事目六付仰詞、遣頭中将許、然者写取二通給了、

これによれば、永正三(一五〇六)年の場合と大筋において同様であり、神宮奏事始は同年までに確立された儀式次第がその後も引き継がれたと考える。(31)

第三節　中世神宮奏事始の式日と奏事事項

本節においては中世の神宮奏事始の式日と奏事事項を明らかにする。ただし、史料的制約により部分的にしか明らかにすることができない。

明応六年二月四日の場合、神宮の造替・神領の再興・外宮《げくう》神主三名への叙爵《じょしゃく》の三点、同七年一月十四日の場合、神宮の造替・神領の再興・神主への加階の三点、(32)文亀三(一五〇三)年二月九日の場合、神領の再興と内宮神主への叙爵の二点、同四年二月十一日、永正二(一五〇五)年一月二十一日、(33)同三年三月二十四日、同四年一月二十三日の場合、神宮の造替・

神領の再興・内宮神主一名への叙爵の三点、同五年二月五日の場合、神宮の造替・神領の再興・内宮神主八名への叙爵の三点(34)、であった。

天文五(一五三六)年九月十四日の場合、神宮の造替・神領の再興・祭主の神祇大輔《じんぎのたいふ》補任の三点、同六年三月二十九日、同七年一月二十二日、同八年一月二十五日の場合、神宮の造替・神領の再興・内宮神主一名への叙爵の三点であった(35)。

最初に式日は最も早い場合で一月十四日、最も遅い場合で九月十四日であり、一定していなかった。たとえば本章第二節において明らかにした天文六年の場合は三月二十九日であったが、賀茂の勘申した候補の日時から天皇が選んで決定するという方法がとられた。柳原資定《やなぎわらすけさだ》の『神宮奏事始記』同三月二十九日条には「抑依天下触穢、頗延引」とあり、この年の式日は天下触穢により大幅に延引したことがわかる。

一方、同書によれば、同七年、同八年の場合はいずれも陰陽頭土御門有春《ありはる》が勘申した候補の日時から選ばれ、前者は一月二十二日、後者は同二十五日であった。このように一年で最初に神宮のことを奏上する儀式という性格上、触穢などの理由で延引する場合もあったが、大半の場合が一月下旬から二月中旬までの間から選ばれていた。

次に奏事事項は大半の場合、①神宮の造替、②神領の再興、③神宮神主への叙爵の三点であったことがわかる。①については、神宮式年遷宮が内宮は寛正《かんしょう》三(一四六二)年から天正《てんしょう》十三(一五八五)年まで、外宮は永享六(一四三四)年から永禄六(一五六三)年まで途絶していたことによる(36)。

②については、平安時代に神宮の神領が荘園化して以降、その実を失ったことによる(37)。③について、内宮神主一名への叙爵の場合、柳原資定の『神宮奏事始記』天文七(一五三八)年一月二十二日条によれば、この日の奏事事項であった内宮権禰宜荒木田末国への叙爵について次のようにみえる。

　抑度会末国、同末則、去年令叙爵畢、而荒木田末国、同名字不審之由、後日相尋之処、作名也、尤誤之由朝忠卿申之、
　勿論也、

これによれば、荒木田末国とは実在しない人物であり、作名であったことがわかる。このことにより③はしだいに形式

的に申請するだけのものに変化したことがわかる。

おわりに

そもそも、平安期の朝廷において正月に行われた公事として、御斎会が一段落した頃、吉日を選んで上卿などが天皇に神宮のことや諸般の政事の議を奏上する政始という儀式があったが、南北朝期の光厳院政下において、伝奏制度が強化、拡大されたことに伴い、その主要な機能であった「奏事」の政務における位置づけが上昇し、同院政下において年頭にあたり院の政務を開始する意義をもった「奏事始」が成立した。この「奏事始」は、その後、神宮奏事始、賀茂奏事始に分化し、神宮奏事始は「奏事始」が成立した観応二(一三五一)年後から永和五(一三七九)年までに成立した。なぜ神宮奏事始が成立したのか。

光厳院政期以降においても「奏事始」とともに政始は行われており、当時の政始は伊勢神宮に関する政務にウェートをおくものであった。時期は下るが、応永三十三(一四二六)年の政始は、永享三(一四三一)年の内宮式年遷宮、同六(一四三四)年の外宮式年遷宮に向けて造宮使を補任するために行われた。このように室町期の政始において神宮に関する政務は主要なものの一つであり、神宮伝奏が準備と執行を担当していた。

以上のことにより、院における政始ともいうべき「奏事始」においても神宮についての奏事が主要なものとなり、神宮奏事始が成立したのは必然的なことであったと考える。

その準備過程は、たとえば、天文年間の場合、神宮伝奏が賀茂か土御門にその式日時の候補を勘申するように命じ、それが提出されると、勾当内侍を通じ、式日について天皇の意向を伺った。神宮伝奏はその意向をうけて神宮奉行にそれを伝え、奏事目録を用意するように指示するというものであった。

その儀式次第の詳細は第二節において明らかにした通りであるが、神宮伝奏が議定所に出御した天皇に奏事目録の三カ条を奏上し、一カ条を奏上するごとに天皇が意向を示し、終了後、神宮伝奏は奏事目録にその仰詞を書くというものであった。
式日は、大半の場合が一月下旬から二月中旬までの間から選ばれていた。奏事事項は大半の場合、①神宮の造替、②神領の再興、③神宮神主への叙爵の三点であった。

註

(1) 相田二郎『日本の古文書　上』(岩波書店、一九四九年)七六四・七六八・七六九頁。
(2) 相田二郎『日本の古文書　下』(岩波書店、一九五四年)三七一・三七二頁。
(3) 八束清貫『皇室と神宮』(神宮司庁教導部、一九五七年)一三頁。
(4) 本郷和人「鎌倉時代の朝廷訴訟に関する一考察」(石井進編『中世の人と政治』吉川弘文館、一九八八年、一四〇・一四一頁。後に、同『中世朝廷訴訟の研究』〈東京大学出版会、一九九五年〉序章「朝廷訴訟の構造」として収録)。
(5) 高田義人「『御目録』『奏書目録』について—平安時代における天皇決裁の記録—」(『国史学』一五八、一九九五年)七九・八〇・八二・八三・九二頁。なお、下郡剛氏は「後白河院政期、蔵人の職務が煩雑化し、また奏事が常に院や天皇の伝奏を経由して行われるようになると奏事の定形文書として奏事目録が作成されるようになる」として後白河院政期に奏事目録が成立したことを明らかにしている。同『後白河院政の研究』(吉川弘文館、一九九九年)一三四頁。
(6) 所功「神宮奏事始と賀茂奏事始」(『瑞垣』一七九、一九九八年)一一頁。
(7) 『日本国語大辞典〔縮刷版〕第九巻』(小学館、一九八一年)一一一六頁。
(8) 前掲註(6)所論文、九頁。
(9) 『史料纂集　師守記　第二』(続群書類従完成会)。以下、本章で引用した『師守記』の記事は、本書の二三四〜二三七頁によった。
(10) 『新訂増補国史大系　公卿補任　第二篇』(吉川弘文館)暦応四(一三四一)年の項、五八五頁。橋本義彦「院政重職一覧」(『中世史ハンドブック』近藤出版社、一九七三年)二七二頁。
(11) 『園太暦　巻三』(続群書類従完成会)四一七頁。
(12) 賀茂奏事始については、所功「賀茂奏事始の基礎的研究」(『京都産業大学日本文化研究所紀要』二、一九九六年)において明らかにされている。

(13)森茂暁『南北朝公武関係史の研究』(文献出版、一九八四年)一五七〜一八〇頁。
(14)『新訂増補国史大系　第十四巻　続史愚抄　中篇』(吉川弘文館)四頁。
(15)拙稿「中世儀式伝奏の成立」(皇學館大学史料編纂所報『史料』一九四、二〇〇四年)一〜六頁。
(16)前掲註(6)所論文、一一頁。
(17)前掲註(6)所論文、九六〜九八頁。
(18)『実隆公記　巻三下』(続群書類従完成会)三五九・三六〇頁。
(19)『実隆公記　巻三上』(続群書類従完成会)三五一・三五二頁。
(20)橋本政宣編『公家事典』(吉川弘文館、二〇一〇年)四五二頁。
(21)前掲註(10)『公卿補任』七一六・七一七・七一九・七二〇頁。
(22)『新訂増補国史大系　第十四巻　続史愚抄　中篇』(吉川弘文館)一二三頁。
(23)東京大学史料編纂所、徳大寺家史料、三三一—八〇。
(24)『図書寮叢刊　壬生家文書　二』(宮内庁書陵部)。
(25)中西正幸『神宮式年遷宮の歴史と祭儀』(大明堂、一九九五年)三一頁。
(26)『神宮史年表』(戎光祥出版、二〇〇五年)九一頁。
(27)前掲註(26)書、九二頁。
(28)前掲註(18)『実隆公記』四〇一〜四〇三頁。
(29)『増補史料大成　第四十五巻　宣胤卿記　二』(臨川書店)。以下、本章で引用した『宣胤卿記』の記事は、本書の一一一〜一一三頁によった。
(30)宮内庁書陵部、葉—一五〇三。
(31)近世の儀式次第については、第三部第二章第二節において明らかにする。
(32)前掲註(18)『実隆公記』四〇二・四八四頁。
(33)『実隆公記　巻四上』(続群書類従完成会)九五・九六・二二四・三六一・三六二頁。
(34)前掲註(29)『宣胤卿記』一一二・一七四・二二五頁。
(35)前掲註(30)『神宮奏事始記』天文五(一五三六)年九月十四日条・同六年三月二十九日条・同七年一月二十二日条・同八年一月二十五日条。

(36) 小島鉦作『伊勢神宮史の研究　小島鉦作著作集　第二巻』(吉川弘文館、一九八五年)二七四～二七五頁。
(37) 大西源一『大神宮史要』(平凡社、一九五九年)一三〇～一三三頁。

第二部　神宮伝奏の補任

第一章　神宮伝奏の補任

はじめに

本章では神宮伝奏《じんぐうてんそう》・神宮上卿《しょうけい》の補任について明らかにする。近世以降、以下の十四種類に及ぶ神宮伝奏・神宮上卿の一覧が作成されてきた。

①『神宮伝奏補任録』[1]は、神宮文庫に所蔵され、文亀二（一五〇二）年から享保十九（一七三四）年までの就任者の人名・官職・補任年月日・退任年月日が記されている。

②『神宮伝奏歴名《れきみょう》』[2]は、宮内庁書陵部に所蔵され、応仁三（一四六九）年から寛延四（一七五一）年までの就任者の人名・官職・補任年月日・退任年月日・退任の理由が記されている。

③『神宮上卿次第』[3]は、神宮文庫に所蔵され、近世後期の外宮禰宜《げくうねぎ》で国学者でもあった足代弘訓《あじろひろのり》が作成したものである。本書は、神宮伝奏と神宮奉行の一覧であり、神宮文庫に所蔵され、上下二巻からなる。上には序文が記されており、「此書公卿補任二部を本拠と寸」とあることから『公卿補任』を出典としていることがわかる。

序文の後に「天保十年己亥十月　従四位上度会弘訓」とあり、天保十（一八三九）年十月に弘訓によって完成されたことがわかる。続けて上巻には次のようにみえる。

神宮上卿次第

文亀二年

上卿権大納言従二位藤実隆卿　　神宮伝奏

奉行頭右中弁藤賢秀朝臣

このように上巻には、文亀二（一五〇二）年から永正《えいしょう》三（一五〇六）年にかけて神宮伝奏を務めた三条西実隆と神宮奉行を務めた中御門賢秀をはじめとして、年ごとに両職就任者の人名が、神宮伝奏については、官職・位階もあわせて万治《まんじ》三（一六六〇）年までの人名が記されている。下巻は、寛文三（一六六三）年から天保四（一八三三）年まで上巻と同様に記されている。

④江戸後期に神宮上卿を務めた三条実万《さねつむ》は神宮上卿の部類記作成を行った。その一つに東京大学史料編纂所徳大寺家史料の『神宮上卿至要抄《しようしょう》』がある。[4] 目次はないが、内容ごとに見出しが付けられている。その冒頭部分に「神宮上卿至要抄第一目録」とあり、改行して「上卿部　神斎軽重間儀附書」とみえる。

以下、見出しの順に番号を付すと、〈1〉「上卿部神斎軽重間儀附書」、〈2〉「奉仰時幷辞時行事部」、〈3〉「神斎法部」、〈4〉「行事神斎部」であり、〈4〉の本文の記述はみられない。

その内容は古代・中世の古記録のなかから朝廷の神宮行政や古代・中世の神宮上卿に関する記事を抄出したものである。〈1〉には、平安末期の初代神宮上卿久我雅実《こがまさざね》から室町期の大炊御門信宗《おおいみかどのぶむね》に至るまで、三〇名の神宮上卿・神宮伝奏就任者などが記され、各就任者の関連記事が抄記されている。その冒頭は次の通りである。

神宮上卿至要抄第一目録
上卿部　神斎軽重間儀附書
雅実公　久我太政大臣
俊明卿
宗能公　中御門内大臣
雅定公　中院右大臣
雅通公　久我内大臣
忠雅公　花山院太政大臣

経宗公　大炊御門左大臣
師長公　妙音院太政大臣
兼実公　月輪関白
実定公　後徳大寺左大臣
実房公　三条左大臣
宗家卿　中御門大納言
忠親公　中山内大臣
実宗公　坊城内大臣
頼実公　中山太政大臣
通資卿
道家公　光明峯寺摂政
師信卿
冬平公　後照念院関白
師継公　妙光寺内大臣
家経公　後光明峯寺摂政
基具公　堀川太政大臣
持忠公　鳳栖院贈太政大臣
宗氏公　瑞慶院内大臣
家俊卿　吉田大納言
隆光卿

師経公
資広卿
持季卿
信宗公　後瑞慶院内大臣

これによれば、実万は平安末期から室町期に至るまでの神宮上卿就任者を網羅的に明らかにしようとしたことがわかる。この間、『公卿補任』においては承久四(一二二二)年の項で土御門定通《つちみかどさだみち》について「三月廿日依辞退神宮上卿、恐懼」との記事があるのみである。その後は応仁三(一四六九)年の項で柳原資綱《やなぎわらすけつな》について「神宮伝奏」との記載がみえるまで同書において神宮上卿・神宮伝奏の就任者を確認することはできない。そこで自ら史料を博捜して平安末期から室町期までの神宮上卿・神宮伝奏の就任者を明らかにした三条実万の業績は高く評価することができる。

この就任者一覧の後に、各就任者の関連記事が抄記されており、その冒頭には次のような序文がみえる。

代々之上卿記録不詳、凡可然之卿相多歴之歟、今九牛之一毛随管窺、採録之、応永之比以降間有伝奏之号、自文亀年間至
東山院御宇之始、専称伝奏、至行事之時者非此限、其後、改為上卿云々、子細注後、已復古例、文亀以後之人々粗見公卿補任、又先輩之抄録存之、因不載于茲、今所輯先賢之行跡、如神斎軽重之儀、略注其人条、但巨細之行事、神斎之法則条々多、端別挙各部、抄之、

序文のなかに「応永之比以降間有伝奏之号、自文亀年間至東山院御宇之始、専称伝奏、至行事之時者非此限、其後、改為上卿云々」とあり、応永年間には神宮伝奏との称号がみえ、文亀年間より江戸期の東山天皇在位下の初めにかけては専ら神宮伝奏と称している。ただし行事のときはこの限りではなく、その後、神宮上卿と改称されたとしている。

この記事は江戸期に二度神宮上卿を務めた三条実万が神宮上卿・神宮伝奏をどのように認識していたのかを知ることができるきわめて興味深い記事である。実万は室町期の神宮伝奏も神宮上卿が名称を変更しただけのものと捉えている。

その後、本書には、三〇名の神宮上卿・神宮伝奏、それぞれについての関連史料が掲載されている。序章第一節1において明らかにしたように、この二冊が作成されたのは、実万が神宮上卿を務めた文政十二(一八二九)年から天保三(一八三二)年までか、同十四(一八四三)年から弘化二(一八四五)年までの間である。

⑤『神宮上卿　并《ならびに》奉行』(5)は、神宮文庫に所蔵され、寛文四(一六六四)年から天保四(一八三三)年まで年ごとの就任者の人名・官職が記されている。

⑥『神宮伝奏次第』(6)も神宮文庫に所蔵され、文亀二年から天保十二(一八四一)年までの就任者の人名・官職・補任年月日・退任年月日が記されている。

⑦『神宮上卿部類　公卿補任之部』(7)も神宮文庫に所蔵され、文亀二(一五〇二)年から天保十四(一八四三)年までの就任者の人名・官職・補任年月日が記されており、その奥書《おくがき》に「右、自文亀年間実隆卿至今時実万卿、伝奏次第以公卿補任抄録之」とあり、出典が『公卿補任』であることがわかる。以上の①〜⑦は近世において作成されたものである。

⑧一九二八年に神宮司庁《しちょう》が編纂した『神宮要綱』には、「神宮職官《しょくかん》年表」(8)という禰宜以上の一覧表があり、その後土御門天皇以後の項にみえる「神宮伝奏」の項に文明元(一四六九)年から慶応四(一八六八)年までの就任者の人名・補任年月日が記されている。さらに戦後の研究は次の通りである。

⑨富田正弘氏は、「神宮伝奏表」を作成し、文明元年から慶長十二(一六〇七)年までの就任者の人名・補任年月日・退任年月日を明らかにしている。前者は出典が記されておらず、後者は一部の就任者しか記されていない(9)。

⑩白根靖大氏は、「神宮上卿の活動と神宮弁」という一覧表を作成し、仁安《にんあん》二(一一六七)年から承安《じょうあん》二(一一七二)年までの神宮上卿の人名とその活動内容・神宮弁の人名・それらの典拠を明らかにしている(10)。

⑪拙稿において「中世期神宮伝奏・神宮上卿補任」を作成し、康和四(一一〇二)年から永禄八(一五六五)年までの神宮上卿および神宮伝奏の位階・官職・家格・人名・補任年月日・退任年月日・神宮上卿か神宮伝奏かの別、それらの典拠を明らかにしている(11)。

⑫拙稿において「神宮伝奏・神宮上卿補任一覧」を作成した。これは⑪の一覧に接続しており、永禄九（一五六六）年から慶応四（一八六八）年までの神宮伝奏および神宮上卿の位階・官職・家格・人名・補任年月日・退任年月日・神宮上卿か神宮伝奏かの別、それらの典拠を明らかにしている。(12)

⑬岡野浩二氏は、「神宮上卿の人事」を作成し、康和四年から文永五（一二六八）年までの神宮上卿の人名・官職・所見例・初見時の年齢などを明らかにしている。(13)

⑭筆者は、⑪⑫の一覧をあわせ、新たに検出した就任者の情報を加えた「神宮伝奏・神宮上卿一覧」を作成した。康和四（一一〇二）年から慶応四（一八六八）年までの神宮上卿・神宮伝奏の位階・官職・家格・人名・就任年月日・退任年月日・神宮上卿か神宮伝奏かの別、それらの典拠を明らかにしている。(14)

以上の成果を踏まえて、本章においては、すべての神宮上卿・神宮伝奏を網羅した【神宮上卿・神宮伝奏一覧】を掲載し、それらの官職と家格、近世における神宮伝奏から神宮上卿への名称変化、近世における補任と退任について明らかにすることを目的とする。

第一節　【神宮上卿・神宮伝奏一覧】

本節では神宮伝奏の研究に必要な基礎的作業として作成した【神宮上卿・神宮伝奏一覧】（以下、【一覧】と略す）によって、就任者・位階・官職・家格・人名・就任年月日・退任年月日・名称を明らかにする。

本一覧は、［凡例］にもあるように康和二（一一〇〇）年から慶応四（一八六八）年までの神宮上卿・神宮伝奏を対象とし、⑭「神宮伝奏・神宮上卿一覧」をベースにして、その後に検出した就任者の情報を加えて作成した。

なお、先述した④『神宮上卿至要抄』からは平安・鎌倉・室町期の就任者について、⑩「神宮上卿の活動と神宮弁」、⑬「神宮上卿の人事」からは、平安・鎌倉期の就任者に関する多くの情報を得て、本一覧に反映させたことを付記しておく。

【神宮上卿・神宮伝奏一覧】

［凡例］

(1)　本表は神宮上卿・神宮伝奏の一覧である。康和2(1100)年から慶応4(1868)年までの就任者を対象とし，『公卿補任』および諸記録によって作成した。

(2)　就任者ごとに通し番号・官職・家格・人名・就任年月日と出典・退任年月日と出典を記した。出典が記されていない場合は，すべて『公卿補任』によった。

(3)　就任者の官職について，前権大納言は「前権大」，権大納言は「権大」，権中納言は「権中」と略した。

通し番号	官職	家格	人名	就任年月日・典拠	退任年月日・典拠	名称
1	内大臣	清華	久我雅実	康和2(1100)年7月17日以降 『玉葉』安元元(1175)年9月11日条 『中右記』康和4(1102)年9月9日条 『公卿補任』康和2～嘉承2(1107)年条	嘉承2年7月19日以前 『玉葉』安元元年9月11日条 『中右記』康和4年9月9日条 『公卿補任』康和2～嘉承2年条	神宮上卿
2	大納言		源俊明	康和4(1102)年5月30日以前 『中右記』『勘仲記』弘安11(1288)年2月9日条	天仁2(1109)年以降 『兵範記』仁安4(1169)年3月27日条	神宮上卿
3	権大	清華	三条実行	長承3(1134)年5月10日以前 『兵範記』嘉応元(1169)年4月26日条	不明	神宮上卿
4	内大臣		藤原頼長	久安4(1148)年6月5日以前 『台記』同日条	仁平元(1151)年4月7日以降 『宇槐記抄』同日条	神宮上卿
5	右大臣	清華	久我雅定	仁平元(1151)年4月7日以降 『宇槐記抄』同日条	不明	神宮上卿
6	内大臣	羽林	松木宗能	応保元(1161)年9月13日以降 『玉葉』安元元(1175)年9月11日条 『小朝熊神社神鏡沙汰文』『公卿補任』応保元年条～長寛2(1164)年条	長寛2(1164)年10月13日以前 『玉葉』安元元年9月11日条 『小朝熊神社神鏡沙汰文』『公卿補任』応保元年条～長寛2年条	神宮上卿
7	内大臣	清華	花山院忠雅	仁安2(1167)年4月16日 『兵範記』同日条	同年7月25日 『兵範記』同日条	神宮上卿
8	大納言	清華	久我雅通	同2年12月7日以前 『愚昧記』同日条	同4(1169)年1月14日条 『兵範記』同日条	神宮上卿

9	左大臣	清華	大炊御門経宗	同4(1169)年1月14日 『兵範記』同日条	同年2月2日 『兵範記』同日条	神宮上卿
10	大納言		藤原師長	同4年2月2日 『兵範記』同日条	嘉応2(1170)年12月27日以前 『玉葉』同日条	神宮上卿
11	内大臣	清華	久我雅通	嘉応2(1170)年12月27日以前 『玉葉』同日条	承安2(1172)年4月10日以前 『玉葉』同日条	神宮上卿
12	左大臣	清華	大炊御門経宗	承安2(1172)年4月10日以前 『玉葉』同日条	不明	神宮上卿
13	内大臣	清華	久我雅通	不明	承安2(1172)年9月14日 『玉葉』同日条	神宮上卿
14	右大臣	摂	九条兼実	承安2(1172)年9月14日 『玉葉』同日条	同3(1173)年3月13日 『玉葉』同日条	神宮上卿
15	大納言	清華	久我定房	同3(1173)年3月13日 『玉葉』同日条	同年7月19日以前 『玉葉』同日条	神宮上卿
16	大納言	清華	久我定房	不明	同4(1174)年2月17日 『玉葉』同日条	神宮上卿
17	右大臣	摂	九条兼実	安元元(1175)年5月12日 『玉葉』同日条	同年8月18日 『玉葉』同日条	神宮上卿
18	右大臣	摂	九条兼実	同元年9月10日 『玉葉』同日条	同2(1176)年9月1日 『玉葉』同日条	神宮上卿
19	左大臣	清華	大炊御門経宗	同3(1177)年1月5日 『玉葉』同13日条	同年3月8日 『玉葉』同日条	神宮上卿
20	大納言	清華	徳大寺実定	同3年3月24日 『玉葉』同日条	同年10月5日以前 『愚昧記』治承元(1177)年10月5日21日条	神宮上卿
21	権大	清華	三条実房	同3年10月5日以前 『愚昧記』治承元(1177)年10月5日・21日条	文治2(1186)年5月24日以前 『夕拝備急至要抄』	神宮上卿
22	権大	羽林	松木宗家	文治2(1186)年6月17日 『玉葉』同日条	不明	神宮上卿

通し番号	官職	家格	人名	就任年月日・典拠	退任年月日・典拠	名称
23	大納言	清華	三条実房	同３(1187)年２月20日以降 『玉葉』同日条	同４(1188)年６月21日以前 『玉葉』同日条	神宮上卿
24	右大臣	清華	徳大寺実定	同４(1188)年６月21日以前 『玉葉』同日条	同年６月27日 『玉葉』同日条	神宮上卿
25	内大臣		高野兼房	建久元(1190)年10月３日以前 『玉葉』同日条	不明	神宮上卿
26	大納言		河原実家	同２(1191)年５月24日以前 『玉葉』同日条	同４(1193)年４月13日以前 『百練抄』同日条	神宮上卿
27	内大臣	羽林	中山忠親	同４(1193)年４月13日以前 『百練抄』同日条	同５(1194)年１月13日以前 『玉葉』同日条	神宮上卿
28	大納言	清華	西園寺実宗	同５(1194)年１月13日 『玉葉』同日条	同年12月26日以前 『愚昧記』同日条	神宮上卿
29	権大	清華	大炊御門頼実	同５年12月26日以前 『愚昧記』同日条	正治元(1199)年７月22日以前 『明月記』同日条	神宮上卿
30	左大臣	摂	九条良経	正治元(1199)年７月22日 『明月記』同日条	同年12月21日以前 『明月記』同日条	神宮上卿
31	権大		唐橋通資	同元年12月21日以前 『明月記』同日条	不明	神宮上卿
32	権大	清華	久我通光	承元３(1209)年８月22日以前 『猪隈関白記』同日条	同４(1210)年10月17日以前 『玉蘂』同日条	神宮上卿
33	権大	摂	九条道家	同４(1210)年10月17日以前 『玉蘂』同日条	建暦元(1211)年７月５日 『玉蘂』同日条	神宮上卿
34	権大		土御門定通	不明	承久４(1222)年３月20日	神宮上卿
35	内大臣	清華	大炊御門師経	元仁元(1224)年11月20日以前 『宮槐記』同日条	嘉禄元(1225)年10月27日以前 『百練抄』同日条	神宮上卿
36	大納言		堀川通具	嘉禄元(1225)年10月27日以前 『百練抄』同日条	不明	神宮上卿

37	権大	清華	花山院師継	文応元(1260)年10月14日 『妙槐記』同日条	不明	神宮上卿
38	内大臣	摂	一条家経	文永5(1268)年6月15日 『吉続記』同日条	不明	神宮上卿
39	大納言		堀川基具	同11(1274)年7月4日 『妙槐記』同日条	不明	神宮上卿
40	参議	名	吉田経長	弘安2(1279)年5月20日以前 『吉続記』同日条	不明	神宮伝奏
41	権大	清華	花山院師信	嘉元2(1304)年5月20日 『綸旨抄』同日条	同3(1305)年3月3日以前 『綸旨抄』同日条	神宮上卿
42	右大臣	摂	鷹司冬平	同3(1305)年3月3日 『綸旨抄』同日条	不明	神宮上卿
43	前権大	羽林	四条隆蔭	不明	貞治3(1364)年2月17日 『師守記』同日条	神宮伝奏
44	権中	名	日野時光	貞治3(1364)年2月17日 『師守記』同日条	同年9月11日以前 『師守記』同日条	神宮伝奏
45	前権大	名	葉室長光	同3年9月11日以前 『師守記』同日条	不明	神宮伝奏
46	前権大	名	坊城俊任	応永10(1403)年閏10月10日以前 『吉田家日次記』同日条	不明	神宮伝奏
47	権大	清華	大炊御門宗氏	同25(1418)年8月4日以前 『康富記』同日条	不明	神宮上卿
48	権大	名	清閑寺家俊	同33(1426)年5月12日以前 『薩戒記』同日条	不明	神宮上卿
49	権大	名	清閑寺家俊	同33年5月23日以前 『薩戒記』同日条	不明	太神宮雑訴伝奏 太神宮伝奏 （9/12条）
50	権大		武者小路隆光	同33年9月2日 『薩戒記』同日条	不明	神宮上卿 行事太神宮上卿 （10/19条）

通し番号	官職	家格	人名	就任年月日・典拠	退任年月日・典拠	名称
51	権大	清華	花山院持忠	永享2(1430)年10月7日以前 『師郷記』同日条	不明	神宮上卿
52	権大	大臣	三条西公保	同10(1438)年11月21日以前 『氏経卿引付』同日条	不明	神宮伝奏
53	参議	羽林	中山定親	同12(1440)年3月30日以前 『氏経卿引付』同日条	不明	神宮伝奏
54	権大		町資広	嘉吉3(1443)年2月20日 『建内記』同日条	不明	神宮伝奏
55	権大	羽林	松木宗継	文安4(1447)年7月13日以前 『建内記』同日条	不明	神宮伝奏
56	権中	羽林	正親町持季	同6(1449)年4月29日以前 『康富記』同日条	不明	神宮上卿
57	前権大		町資広	享徳4(1455)年2月8日以前 『氏経神事記』同日条	応仁3(1469)年1月19日以降 『氏経卿引付』同日条	神宮伝奏
58	権大	名	柳原資綱	文明元(1469)年11月	明応5(1496)年8月29日 『御湯殿の上の日記』同日条	神宮伝奏
59	権大	大臣	三条西実隆	明応5(1496)年12月30日 『実隆公記』同日条	永正3(1506)年2月5日	神宮伝奏
60	権大	名	中御門宣胤	永正3(1506)年	同8(1511)年11月15日	神宮伝奏
61	権中	名	広橋守光	同10(1513)年	同13(1516)年4月	神宮伝奏
62	権中・権大	大臣	三条西公条	同13(1516)年4月13日	大永6(1526)年	神宮伝奏
63	権大	清華	今出川公彦	大永6(1526)年	享禄5(1532)年1月21日	神宮伝奏
64	権大	羽林	正親町実胤	享禄5(1532)年2月5日	天文5(1536)年	神宮伝奏
65	権中・権大	名	柳原資定	天文5(1536)年	同8(1539)年11月13日	神宮伝奏
66	権中	名	広橋兼秀	同8(1539)年11月	同9(1540)年4月12日	神宮伝奏
67	権中・権大	大臣	三条西実世	同9(1540)年4月16日	同12(1543)年10月29日	神宮伝奏
68	権大・前権大	名	甘露寺伊長	同12(1543)年11月3日	同15(1546)年10月1日	神宮伝奏
69	権大	羽林	正親町公叙	同15(1546)年10月2日	同16(1547)年8月23日	神宮伝奏

70	権大	名	烏丸光康	同17(1548)年	同18(1549)年7月26日	神宮伝奏
71	権大	羽林	中山孝親	同18(1549)年8月16日	永禄8(1565)年6月	神宮伝奏
72	権大	清華	今出川晴季	永禄8(1565)年8月2日	同9(1566)年2月15日	神宮伝奏
73	前権大	名	柳原資定	同9(1566)年2月	天正6(1578)年3月27日	神宮伝奏
74	権大	清華	徳大寺公維	天正6(1578)年9月12日	同8(1580)年2月21日	神宮伝奏
75	前権大・権大	名	柳原淳光	同8(1580)年5月1日	同15(1587)年8月8日	神宮伝奏
76	権中	大臣	正親町三条公仲	不明	文禄3(1594)年6月26日	神宮伝奏
77	前権大	名	柳原淳光	文禄3(1594)年7月23日	不明	神宮伝奏
78	権大	清華	西園寺実益	慶長4(1599)年	同12(1607)年	神宮伝奏
79	権大	清華	大炊御門経頼	同13(1608)年7月16日 『孝亮宿禰記』2　同日条	同15(1610)年5月2日 『孝亮宿禰記』3　同日条	神宮伝奏
80	権大	清華	西園寺実益	同15(1610)年5月2日 『孝亮宿禰記』3　同日条	同19(1614)年1月11日	神宮伝奏
81	権大	清華	花山院定熙	同19(1614)年5月26日 『孝亮宿禰記』4　同日条	元和2(1616)年	神宮伝奏
82	権大	名	中御門資胤	元和2(1616)年12月13日 『孝亮宿禰記』4　同日条	寛永2(1625)年3月12日	神宮伝奏
83	権大	名	日野資勝	寛永3(1626)年1月8日 『資勝卿記』4　同日条	不明	神宮伝奏
84	権大	名	日野資勝	同4(1627)年1月8日 『資勝卿記』4　同日条	寛永5(1628)年 『孝亮宿禰記』10　同12月25日条	神宮伝奏
85	権大	清華	西園寺公益	同6(1629)年1月7日 『孝亮宿禰記』10　同日条	同8(1631)年12月15日	神宮伝奏
86	権大	清華	花山院定好	同9(1632)年	同年	神宮伝奏
87	権中	清華	徳大寺公信	同9年7月25日 『孝亮宿禰記』12　同日条	同年	神宮伝奏
88	権中	羽林	中山元親	同9年11月19日 『孝亮宿禰記』12　同日条	同12(1635)年	神宮伝奏
89	権大	清華	西園寺実晴	同12(1635)年	同17(1640)年2月17日 『忠利宿禰記』4　同21日条	神宮伝奏

通し番号	官職	家格	人名	就任年月日・典拠	退任年月日・典拠	名称
90	権大	清華	徳大寺公信	同17(1640)年2月17日 『忠利宿禰記』4　同21日条	正保3(1646)年10月13日 『神宮雑事』1　同13日条	神宮伝奏
91	権大	羽林	藪嗣良	正保3(1646)年10月13日 『神宮雑事』1　同日条	同4(1647)年6月6日 『神宮雑事』同日条	神宮伝奏
92	権中・権大	羽林	鷲尾隆量	同4(1647)年6月10日 『神宮雑事』1　同日条	慶安2(1649)年3月5日 『神宮雑事』1　同日条	神宮伝奏
93	権中	羽林	姉小路公景	慶安2(1649)年3月6日	同4(1651)年2月24日 『神宮雑事』1　同日条	神宮伝奏
94	権大	羽林	鷲尾隆量	同4(1651)年2月24日 『神宮雑事』1　同日条	承応3(1654)年5月29日	神宮伝奏
95	権中	名	葉室頼業	承応3(1654)年6月1日 『忠利宿禰記』12　同日条	同年12月5日 『忠利宿禰記』12　同日条	神宮伝奏
96	権大	羽林	鷲尾隆量	同3年12月5日 『忠利宿禰記』12　同日条	明暦元(1655)年12月2日	神宮伝奏
97	権大	清華	転法輪三条公富	明暦元(1655)年12月5日	同2(1656)年12月16日 『忠利宿禰記』14　同27日条	神宮伝奏
98	権大	羽林	四辻公理	同2(1656)年12月27日 『忠利宿禰記』14　同日条	同3(1657)年6月26日 『忠利宿禰記』15　同27日条	神宮伝奏
99	権大	清華	久我広通	同3(1657)年6月26日 『忠利宿禰記』15　同27日条	同4(1658)年2月2日 『忠利宿禰記』16　同3日条	神宮伝奏
100	権大	名	日野弘資	同4(1658)年2月4日 『忠利宿禰記』16　同日条	万治2(1659)年12月2日 『忠利宿禰記』17　同日条	神宮伝奏
101	権大	名	柳原資行	万治2(1659)年12月3日 『忠利宿禰記』17　同日条	同4(1661)年2月4日 『忠利宿禰記』19　同10日条	神宮伝奏
102	権大	名	烏丸資慶	同4(1661)年2月4日 『忠利宿禰記』19　同10日条	同年2月21日 『忠利宿禰記』同23日条	神宮伝奏
103	権大	羽林	油小路隆貞	同4年2月21日 『忠利宿禰記』19　同23日条	同年3月6日 『忠利宿禰記』同日条	神宮伝奏

104	権大	名	坊城俊広	同4年3月6日 『忠利宿禰記』19　同8日条	同年3月9日 『忠利宿禰記』同12日条	神宮伝奏
105	権大	大臣	中院通茂	同4年3月9日 『忠利宿禰記』19　同12日条	寛文3(1663)年6月18日在任中 『忠利宿禰記』21　同日条	神宮伝奏
106	権大	清華	大炊御門経光	寛文3(1663)年7月19日	同6(1666)年5月 『神宮雑事』2　同月条	神宮伝奏
107	権大	清華	今出川公規	同6(1666)年5月 『神宮雑事』2　同月条	同年5月12日 『重房宿禰記』7　同13日条	神宮伝奏
108	権大	清華	花山院定誠	同6年5月12日 『重房宿禰記』7　同13日条	同年10月1日 『重房宿禰記』8　同9日条	神宮伝奏
109	権大	名	坊城俊広	同6年11月1日 『重房宿禰記』8　同4日条	同9(1669)年2月17日 『重房宿禰記』13　同20日条・同21日条	神宮伝奏
110	権中	名	清閑寺熙房	同9(1669)年2月23日 『重房宿禰記』13　同日条	同13(1673)年7月10日 『重房宿禰記』22　同日条	神宮伝奏
111	権大	清華	転法輪三条実通	同13(1673)年7月12日 『重房宿禰記』22　同日条	延宝3(1675)年8月24日 『季連宿禰記』1　同日条	神宮伝奏
112	権中	羽林	阿野季信	延宝3(1675)年8月24日 『季連宿禰記』1　同日条	不明	神宮伝奏
113	権大	清華	転法輪三条実通	同4(1676)年	同5(1677)年4月21日	神宮伝奏
114	権大	名	清閑寺熙房	同5(1677)年4月22日 『季連宿禰記』1　同24日条	同6(1678)年10月2日	神宮伝奏
115	権中	清華	今出川伊季	同6(1678)年10月 『季連宿禰記』11　同10月14日条	同7(1679)年5月8日 『季連宿禰記』14　同日条	神宮伝奏
116	権中	名	柳原資廉	同7(1679)年5月8日 『季連宿禰記』14　同日条	同年8月12日 『季連宿禰記』15　同日条	神宮伝奏
117	権大	名	清閑寺熙房	同7年8月12日 『季連宿禰記』15　同日条	同8(1680)年5月26日 『季連宿禰記』19　同日条	神宮伝奏
118	権中	名	烏丸光雄	同8(1680)年5月26日 『季連宿禰記』19　同日条	不明	神宮伝奏
119	権中・権大	名	柳原資廉	天和元(1681)年	同3(1683)年1月12日 『季連宿禰記』27　同日条	神宮伝奏

通し番号	官職	家格	人名	就任年月日・典拠	退任年月日・典拠	名称
120	権大	名	葉室頼孝	同3(1683)年1月12日 『季連宿禰記』27　同日条	同年2月22日 『季連宿禰記』同日条	神宮伝奏
121	権大	名	柳原資廉	同3年2月21日在任中	同4(1684)年1月27日	神宮伝奏
122	権大	名	烏丸光雄	天和4(1684)年1月27日	貞享元(1684)年8月20日	神宮伝奏
123	権中	羽林	松木宗顕	貞享元(1684)年8月20日	同2(1685)年6月21日 『季連宿禰記』29　同7月26日条	神宮伝奏
124	権大	清華	久我通誠	同2(1685)年6月21日 『季連宿禰記』29　同7月16日条	元禄6(1693)年12月28日	神宮伝奏
125	権大	清華	今出川伊季	元禄6(1693)年12月28日 『季連宿禰記』39　同日条	同7(1694)年5月19日 『季連宿禰記』40　同日条	神宮伝奏
126	権大	清華	花山院持重	同7(1694)年5月19日 『季連宿禰記』40　同日条	同8(1695)年10月19日	神宮伝奏
127	権大	名	中御門資熙	同8(1695)年10月19日 『季連宿禰記』42　同日条	同9(1696)年2月3日 『季連宿禰記』43　同日条	神宮伝奏
128	権大	清華	花山院持実	同9(1696)年2月3日 『季連宿禰記』43　同日条	同10(1697)年9月19日	神宮伝奏
129	権大	羽林	清水谷実業	同10(1697)年9月21日 『季連宿禰記』44　同27日条	同年12月20日	神宮伝奏
130	権大	羽林	東園基量	同10年12月25日 『基量卿記』20　同日条	同12(1699)年7月23日 『基量卿記』24　同日条	神宮伝奏
131	権大	清華	花山院持実	同12(1699)年7月22日	同13(1700)年7月12日 『季連宿禰記』48　同13日条	神宮伝奏
132	権大	清華	徳大寺公全	同13(1700)年7月12日 『季連宿禰記』48　同13日条	宝永2(1705)年9月11日	神宮伝奏
133	権大	清華	今出川伊季	宝永2(1705)年9月11日	同年9月11日	神宮伝奏
134	権中	半	高倉永福	同2年9月11日	同年11月28日	神宮伝奏
135	権大	羽林	園基勝	同2年11月28日	同3(1706)年9月8日	神宮伝奏

136	権大	清華	西園寺致季	同3(1706)年9月8日	同5(1708)年閏1月23日 『季連宿禰記』55　同日条	神宮伝奏
137	権大	大臣	中院通躬	同5(1708)年閏1月23日 『季連宿禰記』55　同日条	同年7月26日 『章弘宿禰記』7　同27日条	神宮伝奏
138	権大	羽林	園基勝	同5年7月26日 『章弘宿禰記』7　同27日条	同6(1709)年12月22日	神宮伝奏
139	権大	清華	大炊御門経音	宝永7(1710)年2月11日	同8(1711)年3月1日	神宮伝奏
140	権大	清華	醍醐昭尹	同8(1711)年3月1日	同年3月13日	神宮伝奏
141	権中	清華	久我惟通	同8年3月13日	同8[正徳元](1711)年12月23日	神宮伝奏
142	権大	清華	大炊御門経音	正徳元(1711)年12月23日	同2(1712)年7月8日 『章弘宿禰記』13　同日条	神宮伝奏
143	権大	大臣	正親町三条公統	同2(1712)年7月8日 『章弘宿禰記』13　同日条	同年10月24日	神宮伝奏
144	権大	大臣	正親町三条公統	同2年11月20日	同日	神宮伝奏
145	権大	清華	西園寺致季	同2年11月22日	同3(1713)年9月26日	神宮伝奏
146	権大	大臣	正親町三条公統	同3(1713)年9月28日	享保3(1718)年12月7日	神宮伝奏
147	権大	清華	醍醐昭尹	享保3(1718)年12月7日	同4(1719)年4月17日	神宮伝奏
148	権大	清華	西園寺致季	同4(1719)年4月18日	同年5月23日	神宮伝奏
149	権大	清華	醍醐昭尹	同4年5月23日	同年11月29日	神宮伝奏
150	権中	清華	花山院常雅	同4年12月1日	同5(1720)年5月25日	神宮伝奏
151	権大	清華	醍醐昭尹	同5(1720)年5月26日	同11(1726)年4月13日	神宮伝奏
152	権大	清華	花山院常雅	同11(1726)年4月13日	同12(1727)年4月29日	神宮伝奏
153	権大	清華	今出川公詮	同12(1727)年4月29日	同年12月13日	神宮伝奏
154	権大	清華	西園寺致季	同12年12月13日	同13(1728)年7月1日	神宮伝奏
155	権大	清華	今出川公詮	同13(1728)年7月1日	同15(1730)年4月11日	神宮伝奏
156	権大	名	清閑寺治房	同15(1730)年4月12日	同16(1731)年10月3日	神宮伝奏 (享保15年時) 神宮上卿 (享保16年時)
157	権大	清華	転法輪三条利季	同16(1731)年10月3日	同18(1733)年3月29日	神宮上卿

通し番号	官職	家格	人名	就任年月日・典拠	退任年月日・典拠	名称
158	権大	清華	徳大寺実憲	同18(1733)年3月29日	同19(1734)年10月25日	神宮上卿
159	権大	清華	大炊御門経秀	同19(1734)年10月25日	元文4(1739)年1月7日	神宮上卿
160	権大	清華	広幡長忠	元文4(1739)年1月7日	同6(1741)年2月26日	神宮上卿
161	権大	清華	醍醐兼潔	同6(1741)年2月26日	延享4(1747)年6月20日	神宮上卿
162	権大	羽林	中山栄親	延享4(1747)年6月21日	寛延元(1748)年8月15日	神宮上卿
163	権大	名	万里小路植房	寛延元(1748)年8月15日	同年12月18日	神宮上卿
164	権大	清華	大炊御門経秀	同元年12月18日	同2(1749)年11月9日	神宮上卿
165	権大	羽林	中山栄親	同2(1749)年11月9日	同3(1750)年2月14日	神宮上卿
166	権大	名	清閑寺秀定	同3(1750)年2月14日	同年4月9日	神宮上卿
167	権大	清華	醍醐兼潔	同3年4月9日	同年4月24日	神宮上卿
168	権大	羽林	松木宗長	同3年4月24日	同年12月10日	神宮上卿
169	権大	羽林	中山栄親	同3年12月10日	同4(1751)年3月16日	神宮上卿
170	権大	名	甘露寺規長	同4(1751)年3月16日	宝暦3(1753)年11月29日	神宮上卿
171	権大	羽林	姉小路公文	宝暦3(1753)年11月29日	同4(1754)年2月12日	神宮上卿
172	権大	清華	徳大寺公城	同4(1754)年2月12日	同年8月5日	神宮上卿
173	権大	名	勧修寺顕道	同4年8月5日	同5(1755)年12月27日	神宮上卿
174	権大	名	葉室頼要	同5(1755)年12月27日	同6(1756)年2月15日	神宮上卿
175	権中・権大	清華	花山院兼済	同6(1756)年2月15日	同年6月20日 『正親町実連日記』13　同日条	神宮上卿
176	権大	羽林	正親町実連	同6年6月20日 『正親町実連日記』13　同日条	同7(1757)年3月27日	神宮上卿
177	権大	清華	花山院兼済	同7(1757)年3月27日	同年11月30日	神宮上卿
178	権大	名	烏丸光胤	同7年11月30日	同8(1758)年1月14日	神宮上卿
179	権大	清華	転法輪三条季晴	同8(1758)年1月14日	同年9月21日	神宮上卿
180	権大	羽林	庭田重熙	同8年9月21日	同9(1759)年9月25日	神宮上卿
181	権大	羽林	園基衡	同9(1759)年9月25日	同10(1760)年4月6日	神宮上卿
182	権大	清華	広幡輔忠	同10(1760)年4月6日	同年10月21日	神宮上卿
183	権大	羽林	鷲尾隆熙	同10年10月21日	同11(1761)年2月17日	神宮上卿

184	権大	羽林	正親町実連	同11(1761)年2月17日 『正親町実連日記』18　同日条	同12(1762)年4月5日	神宮上卿
185	権大	清華	転法輪三条季晴	同12(1762)年4月5日	同年6月29日	神宮上卿
186	権大	羽林	鷲尾隆煕	同12年6月29日	同年7月16日	神宮上卿
187	権大	清華	広幡輔忠	同12年7月16日	明和4(1767)年12月6日	神宮上卿
188	権大	清華	西園寺賞季	明和4(1767)年12月6日	同5(1768)年1月10日	神宮上卿
189	権大	羽林	油小路隆前	同5(1768)年10月10日	同6(1769)年7月1日	神宮上卿
190	権大	清華	大炊御門家孝	同6(1769)年7月1日	同年7月22日	神宮上卿
191	権大	清華	西園寺賞季	同6年7月22日	同7(1770)年7月25日 『知音宿禰記』21　同日条	神宮上卿
192	権大	清華	久我信通	同7(1770)年7月25日 『神宮御用諸記』同日条	同8(1771)年9月27日	神宮上卿
193	権大	清華	西園寺賞季	同8(1771)年9月27日	同9(1772)年5月15日	神宮上卿
194	権大	羽林	油小路隆前	同9(1772)年5月15日	安永2(1773)年8月5日	神宮上卿
195	権大	清華	大炊御門家孝	安永2(1773)年8月5日	同3(1774)年1月19日	神宮上卿
196	権大	清華	西園寺賞季	同3(1774)年1月19日	同4(1775)年1月14日	神宮上卿
197	権大	羽林	中山愛親	同4(1775)年1月14日	同年12月27日	神宮上卿
198	権大	清華	久我信通	同4年閏12月2日	同5(1776)年12月25日	神宮上卿
199	権大	名	柳原紀光	同5(1776)年12月25日	同7(1778)年4月16日	神宮上卿
200	権大	清華	転法輪三条実起	同7(1778)年4月16日	同年10月29日 『神宮上卿記』同11月25日条	神宮上卿
201	権中	清華	花山院愛徳	同7年10月29日	同年11月25日 『神宮上卿記』同日条	神宮上卿
202	権中・権大	羽林	正親町公明	同7年11月25日 『神宮上卿間之事』同日条	天明元(1781)年9月30日	神宮上卿
203	権大	清華	大炊御門家孝	天明元(1781)年9月30日	同年10月10日	神宮上卿
204	権大	羽林	正親町公明	天明元(1781)年10月10日	同2(1782)年2月26日	神宮上卿
205	権大	清華	今出川実種	同2(1782)年2月26日	同4(1784)年5月24日	神宮上卿
206	権大	清華	徳大寺実祖	同4(1784)年5月26日	同年8月13日	神宮上卿
207	権大	清華	転法輪三条実起	同4年8月13日	同5(1785)年7月29日	神宮上卿

通し番号	官職	家格	人名	就任年月日・典拠	退任年月日・典拠	名称
208	権大	羽林	松木宗美	同5(1785)年7月30日	同6(1786)年4月2日	神宮上卿
209	権大	清華	花山院愛徳	同6(1786)年4月2日	享和3(1803)年5月16日	神宮上卿
210	権大	清華	転法輪三条公修	享和3(1803)年5月18日	同年6月4日	神宮上卿
211	権大	清華	花山院愛徳	同3年6月5日	文化3(1806)年3月23日	神宮上卿
212	権大	清華	徳大寺公迪	文化3(1806)年3月24日	同7(1810)年4月29日	神宮上卿
213	権中	羽林	正親町実光	同7(1810)年4月30日 『神宮上卿雑記』同日条	同年7月10日 『神宮上卿雑記』同9年5月21日条	神宮上卿
214	権大	清華	花山院愛徳	同7年7月11日	同9(1812)年2月1日	神宮上卿
215	権大	清華	大炊御門経久	同9(1812)年2月2日	同年5月21日 『神宮上卿雑記』同日条	神宮上卿
216	権中	羽林	正親町実光	同9年5月19日 『神宮上卿雑記』同日条	同年8月26日	神宮上卿
217	権中	清華	花山院家厚	同9年9月1日	同11(1814)年8月19日	神宮上卿
218	権大	清華	大炊御門経久	同11(1814)年8月19日	文政2(1819)年2月19日	神宮上卿
219	権大	清華	広幡経豊	文政2(1819)年2月20日	同3(1820)年2月21日	神宮上卿
220	権大	清華	大炊御門経久	文政3(1820)年2月24日	同5(1822)年4月7日	神宮上卿
221	権大	清華	花山院家厚	同5(1822)年4月8日	同12(1829)年3月16日	神宮上卿
222	権大	清華	転法輪三条実万	同12(1829)年3月16日 『神宮雑誌』甲　同18日条	天保3(1832)年10月19日	神宮上卿
223	権大	清華	広幡基豊	天保3(1832)年10月23日	同4(1833)年10月2日	神宮上卿
224	権大	清華	広幡基豊	同4(1833)年10月7日	同年10月14日	神宮上卿
225	権中	清華	久我建通	同4年10月25日	同6(1835)年11月5日	神宮上卿
226	権大	清華	広幡基豊	同6(1835)年11月8日	同9(1838)年8月23日	神宮上卿
227	権中	清華	久我建通	同9(1838)年8月26日	同12(1841)年1月9日	神宮上卿
228	権大	清華	広幡基豊	同12(1841)年1月9日	同14(1843)年3月2日	神宮上卿
229	権大	清華	転法輪三条実万	同14(1843)年3月3日	弘化2(1845)年9月8日 『輔世卿記』17　同日条	神宮上卿
230	権大	清華	花山院家厚	弘化2(1845)年9月9日 『輔世卿記』17　同日条	同4(1847)年6月4日	神宮上卿

231	権中	清華	徳大寺公純	同4(1847)年6月4日	嘉永元(1848)年5月28日	神宮上卿
232	権中	清華	徳大寺公純	嘉永元(1848)年6月1日 『輔世卿記』26　同日条	同2(1849)年8月10日 『輔世卿記』33　同日条	神宮上卿
233	権中	清華	徳大寺公純	同2(1849)年8月12日 『輔世卿記』33　同日条	同年10月5日 『輔世卿記』34　同日条	神宮上卿
234	権大	清華	広幡基豊	同2年10月7日 『輔世卿記』34　同日条	同3(1850)年2月5日 『輔世卿記』36　同日条	神宮上卿
235	権大	羽林	中山忠能	同3(1850)年2月9日 『輔世卿記』36　同日条	同5(1852)年8月24日	神宮上卿
236	権中	清華	広幡忠礼	嘉永5(1852)年8月24日	同6(1853)年2月20日 『神宮雑誌』乙　同日条	神宮上卿
237	権中	清華	転法輪三条公睦	同6(1853)年2月21日 『神宮雑事』乙　同日条	同7(1854)年2月8日 『神宮雑事』乙　同日条	神宮上卿
238	権大	清華	久我建通	同7(1854)年2月8日 『神宮雑事』乙　同日条	安政2(1855)年11月5日	神宮上卿
239	権大	清華	徳大寺公純	安政2(1855)年11月5日	同3(1856)年7月21日	神宮上卿
240	権大	清華	徳大寺公純	同3(1856)年7月25日	同5(1858)年7月3日	神宮上卿
241	権大	清華	大炊御門家信	同5(1858)年7月3日	同6(1859)年7月10日	神宮上卿
242	権大	清華	広幡忠礼	同6(1859)年7月10日	文久元(1861)年6月15日	神宮上卿
243	権大	清華	徳大寺公純	文久元(1861)年6月15日	同2(1862)年7月13日	神宮上卿
244	権大	清華	広幡忠礼	同2(1862)年7月13日	同3(1863)年8月24日	神宮上卿
245	権中・権大	清華	醍醐忠順	同3(1863)年8月25日	慶応3(1867)年6月27日	神宮上卿
246	権中	清華	徳大寺実則	慶応3(1867)年6月28日	同年8月14日	神宮上卿
247	権大	清華	大炊御門家信	同3年8月15日	同年9月19日	神宮上卿
248	権大	清華	広幡忠礼	同3年9月20日	同年10月9日	神宮上卿
249	権中	清華	久我通久	同3年10月9日	同4(1868)年1月18日	神宮上卿
250	権大	清華	醍醐忠順	同4(1868)年1月18日	同年2月5日	神宮上卿
251	権大	羽林	正親町実徳	同4年2月5日	同年4月21日	神宮上卿

第二節　神宮伝奏の官職と家格

本節においては【一覧】に基づいて神宮上卿・神宮伝奏の官職と家格について明らかにする。まず就任者の延べ人数は二五一人であった。以上については次のように分類することができる。

通し番号の1～26は平安期の神宮上卿、27～42は鎌倉期の神宮上卿・神宮伝奏、43～56は室町期の神宮伝奏・神宮上卿、57～78は戦国織豊期の神宮伝奏、79～251は江戸期の神宮伝奏・神宮上卿である。

1　平安末期の神宮上卿

平安末期の神宮上卿は延べ人数で二六人であった。その官職の内訳は、左大臣が三人、右大臣が五人、内大臣が七人、大納言が八人、権大納言が三人であった。初代の久我雅実が内大臣であったことをはじめとして大臣クラスが一四人と約六割を占めていたことが大きな特徴である。

この時期の神宮上卿の人事について、岡野浩二氏は、「神宮上卿の家系」を作成し、その家系に着目すると、村上源氏、中御門流・公季《きんすえ》流・師実《もろざね》流の藤原氏と、摂関家(とくに九条家)に分類できるとしている。これによれば、一つの家系で代々同職に就任している事例が注目される[15]。

たとえば、1久我《こが》雅実《まさざね》(以下、本章において就任者に付した番号はすべて【一覧】の通し番号)―5雅定―8雅通―15定房―31通《みち》資《すけ》というように、清華家の久我家は、初代雅実以降、五代にわたり、同職に就任している。さらに、通資の兄通親の子、32通光とその弟の34定通、通光の兄、36通具《みちとも》、その孫の39基具《もととも》も同職に就任している。

31通資以降は鎌倉期の補任であり、平安末期から鎌倉期初頭において神宮上卿は久我家とその一門の家職の一つとなっていたことがわかる。

6松《まつの》木《き》宗能《むねよし》―22宗家、4藤原頼長―10師長は、親子二代にわたり同職に就任している。また同氏の指摘以外にも、3

三条実行《さねゆき》―公教《きんのり》―21実房のように祖父―孫で就任している事例もある。

その背景をみておく。第一部第一章において明らかにしたように、当時の神宮上卿人事は天皇や院が神宮行政を統御するために自らが信任した大臣あるいはそれに準ずる官職の公卿から起用するというものであった。その信任は、その公卿の実務能力に対する場合もあろうが、初代の神宮上卿など同職経験者を先祖にもつ久我家をはじめとする特定の家に対するものであったと考える。

また、当時の朝廷において神宮に関する政務は神事と捉えられており、神宮上卿は神職的な性格を有していたことから穢れを避けることが厳格に求められたことがある。そこで、在任中、何を留意したり、避けたりする必要があるのかという知識や情報が蓄積されていた同職経験者の家の子孫に補任が集中する傾向が出てきたと考える。

判別できる限り、家格の内訳を延べ数でみると、摂家が三人、清華家が一六人、羽林《うりん》家が二人であり、清華家が約八割と圧倒的に多いことがわかる。(16) 摂家は九条家のみであるが、清華家は、久我家の七人、三条家の三人、大炊御門《おおいみかど》家の三人、徳大寺家の二人、花山院《かざのいん》家の一人であり、多くの清華家から補任されている。とくに久我家が突出しており、初代の神宮上卿が久我雅実であったことが大きく影響していることがわかる。

1雅実は、久我家の始祖師房《もろふさ》の孫に当たり、保安《ほあん》三（一一二二）年、太政大臣に任命された。藤原氏以外で大相国《だいしょうこく》に任命された最初であり、(17) 同家隆盛の基となった公卿である。3三条実行は、藤原氏北家《ほっけ》に淵源をもつ閑院三条流の嫡流、三条家の家祖《かそ》である。(18)

7花山院忠雅は、藤原氏北家花山院流の嫡流花山院家家祖、家忠の孫に当たる。(19) 9大炊御門経宗は、藤原氏北家花山院流の大炊御門家家祖、経実の子である。(20) 20徳大寺実定は、閑院徳大寺流の嫡流実能《さねよし》の孫である。文治《ぶんじ》元（一一八五）年の平家滅亡後、源頼朝の奏請で議奏公卿の一人となり、翌二年に右大臣に転じ、同五年、左大臣に進んだ。(21)

以上のことにより、この時期、七清華家のうち五家の礎を築いた公卿が神宮上卿に補任されたことがわかる。また同一人物が繰り返し補任されたこともこの時期の補任の大きな特徴である。

たとえば、久我雅通が8・11・13の三度、大炊御門経宗が9・12・19の三度、九条兼実が14・17・18の三度、久我定房は15・16の二度、徳大寺実定も20・24の二度、三条実房も21・23の二度にわたり、神宮上卿に補任されている。

その理由は、先述したように、神宮上卿は穢れを避けることが厳格に求められたことにより、その人選も困難であり、経験者に再度就任を要請する場合が多かったことに加えて、第一部第一章において明らかにしたように神宮上卿を務めることができる大臣クラスの公卿のなかで後白河法皇からその適任者と目された公卿がきわめて少なかったことであったと考える。

2 鎌倉期の神宮上卿・神宮伝奏

鎌倉期の神宮上卿・神宮伝奏のうち、確認することができたのは、前者が延べ一五人、後者が一人であった。その官職の内訳は、前者は、左大臣が一人、右大臣が一人、内大臣が三人、大納言が三人、権大納言が七人であり、後者は参議が一人であった。

これによれば、神宮上卿は、大臣クラスが五人と約三割になり、平安末期と比較すると低下していることが指摘できる。そのかわりに権大納言が大幅に増加して約五割を占めており、朝廷における神宮上卿の位置づけの低下を示すものといえる。

神宮上卿就任者の顔ぶれをみると、平安末期における就任者の親族および子孫が一五人中一三人を占めることがわかる。たとえば、27中山忠親は7花山院忠雅の弟[22]、29大炊御門頼実は9大炊御門経宗の子、35大炊御門師経は頼実の子である。30九条良経は九条兼実の子、33九条道家は良経の子である。37花山院師継は7花山院忠雅の曽孫である。

とくに、先述した久我家をはじめとして大炊御門家、九条家の三家は、平安末期から鎌倉期初頭において神宮上卿を家職として務めたことを指摘することができる。

判別できる限り、家格の内訳を延べ人数でみると、神宮上卿は、摂家が四人、清華家が六人、羽林家が一人である。摂家と清華家で約七割を占めており、平安末期と比較すると、官職のレベルは低下したが、特定の摂家、清華家が家職的に務める傾向が引き続き顕著にみられることを指摘することができる。

また、初めて神宮伝奏の活動を確認することができるのもこの時期である。40吉田経長がそれである。参議でかつ名家の出身であり、成立時における同職と神宮上卿を比較すると、伝奏職のため、官職・家格ともに低いことがわかる。確認することができるのは、この一例のみであり、鎌倉期における神宮行政の責任者は主として神宮上卿であったことがわかる。

3　室町期の神宮伝奏・神宮上卿

室町期の神宮伝奏・神宮上卿のうち、確認することができたのは、前者が延べ九人、後者が五人である。その官職の内訳をみると、神宮伝奏は、前《さきの》権大納言が三人、権大納言が四人、権中納言が二人、参議が一人である。神宮上卿は、権大納言が四人、権中納言が一人である。両者を合わせると、権大納言が約六割と多数を占めており、前権大納言を合わせると、約八割が権大納言クラスであることがわかる。また注目すべきことは、神宮上卿に大臣クラスが皆無となったことである。

判別できる限り、家格の内訳を延べ人数でみると、神宮伝奏は、大臣家が一人、羽林家が三人、名家が四人であり、神宮上卿は、清華家が二人、羽林家が一人、名家が一人である。前者の約四割が名家出身の公卿で占められていることが注目される一方、鎌倉期と比較すると、後者では、摂家が皆無となり、清華家が大幅に減少した。

すなわち神宮行政を担当する公卿の家が平安末期から鎌倉期までと比較すると室町期において大きく変化したのである。具体的にみると、神宮伝奏には、大臣家では、三条西《さんじょうにし》家、羽林家では、中山家、松木家など、名家では、日野家、葉室《はむろ》家、坊城家、清閑寺家の公卿が補任された。また神宮上卿に羽林家である正親町《おおぎまち》家の公卿が補任されたことが注目される。

以上の背景には、第一部第二章において明らかにしたように、この時期、神宮伝奏と神宮上卿が併置されていたが、神宮伝奏の活動が本格的に開始されており、神宮上卿の朝廷における位置づけが低下するとともに、神宮伝奏が神宮上卿の機能を吸収しつつあったことがあった。初代の神宮伝奏吉田経長が参議かつ名家の出身であったことからもわかるように、伝奏職を大臣クラスや摂家出身の公卿が務めることは決してなかったのである。

4　戦国織豊期の神宮伝奏

戦国織豊期の神宮伝奏のうち、確認することができたのは、延べ二二人である。この時期においては神宮上卿の活動を確認することはできない。その官職の内訳は、前権大納言が三人、補任された当時は前権大納言で、在任中に権大納言に補任された者が一人、権大納言が一一人、補任された当時は、権大納言で、在任中に前権大納言となった者が一人、権中納言が三人、補任された当時は権中納言で、在任中に権大納言に補任された者が三人であった。

就任時に権大納言であった者が五割であり、就任中に権大納言に昇進したり、還補《かんぽ》されたりした者や前権大納言を合わせると、約九割が権大納言クラスであることがわかる。この傾向は室町期の場合とほぼ同様であるが、権中納言の増加が注目される。

判別できる限り、家格の内訳を延べ人数でみると、清華家が四人、大臣家が四人、羽林家が三人、名家が一〇人であり、名家が約五割を占めていることがわかる。室町期と比較すると清華家が大幅に増加していることがわかる。

就任者の顔ぶれと特徴をみていく。57町資広《すけひろ》は、享徳四(一四五五)年から応仁三(一四六九)年にかけて約十四年間にもわたり務めていることが注目される。資広は、柳原《やなぎわら》家の祖、資明《すけあきら》の孫、資藤《すけふじ》の子である。[23] 資明は、貞和四(一三四八)年に北朝の光明天皇が譲位し、皇太子興仁親王が践祚《せんそ》した際に、践祚伝奏を務めている。これは同伝奏の初見事例である。[24]

資明は、持明院・大覚寺両皇統の抗争が激化するなかで、父の後伏見院執権日野俊光の後をうけて、主に持明院統の朝廷・院中に仕え、とくにその実務能力を高く評価された[25]、当時の北朝の有力な公家であり、光厳院政下では、伝奏と評《ひょう》定衆《じょうしゅう》を務めており[26]、勅問の伝達を任されていることからも、上皇の近臣中の近臣であった。

また、資広の後任として、58柳原資綱が補任され、文明元（一四六九）年から明応五（一四九六）年にかけて約三十年間の長きにわたって務めたことも考え合わせると、後土御門天皇は資明以来の実績から柳原家をとくに信任していたものと考える。

さらに、その孫の65柳原資定は、天文《てんぶん》五（一五三六）年から同八（一五三九）年にかけて務めた後、73にみえるように永禄九（一五六六）年から天正《てんしょう》六（一五七八）年にかけて約十三年間にわたり務めている。その子、75柳原淳光《あつみつ》も天正八（一五八〇）年から同十五（一五八七）年にかけて約七年間にわたり務めた後、77にみえるように文禄三（一五九四）年にも補任された。

後柏原天皇在位下において補任された、59三条西実隆は明応五（一四九六）年から永正《えいしょう》三（一五〇六）年にかけての約九年間にわたり務めたが、その子、62三条西公条《きんえだ》も永正十三（一五一六）年から大永六（一五二六）年にかけての約十年間にわたり務め、その子、67三条西実世《さねよ》は天文九（一五四〇）年から同十二（一五四三）年にかけての約三年間にわたり務めた。

以上のことにより、柳原家は、資広以降、三条西家は、実隆以降、戦国織豊期の神宮行政を担う主要な公家の家々として位置づけられていたことがわかる。

61広橋守光は、永正十（一五一三）年から同十三（一五一六）年にかけて務めたが、同時期に武家伝奏も兼任している[27]。さらに同十四年には後柏原天皇の即位伝奏を務めており[28]、天皇から厚く信任され、公武にわたり活躍した公卿であったことがわかる。

その子、66広橋兼秀《かねひで》は、天文八（一五三九）年から同九（一五四〇）年にかけて務めたが、兼秀も武家伝奏と兼任し[29]、後に賀茂伝奏に補任され[30]、後奈良天皇期において要職を歴任した公卿であったことがわかり、神宮伝奏や神宮行政の位置づけの高さを窺うことができる。

また、先述した、58柳原資綱が約三十年間にわたって務めたことや、71中山孝親が天文十八（一五四九）年から永禄八（一五六五）年にかけて約十七年間にわたり務めたことなど、それらの公家たちの在任期間が長年月にわたっていることも注目すべきであり、平安末期の神宮上卿が穢れのために頻繁に交代していたことと比較すると大きな変化である。

その理由は、公卿のなかで神宮伝奏を担うことのできる人物がきわめて限られており、言い換えれば人材が払底《ふってい》していたことにより、触穢《しょくえ》を理由にしていちいち交代させることが不可能であったことと考える。

5　江戸期の神宮伝奏・神宮上卿

江戸期の神宮伝奏・神宮上卿のうち、確認することができたのは、延べ一七三人である。その官職の内訳は、権大納言が一四二人、権中納言が二六人、補任された当時は権中納言で、在任中に権大納言に補任された者が五人であった。以上のことにより江戸期において就任時の神宮伝奏の官職は権大納言が約八割を占めており、在任中に権大納言に任命された者まで合わせると一四七人となり、約九割が権大納言であった。

このことについて、『重房宿禰記《すくねき》』(31)寛文九(一六六九)年二月二十日条によれば、同日、関白鷹司房輔《ふさすけ》が官務壬生《みぶ》重房に権中納言が神宮伝奏を務めた先例を調べて、報告するように命じた。重房は天文五(一五三六)年七月三十日から同七年まで権中納言柳原資定が神宮伝奏を務めた先例を一紙に記して鷹司に提出したが、このとき鷹司が壬生に次のように述べたことが注目される。

　坊城大納言俊宏卿伝　奏辞退、現任之大納言皆依辞退、依被及中納言、御尋之由被仰、

これによれば、鷹司は、権大納言坊城俊広《ぼうじょうとしひろ》が神宮伝奏を辞退したが、現任の権大納言が皆就任を辞退したので、権中納言のなかから任命されることになり、先例を尋ねたと述べた。そして同二十三日条によれば、同日、鷹司は権中納言清閑寺熙房《ひろふさ》を呼んで就任を要請し、熙房はすぐに承諾している。

さらに、このときに補任された、110清閑寺熙房の退任時のことについて『重房宿禰記』寛文十三(一六七三)年七月十日条には次のように記されている。

　及夜陰、従日野頭左中弁資茂朝臣、唯今清閑寺中納言熙房卿俄故障之儀出来、神宮伝　奏辞退、然者当時現任納言未被―伝　奏之分可書付給云々、即披堂上次第、覚悟之分書付申入訖、

これによれば、当時の神宮奉行頭左中弁日野資茂《すけしげ》が重房に熙房が故障のために神宮伝奏を辞職したので、現任の権大納言と権中納言のなかで、まだ神宮伝奏に補任されていない公卿を書き出すように命じた。

重房は、『堂上次第《とうしょうしだい》』を披《ひら》いて判明した者だけを書き出し、資茂に報告した。そして同十二日条によれば、同日、権大納言三条実通が神宮伝奏に補任された。

以上のことにより、近世前期の朝廷において神宮伝奏は原則として権大納言のなかから選び、そのなかで就任を承諾する者がいなかった場合、権中納言のなかから選ぶことになっており、さらに、なるべく補任されたことのない者を選ぶという配慮もされていたことがわかる。

家格の内訳は、清華家が一〇五人、大臣家が五人、羽林家が三五人、名家が二七人、半家が一人であった。就任者の九割以上を清華家、羽林家、名家の者が占めているのは、これらの家の公卿はいずれも権大納言への任官が可能であり(32)、中世以降、神宮伝奏・神宮上卿は原則として権大納言のなかから選ばれるという慣例があったことにより、必然的にこれらの家の者が補任されたからであると考える。

注目すべきことは、神宮伝奏から神宮上卿への名称変更後における就任者の家格の変化である。就任者のなかで清華家が最も多いが、【一覧】によれば、名称変更前の神宮伝奏就任者、延べ七七人のなかで清華家は延べ三八人と約五割であったのに対し、享保十六(一七三一)年における名称変更以降の神宮上卿就任者、延べ九六人のなかで清華家は延べ六七人と約七割であり、清華家の就任者に占める割合が増加した。この傾向は、光格天皇が即位した安永八(一七七九)年以降の就任者、延べ四九人については、いっそう顕著にみられ、清華家が延べ四三人と約九割であった。

清華家以外の六人は、すべて羽林家であり、202正親町公明《きんあきら》、208松木宗美《むねよし》、213正親町実光《さねみつ》(二度就任)、235中山忠能《ただやす》、251正親町実徳《さねあつ》であった。第二部第三章第四節において明らかにするように、公明をはじめ全員が別記の作成、書写を行ったか、その写本を所蔵していた公卿である。

また、【一覧】と「武家伝奏・議奏一覧(33)」によれば、寛文三(一六六三)年に成立し、江戸期の朝廷において関白・武家伝奏とともに政務を統括した議奏に就任した神宮伝奏就任者は、同年以降から名称変更前までの同職就任者、延べ五〇人のなかでは二四人、名称変更以降の神宮上卿就任者、延べ九六人のなかでは四四人であり、近世の神宮伝奏・神宮上卿就任者に占める議奏就任者の割合は約五割であったが、安永八(一七七九)年以降の就任者については、延べ四九人中三一人が議奏に就任し、その割合は約六割に増加した。

両職への就任順序について最も多い事例から順に三つあげると、①神宮伝奏・神宮上卿を退任した後、議奏に任命された公卿が一三人。②神宮伝奏・神宮上卿在任中に議奏に任命され、両職を兼任した公卿が一二人。③議奏在任中に神宮伝奏・神宮上卿を務め、両職を兼任した公卿が四人であった。

以上のことにより、神宮伝奏・神宮上卿経験者を議奏に登用したり、神宮伝奏・神宮上卿と議奏を兼任させたりするという人事が意識的に行われていたと考える。また近世の神宮伝奏・神宮上卿就任者のなかで一〇人がその退任後に武家伝奏に補任された。

たとえば第二部第三章第七節において明らかにするように、222三条実万《さねつむ》は、神宮上卿として三点の別記と同職に関する二冊の部類記を作成したが、改元伝奏→神宮上卿→孝明天皇即位伝奏→武家伝奏の順序で昇進しており[35]、このように神宮上卿として先例・記録を記し、有職故実に習熟した公卿が議奏あるいは武家伝奏として朝廷の枢機《すうき》に参画したことを指摘できる。その理由は、日常の政務・儀式がすべて先例に基づいて行われた朝廷において、有職故実に習熟していることが公卿として活躍するために不可欠であったことであると考える。

以上のことにより、近世後期、とくに安永八(一七七九)年における光格天皇即位以降の朝廷において神宮上卿に任命される条件は、最低限、権大納言か権中納言であること以外に、①清華家の公卿、②現職の議奏あるいは将来の議奏、武家伝奏候補である有力公卿、③有職故実に習熟した有能な羽林家の公卿、の少なくともいずれか一つ以上に該当していることであったといえる。

近世前期の神宮伝奏についても①②の条件は重視された傾向がみえるが、光格天皇即位以降の朝廷において①〜③の条件を考慮した人選が徹底されるようになったと考える。その理由は、神宮上卿が享和元(一八〇一)年の伊勢神宮に対する公卿勅使に近世において初めて任命されたことにみられるように、光格天皇以降の朝廷において神宮上卿の位置づけが高まったことであった。

このときの勅使権大納言花山院愛徳《あいとく》は、第一回から第三回の公卿勅使が名家・羽林家であったことに対し、清華家であり、光格天皇在位下において三度にわたって神宮上卿を務め、この当時、同職在任中であった。

さらに享和元(一八〇一)年十月三十日から文化十一(一八一四)年九月十三日まで議奏を務め、朝廷の枢機に参画した公卿であった。

この人事の背景には、このときの公卿勅使が、近世における前の三回の場合と比較しても、神宮の内宮《ないくう》・外宮《げくう》への神宝《しんぽう》奉納、内宮別宮《べつぐう》の荒祭宮《あらまつりのみや》への獅子形《ししがた》奉納という点で儀式書に則った本来の形式に復古した[36]ことにみられるように、光格天皇下の朝廷が朝廷儀式と伊勢神宮を重視したことがあったと考える。

第三節　近世における神宮伝奏から神宮上卿への名称変化

近世における神宮伝奏の補任についてはいくつかの特徴があるが、その一つに享保十六(一七三一)年以降、『公卿補任』の表記が神宮伝奏から神宮上卿《しょうけい》に変更されたことがある。

『神宮雑事《ぞうじ》』[37]正保《しょうほ》三(一六四六)年一月十一日条には、この日に行われた神宮奏事始の記事がみえるが、そのなかに「神宮上卿　徳大寺大納言卿」とみえ、『公卿補任』において神宮伝奏の名称が用いられている時期でも神宮上卿の名称も用いられている。このことにより、近世以降、神宮伝奏は神宮上卿とも称されていたことがわかるが、この『公卿補任』における表記変更の理由について考えてみると、『難波《なんば》宗建《むねたけ》記《き》』[38]享保十三(一七二八)年一月二十九日条には次のような注目すべき記事がみえる。

同廿九日、参殿下、令対面給、御雑談之間、(中略)予申云神宮上卿近年多被用華族輩如何、殿下仰云神宮上卿者可為一上、然処与奪右府者也、右府被与奪内府、内府被与奪一之大納言、故近代大納言為上卿、雖然於末之大納言者可有如何哉、殊華族之外、依有此子細、難為上卿歟、先帝御代之始、称伝奏、称奉行、故奉行多為貫主之人、至其後以伝奏称上卿、止奉行各為弁、故用五位職事者也、称伝奏之時者、不限華族之人、与賀茂伝奏無差別、於称上卿者英雄外者如何、故近代多如此、

これによれば、同年に左中将《さちゅうじょう》難波宗建と関白近衛《このえ》家久《いえひさ》の間で神宮上卿について雑談が交わされた(39)。宗建は、学識が豊かな公卿であり、家業の蹴鞠《けまり》に関するものの他にも、黒川道祐《どうゆう》の著作を編纂した『遠碧軒記分類抄《えんぺきけんきぶんるいしょう》』や『年中御祝次第』などの編著書がある。また議奏を長年にわたり務め、次いで院《いんの》伝奏にもなった(40)。

この雑談のなかで、宗建が近年では神宮上卿に清華家の者が多く用いられていることをどう考えるか尋ねると、家久は、神宮上卿は本来左大臣などの高位の者が務める役職であったが、近世中期には清華家の者で一の大納言が務める役職になっていること、東山天皇が即位した当初である貞享四(一六八七)年の頃は、伝奏という名称が使われており、その後、上卿という名称に変更されたこと、伝奏と称するときは清華家の者に限らず神宮伝奏を務めることができ、上卿と称するときは清華家の者しか務められないことなどを答えた。

第一部第一章において明らかにしたように、朝廷において神宮のことを担当する専門職が設置されたのは、平安末期の康和四(一一〇二)年に内大臣久我雅実が神宮上卿に任命されたのが最初である。以後、文永五(一二六八)年までの就任者には内大臣・右大臣・左大臣が数多く含まれていた。そして室町期以降に任命された神宮伝奏は清華家の者や権大納言が数多く務めている傾向がみられるので、この記事の内容を実証できる。

次に東山天皇が即位した当初は伝奏という名称が使われていたとあり、その後、上卿へと変更したとある。このことは、『公卿補任』によれば、同書において神宮奏事始《そうじはじめ》の記事が初めてみえる寛永九(一六三二)年条から貞享四(一六八七)年条までは、たとえば寛永九年条に「十一日、神宮奏事始、奏権大納言定好卿」とあり、寛文三(一六六三)年条に「十二日、神宮奏事

始、伝奏源大納言［通茂］、奉行頭右大弁頼孝朝臣」とあるように、この儀式の上卿である神宮伝奏を「伝奏」、あるいは「奏」と表記しているが、貞享五年条から慶応四（一八六八）年条までは、たとえば貞享五年条に「十日、神宮奏事始、上卿源大納言［通誠］、奉行頼重朝臣」とあるように、この儀式の上卿である神宮上卿を文字通り「上卿」と表記していることにより裏づけられる。

以上のことにより、享保十六（一七三一）年の神宮伝奏から神宮上卿への名称変更は、当時の関白近衛家久の意向が大きく影響していた可能性が高いと考える。その意向は神宮伝奏から平安末期の神宮上卿への復古を目指すものであったと考える。

第四節　近世における神宮伝奏・神宮上卿の補任と退任

『親綱卿記』文禄四（一五九五）年十二月十一日条には、近世における神宮伝奏の補任について注目すべき記事がみえる(41)。

文禄四年十二月十一日酉、神宮奉行之事、従来年伝奏三人可存知之由被仰出、故障之由度々雖申入、無御領状、畏存候旨則御請申了、則於長橋闈取了、三月替可存知由被仰出了、一番勧大、二番久我、三番予、

神宮伝奏次第之事

一番　勧修寺大納言　二番　久我大納言　三番　中山大納言　如斯相調、懸御目了、

これによれば、後陽成天皇が来年は神宮行政を三人の伝奏が担当するように命じた。中山親綱は、故障のために神宮伝奏就任を辞退していたが、天皇の領状を得られず、就任要請を受けることにしたという。さらに、長橋局《ながはしのつぼね》より、来年三月には交替し、一番を勧修寺《かじゅうじ》晴豊《はれとよ》、二番を久我敦通《あつみち》、三番を中山親綱とする三番編成にすることを命じられた。

『公卿補任』文禄五（一五九六）年の項には三名の公卿が神宮伝奏に就任した記載はなく、三名が実際に就任したのかを確認することはできないが、少なくとも厳格に清浄性を保つことを求められた神宮伝奏の人事が円滑に進まなかったことが

わかる。

そして、この人事は、故障を理由に就任を固辞していた親綱に配慮して、三名に交代でその職務を担当させるように配慮したものであったと考える。

一方、江戸時代初頭の神宮伝奏人事について、『時慶《ときよし》卿記』慶長十五（一六一〇）年四月二十九日条(42)に次のような注目すべき記事がみえる。

四月廿九日、雨天、晴、伊勢ノ伝奏、如元西園へ可被返旨、大将軍ヨリ被申入ニ付テ、無是非大炊被上候由、後ニ聞之、

また『孝亮宿禰《たかすけすくね》日次記《ひなみき》』(43)同五月二日条には次のようにみえる。

五月小二日、雨、午晴、神宮伝奏大炊御門大納言経頼卿辞退、西園寺大納言被仰出之由申来、

三日丁未、曇雨下、西園寺大納言有使参ニ、一昨日、神宮伝奏被仰出、然者長野内蔵丞状、西園寺江参云々、

以上によれば、同四月二十九日、将軍徳川秀忠から朝廷に対して神宮伝奏を元のように西園寺実益《さいおんじさねます》へ戻すように要請があり、五月二日、是非もなく現職の大炊御門《おおいみかど》経頼は同職を辞退し、実益がその後任に指名されたことがわかる。

その直接的な理由は定かではないが、【一覧】によってそれまでの実益の経歴をみると、慶長四（一五九九）年から同十二（一六〇七）年まで多年にわたり神宮伝奏を務めており、大炊御門の前任者であった。また同職へ還補《かんぽ》された後も慶長十九（一六一四）年まで務めている。

さらに、『時慶卿記』慶長十八（一六一三）年五月六日条によれば、神宮伝奏在任中であった西園寺実益とその子公益《きんます》は、松木《まつのき》・滋野井《しげのい》らの公家とともに駿府《すんぷ》城に登城して徳川家康に謁見し、一緒に幸若舞《こうわかまい》を観賞しており(44)、家康と親近な関係にあった。

これらによれば、秀忠が朝廷に実益を神宮伝奏に補任することを要請した背景として、実務経験の豊富さと大御所家康との親近な関係があったと考える。

以上のことを踏まえると、慶長十五(一六一〇)年における将軍秀忠の意向による大炊御門経頼の神宮伝奏更迭《こうてつ》と西園寺実益の還補、同十六(一六一一)年における皇位継承儀式の準備が大御所家康の意向の下に武家伝奏広橋兼勝と勧修寺光豊が即位伝奏を兼任するかたちで指揮されていたこと(45)は、大御所・将軍が神宮伝奏人事を決定することを通じて朝廷の伊勢神宮行政を統轄したり、武家伝奏を通じて儀式の準備や執行を統轄したりすることにより、大御所・将軍―伝奏の指揮系統を通じて朝廷政務機構を掌握しようとした一環であったと考える。

また、家康が、先述したように西園寺実益だけではなく、勧修寺光豊とも私的な面で親近な関係を築いていたことも注目される(46)。つまり、家康は、実務能力に秀でた特定の公家たちを近臣化し、私的にも交際して信頼関係を深めるなかで、彼らを伝奏として指名し、朝廷政務機構を掌握したと考える(47)。

『孝亮宿禰記』寛永九(一六三二)年十一月十二日条には次のようにみえる(48)。

> 寛永九年十一月十二日丙午、依使者、参姉小路頭中将、被命云、神宮伝奏之事、申所々之処、多称所労之由、于今御請申人無之、依之、所令延引也、猶於治定者、重而可示云々、雖一日伝奏無之条、神慮難量者也、十九日癸丑、神宮伝奏之事、被仰出中山中納言元親卿之由、自頭中将有示、

これによれば、頭右中将姉小路《あねがこうじ》公景《きんかげ》が官務壬生孝亮に対して、複数の公卿に神宮伝奏就任を要請しているが、多くの公卿が所労と称して固辞し、引き受ける公卿がいない状態であり、補任が延引している。さらに、明正《めいしょう》天皇が治定《じじょう》し、再び就任要請を行う意向である。一日といえども神宮伝奏がいない状態について神意がどうであるのか想像もできないと語っており、先述した文禄年間の事例と考え合わせると、神宮伝奏人事の困難さと特殊性がわかる。

本節では、最初にその要因について神宮伝奏の退任理由をみることによって明らかにする。【一覧】の97三条公富《きんとみ》は『忠利宿禰記(49)』明暦二(一六五六)年十二月二十七日条に「頭弁被命云、神宮伝　奏三条右大将公富卿昨日任内大臣、被辞伝　奏」とあり、彼の神宮伝奏在任中の官職は権大納言であるが、同二十六日に内大臣に任命されたことにより神宮伝奏を退任している。

【一覧】のなかには同じ例が他に六例あり、中世以降の神宮伝奏・神宮上卿は内大臣への任命が内定すると、それを辞したことがわかり、中世以降、内大臣は神宮伝奏・神宮上卿を務めないことを指摘できる。

さらに、この六例とは、西園寺実益・西園寺公益・西園寺致季《むねすえ》・花山院家厚《かざのいんいえあつ》・大炊御門家信・広幡忠礼《ひろはたただあや》であるが、すべて清華家の公卿である。清華家は内大臣へ任官される家であったからである。

武家伝奏についても、平井誠二氏は、近く大臣に任命されることが内定していた者は選ばれなかったことを指摘し、『宗建卿記《むねたけ》』享保十九(一七三四)年十一月条にみえる「花山院右大将儀、去亥年被仰遣通、伝奏役儀被仰付度被思召候得共、近年之内、任槐之儀可有御沙汰候得者、役儀相勤候間茂無之故、今度被仰付間敷事」の記事を引用している(50)。これによれば、その理由の一つは両者を兼任することが時間的に不可能であったことであることがわかる。

また、瀬戸薫氏が指摘しているように、室町期の武家伝奏は、弁官系の中流実務廷臣を輩出する「敷奏《しきそう》」(51)の家であった日野流と勧修寺流の七家の出身者でその約八割を占めており、参議以上権大納言までの任であったことなどを踏まえると、伝奏職は摂家・大臣クラスの公卿が務めるものではなかったことがいえる。

神宮伝奏が大臣を兼任しないのは、同様の理由の他、第三部第三章第三節において明らかにするように内大臣・左右大臣等は神宮禰宜《ねぎ》の位階申請などの際に天皇から勅問をうけ、神宮の問題に関する朝廷の意志決定に参画しており、基本的に神宮のことについて奏請と伝宣《でんせん》を担当する神宮伝奏との兼任は不可能であったことであると考える。

83日野資勝は『孝亮宿禰記《たかすけ》』(52)寛永五(一六二八)年十二月二十五日条に「神宮伝　奏日野大納言依所労辞伝　奏云々」とあり、病気により退任している。他に同じ例が八例ある。

89西園寺実晴《さねはる》は『忠利宿禰記《ただとし》』寛永十七(一六四〇)年二月二十一日条に「神宮伝奏西園寺実晴卿、父前内府実益公依病事、(中略)今月十七日朝、前内府実益薨去之故、伝　奏辞退」とあり、父の死去により退任している。他に同じく親族(兄・叔父・母・従弟・祖父)の死去により退任している例が一三例ある。

98四辻公理《よつじきんまさ》は『忠利宿禰記』明暦三(一六五七)年六月二十七日条に「神宮伝　奏四辻大納言公理卿兄弟服暇出来、仍辞伝

奏」とあり、兄弟に服仮《ぶっか》ができたことにより退任した例が一例ある。

100日野弘資《ひろすけ》は『忠利宿禰記』万治《まんじ》二（一六五九）年十二月二日条に「日野大納言弘資卿祖母依病事、（中略）今日被辞　神宮伝奏云々」とあり、祖母の病気により退任している。他に同じく親族（姑・父・妹）の病気により退任している例が三例ある。

101柳原資行《やなぎわらすけゆき》は『忠利宿禰記』万治四（一六六一）年二月十日条に「柳原大納言家疱瘡人四人出来、仍去四日被辞　神宮伝奏」とあり、家人《かじん》の病気により退任している。他に同じ例が一例ある。

107今出川公規《きんのり》は『重房《しげふさ》宿禰記』寛文六（一六六六）年五月十三日条に「神宮伝　奏今出川大納言依有故障子細、辞退云々」とあり、故障により退任している。他に同じ例が二例ある。

109坊城俊広は『重房宿禰記』寛文九（一六六九）年二月二十日条に「俊広卿息女典侍依御産事、被辞退之由」とあり、同二十一日条に「亜相報答云、去十七日神宮伝　奏辞退申上」とあり、娘の出産により退任している。

143正親町《おおぎまち》三条公統《きんおさ》は『公卿補任』正徳二（一七一二）年条に「十月廿四日止神宮伝奏（内依触穢也）」とあり、触穢により退任している。

200三条実起《さねおき》は『神宮上卿間之事《かんのこと》』[53]安永七（一七七八）年十一月二十五日条に「件上卿三条大納言実起卿申障」とあり、障《さわ》りにより退任している。

以上から神宮伝奏・神宮上卿は、親族の死去、親族にできた服仮、本人・親族・家人の病気、娘の出産、触穢の際は辞職したことがわかる。親族の死去に際して辞職する理由について考えてみると、『令義解《りょうのぎげ》』[54]「仮寧令《けにょうりょう》第廿五」の「職事官《しきじかん》条」と「無服之殤条」には次のようにみえる。

凡職事官、遭父母喪、並解官、（中略）自余、（中略）皆給仮、夫及祖父母、養父母、外祖父母、卅日、三月服、二十日、一月服、十日、七日服、三日、

凡無服之殤、謂未成人死曰殤也、生三月至七歳、本服三月、（中略）給仮三日、一月服、二日、七日服、一日、

これによれば、父母の死去に際しては官職を辞し、その他の親族の場合は、一定期間、出仕を控えなければならないと

規定されているが、近世においてもこの規定は一部機能しており、たとえば、190久我信通《のぶみち》の退任理由をみると、『公卿補任』明和八(一七七一)年条によれば、九月二十七日に久我が実父の死去によって服解《ぶくげ》、すなわち実父の喪に服するために一時権大納言の職を解かれていることからわかる。さらに同日に神宮上卿を辞職していることから実父の死去により退任していることがわかる。

また、99久我広通《ひろみち》の退任理由をみると、『忠利宿禰記』明暦四(一六五八)年二月三日条によれば「三日七日服仮、従弟云々出来」により辞職したことがわかる。

「三日七日服仮」とは『令義解』「喪葬令第廿六」のなかで服喪期間を規定した「服忌条」に「従父兄弟姉妹、兄弟子、七日」とあることにより、この場合、従弟《じゅうてい》の服仮《ぶっか》のことであり、前掲の「仮寧令」の規定によれば三日間の休暇をとらなければならないということである。

このように神宮上卿が親族の死去に際して退任する理由は令の規定が当時の朝廷において慣例として定着していたことだとも考えるが、たとえば先述した久我信通は、『公卿補任』の同条に「十二月二日、除服出仕復任」とあり、喪があけて出仕し、権大納言に復している。

このほかにも、『公卿補任』には、神宮上卿が父母の死去により辞職し、服解される記事が六つみえるが、いずれの場合も除服《じょふく》出仕し、元の官職に復任しているが、神宮上卿に復職することはなかった。

さらにほかの職の場合はどうであろうか。『重房宿禰記』寛文五(一六六五)年六月九日条には当時の大外記中原師定《もろさだ》の重《じゅう》服《ぶく》に際して次のように記されている。

同九日、重軽服中神事中沙汰事、局務師定重服、今度、石清水仮殿日時定申沙汰之事可在如何之由、就密談、先規在之哉相勘、可令啓之由申了、今日勘得、達師定朝臣、師定云、如斯之例於在之者、此例摂政殿令持参、得御意給者、可為本望之由、就被命、令持参、申云、師定雖為三十箇日穢中、重服之中、神事申沙汰例如此之間、被仰出者、師定、予一同可被参之由令言上、則召御前、此例被覧、為最之間、奉行左少弁方長被召遣、被仰付了、予向師定亭、右之趣

申達、唯今、従方長可令下知之由、以使申給云々、師定云、偏依引級、大慶之由被謝詞了、
晴富宿禰口伝記抄之、

重服中神事申沙汰事、
貞治五年八月放生会事、被仰下如例、（中略）永享七年諸社祭以下事毎事申沙汰之、神宮事挙　奏勿論也、如斯例進鷹司摂政殿、又達于大外記師定也、

これによれば、重服中の師定が石清水《いわしみず》八幡宮の仮殿遷宮日時《かりでんせんぐうにちじ》定《さだめ》神事を担当してもよいのか、当時の左大史壬生重房と相談し、重房は中世において重服中の左大史が伊勢神宮に関する神事を担当した例を調べて、当時の摂政鷹司房輔の閲覧に供したところ、鷹司は中原がこの神事を担当することを命じている。

このことにより当時の朝廷において服喪中の者が神社に関する公事《くじ》に携われないということは必ずしも一般的ではなく、むしろ先例の有無により、そのつど、判断がなされていたというべきである。このことについて『重房宿禰記』寛文八（一六六八）年十一月三十日条には次のような注目すべき記事がみえる。

今日、以使、令申祭主景忠朝臣、前日、重房軽服之内、従　神宮申上叙爵已下取次之事、往古之例引勘之所、不及其沙汰、重服之時、令申沙汰、況軽服之時、不及其沙汰之由　神宮伝　奏坊城大納言俊広卿申入、為最之由、近年、神事甚也、上古臨其儀、為潔斎之沙汰也、官・祭主者為譜代職被申沙汰之間、不可及其儀之由被仰、晴富宿禰記、官務重軽服之時、神宮之事令申沙汰之由被記置、尤不可及疑殆者也、然故、今日、叙爵已下取次之事可被相触之由申入、得其意之由也、

これによれば、軽服《きょうぶく》中の左大史壬生重房が伊勢神宮から申請された神宮権禰宜への叙爵《じょしゃく》のことなどの取り次ぎを控えるべきかどうか先例を調べたところ、そのような先例はないことがわかり、重服のときでさえ神宮に関する政務を行っているのだから、ましてや軽服のときに控える必要はないと、神宮伝奏109坊城俊広へ申し入れた。

坊城は、その申し入れはもっともであり、近年、神事は度を過ぎている、上古《じょうこ》は神事に臨む際は潔斎していたが、官務

と祭主は譜代の職として神宮に関する政務を行うのだから、その必要はない、と述べた。

壬生は、『晴富宿禰記《はれとみ》』に官務は重服のときでも神宮に関する政務を行うと記されており、全く心配する必要はない、だから、今日、壬生が神宮権禰宜への叙爵のことなどを取り次ぐことを通達されるように申し入れた、坊城は了承した、と述べた。

このことから、当時の朝廷において服喪中の者であっても譜代の職としてそれを担当する場合は、神社に関する公事を担当できることがわかる。その理由は、譜代の職が担当することになっている政務を他の者が代行することが困難であったからであると考える。

賀茂伝奏の場合はどうであろうか。坊城俊親の『賀茂伝奏記』(55)寛政《かんせい》八(一七九六)年七月七日条には次のようにみえる。

七日、蔵人右中弁頼寿書状到来、
可令賀茂下上社伝奏給被
仰下候、仍先内々申入候也、頼寿謹言、
七月七日　頼寿
按察中納言殿
可令賀茂下上社伝奏之旨、勤奉候也、謹言、
七月七日　俊親
予曰、未労事籠居之間、可辞申之思、雖有之、有内々奉書子細、亦所労非難相扶之間、申領承了、

これによれば、坊城俊親が蔵人右中弁葉室頼寿《はむろよりひさ》から光格天皇が賀茂伝奏を務めるように命じたとの奉書を受け取り、坊城はそのことを承諾する書状を葉室に出した。

坊城は、病気のために家に閉じ籠もっており、辞退しようと思っていたが、内々の奉書ということは事情もあることであろうし、葉室から病気も難点ではなく、支え助けるとの話もあったので、承諾したと記している。さらに同条には、こ

の後、前任の中山忠尹《ただまさ》について「無服殤」によって辞退したとの記述がみえる。

前掲の『令義解』「仮寧令」「無服之殤条」によれば、生後三カ月から七歳までの者の死を無服《むふく》の殤《しょう》と言うとし、嫡子・衆《しゅう》子《し》・嫡孫・衆孫《しゅうそん》・兄弟の子が、これに該当した場合、一定期間休暇をとらなければならないことが規定されている。

このことから賀茂伝奏も神宮伝奏と同様に神事を担当する神社伝奏として親族の死去に際して辞職したことがわかる。特定の家が家職として担っている場合には交替することができないという事情があるが、両者とも家職化しておらず、交替する公卿がいることから、より厳格な禁忌《きんき》があったと考える。

しかし、賀茂伝奏の場合は任命される際に病気が問題とされないことを考えると、神宮伝奏ほど厳格な禁忌はなかったと考える。以上から神宮伝奏・神宮上卿が親族の死去に際して必ず退任し、親族に発生した服仮、本人・親族・家人の病気、娘の出産の際も退任していることは、その職の性格に関わる特殊な理由によると考えるのが妥当である。

202正親町公明《きんあきら》の『神宮上卿間之事』安永七（一七七八）年十一月二十八日条には、197中山愛親《なるちか》が在任中に定めた「神宮　定《さだめ》条々」という神宮上卿在任中の心得が記されている。


三条大納言実起卿、今年上卿之間、条々相尋、注左、

神宮定条々

一、常々、別火之間、雑火不混乱事、
一、重軽服者、常々不可参入事、
一、滅在所僧尼不可参入事、
一、社僧之類幷俗法体之者、常々出入無憚、但神事之時、可憚事、
一、神事之時、物音可為停止事、
一、吊死葬礼之場出、廟参、或寺参、荒忌之者同座、幷産穢等者於他所致沐浴、可出仕、若当神事時、解斎後、可出仕、尤於前不可致其沙汰、但数日神事時、三ケ日過致沐浴、可遂出仕事、

一、斎・非時・仏供等可為停止事、
一、父母忌日不可出仕事、
一、神事之時、家中之輩不可灸治、常々者不苦、但三カ所以上者、懸湯之上、入居間、無憚事、
一、女房月障七ケ日之間、不可入居間事、
　　文書沙汰之日、密避僧尼、重軽服者、女抱、月障、自前日神斎、灸治、産事、別火、

（後略）

これによれば、最初に、神宮上卿在任中は常々別火《べっか》を用い、雑火《ざっか》を混じらせてはならないと規定されている。この場合、別火を用いるとは神事を行う者が他の穢れを忌《い》んで煮炊きする火を別にすることである。

このことは、神宮上卿が神事を行う職であり、神職的な立場であったことを示している。そして後段の部分では神宮から来た文書を評定《ひょうじょう》する日に避けるべきことが定められ、前日より神斎《しんさい》に入らなければならないことが規定されている。すなわち、当時の朝廷において神宮から来た文書を評定すること自体が、一種の神事と捉えられていたのである。神宮伝奏・神宮上卿のもつ、このような特殊な性格が、先述したようにその人事が円滑に進まない状態や厳格な禁忌をもたらすことになったと考える。

それでは神宮伝奏・神宮上卿の補任と退任は如何に行われたのか。236広幡忠礼《ひろはたただあや》の神宮上卿退任について当時の神宮奉行柳原光愛《みつなる》の『神宮雑誌』(56)嘉永六（一八五三）年二月二十日条に次のようにみえる。

二十日
一、神宮上卿源中納言以折紙被示云、
　　　　　忠礼
　　辞神宮上卿之事、
別段、以書状、実妹紀州故大納言室所労不相勝之間、称所労、辞申度旨被示、

（中略）

一、参殿下、申次吉順、折紙内覧、所労言上、

源中納言

辞　神宮上卿之事、

右一紙、有職事附御命、可奏被命之事

一、参内、謁議奏三条中納言、奏之、小時、同卿伝　宣、辞退被　聞食云々、

一、以内状触之、

令辞　神宮申沙汰給之事、

被聞食候、仍早々申入候也、恐惶謹言、

二月二十日　光愛

源中納言

一、剪紙分配、殿下・武伝代回覧、

嘉永六年二月二十日　宣旨

忠礼卿

辞　神宮上卿

職事光愛

一、祭主、四折一封

忠礼卿

辞　神宮上卿之事、今日

被聞食候、仍為御心得申入候也、

二月二十日、光愛

祭主三位殿

一、招官務代、石井監物来、於非蔵人口面会、同上以演説仰了、

これによれば、同年二月二十日に広幡が紀州故大納言の正室である実妹の病気を理由に神宮上卿を辞したいとの意向を柳原に折紙で伝え、柳原は、関白鷹司政通を訪れ、その折紙を内覧してもらい、病気のことを言上した。鷹司はこのことを孝明天皇に奏聞するように命じ、柳原は参内して議奏正親町三条実愛に謁し、正親町三条を通じてこのことを奏聞した。正親町三条は天皇がこのことを許可したと伝宣した。柳原は、内状《ないじょう》を広幡に出し、このことを伝えた。さらに、この内状を分配し、関白と武家伝奏がそれを回覧した。同日、柳原によって広幡が神宮上卿を辞退したとの宣旨が出された。柳原はこのことを祭主と官務代に伝えた。そして同二十一日条には次のようにみえる。

一、応召、参　内、橋本前大納言伝　宣　神宮上卿三条新中納言被　仰下云々、

一、告上卿宿紙、

神宮之事、可令伝

奏給者、依

天気上啓、如件、

二月廿一日、左中弁光愛

謹上、三条新中納言殿

別段、以書状、御用筥鍵送之、

以上、以使送之、更受文到来、

（後略）

これによれば、同二十一日、237三条公睦《きんむつ》が新たに神宮上卿に補任されたことがわかる。まず柳原が参内すると、議奏橋本実久《さねひさ》が天皇は三条を神宮上卿に指名したと伝宣し、柳原が三条に「告上卿宿紙」でその旨を伝え、三条は受諾する旨の書状を柳原に出した。

この「告上卿宿紙」には三条に神宮のことを伝奏させるようにとの天皇の命令が記されているが、本章第三節において論じたように、当時、神宮上卿が伝奏の機能を担っていたことを示す史料である。

以下、同条によれば、柳原はこのことを橋本に伝え、さらにこの三条の書状を分配した。同日、柳原は三条を神宮上卿に為すとの宣旨を出し、このことを祭主と官務代に伝えた。

このように神宮伝奏・神宮上卿の補任と退任は宣旨によって行われた。補任の場合、まず天皇の指名があり、それを伝宣された神宮奉行が当人に伝え、当人がそれを受諾したとの書状を神宮奉行に出し、これをうけて神宮奉行により補任の宣旨が出された。

退任の場合は当人が辞退の意向を神宮奉行に折紙で伝え、神宮奉行は関白にその折紙を内覧してもらい、天皇に奏聞するように命じられると、天皇にその旨を奏聞し、天皇が許可したとの伝宣を得ると、当人にその旨を書状で伝え、退任の宣旨が出された。

231徳大寺公純が、弘化四(一八四七)年六月四日、嘉永元(一八四八)年六月一日、同二年八月十二日、安政二(一八五五)年十一月五日、同三年七月二十五日、文久元(一八六一)年六月十五日の六度にわたり、神宮上卿に補任されたことをはじめとして、四度、補任されている例が六例、三度、補任されている例が七例、二度、補任されている例が二四例ある。

このように数度にわたり補任された者が数多くいる理由の一つは先述したように神宮伝奏・神宮上卿は服喪や病気の際にはすぐに退任する必要がある一方、官職・家格・職務経験など神宮伝奏に補任される条件を備えた公卿が限られていたことにより、結果として同一人物が退任と再任を繰り返すことになったと考える。

第五節　神宮伝奏制度の廃絶

最後の神宮伝奏就任者は、慶応四(一八六八)年二月五日に補任され、同四月二十一日に退任した、251正親町実徳《さねあつ》である。その退任に至るまでの経緯を明らかにする。当時の状況を概観すると、同三年十二月九日、王政復古の宣言、同四年二月三日、三職八局の制定、三月十四日、五箇条の御誓文の発布というように新しい政治体制への移行が進んでいた。

羽賀祥二「明治神祇官制の成立と国家祭祀の再編(上)」は、神宮上卿制度廃絶までの経緯について次のことを明らかにしている。

「明治新政府が出した、神職・神社支配に関する最初の法令は、明治元年(一八六八)三月十三日の神祇官再興の布告であった。この法令は神祇官がいまだ設置されていないにも関わらず、全国の神職・神社を同官の付属としている点で完全な欠陥法令ではあるが、三月十八日には神祇事務局の付属とする旨修正されて、これにより白川・吉田両家の神職・神社支配および親王家・上級公卿の執奏支配は禁止されることになった。

この法令では、全国の神職・神社はすべて神祇事務局の管下におかれるはずであったが、近世朝廷の「公」的な神社執奏の官職であった、神宮上卿・賀茂伝奏・石清水八幡宮南曹弁《なんそうべん》は、三月十八日に是迄通りと布告され、当面は『私』的な執奏支配の廃止が行われた[57]」。

「明治元年(一八六八)閏四月二十一日、神祇官の権威確立のため不可欠であった、神宮上卿・賀茂社伝奏・奉行・石清水社南曹弁・御祈《ごき》奉行が廃止されて、神社行政の統一的実施のための制度的条件が整った[58]」。

以上を踏まえ、あらためて史料に基づいて神宮伝奏制度の廃絶に至る経緯を明らかにする。『太政類典《だじょうるいてん》』[59]同三月十九日の項には次のようにみえる。

元年三月十九日

諸家ニ於テ神社執奏ヲ止メ、自今神祇事務局ニ於テ管轄処理ス、但神宮及加(ママ)茂伝奏ハ旧ニ仍ラシム、

○布告書アリ　官規受付申ニ載ス達

此度、大小之神祇、神祇局ニ於テ取扱被仰出候共、伊勢両宮之儀、勅祭并恒例奏聞之廉、是迄之通、取計置、神祇局へ可致伝達、其余之儀ハ悉皆神祇局引受被仰出候、此段相心得可申事元年四月廿五日

神宮上卿
弁

春日氏長者
南曹弁

これによれば、新政府は太政官布告を出して、諸家が神社について執奏することを停止し、今後は神祇事務局にて管轄、処理すること、ただし神宮上卿と賀茂伝奏は旧来の通りでよいことを命じた。

さらに、四月二十五日には、大小の神祇は神祇局において取り扱うが、伊勢両宮のことは、勅祭と恒例の奏聞があるので、これまでの通りに取り計らった上で、神祇局へ伝達するべきこと、それら以外の神社のことはすべて神祇局が引き受けることを通達した。

また『公卿補任』(60)の同年の項には「四月(中略)廿一日、蔵人所、神宮上卿、弁、賀茂下上伝奏、奉行、御祈奉行等被廃之」とあり、蔵人所・神宮上卿・弁・賀茂伝奏・奉行・御祈奉行も慶応四年四月二十一日をもって廃絶されたことがわかる。

以上のことから、近世において伊勢神宮や賀茂神社についての祭祀や奏聞がその他の神社のものとは別格に位置づけられていたことにより、明治新体制への移行に際してもそれらを直接的または間接的に担った神宮上卿や賀茂伝奏は、それら以外の神社執奏家とは一時的にせよ異なる扱いを受けたことを指摘することができる。

おわりに

神宮伝奏制度の淵源は、平安末期の康和二(一一〇〇)年に神宮上卿が設置されたことに求めることができる。それ以降、慶応四(一八六八)年に廃絶されるまで、約七百六十九年間にわたり、延べ二五一人の公卿が神宮伝奏・神宮上卿に補任された。

平安末期の神宮上卿は延べ人数で二六人であった。その官職の内訳は、左大臣が三人、右大臣が五人、内大臣が七人、大納言が八人、権大納言が三人であった。初代の久我雅実が内大臣であったことをはじめとして大臣クラスが一四人と約六割を占めていたことが大きな特徴である。

この時期の神宮上卿の人事については、一つの家系で代々同職に就任している事例が注目される。たとえば、久我家は、初代雅実以降、通資に至るまで五代にわたり、同職に就任している。通資以降は鎌倉期においても久我家やその一門の公家が補任されており、平安末期から鎌倉期初頭において神宮上卿は彼らの家職の一つとなっていたことがわかる。

その背景をみておく。第一部第一章において明らかにしたように、後白河院政下の神宮上卿人事は、法皇が神宮行政を統御するため、自らが信任した大臣あるいはそれに準ずる官職の公卿から起用するというものであった。その信任は、その公卿の実務能力に対するものや初代の神宮上卿など同職経験者を先祖にもつ久我家など特定の家に対するものであったと考える。

また、同じく第一部第一章において明らかにしたように、当時の朝廷において神宮に関する政務は神事と捉えられており、神宮上卿は神職的な性格を有していたことから穢れを避けることが厳格に求められたことがある。そこで、在任中、何を留意したり、避けたりする必要があるのかという知識や情報が蓄積されていた同職経験者の家の子孫に補任が集中する傾向が出てきたと考える。

判別できる限り、家格の内訳を延べ数でみると、摂家が三人、清華家が一六人、羽林家が二人であり、清華家が約八割と圧倒的に多いことがわかる。摂家は九条家のみであるが、清華家は、久我家の七人、三条家の三人、大炊御門家の三人、徳大寺家の二人、花山院家の一人であり、多くの清華家から補任されている。とくに久我家が突出しており、初代の神宮上卿が久我雅実であったことが大きく影響していることがわかる。

鎌倉期における伝奏制度の発達に伴い、弘安二(一二七九)年には初めて神宮伝奏の活動が行われたが、この時期までは神宮上卿の活動が盛んであった。鎌倉期の神宮上卿・神宮伝奏のうち、就任を確認することができたのは、前者が延べ一五人、後者が一人であった。その官職の内訳は、前者は、左大臣が一人、右大臣が一人、内大臣が三人、大納言が三人、権大納言が八人であり、後者は参議が一人であった。

これによれば、神宮上卿は、大臣クラスが五人と約三割になり、平安末期と比較すると、その割合が低下していることが指摘できる。そのかわりに権大納言が大幅に増加して約五割を占めており、朝廷における神宮上卿の位置づけの低下を示すものといえる。

神宮上卿就任者の顔ぶれをみると、平安末期における就任者の親族および子孫が一五人中一三人を占める。とくに、先述した久我家をはじめとして、大炊御門家、九条家の三家は、平安末期から鎌倉期初頭において神宮上卿を家職として務めたことを指摘することができる。

判別できる限り、家格の内訳を延べ人数でみると、神宮上卿は、摂家が四人、清華家が八人、羽林家が一人である。摂家と清華家で八割を占めており、平安末期と比較すると、官職のレベルは低下したが、特定の摂家・清華家が家職的に務める傾向が引き続き顕著にみられることを指摘することができる。

また初めて神宮伝奏の活動を確認することができるのもこの時期である。40吉田経長がそれである。参議でかつ名家の出身であり、成立時における同職と神宮上卿を比較すると、伝奏職のため、官職・家格ともに低いことがわかる。確認することができるのはこの一例のみであり、鎌倉期における神宮行政の責任者は主として神宮上卿であったことがわかる。

室町期における神宮伝奏・神宮上卿の官職の内訳をみると、神宮伝奏は約八割が権大納言クラスであることがわかる。

また注目すべきことは、神宮上卿に大臣クラスが皆無となったことである。

判別できる限り、家格の内訳をみると、神宮伝奏の約四割が名家出身の公卿で占められていることが注目される一方、鎌倉期と比較すると、神宮上卿は、摂家が皆無となり、清華家が大幅に減少した。すなわち神宮行政を担当する公卿の家が平安末期から鎌倉期までと比較すると室町期において大きく変化したのである。具体的にみると、神宮伝奏には、大臣家では三条西家、羽林家では、中山家、松木家など、名家では、日野家、葉室家、坊城家、清閑寺家の公卿が補任された。また神宮上卿に羽林家である正親町家の公卿が補任されたことが注目される。

以上の背景には、第一部第二章において明らかにしたように、この時期、神宮伝奏と神宮上卿が併置されていたが、神宮伝奏の活動が本格的に開始されており、神宮上卿の朝廷における位置づけが低下するとともに神宮伝奏が神宮上卿の機能を吸収しつつあったことがあった。初代の神宮伝奏吉田経長が参議かつ名家の出身であったことからもわかるように伝奏職を大臣クラスや摂家出身の公卿が務めることは決してなかったのである。文安六(一四四九)年に正親町持季が神宮上卿として活動していることを最後にその活動はみられなくなる。

戦国織豊期における神宮伝奏の官職の内訳は、前権大納言が三人、補任された当時は前権大納言で、在任中に権大納言に補任された者が一人、権大納言が一一人、補任された当時は権大納言で、在任中に前権大納言となった者が一人、権中納言が三人、補任された当時は権中納言で、在任中に権大納言に補任された者が三人であった。

就任時に権大納言であった者が五割であり、就任中に権大納言に昇進したり、還補されたりした者や前権大納言を合わせると、約九割が権大納言クラスであることがわかる。この傾向は室町期の場合とほぼ同様であるが、権中納言の増加が注目される。

判別できる限り、家格の内訳を延べ人数でみると、清華家が四人、大臣家が四人、羽林家が三人、名家が一〇人であり、名家が約五割を占めていることがわかる。室町期と比較すると清華家が大幅に増加していることがわかる。

戦国織豊期の神宮伝奏就任者の顔ぶれと特徴をみると、柳原《やなぎわら》家の一門は資広以降、三条西家は実隆以降、戦国織豊期の神宮行政を担う主要な公家の家々として位置づけられていたことがわかる。58柳原資綱が約三十年間にわたって務めたことなど、それらの公家たちの在任期間が長年月にわたっていることも注目すべきであり、平安末期の神宮上卿が穢れのために頻繁に交代していたことと比較すると大きな変化である。

その理由として、公卿のなかで神宮伝奏を担うことのできる人物がきわめて限られており、言い換えれば人材が払底していたことにより、触穢を理由にしていちいち交代させることが不可能であったことと考える。

江戸期における神宮伝奏・神宮上卿の就任者の官職の内訳は、権大納言が一四二人、権中納言が二六人、補任された当時は権中納言で、在任中に権大納言に補任された者が五人であった。以上のことにより、江戸時代において就任時の神宮伝奏の官職は権大納言が約八割を占めており、在任中に権大納言に任命された者まで合わせると一四七人となり、約九割が権大納言であった。

江戸前期の朝廷において神宮伝奏は原則として権大納言のなかから選び、そのなかで就任を承諾する者がいなかった場合、権中納言のなかから選ぶことになっており、さらになるべく補任されたことのない者を選ぶという配慮もされていたことがわかる。

家格の内訳は、清華家が一〇五人、大臣家が五人、羽林家が三五人、名家が二七人、半家《はんけ》が一人であった。

就任者の九割以上を清華家、羽林家、名家の者が占めているのは、これらの家の公卿はいずれも権大納言への任官が可能であり、中世以降、神宮伝奏・神宮上卿は原則として権大納言のなかから選ばれるという慣例があったことにより、必然的にこれらの家の者が補任されたからであると考える。

江戸時代中期の享保十六(一七三一)年以降、『公卿補任』の表記が神宮伝奏から神宮上卿に変更され、慶応四(一八六八)年に廃絶されるまで同様であった。このことは当時の関白近衛家久の意向が大きく影響していた可能性が高く、その意向とは神宮伝奏から平安末期の神宮上卿への復古を目指すものであった。

このことに関連して江戸時代における神宮伝奏・神宮上卿の補任について検討した結果、注目すべきことは近世後期の朝廷における神宮上卿の位置づけの変化である。とくに安永八(一七七九)年の光格天皇即位以降、就任者に占める清華家公卿の割合が増加し、神宮上卿職を清華家と特定の羽林家公卿が独占し、同職の家職化が進んだ。また就任者に占める議奏就任者の割合も増加した。

清華家公卿の割合増加については、『難波宗建記』に「称伝奏之時者、不限華族之人、与賀茂伝奏無差別、於称上卿者英雄外者如何、故近代多如此」とあることや、平安末期の神宮上卿は清華家公卿が約八割を占めていたことからも、名称変更をはじめとする古代的な神宮上卿に復古させようとする動きの一環であったと考える。

このことは、享和元(一八〇一)年の神宮に対する公卿勅使が儀式書に則った本来の形式に復古し、神宮上卿が同勅使に近世において初めて任命されたことにみられるように、光格天皇以降の朝廷における朝廷儀式と神宮重視の政策が、神宮上卿とそれを務めた清華家・羽林家公卿の位置づけの上昇をもたらしたことによるものということができる。

また、近世後期の清華家・羽林家公卿にとって神宮上卿への就任は、議奏に登用されて朝廷の枢機に参画するための登竜門の一つであったと捉えることができ、神宮上卿を家職とすることは自らの政治的基盤を確立する上で重要な意味があったと考える。

註

(1) 神宮文庫、謄写本、一―一二一一六。
(2) 宮内庁書陵部、葉―一三〇〇。
(3) 神宮文庫、一―三一八五。
(4) 東京大学史料編纂所、徳大寺家史料、三三―八〇。
(5) 神宮文庫、一―一七二九。
(6) 神宮文庫、三五〇―八。
(7) 神宮文庫、一―三一八七(『神宮上卿部類　玉海之部』と合わせて二冊)。
(8) 神宮司庁編、一九二八年、六二九～六五七頁。

(9) 富田正弘「室町殿と天皇」(『日本史研究』三一九、一九八九年)三六頁。
(10) 白根靖大「院政期の神宮奉行について」(東北大学文学部国史研究室中世史研究会編『羽下徳彦先生退官記念論集　中世の杜』一九九七年、三二頁。後に同『中世の王朝社会と院政』〈吉川弘文館、二〇〇〇年〉第一部第三章として収録)。
(11) 拙稿「神宮伝奏の成立について」(『学習院大学　人文科学論集』八、一九九九年)一〇九〜一一三頁。
(12) 拙稿「神宮伝奏の補任について」(『学習院史学』三八、二〇〇〇年)六六〜七〇頁。
(13) 岡野浩二「平安末・鎌倉期の神宮上卿」(『年報　中世史研究』二五、二〇〇〇年)六五頁。
(14) 『神道史大辞典』(吉川弘文館、二〇〇四年)五一一〜五一六頁。
(15) 前掲註(13)岡野論文、六四・六六頁。
(16) これ以降、家格については『光台一覧』(『改訂増補故実叢書　十巻　禁中名目抄校註・続有職問答・有職袖中抄・光台一覧・故実拾要・官職知要』明治図書、一九九三年)の二八三〜二九一頁によった。
(17) 橋本政宣編『公家辞典』(吉川弘文館、二〇一〇年)六四六・六四九頁。
(18) 前掲註(17)書、一四七頁。
(19) 前掲註(17)書、二八六・二八七頁。
(20) 前掲註(17)書、三〇二・三〇三頁。
(21) 前掲註(17)書、一六〇・一六一頁。
(22) 前掲註(17)書、二八六頁。
(23) 前掲註(17)書、四四四・四五一・四五二頁。
(24) 拙稿「中世儀式伝奏の成立」(『皇學館大学史料編纂所報』一九四、二〇〇四年)二頁。
(25) 『国史大辞典』十四(吉川弘文館、一九九三年)、橋本義彦執筆「柳原資明」の項、九一頁。
(26) 橋本義彦「院政重職一覧」(『中世史ハンドブック』近藤出版社、一九七三年)二七〇〜二七三頁。
(27) 瀬戸薫「室町期武家伝奏の補任について」(『日本歴史』五四三、一九九三年)四九頁。
(28) 拙稿「中世儀式伝奏の補任」(『皇學館論叢』三七―五、二〇〇四年)一一頁。
(29) 前掲註(27)瀬戸論文、四九頁。
(30) 前掲註(17)書、四三三頁。
(31) 宮内庁書陵部、F九―一三三。以下、本章で引用した『重房宿禰記』は同書による。

(32)前掲註(16)書、二八三・二八九・二九一頁。
(33)川田貞夫・本田慧子作成(『日本史総覧』補巻Ⅱ、新人物往来社、一九八六年)五〇三〜五五四頁。
(34)平井誠二「確立期の議奏について」(『中央大学文学部紀要』三三、一九八八年)二一〜二三頁。
(35)「近世儀式伝奏一覧」(拙稿「近世儀式伝奏の補任」『人文』三、二〇〇四年)一三一〜一三六頁。
(36)藤田覚「伊勢公卿勅使からみた天皇・朝廷の動向」(『論集きんせい』二〇、一九九八年、一六頁。後に同『近世政治史と天皇』〈吉川弘文館、一九九九年〉第五章に収録)。
(37)宮内庁書陵部、F十—六九五。
(38)東京大学史料編纂所、二〇七三—二〇九三—一。
(39)松沢克行氏によれば、難波家は近衛家の譜代の家礼であった。同「近世の家礼について」(『日本史研究』三八七、一九九四年)三一頁。
(40)前掲註(17)書、三二五頁。
(41)『古事類苑　官位部一』(吉川弘文館、一九〇五年)六七二頁。
(42)『大日本史料　第十二編之七』。
(43)『大日本史料　第十二編之七』。
(44)『大日本史料　第十二編之十一』。
(45)『新訂増補国史大系　第十五巻　続史愚抄　後篇』三頁。平井誠二「武家伝奏の補任について」(『日本歴史』四二二、一九八三年)五一〜五三頁「武家伝奏補任一覧表」。また、平井氏によれば、江戸時代の武家伝奏については、慶長八(一六〇三)年二月十日における徳川家康に対する将軍宣下に際し、広橋兼勝・勧修寺光豊の二名が口宣案を持参・披露したのが始まりとされるが、この説に対する疑義をはじめ、両名の補任時期については複数の見解があるという。平井誠二「武家伝奏と高家」(『近世の天皇・朝廷研究—第5回大会成果報告集—』二〇一三年)四頁。
(46)『光豊公記』(『後水尾天皇実録』所収)慶長十六(一六一一)年四月十二日条。
(47)以上、慶長年間における伝奏人事については、拙稿「近世儀式伝奏の機能」(『近世の天皇・朝廷研究—第6回大会成果報告集—』二〇一五年)の一二九・一三〇頁によった。
(48)前掲註(41)書、六七二頁。
(49)宮内庁書陵部、F九—一三三。

(50) 前掲註(45)平井論文「武家伝奏の補任について」五四頁。
(51) 前掲註(27)瀬戸論文、五六頁。
(52) 宮内庁書陵部、F九－一三〇。
(53) 東京大学史料編纂所、正親町家史料、二八－四〇九。
(54) 『新訂増補国史大系 第二十二巻 律 令義解』(吉川弘文館)二八七・二八八頁。
(55) 国立公文書館、一四二－一〇〇五。
(56) 宮内庁書陵部、三五二－五八。
(57) 羽賀祥二「明治神祇官制の成立と国家祭祀の再編(上)」(京都大学人文科学研究所『人文学報』四九、一九八一年)五六頁。
(58) 前掲註(57)羽賀論文、六三頁。
(59) 『太政類典』第一編第十九巻、官制、文官職制五－九十、国立公文書館、マイクロフィルム、三一－〇一五二。
(60) 『新訂増補国史大系 公卿補任 第五篇』(吉川弘文館)五八三頁。

第二章　近世神宮伝奏の行動規範――『神宮伝奏之間事　転法輪相談条々』の検討を通じて

はじめに

本章は近世における神宮伝奏《じんぐうてんそう》の性格について明らかにすることを目的とする。近世において関白・三公などは、神祇道《じんぎどう》を家職とする公家であった白川神祇伯《はく》・藤波神宮祭主などに随時、種々の質問を行い、彼らはこれに答えを出した。とくに触穢に関わることは神祇道の家々に諮問するのが適当とされていた(1)。

近世前期においては神宮伝奏も就任直後に彼らに対して同職在任中に避けるべき触穢の内容について質問した。その質問と回答が詳細に記されているのが、寛文十三(一六七三)年九月に神祇伯白川雅喬王《まさたかおう》が記した『神宮伝奏之間事《かんのこと》　転法輪《てんぽうりん》相談条々(2)』である。

その原本は宮内庁書陵部に所蔵されているが、『伯家《はっけ》記録考(3)』にはその全文が翻刻されているとともに、その解題も掲載されている。それには次のようにみえる。

伊勢神宮伝奏中に生じたる触穢・服忌に関する事項三十二箇条を示して、之が説明を加へたるものなり。蓋し本書は雅喬王が寛文十三年に、神宮伝奏となりし転法輪公広より示されたる三条西実条の質問に答へたる雅陳王の意見書を手にし、更に補足二箇条を加へて控書を作成したるものなり。其の本書の奥書左の如し。

右一冊者、転法輪大納言、今度神宮伝奏被仰出、仍父、右対実条、種々被尋之事、後日、書付見給之間令一覧、相違之事、少々書加、遣之也、則彼一巻写留候、猶先規可然、進退於有其例者、可用改也、必他人、以是不被為例乎、

干時寛文十三年九月　日、　　神祇伯

これによれば、寛文十三年に三条実通が神宮伝奏に補任された。その際に雅喬王は、先代の雅陳《まさのぶ》王が三条西家からのさまざまな質問に回答するかたちで作成していた神宮伝奏在職中の心構えを披見し、それに補足を加えて実通に送付し、その控書も作成した。それが本書である。

本章は、『伯家記録考』に翻刻されたその記事を全文紹介し、その内容を検討することを通じて、近世前期において神宮伝奏にはどのような制約が求められたかを明らかにする。

第一節　全文紹介

まず表紙には、「神宮伝奏之間事　転法輪相談条々」とあり、本文の全文は次の通りである。また、便宜上、各項目ごとに〈1〉から〈32〉まで数字を付した。

伊勢神宮伝奏之間事、

一、〈1〉伝奏之内ハ、重軽服ノ人、暇以後トイヘ共、常々可避家中事ニ候哉、并月水等ノ女房モ、可為同前候哉事、

右重軽服之輩、雖暇以後、常々可被避御家中事、勿論也、但家屋七才未満之乳母等ハ、別火ニテ許シ置候事、古来、寛宥之法ニ候、月水之女房、大体之神事ニハ、別火・別屋ニテ不苦候、厳重之神事ニハ、被出他所可給事、

一、〈2〉非神事日、伝奏彼是、他所ニテ、重軽服ノ人ト参会、同火・同座不苦、帰宅、嗽手水、翌朝、行水、祓等ヲ読、不苦候由、承候様ニ候、此分ニ候哉、

右之通ニ候、

一、〈3〉不為神事ノ日モ、為伝奏ノ人ハ、常ニ可為別火候哉、并可為別屋候哉、常ハ伝奏家中ノ火ヲ一ニテ、月水ノ人、別火ニテ宜也、

一、〈4〉伝奏之内、不為神事ノ日、重軽服ノ人、家内へ往反、不苦候哉、
重服ハ、服已後モ忌也、軽服ハ服以後、伝奏居スル家ノ別屋、庇縁座敷迄ハ来入テモ不苦候也、
一、〈5〉不為神事日、軽服ノ人、庇縁座敷迄入来テ、其家ノ合火食スル事、不苦候哉、
同火ハ忌也、同座ハ如右、万一難遁用事有之人ニハ、月水ノ方ノ火可給事、
一、〈6〉神事専ノ時、僧尼尤家中ヲ忌、若不叶儀有之時、門外ニテ衣袈裟脱、別門ヨリ出入許之、但祈禱僧ナドノ事也、
医師同前、但シ神事ノ屋へハ、不可入ナリ、其身一分清キ者タチハ、合火モ不苦様ニ承候、此分ニ候哉、
右此分ニ候、
一、〈7〉不為神事時、墓所寺ノ僧尼、合火可忌候哉、
但御神事之火ハ、無用也、中清ノ火ヲ可給也、
一、〈8〉墓所寺ノ僧尼、其清キト云共、同座可忌候哉、
右可忌也、
一、〈9〉専神事之時、雖落髪、魚鳥ヲ食シ、妻子有之輩、出入不苦候哉、
神事ニハ忌、常ハ不苦也、但シ故アッテ、医師等ハ別門ヨリ出入不苦、
一、〈10〉不為神事之時、家中ニテ、僧尼ト合火、不苦候哉、
其身一分清キ祈禱僧ナラハ、不苦也、
一、〈11〉不為神事之日、月水之者と同座・同火可憚候哉、
月水ハ七ヶ日之憚也、八日メヨリ同座・同火不憚也、八日目、行水髪ヲ洗、若七日過テモ血気有之人ハ、以血気止為期、而行水髪ヲ洗、同座・同火無憚者也、又一月ニ両度、世俗二度ナリト云、有之者、後之度者、
血之日数可守之由、見服忌令、
一、〈12〉他所ニテ、調練シタル火ノ物、為音信至来之時、腹用不苦候哉、

伝奏ノ人、一人ハ食事無用也、其外家中ノ人々ニハ、令食候テ不苦候也、食畢而漱手水、清火ノ惣食也、

一、〈13〉常ニ伝奏ノ家内ニ居スル人、他所ニテ僧尼ト同座・同火不苦候哉、幷月水ノ者ト同座、同火不苦候哉、

右不苦候、但シ帰宅、漱手水、宜キ也、

一、〈14〉専神事之時、落髪之輩、家中へ入来候事、以了簡不苦候哉、

門外ニテ、袈裟衣ヲ令脱、別門ヨリ入来不苦、但墓所寺ノ僧尼ハ、可忌也、祈禱僧、医師等ハ、右之以了簡、容之、

一、〈15〉産穢之儀、産穢之人ノ居スル屋敷ノ内ヲ棟各別ニ、門ナトモ、別門ニテ、出入スル人、神事之家中へ入来、不可憚候哉、

七夜以後、非御神事時ハ、不憚之、御神事之時ハ、往反忌之、産穢之事、同火見服忌令、

一、〈16〉産穢之同シ屋敷ノ内、別屋、別門ノ出入スル人、伝奏不為神事之時、同座、同火不可憚候哉、

右無憚候、是も七夜以後之事也、

一、〈17〉産穢右ノ別屋、別門ヲ出入スル人、家内へ入来、此方ノ火、同食スル事、不苦候哉、伝奏神事之時、伝奏ハ尤別火也、家中ノ火同食、可憚之事也、

右御神事之時、伝奏ニハ、尤別火也、右参入之人、七夜以降、中清ノ火ヲ、同食不憚之、大体之御神事ニハ、可為此分、専御神事之時ハ、在所ヨリ往反憚之、此義前々注進候、

一、〈18〉伝奏不為神事之時、月水ノ女房、同ジ屋敷ニ居事、不苦候哉、

右不苦候、但シ月水ノ者ハ、可為別火候也、伝奏ノ人ニハ、可憚同座也、

又、三旬之一夜神事、或ハ毎月日ヲ定メタル勤行等ニハ、家中ノ別屋ニ、別火ニ居キ不苦候、専三日神事之旨ハ、可出家中也、

一、〈19〉伝奏不神事時モ、尤常家中ハ可請、依然伝奏ノ火モ、皆家中ノ火モ、同火タルヘク候哉、

此外ニ候、但シ月水ノ者ハ、間ヲ隔テ、別火タルヘキ也、
一〈20〉、不為神事時、伝奏之居所ヨリ、召仕者、月水之者、踏合往反之事、不苦候哉、
不苦也、
一〈21〉、伝奏ノ人ノ衣服ヲ縫事、月水ノ人、七日以後ハ、不苦候哉、
不苦候也、八日目ヨリ不憚之也、
一〈22〉、茶道坊主、掃除坊主、家中召置事、不苦候哉、
常ハ不苦、専神事之時ハ、無用也、可出家中、依為僧形也、
一〈23〉、右毎月、カロキ御神事ノ時ハ、御別屋ニ被召置、不苦候事、
神宮伝奏之間、他ノ神供、宮寺ノ神供等戴キ、食事不苦候哉、
不苦候也、但シ雖為祈禱、弘法之供物等ハ、可為無用候也、
一〈24〉、不神事之日、家中ニテ雖為別棟、持仏堂ヲ置キ、僧物等ヲ備、朝暮ノ焼香、看経ナトハ、可為無用候哉、
此儀ハ伝奏ノ人ニテモ、神許、或神事之義（ママ）ヲ仕舞、其以後、焼香モ不苦候、サシテ神事之儀、無之日之事也、
一〈25〉、伝奏ト同屋敷ニ居住スル人、別棟タラハ、其屋ヘ無非時ニ、僧ヲ召寄、法事令執行、其僧ト同座、同火ノ事、
雖不為神事日、可憚候哉、
此儀、雖為居伝奏屋敷人、他所ノ屋敷ニテハ、不苦候也、伝奏ノ屋敷ニテハ、雖為別棟無用也、此事執行候
人、伝奏居スル屋敷ヘ帰来テハ、漱手洗テ、伝奏ト同座・同火不苦候也、但神事之時ハ、尤可憚也、
一〈26〉、伝奏非神事日、家中ノ別棟ニテ、祈禱僧召寄、祈禱ナトスル事、不苦候哉、
伝奏ノ同シ家中タリ共、神事之屋ニテハ無用、別屋ニテハ、不可苦候也、
一〈27〉、伝奏非神事日、同シ家中ニ居人、寺々廟参、不苦候哉、
不苦、

但別門ヲ出入シテ、其日ハ一夜、別屋ニ居テ、翌朝、行水シテヨリ同座・同火不苦候也、但為御名代廟参ノ人ハ、此分也、私ノ廟参ノ人ハ、一夜他所ニ宿シ、翌日、清行水、髪ヲ洗、可被召入候也、

一〈28〉、二親ノ正忌ハ、常ノ神事ニアラザル日モ、其人一人ハ、家中ニテ別火也、但神事之日ハ、家中ヲ前ノ夜ヨリ出テ、当日一日、他所ニ居テ、翌朝、行水シテ帰宅、可宜候也、

右一ヶ条、先日此通ニ、承候様ニ候、此分候哉、

大方此分ニ候、但行水之事等、書加進献候、又家主幷妻子七才未満之乳母人等ハ、雖神事之日、別屋ニテ置申候、是も翌朝用行水候也、

頭註　此二行点通、彼方へ書付遣也、

一〈29〉、庇屋物之事、神事之人ト食合事、不苦候由候、軽服月水ノ者トモ、同食不苦候哉、

不苦候也、但先神事之人、随分食シ、其余ヲ、後ニ不浄ノ人、食シ不苦、是権火准拠也、其以後、又、神事ノ人、食用可為無用也、

頭註　庇屋火ノ事、サマテ吟味雖無之、事清キ人ト食合義（ママ）、気味悪由、右被命之間、権火准拠、

一〈30〉、餅ハナマ、白餅ハ、不浄之人ト、食合不苦候、蒸物タルニ依テ也、但小豆ヲ入テ調タルアカ色ナル餅ハ、小豆ヲ煮故ニ有憚、店屋ニテ、調タル小豆ヲ加ヘタラハ、不可有憚候哉、

此分ニ候、小豆店屋ニテ、煮調タルヲ求メ、指加へらる分ハ、不苦候也、

同十月六日、以書付被尋条々、

御尋申候、覚、転法輪使者口上書、白川様云々、此請可申入候也、

一〈31〉、墓所寺より、庭前之草花、内々根共ニ、可所望之由、約束申候処、此中、彼方より、草花召寄之様ニと、中来候ニ付、事尋申候、唯今、彼寺衆、清キ時分ト云共、伝奏居ル御家中江、墓所寺之地ニ、生タル草花タラハ、此方之庭前ニ植置事、可為無用候哉、

不苦義ニ候、然而暫他ノ屋敷ニ、カリニ先被植之候而、其後、貴方へ被移候ハ、御気味能可有之候歟、

一〈32〉、不為神事之時、不叶有用所而、墓所寺之僧、其寺ノ浄不浄ヲ決シ、其僧モ、一分於清キニ者、後別門白衣ノ沙汰ニ及バズニテ、令入伝奏御住居ノ別屋江、令来入、不可苦候、但火ハ月水方之火ヲ給候而、可渡候、暫時ニ而モ、用事相違候事も、墓所寺僧タラハ、家内へ者、可為無用候哉、

右、二ヶ条、今日承度儀之故、所存書入申候、如此ニ候、此外、又其以後、出来候得共、先此分後々事ニ候、示給候共、可為本望候也、

第二節　内容

先に紹介した内容について一項目ずつ明らかにする。〈1〉は、神宮伝奏の間は重軽服《じゅうきょうぶく》の人を暇《か》が終わってからも常々家内に入れることは避けるべきか、また月水《げっすい》中の女房もそうであるべきか、との問いである。それに対する回答は、重軽服の者たちは服暇《ぶっか》が終わって以後も常々家中では避けたほうがよいのはもちろんである、ただし、家屋で七歳未満の子の乳母《めのと》らは別火《べっか》にて許すということが古来からの寛宥《かんゆう》の法である、月水中の女房は、大体の神事には別火・別屋《べつおく》でよく、厳重の神事には他の場所に出すべきである。

〈2〉は、神事ではない日には、神宮伝奏が他所にて重軽服の人と参会して、同火《どうか》・同座《どうざ》することは問題なく、帰宅して口を漱《すす》ぎ、手水《ちょうず》をして、翌朝に行水《ぎょうずい》して祓《はらえ》などを読めば問題はないと承知しているが、それでよいか、との問いである。回答はその通り、とのことであった。

〈3〉は、神事ではない日も、神宮伝奏は、常に別火・別屋にするべきか、との問いである。回答は、日常は、神宮伝奏家中の火を一つにして、月水の人は別火にするのがよい、とのことであった。

〈4〉は、神宮伝奏の在任中、神事ではない日に重軽服の人が家内へ出入りすることは問題ないか、との問いである。回

答は、重服は服以後も忌むべきである、軽服は、服以後、神宮伝奏が居住する家の別屋の庇《ひさしの》縁座敷までは来入してもよい、というものであった。

〈5〉は、神事ではない日、軽服の人が庇縁座敷まで来て、その家の合火《ごうか》による食事をとることは問題ないか、との問いである。回答は、同火は忌むべきである、同座は右の通りでよい、万一、避け難い用事がある人には月水の方の火を用いるべきである、というものであった。

〈6〉は、神事を専らにするとき、僧尼《そうに》はとりわけ家中では忌むべきである、もしそれが叶わないときは、門外にて衣袈《ころもけ》裟《さ》を脱ぎ、別の門からならば出入りを許す、ただし祈禱僧などのことである、医師も同様であるが、神事の屋には入ることはできない、その一身《いっしん》が清い者たちは合火も問題ない、このように承知しているが、それでよいか、との問いである。回答は、それでよいが、ただし御神事の火は用いてはいけない、中清の火を用いるべきである、というものであった。

〈7〉は、神事が行われないとき、墓所寺《ぼしょじ》の僧尼と合火することは忌むべきか、との問いである。

〈8〉は、墓所寺の僧尼は、清いといえども同座は忌むべきか、との問いである。回答は忌むべきである、というものであった。

〈9〉は、神事を専らにするとき、落髪《らくはつ》していても、魚鳥を食べて、妻子ある者が出入りすることは問題ないか、との問いである。回答は、神事のときには忌むべきである、常は問題ない、ただし医師等は別門から出入りすれば問題ない、というものであった。

〈10〉は、神事ではないときは、家中にて僧尼と合火するのは問題ないか、との問いである。回答はその一身が清い祈禱僧ならば問題ない、というものであった。

〈11〉は、神事ではないときは、月水の者と同座・同火を憚《はばか》るべきか、との問いである。回答は、月水の場合、七日間は憚り、八日目は行水して髪を洗う、もし七日を過ぎても血気がある人は、血気が止まった日を境とし、行水して髪を洗う、そうすれば、同座・同火は憚りない、また、一カ月に二度、これがあれば、血の日数を守るようにとのことが服忌令《ぶっきりょう》にみえる、というものであった。

〈12〉は、他所にて火を通し、調理した食品が贈られてきたとき、食することは問題ないか、という問いである。回答は、神宮伝奏は食べてはいけないが、その他の家中の人々には食べさせても問題はない、ただし、食後に口を漱ぎ、手水をして、清火による食事をするべきである、というものであった。

〈13〉は、常に神宮伝奏の家内に居住する人が、他所にて僧尼と同座・同火することは問題ないか、また、月水の者と同座・同火することは問題ないか、という問いである。回答は、問題ないが、ただし、帰宅して口を漱ぎ、手水をするのがよい、というものであった。

〈14〉は、神事を専らにするとき、落髪の者が家中に入ることは問題ないか、というものであった。回答は、門外にて袈裟衣を脱ぎ、別門から入れば問題はない、ただし墓所寺の僧尼は忌むべきである、祈禱僧や医師等は先述のようにすれば問題はない、というものであった。

〈15〉は、産穢《さんえ》のことについて、その人の居住する屋敷のなかで棟や門を別にしたり、出入りする人が神事の家中に入って来ることを憚ったりしなくてよいのか、との問いである。回答は、七夜《しちや》以後、神事ではないときは憚る必要はない、神事のときには行き来することは忌むべきである、産穢のこと、同火のことは、服忌令にみえる、との回答であった。

〈16〉は、産穢の同じ屋敷のなかで別屋・別門から出入りする人と神宮伝奏が神事を行わないときに同座・同火を憚るべきではないのか、との問いである。回答は、憚る必要はないが、これは七夜以後のことである、というものであった。

〈17〉は、産穢で別屋・別門を出入りする人が家内へ入って、このほうの火で同食することは、問題ないか、神宮伝奏が神事のとき、神宮伝奏はとりわけ別火であり、家中の火で同食することは憚るべきか、との問いである。

回答は、神事のとき、神宮伝奏には、とりわけ別火を用いるべきである、参入する人は、七夜以後、中清の火をもって同食することは、憚る必要はない、大体の神事のときにはこれでよい、神事を専らにするときには在所からの行き来は憚るべきである、このことは前々の項目で注進したことである、というものであった。

〈18〉は、神宮伝奏が、神事ではないとき、月水中の女房と同じ屋敷に居住することは、問題ないか、との問いである。回答は、問題はない、ただし、月水の者は、別火たるべきであり、神宮伝奏とは同座を憚るべきである、また、三旬《さんじゅん》の一夜神事、あるいは毎月、日を定めた勤行などには、家中の別屋に別火にして居住させれば問題はない、三日間にわたる神事の場合は家中を出るべきである、というものであった。

〈19〉は、神宮伝奏が神事ではないときは神宮伝奏の火も家中の火も同火でよいか、という問いである。回答は、この他の方法が適切であり、ただし月水の者は、間隔をとり、別火とするべき、というものであった。

〈20〉は、神事ではないとき、神宮伝奏の居所より召使や月水の者が往復することは問題ないか、との問いである。回答は、問題ない、というものであった。

〈21〉は、神宮伝奏の衣服を縫うことについて月水の人も七日目以降は問題ないか、との問いである。回答は、八日目以降は憚る必要はない、というものであった。

〈22〉は、茶道坊主、掃除坊主を家中に召しおくことは問題ないか、との問いである。回答は、日常は問題ないが、神事を専らにするときは無用であり、僧形をしていることにより家中から出すべきである、毎月の軽い神事のときは別屋に召しおいたら問題はない、というものであった。

〈23〉は、神宮伝奏の間、他の神供《じんく》・宮寺《みやでら》の神供などを戴いて食事をすることは問題ないか、との問いである。回答は、問題ない、ただし祈禱を行うといえども弘法《ぐほう》の供物《くもつ》などは無用である、というものであった。

〈24〉は、神事ではない日、家中にて別棟であるが、持仏堂をおき、僧物《そうもつ》などを備え、朝暮《ちょうぼ》の焼香《しょうこう》や看経《かんきょう》などを行うことは、無用であるべきか、との問いである。回答は、このことは、神宮伝奏でも神事がさしてない日で、神許《しんきょ》、あるいは神事の儀を終えた後は、焼香することも問題ではない、というものであった。

〈25〉は、神宮伝奏と同じ屋敷に居住する人が、別棟ならば、その屋へ非時ではないときに僧を召し寄せ、法事を執行させ、その僧と同座・同火することは神事の日ではなくても憚るべきか、との問いである。回答は、このことは、他の屋敷では問題ないが、神宮伝奏の屋敷では別棟であっても憚るべきである、法事を執行した人が、神宮伝奏の居住する屋敷へ帰ると、口を漱ぎ、手を洗って、神宮伝奏と同座・同火することは問題ない、ただし神事のときは憚るべきである、というものであった。

〈26〉は、神宮伝奏が神事ではない日に、家中の別棟にて祈禱僧を召し寄せ、祈禱などをすることは問題ないか、との問いである。回答は、神宮伝奏の同じ家中であっても、神事の屋にては憚るべきであるが、別屋にては問題ない、というものであった。

〈27〉は、神宮伝奏が神事ではない日に同じ家中に住む人が寺々に廟参《びょうさん》するのは問題ないか、との問いである。回答は、問題ない、ただし、別門を出入りして、その日は一晩、別屋にて過ごし、翌朝、行水を済ませてから同座・同火すればである、さらに、名代《みょうだい》として廟参の人はこれでよいが、私的な廟参の人は、一夜、他所に宿泊し、翌日、行水し、髪を洗ってから招き入れられるべきである、というものであった。

〈28〉は、両親の正忌日《しょうきび》は常の神事ではない日も神宮伝奏一人は家中にて別火である、ただし、神事の日は、家中を前の夜から出て、当日一日、他所にて過ごし、翌朝、行水して帰宅する、以上でよいか、との問いである。回答は、大方それでよい、ただし行水のことなどは先日書き加えて進献したものである、また家主ならびに妻子、七歳未満の子の乳母などは、神事の日といえども別屋にて過ごさせ、これも翌朝行水を用いるべきであるというものであった。

〈29〉は、庇屋《ひさしや》の者が神事の人と同じ食事をすることは問題ないか、また軽服や月水の者とも同じ食事をすることも問題ないか、との問いである。回答は、問題ない、ただし、神事の人が随分食べ、その余りを後に不浄の人が食べることにすればである、これは権火に準拠するものである、それ以後、神事の人が食べるべきではない、というものであった。

〈30〉は、餅は、ナマや白餅は、不浄の人と同じものを食べることは問題ない、蒸し物だからである、ただし、小豆《あずき》を入れて調えた赤色の餅は、小豆を煮るので避けるべきであり、店屋にて調えた小豆を加えたならば、避ける必要はないのではないか、との問いである。回答は、それでよい、小豆店屋にて煮調えられたものを求め、さし加えられたものは問題ない、というものであった。

〈31〉は、三条家が墓所寺より庭前の草花を内々に根とともに分けてもらうことを寺と約束したところ、彼方より草花を召し寄せるように申して来たので尋ねるが、清い時分といえども、墓所寺の地に生えた草花であれば、神宮伝奏がいる家中の庭前に植えることは無用であろうか、との問いである。回答は、問題ない、しかし、しばらく他の屋敷に仮に先にこれを植えて、その後、貴方へ移せば気持ちがよい、というものであった。

〈32〉は、神事を行わないときは、墓所寺の僧がその寺の浄か不浄を決めて、その僧も一身が清い場合には、後に別門から白衣《はくい》を着けて、神宮伝奏の居住していない別屋に入らせたり、短い時間でも、用事ではなくても、墓所寺の僧が家内に入るのは問題ないか、との問いである。回答は、問題ない、ただし、火は月水方の火を渡すべきである、というものであった。

第三節　神宮伝奏の神職的性格

〈1〉から〈32〉の問答の内容によって『神宮伝奏之間事　転法輪相談条々』の内容を概観すると、質問のすべてが神宮伝奏在任中に本人やその家人がその住居における日常生活や外出先において具体的に何を避けたり、注意したりする必要があるのかについて、微に入り細にわたって確認するものであったことがわかる。

質問の対象になっていることがらをみていく。まず、重服《じゅうぶく》の者、軽服《きょうぶく》の者、月水中の女房、祈禱僧、医師、墓所寺の僧尼、茶道坊主、掃除坊主、不浄の人の家内への出入りやそれらの人々との同居、同座、同火、同食である。これらについては、神宮伝奏本人か家人か、あるいは、神事のときか、神事ではないときかで相違があり、不可であるか、別火、別棟、別門、手水や行水などの潔斎で対応すればよいというものであった。

また、他所で火を通して調理された食品、産穢、月水の人が神宮伝奏の衣服を縫うこと、宮寺の神供、看経《かんきょう》や焼香などの仏事および法事の執行、祈禱僧による祈禱、寺院参詣、両親の正忌日《しょうきび》、墓所寺の草花の移植などの場合である。これらについても、神宮伝奏本人か家人か、あるいは、神事のときか、神事ではないときかで相違があり、不可であるか、別火、別棟、別門、潔斎によって対応すればよいというものであった。

以上のことにより、これらの質問には、神職的な立場であった神宮伝奏とその家人が、死や血の穢れおよび仏教を、どのように、あるいは、どの程度避ければよいのかという判断の根拠を得たいという意図があったものと考える。第二部第一章でも明らかにしたように、神宮伝奏の就任者が頻繁に交代した最大の理由は、こうした日常生活における厳格な規範の存在であったことを指摘することができる。

実際に神宮伝奏が就任直後にどのように行動したのかもみておく。東園基量《ひがしぞのもとかず》の『基量卿記』[4]元禄十(一六九七)年十二月二十五日条には次のようにみえる。

一、家内令潔斎、行水沙汰之後、改火、着衣冠候、

(中略)

一、向藤波亭、神事之間義申談了、

一、重軽服之輩可遣外事、

一、月水之女房別火、不可同座、但隔間、不苦事、

一、ヒトモジ之事神事憚哉否答不及、其沙汰雖神斎中令食事云々、

一、外ニテ重軽服之人参会者、帰宅之後、令行水也、

(後略)

これによれば、東園は、神宮伝奏に就任すると、最初に家内を潔斎し、行水して身を浄めた後、家人《かじん》とは火を改め、衣冠を着けた。そして、神宮祭主藤波のもとを訪れ、神宮伝奏在任中の心得を教示されている。

それらをみると、重軽服の人たちを外に出すこと、月水中の女房は別火にし、同座することはできないが、間隔をあけ

れば問題はないこと、外出先にて重服や軽服の人と参会した場合は、帰宅した後、行水をすることなどであり、『神宮伝奏間之事　転法輪相談条々』における問答の内容と類似していることがわかる。

おわりに

『神宮伝奏之間事　転法輪相談条々』にみえるような問答が交わされた理由は何であろうか。これらの質問のなかに「神事之時」や「不為神事之時」とみえることが注目される。その「神事」とは、主として朝廷における伊勢神宮についての儀式をさすと考えられ、それらの準備を担当した神宮伝奏は、清浄性を保持することが求められており、神職的な性格がきわめて強かったということを指摘することができる。

そうしたことから、東園基量は、神宮伝奏に就任した直後、家内を潔斎し、行水して身を浄め、火を改めたのであった。その上で神宮祭主藤波から神宮伝奏在任中の心得を教示されている。近世の神宮伝奏就任者は、そのように行動する慣例となっていたと考える。

註

（1）高埜利彦「江戸時代の神社制度」（『日本の時代史　十五　元禄の社会と文化』吉川弘文館、二〇〇三年、一八七頁。後に、同『近世の朝廷と宗教』〈吉川弘文館　二〇一四年〉Ⅱ部第一章に収録）。
（2）宮内庁書陵部、三五五―六七。
（3）曾根研三『伯家記録考』（西宮神社社務所、一九三三年）。解題が一四一～一四二頁に記されており、その翻刻が三三九～三四四頁に記されている。
（4）東京大学史料編纂所、二〇七三―一〇〇。

第三章　近世神宮伝奏の記録

はじめに

本章においては、近世神宮伝奏《じんぐうてんそう》・神宮上卿《しょうけい》の記録について、それらの性格、内容、相互関係などから、とくに近世後期における神宮上卿の性格を明らかにし、さらには、公卿による記録の書写や作成活動などから近世公家社会の一端を明らかにすることを目的とする。

第一節　【近世神宮伝奏・神宮上卿記録一覧】

近世神宮伝奏・神宮上卿の記録を網羅的に収集して作成した【近世神宮伝奏・神宮上卿記録一覧】（以下、【一覧】と略す）によれば、近世の神宮伝奏・神宮上卿就任者がその備忘録として作成した現存している日次記《ひなみき》・別記《べっき》・それらの写本・古代から中世における神宮上卿に関する部類記は全部で三八点である。

第二部第一章第三節によれば、享保十六（一七三一）年以降、神宮伝奏は名称が神宮上卿と変更された。名称変更前の神宮伝奏の記録と変更後の神宮上卿の記録を比較すると、後者には前者にはない顕著な特徴がある。このことから、両者の相違は、近世神宮伝奏・神宮上卿の性格や朝廷の伊勢神宮行政を考える上で、きわめて重要な論点であると考える。

その内訳は、日次記が八点であり、自筆本か東京大学史料編纂所謄写本《とうしゃぼん》である。また、別記とそれらの写本、すなわち本人以外の公家が自筆本を書写したものが二八点である。さらに、名称変更前の神宮伝奏の別記は四点であるのに対し、名称変更後の神宮上卿の別記とそれらの写本は二四点にのぼり、十八世紀半ば以降、その作成と書写が盛んになったこと

【近世神宮伝奏・神宮上卿記録一覧】

［凡例］

⑴　本表は，近世の神宮伝奏・神宮上卿とその家臣がその職務内容を記録した日次記・別記・部類記の一覧である。

⑵　以下のように略した。仮題→(仮)・自筆本→(自)・写本→(写)・東京大学史料編纂所謄写本→(謄)・何冊目か→①②など・国立公文書館→(国)・宮内庁書陵部→(宮)・東京大学史料編纂所→(東)・東京大学史料編纂所徳大寺家史料→(徳)・京都大学付属図書館→(京)・専修大学図書館菊亭文庫→(菊)・神宮文庫→(神)・東京大学史料編纂所正親町家史料→(正)・蓬左文庫大炊御門家史料→(大)・東京大学史料編纂所写真帖→(東写)。

⑶　20は外題・内題ともになかったが，18の抜書であるため，『神宮上卿間之事』(抄)とした。

⑷　5の一部が翻刻され，『史料纂集』85・89に収められている。

番号	外　　題	記　　者	所収年月日 冊数・所蔵先・架蔵番号
1	『資勝卿記』	柳原紀光(写)	④慶長2(1597).9.22～寛永6(1629).9 全4冊・(国)・263―80
2	『神宮伝奏日次記』	葉室頼業(自)	①承応3(1654).6.1～同.8.30，②同.9.1～同.同.6 全2冊・(宮)・葉―1545
3	『中院通茂日記』	中院通茂(自)	①寛文2(1662).1.1～同.12.21 全15冊・(東)・6173―340
4	『伊勢御伝奏日帳』	三条家家臣(自)	①寛文13(1673).8.19～不明，②延宝3(1675).1.7～同4.11.4 全2冊・(神)・1―12103―65,66
5	『貞暦』	久我通誠(自)	貞享2(1685).7.1～元禄5(1692).12.30 全92冊・(宮)・414―35
6	『基量卿記』	(謄)	⑳元禄10(1697).7.22～同.12.晦日，㉑同11.1.1～同.5.3 全28冊・(東)・2073―100
7	『神宮御用記』	徳大寺公全(自)	元禄14(1701).1.3～同.10.19 1冊・(京)・菊シ―81
8	『公全公記』	徳大寺公全(自)	⑮元禄16(1703).1.1～同.12.29 1冊・(徳)・41―2
9	『神宮雑事伝奏記』	今出川公詮(自)	享保14(1729).5.28～同.8.22 1冊・(菊)・7―110
10	『神宮伝奏記録』	三条利季(自)	享保16(1731).10.3～同17.5.25 1冊・(神)・1―12103―67
11	『神宮上卿記』	正親町実連等(写)	延享4(1747).6.21～寛延4(1751).1.29 1冊・(正)・28―405
12	『神宮上卿記』	徳大寺公城(自)	宝暦4(1754).2.12～同.8.5 1冊・(京)・菊シ―85
13	『神宮上卿雑記』	正親町実連(自)	宝暦6(1756).6.20～同12(1762).4.5 1冊・(正)・270
14	『神宮上卿事』	庭田重熙(自)	宝暦8(1758).5.21～同9.9.22 1冊・(宮)・264―61
15	『神宮伝奏日記』	正親町家家臣(自)	宝暦11(1761).2.17～同12.閏4.5 1冊・(神)・1―12103―68
16	『神宮御用日記』	久我信通(自)	明和7(1770).7.25～同8.9.27 1冊・(神)・1―12103―44

番号	外　　　題	記　　　者	所収年月日 冊数・所蔵先・架蔵番号
17	『神宮上卿記』	中山愛親(自)	安永4(1775).1.14～同.11.2 1冊・(正)・27―383
18	『神宮上卿間之事』	正親町公明(自)	安永7(1778).11.25～同9.12.4 1冊・(正)・28―409
19	『神宮上卿記』	坊城俊克(写)	安永7.11.25～同9.12.4 1冊・(東)・4112―114
20	『神宮上卿間之事』(抄)	今出川実種(写)	安永7.11.28～同9(1780).1.22 1冊・(菊)・8―101
21	『公明卿記』	正親町公明(自)	㊿安永10(1781).1.11～天明2(1782).2.26 1冊・(東写)・6173―361―22
22	『公明卿記』	(謄)	⑬安永10.3.10～天明2.2.26 1冊・(東)・2073―145
23	『神宮申沙汰之記』	今出川実種(自)	天明2.2.26～同3.10.3 1冊・(菊)・8―003
24	『神宮上卿日記』	松木宗美(写)	天明4(1784).8.13～同5.6.28 1冊・(国)・142―400
25	『神宮上卿日記』	不明(写)	天明4.9.2～同5.5.28 1冊・(神)・1―3004
26	『神宮上卿雑記』	正親町実光(自)	文化7(1810).4.30～同9.8.16 1冊・(正)・26―368
27	『神宮上卿之記』	大炊御門経久(自)	①文化15(1818).1.4～同.11.24, ②文政2(1819).1.3～同.2.16, ③文政5(1822).1.5～3.12 全3冊・(大)・149
28	『実万公記』	不明(謄)	⑥天保2(1831).1.1～同.12.19 全11冊・(東)・2073―149
29	『神宮上卿記』	三条実万(自)	①文政12(1829).3.16～同.6.20, ②同.8.11～同.12.23, ③天保3(1832).1.1～同.8.8, ④同.8.9～同.10.17 全4冊・(東)・4112―101
30	『遷宮奉行記』	三条実万(自)	文政12.3.16～同.6.5 1冊・(徳)・33―69
31	『遷宮奉行記　草稿』	徳大寺公純(写)	文政12.6～同13.1.29 1冊・(徳)・35―36
32	『神宮上卿記　乙』	三条実万(自)	文政13(1830).7.2～不明 1冊・(神)・1―12103
33	『神宮上卿至要抄』	三条実万(自)	1冊・(東)・4112―103
34	『神宮上卿至要抄』	三条実万(自)	1冊・(徳)・33―80
35	『神宮上卿間記』	徳大寺公純(写)	天保15(1844).1.1～同.10.4 1冊・(徳)・33―84
36	『遷宮申沙汰雑記草』	徳大寺公純(自)	①嘉永元(1848).5.12～同.12.21, ②同2.1.25～同.12.5 1冊・(徳)・35―8
37	『神宮申沙汰雑誌草稿』	徳大寺公純(自)	嘉永2(1849).1.1～同.10.5 1冊・(徳)・35―47
38	『神宮申沙汰雑誌』	徳大寺実則(自)	慶応3(1867).6.28～同.8.14 1冊・(徳)・33―65

がわかる。

二八点の別記とそれらの写本の記者を出身家（家臣も含む）別にみると、三条家が五点、徳大寺家が七点、正親町《おおぎまち》家が六点、今出川家が三点、久我《こが》家、葉室《はむろ》家、庭田《にわた》家、中山家、坊城家、松木《まつのき》家、大炊御門《おおいみかど》家が各一点であり、特定の清華家、羽林家においてそれらの記録作成が顕著であったことを指摘することができる。

第二節　中山栄親の『神宮上卿記』

享保十六（一七三一）年における神宮伝奏から神宮上卿への名称変更の後、最初にまとまった神宮上卿の記録を残したのが中山栄親《ひでちか》であった。栄親が記した、11『神宮上卿記』（以下、史料番号は、すべて【一覧】の番号）は後述するように正親町家の公卿をはじめとして神宮上卿を務めた公家衆に多大な影響を及ぼしたのであった。その冒頭の延享四（一七四七）年六月二十一日条には次のようにみえる。

六月廿一日、蔵人右少弁益房仰神宮上卿可奉行之由申可令存知之旨、日来醍醐大納言奉行依服暇之事、辞申、三条大納言雖被仰、申所労云々、

此上卿上古不定其人、堀川院御時、源大相国殊為上卿行之、其後、間有、自二条院御時連綿、於文書者二条院御時文書也、多是僧尼中文之由等見月輪殿御記、

平日、神事之体、古今不一決歟、因玉葉、按之、久我内大臣、妙音院太政大臣等密、花山院太政大臣、中御門内大臣等不密、花山院相国難、久我内府云、如公卿勅使精進屋云々、中御門内府按文書沙汰之外、強不密、今度、申談花山院、又以人々旧按幷当時之習、用捨之記左、

仏

殊潔斎之日、不逢僧尼、不然之時、対面、消息共無憚、忠雅公説

栄按拠元暦例幣御記者、神事当日不可見消息、

平生仏事之沙汰不憚、但於不吉事者、不可沙汰、祭主親隆公説

難有堂舎之所并尼法師御許於公所者参入不憚、但不可入堂中、同説

栄按拠忠雅公説、仏経不忌、今度、聊依有存旨、出郭外、

又不書心経、峯殿説、又按滅在之僧尼、不有此限、

重軽服

軽服日数之人、雖除服、不可入家中、但自脇門参入、強不憚、親隆卿説

重服一切不可入家中、峯殿説

近代之習、請大内人補任於祭主入家中云々、栄按神祇式曰、凡禰宜・大内人・物忌父・小内人等遭親喪、不敢触穢、及着素服、四十九日之後、祓清、復任、拠此式文歟、同式又曰凡二所大神宮禰宜、大小内人、物忌、諸別宮内人、物忌等並任度会人云々、非度会郡人之者何私可補任哉、又天永二年五月十四日、外宮内人度会清時以三月服、参宮、明法進勘文、公卿有仗議、被罪科、中右記於重軽有参差歟、所詮有疑、則不如不為之、

月障

在家中、無憚、宗能公説

栄按可住別屋、若無其所者、以注連可為隔、

自初日計之第八日朝、沐浴之後、可召仕、但七ケ日以後、尚有其事者止、次日可召仕、

女犯

翌朝、沐浴、当時之習、

灸

灸治之人可忌三ケ日、忠雅公説

非潔斎時、於別屋無憚、但其後、沐浴、解除、神祇権大副卜部兼庸説

火

正ク不浄之人ト不可有同火、於転々事者無憚、兼康説

旬

強不可修祓、忠雅公説

斎月

二月上十ケ日、四月上十四ケ日、六月上十八ケ日、九月同、六月、十二月同、六九月等已上、御祭日幷初日可有御祓之旨、承安二年九月十六日、兼康注進月輪殿、

栄按二月祈年祭、四月神衣祭、六月月次祭、九月神嘗祭、十二月月次祭等歟、当時中絶之条強不可及祓歟、九月公家幣使発遣也、可随右状、

産事

妊者着帯之後、不憚、兼康記

産穢七ケ日以後、使往反無憚、其身依近代之例、三十ケ日不可参入、

これによれば、神宮上卿就任を命じられた栄親は、『玉葉』にみえる神宮上卿成立についての記事を引用し、平日や神事のときの心得は古今から一定のものはなく、『玉葉』の記事、二度にわたり神宮上卿を務めた花山院常雅《かざのいんつねまさ》に相談して得られた内容、公家衆の古記録や当時の慣習を取捨してまとめたとしている。

続いて『玉葉』をはじめとする古記録中に記された、神宮上卿在任中の穢れを避けるための心得と穢れたときの対処法が項目別に記されている。栄親は仁安二(一一六七)年に神宮上卿を務めていた花山院忠雅[1]や長寛三(一一六五)年から寿永二(一一八三)年まで神宮祭主を務めた大中臣親隆《おおなかとみちかたか》[2]の説とともに「栄按」とあるように自説を書き加えている。

以上の背景には、当時、神宮伝奏から神宮上卿へと名称変更がなされてすでに十数年が経過しており、中山栄親が神宮上卿の淵源として平安時代に成立した神宮上卿の在り方を模範としたことがあると考える。

そして、第二部第二章「はじめに」において明らかにしたように、神祇《じんぎ》伯白川《はくしらかわ》や神宮祭主藤波に神宮伝奏としての心得を

質問していた江戸前期の公卿たちとは対照的に、自ら古記録を博捜して神宮上卿在任中の心得を抄記した中山栄親はきわめて注目すべき公卿であると考える。

それでは中山栄親および中山家とはどのような公家であろうか。栄親は、宝永六(一七〇九)年、有職故実を家職とした中山家に兼親を父として生まれた。彼は文化十一(一八一四)年に七四歳で没するまで朝廷の要職を歴任したが、その昇進順序をみると、中御門《なかみかど》天皇凶事伝奏→新嘗会《にいなめえ》伝奏→桜町天皇近習衆《きんじゅうしゅう》→内々衆《ないない》→賀茂伝奏→明年革令当否諸道勘申宣下《みょうねんかくれいとうひしょどうかんじんせんげ》伝奏→改元伝奏→桜町天皇譲位伝奏→神宮上卿→議奏であった。これは、儀式の伝奏や神社伝奏を歴任して議奏に就任し、朝廷の枢機に参画するという近世の天皇・摂家側近公卿の典型的な昇進順序であった。

さらに、これ以降、中山家からは、栄親の息子であり、光格天皇の側近として議奏に就任し、尊号一件に際して幕府に処罰された愛親《なるちか》(5)、愛親の曽孫であり、議奏・国事御用掛《こくじごようがかり》を務め、明治天皇の外祖父でもあった忠能《ただやす》(6)という近世後期の朝廷において政治的に活躍した公卿が輩出されている。

こうした公卿たちが神宮上卿に就任し、古代の神宮上卿を模範として、栄親のように『玉葉』を詳記したり、詳細な別記を作成したりすることによって、神宮上卿の性格が大きく変化したのであった。

第三節　徳大寺公城の『神宮上卿記』

徳大寺公城《きんむら》の12『神宮上卿記』宝暦四(一七五四)年二月十二日条によれば、徳大寺は、神宮奉行万里小路韶房《までのこうじつぐふさ》からの書状を通じて神宮のことを担当するようにとの摂政一条道香《みちか》の意向をうけ、それを受諾する旨の請文《うけぶみ》を提出した。同条には続けて次のようにみえる。

予則家内神事、抑　神宮上卿神斎之事、(中略)家司へ申付了、如左、

一、家内清火、差別之事、

予一人清火也、仍膳部調味之輩、同清火ニ入也、但　母儀幷老女一人、同清火也、其余男女皆中火也、其外来者雑火也、仍行水之後、家内之中火を令食也、(中略)又臨時之参内、又他所出行等節、帰宅之後、行水也、但於他所不食雑火者不及行水也、

一、予一向廓参之事停止也、正忌之節者神宮弁方へ申通置、参詣翌日家内一統鑽火也、

一、灸治之事不憚、灸治了之後、即刻行水也、(中略)

一、月水之女房ハ予同間を憚、七日過、八日朝行水、其後、不憚、(後略)

これによれば、徳大寺は神宮上卿への就任が決まると家司《けいし》に自らや家内の心得について申し付けている。たとえば、神宮上卿は清火《せいか》にて過ごす必要があるため、同家の調理を担当する者もその清火を用いること、また、臨時の参内や他所へ出向いたときなどは、帰宅の後、行水すること、ただし他所において雑火《ざっか》にて調理された食事をとらなければ、行水する必要はないこと、寺院参詣の翌日、家内全体できりもみして火を起こすこと、灸治《きゅうじ》は問題ないが、終了後、すぐに行水すること、月水《げっすい》中の女房は同座することを憚ること、ただし七日間であり、八日朝に行水した後は問題ないことなどである。(7)

清華家で内々の家であり、四箇《しか》の大事《だいじ》・有職故実・雅楽を家職とした徳大寺家からは、第二部第一章第一節の「神宮上卿・神宮伝奏一覧」によれば、安元三(一一七七)年に就任した実定をはじめとして公維《きんこれ》・公信《きんのぶ》・公全《きんとも》・実憲・公城・実祖《さねみ》・公迪《きんなり》・公純《きんいと》・実則《さねのり》という多数の公卿が神宮上卿・神宮伝奏に就任した。以上のことや有職故実を家職としていたことから、公城が就任した当時、同家には神宮上卿の在任中の心得も家説として集積されていたのである。

第四節　正親町公明の『神宮上卿間之事』と公家社会

近世神宮上卿の記録について注目すべきことは、彼らが作成した写本である。たとえば、坊城俊克《としかつ》写本、19『神宮上卿記』には、三つの奥書がある(番号＝筆者)。

①「右之一本、内密正親町大納言公明卿借用、令書写卒、不可他見、天明四年九月一日（花押）」

②「這一策、正親町前大納言公明卿記也、三条大納言実起卿借請、被書写、被秘蔵之処、予強借求、令書写、深蔵函底、努ゝ不可出困者也、寛政二年九月七日　権大納言（花押）」

③「此一冊借受右大将家厚卿、令僮筆書写訖、弘化四年四月　頭左中弁藤俊克」

①〜③の奥書によって本書の成立過程をみる。①によれば、この写本は、正親町公明《おおぎまちきんあきら》（安永七・十一・二十五〜天明元・九・三十、同・十・十〜同二・二・二十六在任）自筆の神宮上卿在任中の別記、18『神宮上卿間之事《かんのこと》』と記事の所収年月日が同一であり、その記事もほとんど同一である。

これらのことにより天明四（一七八四）年に同職を務めていた三条実起（安永七・四・十六〜十・二十九、天明四・八・十三〜同五・七・二十九在任）が公明に同書を借りて書写した。

②によれば、寛政二（一七九〇）年に同職を務めていた花山院愛徳《かざのいんあいとく》（天明六・四・二〜享和三・五・十六在任）が実起《さねおき》に①の写本を借りて書写した。③によれば、弘化四（一八四七）年に神宮奉行を務めていた坊城俊克が、神宮上卿を務めていた愛徳の子、家厚《いえあつ》（文化九・九・一〜同十一・八・十九、文政五・四・八〜同十二・三・十六、弘化二・九・九〜同四・六・四在任）に②の写本を借りて書写し、成立したのが本書である。

以上のことにより、18『神宮上卿間之事』は、少なくとも約五十年間にわたって神宮上卿・神宮奉行によって書写され、別記としての価値をもったといえる。確かに、同書は、現存する神宮伝奏・神宮上卿の別記のなかでも、古記録等の抜書が豊富であり、質、量ともに群を抜いていることにより、希少価値の高い記録であったと考える。

他にもこのような神宮上卿の日次記・別記の写本は六点あり、光格天皇在位下の十八世紀後半以降、神宮上卿が同職経験者の別記を借りて、書写したこと、その写本は、家の財産として所蔵され、父から子へと引き継がれ、長期間にわたって活用されたことがわかる。

また名称変更前における神宮伝奏の記録のなかにこうした別記の写本が一点もみられないことから、このことは名称変更後における神宮上卿記録の大きな特徴であることを指摘することができる。
それでは神宮上卿は別記の書写などを通じて何を習得しようとしたのか。それを示すのが、先述した、18『神宮上卿間之事』安永七(一七七八)年十一月二十五日条の記事である。

神宮上卿之事、以左少弁頼煕被仰、則進請文、祓清家中、服者出郭、月障女房住別屋、沐浴、遥拝、敬神之至也、(中略)頃日、件上卿三条大納言実起卿申障、花山院中納言愛徳卿亦服仮辞申、仍被仰予、予至昨廿四日、軽服日数限也、今日、忽奉神宮事、宜慮有恐者、仍修祓、沐浴了、但不可致長日斎之由、古賢之所意也、且宝暦中厳君御奉行之時、其定也、但神事之法猶可尋先輩、

これによれば、公明は、神宮上卿就任を承諾した後、家中を祓い清め、服者《ふくしゃ》を外に出し、月障《げっしょう》の女房を別屋《べつおく》に移した。さらに、沐浴《もくよく》し、神宮に遥拝《ようはい》した。三条実起が障り、花山院愛徳が服仮《ぶっか》により、相次いで退任し、公明が任命された。公明も、昨日まで軽服《きょうぶく》期間であり、今日、神宮上卿職を引き受けたので、修祓《しゅばつ》、沐浴した。ただし長期間の斎戒《さいかい》を行う必要はないことが古賢《こけん》の見解であること、宝暦年間に厳君《げんくん》が同職のときにこのことを定めたこと、神事の方法については、さらに先輩公卿に尋ねる必要があるとしている。
この厳君とは、彼の父、実連《さねつら》と考えられ、同二十八日条には「宝暦中、家君両度令奉行候、彼間之御記申出、覧之」とあり、公明が実連にその記録を読みたい旨を申し出て、読んだ。さらに同条には次のような記事がみえる。

三条大納言実起卿、今年、上卿之間、条々相尋、注左、
　神宮定条々、
一、常々別火之間、雑火不混乱事、
一、重軽服者、常々不可参入事、
一、滅在所僧尼不可参入事、
一、社僧之類幷俗法体之者常々出入、無憚、但神事之時、可憚事、

一、医師・画師等法体之者、潔斎之外無憚事、
一、神事之時、物音可為停止事、
一、神事之時、死穢之沙汰、堅停止、平日、於無拠事者、密尋問、強無憚事、
一、吊死葬礼之場出、廟参、或寺参、荒忌之者同座幷産穢等者、於他所致沐浴、可出仕、若当神事時、解斎後、可出仕、尤於前不可致其沙汰、但数日神事時者、三十日過致沐浴、可遂出仕事、
一、父母忌日不可出仕事、
一、斎、非時、仏供等可為停止事、
一、神事之時、家中之輩不可灸治、常々者不苦、且三ケ所以上者懸湯了、入居間、無憚事、
一、女房月障七ケ日之間、不可入居間事、
　文書沙汰之日、密避僧尼、重軽服、女犯、月障、自前日神斎、灸治、産事別火、
平日
一、滅在之僧尼不逢之、其余僧尼面会不憚、
一、重服一切憚之、
一、軽服日数自脇門参入、不憚、
一、月障在家中無憚、注連外面会不憚、
一、女犯、翌朝、沐浴、
一、灸治於別屋無憚、但事了、沐浴、
一、火正ク不浄之人ト不同火、於転々事者無憚、
一、産着帯之後、不憚産穢、卅ケ日不面会、玉葉承安五九廿一日記文、無長日之斎、右次第中山前亜相愛親卿上卿之時、被定旨、予今度用之、

右、実起卿注記之趣也、近日之例大略如此歟、猶可勘注也、
愛親卿進止如故亜相栄親卿所意云々、彼記被借与之間、祓抄之記、如左、

これによれば、「神宮定《さだめ》条々」という神宮上卿在任中の心得が記されている。全部で二〇カ条にわたり、具体的には穢れを避けるための心得と穢れたときの対処法である。これは中山愛親《なるちか》(安永四・一・十四〜同四・十二・二十七在任)が神宮上卿在任中に定めたものであり、それを三条実起も同職就任後に用いたという。公明は実起の記録から自らの別記にそれらを書写した。

その後、公明は愛親と会い、愛親は、公明に自己の行動の指針は神宮上卿を務めた父の栄親《ひでちか》(延享四・六・二十一〜寛延元・八・十五、同二・十一・九〜同三・二・十四、同三・十二・十〜同四・三・十六在任)の考えに基づくと述べ、栄親の日次記『中山大納言栄親卿記』を公明に貸し、公明はその記事を自らの別記に書写した。同条には続いてその抄出記事がみえる。

中山大納言栄親卿記曰、
此上卿上古不定其人、堀川院御時、源大相国殊為上卿行之、其後、間有、自二条院御時連綿、於文書者二条院御時文書也、多是僧尼中文之由等見月輪殿御記、
平日、神事之体、古今不一決歟、因玉葉、按之、久我内大臣、妙音院太政大臣等密、花山院太政大臣、中御門内大臣等不密、花山院相国難、久我内府云、如公卿勅使精進屋云々、中御門内府按文書沙汰之外、強不密、今度、申談、花山院人以人々旧按幷当時之習、用捨之記左、

仏　殊潔斎之日、不逢僧尼、不然之時、対面、消息共無憚、忠雅公説
　栄按拠元暦例幣御記者、神事当日不可見消息、
平生仏事之沙汰不憚、但於不吉事者、不可沙汰、祭主親隆公説
難有堂舎之所幷尼法師御許於公所者参入不憚、但不可入堂中、同説
栄按拠忠雅公説、仏経不忌、今度、聊依有存旨、出郭外、

又不書心経、峰殿説、又按滅在之僧尼、不有此限、

重軽服

軽服日数之人、雖除服、不可入家中、但自脇門参入、強不憚、親隆卿説

重服一切不可入家中、峰殿説

近代之習、請大内人補任於祭主入家中云々、栄按神祇式曰、凡禰宜・大内人・物忌父・小内人等遭親喪、不敢触穢、及着素服、四十九日之後、祓清、復任、拠此式文歟、同式又曰凡二所大神宮禰宜、大小内人、物忌、諸別宮内人、物忌等並任度会人云々、非度会郡人之者何私可補任哉、又天永二年五月十四日、外宮内人度会清時以三月服、参宮、明法進勘文、公卿有仗議、被罪科、中右記於重軽有参差歟、所詮有疑、則不如不為之、

月障

在家中、無憚、宗能公説

栄按可住別屋、若無其所者、以注連可為隔、

自初日計之第八日朝、沐浴之後、可召仕、但七ケ日以後、尚有其事者止、次日可召仕、

女犯

翌朝、沐浴、当時之習、

灸

灸治之人可忌三ケ日、忠雅公説

非潔斎時、於別屋無憚、但其後、沐浴、解除、神祇権大副卜部兼庸説

火

正ク不浄之人ト不可有同火、於転々事者無憚、兼康説

旬

強不可修祓、忠雅公説

斎月　二月上十ケ日、四月上十四ケ日、六月上十八ケ日、九月同、六月、十二月同、六九月等已上、御祭日幷初日可有御祓之旨、承安二年九月十六日、兼康注進月輪殿、

栄按二月祈年祭、四月神衣祭、六月月次祭、九月神嘗祭、十二月月次祭等歟、当時中絶之条強不可及祓歟、九月公家幣使発遣也、可随右状、

産事

妊者着帯之後、不憚、兼康記

産穢七ケ日以後、使往反無憚、其身依近代之例、三十ケ日不可参入、

これによれば、愛親は、父、栄親の『神宮上卿記』の冒頭部分をそのまま引用していることがわかる。それをみると、愛親は「神宮定条々」の作成において父栄親の影響を大きく受けていた。たとえば前掲の「軽服日数自脇門参入不憚」との規定は、同じく前掲の『中山大納言栄親卿記』の「軽服日数之人、雖除服、不可入家中、但自脇門参入、強不憚、親隆卿説」との記事によって定めたとみられる。

この記事は、『玉葉』(8)承安《じょうあん》二(一一七二)年十二月十日条によれば、神宮上卿九条兼実が祭主大中臣親隆《おおなかとみちかたか》に伊勢神宮に関するさまざまな問題について尋問し、このなかで九条が「一、家中、軽服日数之内、除服人可入哉否事」と尋問したことに対する、親隆の「不可入也、但自脇門参末々枝屋、強不可苦」との回答を栄親が抄記したものであった。

さらに、「神宮定条々」最後の規定である二〇カ条目には「玉葉承安五九廿一日記文、無長日之斎」とあり、『玉葉』の記事により神宮上卿であっても長期間の斎戒は必要ないと規定している。

このことについて中山栄親の11『神宮上卿記』寛延三(一七五〇)年十二月十一日条には次のようにみえる。

一、於内内々申請、摂政殿曰、近代神宮上卿常如祠官等、豈可然哉、仍人々遁申、今度、因玉葉承安五年九月廿一日記文、不可致長日之斎、只聊可存用捨候命、

これによれば、摂政一条道香《みちか》が中山に、「近年の神宮上卿は神職のようであり、それでよいのか、だから人々は同職を

避けるのである。そこで今度から『玉葉』承安五年九月二十一日条により神宮上卿は長期間の斎戒をしてはならない。」と指示した。以上のことにより、「神宮定条々」の二〇カ条目は、一条の指示を栄親が自らの記録に記し、それを愛親が披見して、盛り込んだと考える。

『兼香公記《かねかこうき》』[9]によれば、元文五(一七四〇)年五月三十日、一条道香邸に中山栄親・五条為範・高辻総長《ふさなが》・庭田重熙《しげひろ》などの公卿が集まり、一条が主催した「中右記会《ちゅうゆうきえ》」という『中右記』の学習会が開かれた。[10]同書は、右大臣を務めた中御門《なかみかど》宗忠の日記であり、宗忠が参仕した諸政務・諸儀式が克明に記録されていることにより、当時、右大臣であった一条が職務遂行の参考に資するために同書を学習したと考える。

この「中右記会」は、他にも六月五日、同三十日、七月二十日に開かれ、また、「玉葉会」が閏七月二十日、同二十五日、「玉葉・中右記会」が同三十日に、それぞれ一条邸において開かれており、それらのすべてに中山は出席していた。[11]

以上のことにより、中山が『中山大納言栄親卿記』に『玉葉』をはじめとする古代・中世の記録中に記された、神宮上卿が避けるべき穢れに関する公家の説を書写し、自説も書き加えていること、一条が中山に神宮上卿の心得として『玉葉』の記事を用いることを指示したことは、両者の『玉葉』学習に基づくものであったと考える。

次に、18『神宮上卿間之事』安永七(一七七八)年十一月二十八日条には、『年中行事秘抄』の神宮年中祭祀式日の記事、『園《えん》太暦《たいりゃく》』の旬日《じゅんじつ》のとき、神宮上卿が神宮遥拝《ようはい》を如何に行うか問題になった記事、『上卿故実』『玉葉』『山槐記《さんかいき》』『観音寺相国記《しょうこくき》』の神宮上卿が避けるべき穢れに関する記事、『神皇《じんのう》先規録』『中右記』の祭主が三位《さんみ》以上に叙された記事、『皇大神宮儀式帳』『続日本紀』の神宮神主の職名、定員、補任次第の記事、『神皇先規録』『玉葉』『百練抄』の神宮禰宜への叙位制限の記事が抄出されている。

さらに、『延喜式』『神皇先規録』『中山大納言栄親卿記』の大神宮司《だいじんぐうじ》が従《じゅ》三位に叙された記事、『西宮記《さいきゅうき》』『伊勢太神宮例文』の大神宮司補任の記事、出典は不明だが、近世における神宮禰宜への叙位例と同職の辞職例、中近世における権禰宜への叙位例、『百練抄』の伊勢神人《じにん》訴訟の記事、『吉黄記《きっこうき》』の神宮関連事項の奏上記事、『太神宮諸雑事記《しょぞうじき》』『大神宮参詣記《さんけいき》』の内宮炎上例、『神皇先規録』の伊勢公卿勅使の記事、『吉記《きつき》』の伊勢斎宮《さいくう》神事潔斎の記事、『神皇先規録』『神宮雑例集《ぞうれいしゅう》』などの斎宮《さいくう》と斎宮寮成立の記事が抄出されている。

　これらの先例故実は公明が神宮上卿の教養として集積した側面があったと考えるが、たとえば、神宮上卿が避けるべき穢れや祭主・禰宜・権禰宜への叙位などは、近世の朝廷においてもよく問題になり、神宮上卿が直面した問題であった。公明が以上の記事を抄出した理由は、朝廷における伊勢神宮行政の担当者として、それらの先例集積の必要性を認識したことであったと考える。

【一覧】の記録上、このようにまとまった古記録の抄出がみえるのは本書が最初であり、別記のなかでも、その記録の抄出は、質、量ともに群を抜いている。それでは、本書の作成を可能にした公明の公卿としての教養はどのように形成されたのか。

21『公明卿記』によれば、明和三(一七六六)年十月五日に、前関白一条道香邸に公明、愛親、阿野公縄《あのきんなわ》が集まり、『公事根《くじこん》源《げん》』などを読み合わせた。同書は一条兼良《かねら》の著書であるとの説が有力であり、室町時代の宮中を中心とした年中行事の在り方とその根源が記されている(12)。

さらに、同九日、同四年六月十四日、同二十一日にも一条邸において同様の読書会が開かれ、公明は毎回出席した。同二十一日、公明は、この読書会後、愛親邸を訪れ、二人で『中右記』を読んだ。

同六年一月二十二日、四条隆師《たかかず》が公明邸を訪れ、『禁秘抄《きんぴしょう》』を読み合わせた。同書は順徳天皇の著書であり、宮中の宝物・殿舎、毎日および毎月の恒例および臨時の公事・神事・仏事などの次第、天皇と側近の臣の心得るべき故実・芸能などが記されている(13)。

同二十七日も、同様に『禁秘抄』を読み合わせ、四条は公明に疑問点を質問した。同七年閏六月十一日には四条の要望により二人で『名目抄《みょうもくしょう》』を読み合わせた(14)。同書は、洞院実熙《とういんさねひろ》の著書であり、公家常用の用語に読み仮名を付し、簡単な註をつけた室町時代前期の有職書《ゆうそくしょ》である。

同六年一月二十六日、公明は内大臣九条道前《みちさき》邸を訪れ、『玉葉』『北山抄《ほくざんしょう》』を読み合わせた。後者は藤原公任《きんとう》の撰であり、平安時代中期に成立した儀式書である[15]。同二十七日、同七年五月二十九日、同六月十日、同三十日、閏六月十日、同七月十日にも九条邸において同様の読書会が開かれ、公明は毎回出席していた。二回目以降は、順次、庭田重熙・中山栄親・中山愛親も出席した。

これらのことにより、公明は公卿としての教養の一端を摂家・羽林家公卿との古記録や有職故実書の読書会において形成したと考える。そして、神宮上卿を務めた近世公卿が、古記録を博捜し、古代・中世における神宮の祭祀、朝廷の神宮に関する政務、そして神宮上卿に関する先例故実を集積する作業が、中山栄親に始まり、その子、愛親を通じて正親町公明に受け継がれ、18『神宮上卿間之事』に結実した背景には、彼らが摂家の主宰する、これらの読書会などを通じて学問的交流をもち、有職故実の教養を培ったことがあったと考える。

以上のことにより「神宮定条々」は栄親が書写した『玉葉』をはじめとする中世の記録における神宮上卿の心得が記された箇所などに基づいて愛親が作成したことがわかる。

また、『東京帝国大学神道研究室旧蔵書目録および解説』によれば、中山家と正親町家は、公明の祖父、公通《きんみち》の弟、篤親《あつちか》が中山英親の嗣《し》となって以来、深い関係にあり、公明の父、実連《さねつら》も、実は篤親の孫、栄親の弟であった。つまり愛親と公明は血縁的には従兄弟《いとこ》の関係にあった。したがってこの二人は親しい関係にあったらしく、正親町家旧蔵書中にも公明が写したと推測される愛親の著作が多く見出せる[16]。

このように近世後期の神宮上卿は、就任後、最初に親族をはじめとする同職経験者の記録を披見、書写することを通じて、同職在任中の穢れを避けるための心得と穢れたときの対処法を学んだことがわかる。このことを第二部第二章において明らかにした、寛文年間に神宮伝奏三条が白川神祇伯《しらかわじんぎはく》にそれらを質問したことと比較すると、その在り方が大きく変化したことを指摘することができる。

20『神宮上卿間之事』(抄)は、18『神宮上卿間之事』の一部を書写したものであり、記者名は記されていないが、専修大学付属図書館菊亭《きくてい》文庫に所蔵されていること、安永七（一七七八）年以降、今出川家のなかで神宮上卿を務めた公卿は、今出川実種（天明二・二・二十六〜同四・五・二十四在任）のみであったことにより、今出川が、前任者の正親町公明に18の書を借りて、書写したものと考える。

三条実起の別記、24『神宮上卿日記』の冒頭である天明四（一七八四）年八月十三日条には次のようにみえる。

一、神宮上卿之事、蔵人右中弁以衵定被仰下、則進請文、清祓家中、服者出郭外、月障女房住別屋、神宮定条々先年之通治定畢、

これによれば、三条は、神宮上卿就任を受諾すると、家中を祓い清め、服者を郭外に出し、月水中の女房を別屋に移した。その後、「神宮定条々」は先年の通りであるとしていることが注目され、「神宮定条々」が神宮上卿就任者の心得として定着し、活用されていたことがわかる。

さらに、三条実万《さねつむ》（文政十二・三・十六〜天保三・十・十九、同十四・三・三〜弘化二・九・八在任）の別記、29『神宮上卿記』文政十二（一八二九）年三月十六日条には「神宮定条々事　祖公御記」とあり、続いて前述の18『神宮上卿間之事』にみえる中山愛親が定めた「神宮定条々」が全文記載されている。「祖公御記」とあることにより、所蔵していた祖父、実起の記録を書写したと考える。

以上、近世後期の神宮上卿が如何にその心得を学んだのか明らかにした。「神宮定条々」だけを例にとっても、正親町公明・今出川実種・三条実起・花山院愛徳・三条実万と五人の神宮上卿によって書写された。少なくとも愛親が神宮上卿に在任した安永四（一七七五）年から実万が神宮上卿としてそれらを書写した文政十二（一八二九）年に至るまで、半世紀以上にわたって神宮上卿の心得として用いられたのである。

その理由は、彼らが神宮上卿就任者間において有職故実を公開、共有することによって、藤波神宮祭主・白川神祇伯の回答に頼らずに主体的に同職を務めようとしていたこと、先述したように11『神宮上卿記』によれば寛延三（一七五〇）年十二月十一日に摂政一条道香が神宮上卿中山栄親に対して「近代、神宮上卿常如祠官等、豈可然哉、仍人々遁申」と語ったよ

うに、十八世紀半ば以降の神宮上卿が神職のように清浄性の保持を厳しく求められていたことであったと考える。また、この記事によれば、そのことにより、多くの公卿が同職への就任を避けていた。

これについては、同書の十日条によれば、中山栄親が神宮上卿を同二月十四日に免じられ、同十二月十日に再任されるまで、三人の神宮上卿が就任したが、重服《じゅうぶく》や上皇の法事への出席を理由として相次いで退任し、三人目の松木《まつのき》宗長については「不堪、度々内々可免之旨申遂」とあり、その職自体に堪《た》えることができず、たびたび内々に免じてもらいたい旨を申し出て退任した。

このために二人の公卿が同職に指名されたが、両名ともに所労であることを理由に辞退し、中山が指名されており、先に引用した一条関白の発言は以上の事態を指してのものであった。一方、22『公明卿記』天明元(一七八一)年七月二十五日条には、これとは対照的な記事がみえる。

神宮上卿事、自安永七年冬至今年、秋已及三箇年余、無故障之儀、雖愚不肖之身、全所不背神慮歟、恐悦之至候、所然、安永八年冬　先帝登霞、今年、既当三回聖忌、一日未陪法筵、且不拝謁御廟、旧臣之意緒有不快之処、仍雖非有所労之障、件上卿暫可被仰他卿給哉、且又、就家父例、再於被仰上卿事者、重畳恐悦、此節暫辞申度候事、

これによれば、当時、公明が意欲的に神宮上卿を務めていたことが窺えるが、この年は桃園《ももぞの》天皇の三回忌に当たり、公明はその御廟に拝謁したいので、同職を退任したいこと、さらに、父実連が二度、同職に任命された先例があり、再び同職に任命されたいことが記されている。

この後、公明は同九月三十日に退任し、同十月十日に再び任命されていることにより、公明は実際に関白九条尚実《ひさざね》にこの旨を伝え、それが聞き届けられたと推測することができる。

宗長と公明を比較すると個々の公卿によって神宮上卿職に対する意識が著しく異なっていたことを指摘することができる。そして、先述した神宮上卿の別記を作成、書写、披見した公明をはじめとする公卿は、同職をきわめて意欲的に務めた公卿であったといえる。とくに、公明の父、実連の先例に基づいて再度の任命を希望したことは、公明の同職を家職と

する意識に基づくものであったと理解することができる。

また、彼らが、後年、武家伝奏や議奏に昇進するなど摂家とともに近世後期朝廷の中枢を担ったことも注目するべきである。その理由は、彼らが有職故実を集積し、それらに習熟していたことから、天皇・摂家の信任を得たことによると考える。

近世における正親町家は、内々衆《ないないしゅう》の一員として代々の天皇や上皇の厚い信頼を得、公家社会のなかで一定の役割を果たした。すなわち、実豊（一六一九～一七〇三）は、後水尾《ごみずのお》院より霊元《れいげん》天皇の近侍《きんじ》を命じられ、ついで武家伝奏を務めている。その後も正親町家からは、実豊の子、公通（一六五三～一七三三）と公通の孫、公明が武家伝奏に任じられている。

また、同家は、羽林家として頭中将を務めることになっていたこともあってか、代々有職故実に関心が深く、蔵書の収集にも熱心であった[17]。近世の正親町家は、実豊・公通《きんみち》・公成・公梁・実連・公明・実光・実徳《さねあつ》と八代にわたり[18]、実連・公明・実光・実徳の四人が神宮上卿を務めた。

とくに、三条実起の別記の写本、24『神宮上卿日記』天明四（一七八四）年八月十三日条には「先年、件上卿正親町大納言公明卿、右卿之留今度内密借用、其趣ヲ以万事令取斗畢」とあり、18『神宮上卿間之事』は近世後期の神宮上卿にとって手引き書の役割を果たしていたことがわかる。当然、同書は公明後の正親町家にとっても重要な意味をもった。

実光（文化七・四・三十～同七・七・十、同九・五・十九～同九・八・二十六在任）は、26『神宮上卿雑記』文化七（一八一〇）年五月一日条に次のように記している。

> 沐浴、家中避不浄、改火、抑神宮上卿之事之間、人々所致過分、但大同小異歟、専随安永度厳君御所意者也、宝暦祖考御記、安永厳君御記従文庫取出、拝見、其余先輩記一覧、又近例右大将、中宮権大夫等可借請者也、

これは、実光が神宮上卿に就任した直後の記事であるが、多くの同職就任者が、清浄性の保持を過分なほど行っていたこと、実光は同職在任中の心得について、父、公明の考えに従う方針であること、祖父、実連、父、公明の記録を文庫から出して、拝見したこと、その他の同職就任者などの記録も拝見、拝借したことを記している。

『公卿補任』によれば、近衛右大将《このえのうだいしょう》は花山院愛徳、中宮権大夫《ちゅうぐうごんのだいぶ》は徳大寺公迪《きんなり》であり(19)、両者ともに実光の前任と前々任の神宮上卿であった。

以上のことにより、実連以来、正親町家にとって家職ともなった神宮上卿を務める上で、代々の当主が作成、保存してきた別記がきわめて重要な役割を果たしたことがわかる。第二部第一章第二節において明らかにしたように、安永八(一七七九)年以降、神宮上卿職を清華家公卿がほとんど独占したなかで、正親町家の当主が、実連以降、同職に補任され続けた理由の一つは、こうした有職故実の蓄積がなされていたことであったと考える。

第五節　三条家の神宮上卿記録

近世の三条家は、公広《きんひろ》・実秀・公富《きんとみ》・実通・公充《きんあつ》・利季《としすえ》・季晴《すえはれ》・実起・公修《きみおさ》・実万《さねつむ》・公睦《きんむつ》と一一代にわたり(20)、公富・実通・利季・季晴・実起・公修・実万・公睦の八人が神宮伝奏・神宮上卿を務めた。そのうち利季・実起・実万の三名が同職に関する別記を作成した。

先述した実起の別記の写本、24『神宮上卿日記』の奥書には「右日記者、三条大納言奉行中留内密借用、写之、可為他見無用者也、天明五年巳八月　権大納言藤原(花押)」とあり、同書は当時の神宮上卿松木《まつのき》宗美《むねよし》が三条から別記を借り、書写したものであることがわかる。

さらに35『神宮上卿間記』は、その表紙に「実万公記写」とあることにより、実万(文政十二・三・十六~天保三・十・十九、同十四・三・三~弘化二・九・八在任)の日次記、28『実万公記』の写本である。記者名は記されていないが、東京大学史料編纂所の徳大寺家史料であることにより、実万の同職退任後、一人あいだを挟んで就任した徳大寺公純《きんいと》(弘化四・六・四~嘉永元・五・二十八、同元・六・一~同二・八・十、同二・八・十二~同二・十・五、安政二・十一・五~同五・七・三在任)が実万に28を借りて、書写したと推定することができる。

三条家は閑院流藤原氏の嫡流家であり、左右大臣を官途の上限とする清華家として摂家に次ぐ家柄であったこともあり、実万は、十代前半において侍講から朝廷に出仕する上で必要な有職故実の知識を学び、仁孝天皇の側近となるように一七歳という異例の早さで天皇の御会《ごかい》に参加を許され、(21)その厚い信任を得ていた。(22)彼の記した30『遷宮奉行記』文政十二（一八二九）年三月十六日条には、「余自少年浴天恩、昇進異他」、「廿三歳任大納言、近代人々昇亜相之期、頗不運多、廿六七以後垂三十」とあり、同天皇下において異例の昇進を遂げていたことがわかる。実万が同年度神宮式年遷宮に際して神宮上卿に補任されたことには、こうした背景があったと考える。(23)

その後も実万は、改元伝奏→議奏→孝明天皇即位伝奏→武家伝奏→内大臣の順序で要職を歴任し、仁孝天皇・孝明天皇下において朝廷政務の枢機に参画しており、(24)近世後期朝廷を考える上で注目すべき公卿である。また神宮上卿に関する記録を六点作成しており、有職故実の集積に熱心な公卿であった。

以上のことにより、三条家にとっても神宮上卿は家職的な役職であり、当主、家臣による同職に関する別記の作成が行われた。さらに同家の別記も正親町家の別記と同様に他家の同職就任者の参考とされたのであった。

30『遷宮奉行記』文政十二年三月二十日条には「今日、奏事、文政五年本宮山口祭日時定之記、寛政二年別宮遷御日時定之記、或如御祈解状奏聞之類、先輩之日記借得之、粗所見覚悟也」とあり、実万は神宮神主の出した両宮別宮《りょうぐうべつぐう》山口祭以下日時宣下を要請する解状を奏聞するに際して、寛政二（一七九〇）年当時の神宮上卿花山院愛徳《かざのいんあいとく》、文政五（一八二二）年当時の神宮上卿大炊御門経久の記録をはじめ、同職就任者の記録を博捜して、その参考としたことがわかる。

同六月五日、両宮の立心御柱祭《りっしんのみはしらさい》・正遷宮《しょうせんぐう》祭日時定が執行され、内宮《ないくう》は同九月二日、外宮《げくう》は同五日に執行することが決定された。実万は内宮の上卿を務め、万里小路建房《までのこうじたけふさ》が外宮の上卿を務めたが、実万は同条に文化六（一八〇九）年当時の神宮上卿徳大寺公迪《きんなり》の記録を書写した。その内容は同年において公迪が同上卿を務めた際の所作であり、実万は、この上卿を務めるに際して公迪の子、公純にこの記録を借りたと考える。

31『遷宮奉行記　草稿』は、30『遷宮奉行記』の続編であるが、公純が神宮上卿として担当した嘉永二（一八四九）年度神宮式年遷宮の準備過程が記された36『遷宮申沙汰《もうしざた》雑記草』と公純が作成した37『神宮申沙汰雑誌草稿』の筆跡と同一である。また36の嘉永元(一八四八)年五月十二日条によれば公純が実万に『文政十二年記』という記録を借りている。これらのことから31の記録は公純が実万に借りた『文政十二年記』を書写したものであると考える。

以上のことにより神宮上卿三条実万は同職経験者である清華家公卿の記録によって神宮神主の解状《げじょう》奏聞や立心御柱祭・正遷宮祭日時定上卿を務めた。また、その後、神宮上卿を務めた徳大寺公純と密接な関係を有し、徳大寺は、同職就任後、三条が記した神宮式年遷宮準備に関する記録を閲覧、書写し、その職務の参考にした。

このことは、安永八(一七七九)年以降、清華家公卿と特定の羽林家公卿のみが神宮上卿に補任されたことをはじめ(25)、近世後期朝廷において清華家・羽林家が、中世以来、朝廷の実務を担ってきた弁官家にかわって朝廷運営の中枢に参画するようになったが(26)、彼らが神宮上卿に関するものをはじめとしてその役職を務めるのに必要不可欠な有職故実を集積し、それらを提供し合う相互扶助的な関係を形成したことによるものであったと考える。それは本章第八節においてもより明らかである。

第六節　三条実万の部類記作成

三条実万は、古代・中世の朝廷における伊勢神宮行政や神宮上卿制度を研究するため、東京大学史料編纂所蔵の33『神宮上卿至要抄《しようしょう》』(外題)を編纂した。同書の内題は『神宮雑要類聚《ぞうようるいじゅう》　神宮上卿至要抄備急《びきゅう》』であり、目次には①「奉仰時、行事部　辞時儀附書」、②「神斎法部」、③「神斎行事部」、④「奏事次第」(番号=筆者)とあり、③の本文の記述はみられない。

その内容は、『玉葉《ぎょくよう》』・『玉蘂《ぎょくずい》』・『明月記』・『拾芥抄《しゅうがいしょう》』・『江家次第《ごうけしだい》』・『禁秘抄《きんぴしょう》』・『公式令《くしきりょう》』・『新任弁官抄』・『吉記《きっき》』・『愚《ぐ》昧記《まいき》』・『人車記』・『台記《たいき》』・『親長卿記』・『後深心院関白記』・『延喜太神宮式《えんぎだいじんぐうしき》』のなかから朝廷の神宮行政や古代・中世の神宮上卿・神宮伝奏に関する記事を抄出したものである。

また東京大学史料編纂所の徳大寺家史料にも34『神宮上卿至要抄』がある。目次はないが、それぞれの内容ごとに見出しが付けられている。①「上卿部神斎軽重間儀附書」、②「奉仰時弁辞時行事部」、③「神斎法部」、④「行事神斎部」(番号＝筆者)とあり、④の本文の記述はみられない。

③には「曩祖三条左大臣実房公・光明峯寺摂政道家公等有旬日解除之儀、見彼自記」とあることにより、本書は、徳大寺家史料であるが、三条実房《さねふさ》を祖先とする実万が作成したと考える。

内容は33『神宮上卿至要抄』と同じ記録を含む古代・中世の古記録・有職故実書・儀式書・法典・公事《くじ》書のなかから朝廷の伊勢神宮行政や中世の神宮上卿に関する記事を抄出したものである。33と34では目次と内容に相違している箇所がみられるが、33①と34②、33②と34③は、それぞれ同じ記事を抄出している箇所が多くみられる。

34①には、平安期から室町期までの神宮上卿・神宮伝奏就任者が記され、各就任者の関連記事が抄記されており、その冒頭に次のような記事がみえる。

代々之上卿記録不詳、凡可然之卿相多歴之歟、今九牛之一毛随管窺、採録之、応永之比以降間有伝奏之号、自文亀年間至東山院御宇之始、専称伝奏、至行事之時者非此限、其後、改為上卿云々、子細注後、已復古例、文亀以後之人々粗見公卿補任、又先輩之抄録存之、因不載于茲、今所輯先賢之行跡、如神斎軽重之儀、略注其人条、

この記事にあるように、近世においては数種類の神宮伝奏・神宮上卿就任者一覧が作成された。第二部第一章「はじめに」において明らかにしたように34の一覧以外はいずれも『公卿補任』から抄出したとみられるが、実万のそれは自ら古記録を博捜することによって作成したものであった。

また、34②には『玉葉』などにみえる神宮上卿の神斎に関する記事が抄出されているが、冒頭に「上卿神事之体、古来人々所為不同」とあり、そして『玉葉』の記事として「兼実公所案云、依神宮上卿神事潔斎之条無指本説、又律令格式全無所見」とあり、神宮上卿の神事潔斎に関しては、個々の神宮上卿ごとにその内容が異なっており、それは確固とした規定がなく、そのつど、先例に基づいて考える必要があったことによることがわかる。

このことは近世においても同様であり、以上のことと、第二部第一章第三節において明らかにしたように、享保十六（一七三一）年の神宮上卿への名称変更が、平安末期に成立し、鎌倉期にかけて設置されていた神宮上卿を意識したものであったことを考え合わせると、三条は壬生《みぶ》官務の先例勘申《かんじん》に頼らずに自ら中世の神宮上卿制度を研究し、その在り方を模範として同職を務めようとしたと考える。

さらに33・34について近世後期の外宮禰宜で国学者でもあった足代弘訓《あじろひろのり》(27)が実万と公家の書簡を収載した『三条・竹屋両卿御書簡』(28)には次のような実万から弘訓宛の書簡がみえる。

（前略）

一、上卿至要備忘

右先年上卿中草稿之物二冊、管見疎漏之至、赤面候得共、一覧頼入候、乞叱正申候事ニ有之候、先年、辞申上卿候後、至当時、自然他事急忙、上卿之事条暫閣之候へとも、以前、少々為備忘、令抄出、置立条目、部類之志有之分ハ、何卒追而一覧頼申度存候所、当春愚息上卿被　仰下候間、猶又読愚志候様令致度と存候事ニ候、

これによれば、実万が神宮上卿退任後、在任中に記した、二冊の『神宮上卿至要抄』について、弘訓に一覧の上、誤りを訂正することを依頼した。それは嘉永六（一八五三）年に同職に就任した息子の公睦《きんむつ》に読ませることを念頭においたものであった。

さらに実万と弘訓の関係について『三条大納言以下足代翁へ書簡』(29)には次のような実万から弘訓への書状がみえる。

度会弘訓神主捜索皇朝之史書、其用意也、甚深切足、可感嘆矣、為慰其労、付与硯一枚耳、此硯者自禁中拝謁之物也、

嘉永二年五月一日

権大納言実万

この書状について榊原頼輔氏は次のことを明らかにしている。文政十（一八二七）年に関白鷹司政通が勅使を通じて神宮に種々の質問をした。そのとき、外宮一禰宜《げくういちのねぎ》松木範彦《まつきのりひこ》は、その旨を弘訓に問い合わせて、その回答を答申したところ、勅使の意にかなったという。

このような朝廷からの質問が数回にわたり行われ、そのつど、弘訓が回答を作成した。このことが仁孝天皇の耳にも入り、天皇から「古本を捜索し、新著述を上れ」との命をうけた。弘訓は、『続日本後紀』人名部類三冊・『文徳天皇実録』人名部類二冊・『三代実録』人名部類一〇冊・『文徳実録故事成語考《こじせいごこう》』一〇冊を稿して上洛し、まず日頃から目をかけてもらっている実万に検分してもらい、それらの天皇への献上を願い出た。

その後、実万から口頭にて右の史料にみえる諭旨《ゆし》があり、この書状は、それを弘訓が実万に依頼して文書にしてもらったものである[30]。

実万が足代に先述のような依頼をした理由は、こうした弘訓の学問に対して信頼していたことと、序章第一節において明らかにしたように足代が天保十（一八三九）年に『神宮上卿次第』[31]という神宮上卿就任者の一覧を作成しており、同職に関する知見を有していたことであったと考える。

先にみたように、近世の三条家にとって神宮上卿は家職といえるものであり、とくに実万はその意識を強くもち、子孫の参考とさせることも考えて、33・34を作成したことを指摘することができる。

このような実万の家職意識は次の事例にもみることができる。30『遷宮奉行記』文政十二（一八二九）年三月二十七日条によれば、権中納言清水谷実揖《さねおさ》が三条を訪れ、明日、内宮《ないくう》別宮山口祭等日時定上卿を務めることを報告し、「明和例以職事奏日時勘文、今度、亦一定如此云々」など、この儀式に関して質問した。

三条は「為殿上弁時、雖非職事、以弁奏之、況職事兼帯之弁、旁有其便歟之由存之、仍去年頭弁奏之、且其例多歟、先祖実房此所為」などと回答し、同家の家記に記された先例などを踏まえて回答した。また三条は昨年自ら同上卿を務めた際の別記を清水谷に送った。

第七節　神宮上卿三条実万の活動

それでは、実万は同家に集積された先例に基づいて神宮上卿としてどのような活動をしたのか。文政十三(一八三〇)年閏三月十九日に発生した、内宮近くの民家からの出火に端を発する内宮別宮荒祭宮《あらまつりのみや》以下の諸殿舎焼失への対応を例にとってみる。これについては、大西源一『大神宮史要』に詳記されている。

それによれば、四月一日、神宮側から朝廷にこの事件が報告された。八月一日、三条家の諸大夫《しょだいぶ》丹波正高《まさたか》の書状が内宮長官、内宮禰宜中、宇治会合中《うじえごうちゅう》にそれぞれ届いた。前者の内容は、今後、このような類焼がないように、内宮近辺の人家、売店を移転し、その場所を火除地としたいという提案に応じ、撤去を承諾してもらいたいとの要請であった。この後、内宮長官、内宮禰宜中、宇治会合中は、丹波と山田奉行へそれを承諾する請書を提出した。

天保三(一八三二)年六月七日、朝廷が神宮に火除地を設けるとの仁孝天皇の意向を伝えた。この意向は幕府にも伝えられており、二十五日、幕府の命令が山田奉行によって内宮年寄にも伝えられた。それは内宮の御厩《おうまや》近辺の住居を撤去させ、それらの跡地を含む約一千六百十二坪の土地を幕府が買い上げて、火除地を設けるという内容であった。八月八日には火除地の地ならしが行われ、その完成をみた(32)。

さらに、28『実万公記』によれば、天保二(一八三一)年九月八日、御所において、関白鷹司政通が実万に、先日、前京都所司代の本庄伯耆守宗発《ほんじょうほうきのかみむねあきら》が上洛し、鷹司に対して、幕府において老中などがこの件を審議したところ、問題があるとし、朝廷側が提出した撤去場所の絵図に対して幕府が作成した絵図に記された程度の住居を撤去するようにとの命令が出されたことを伝え、伊勢に下向していた実万の家臣にその幕府の絵図が正確か確認させるように命じた。

実万は自邸において以前伊勢に下向していた家臣の丹波に鷹司から預かった絵図をみせると、丹波は「是程有除地者可宜」と返答した。同九日、実万は鷹司邸を訪れ、このことを記した書状を提出した。この住居の撤去に関連し、28『実万公記』天保二年九月八日条には、「人屋取払之事、最初下官発起、所申入殿下、〃〃令承引給」とあり、同九日条には、「此事雑例集四至之条、長寛之官符符号者歟」とある。

また、『神宮雑例集《ぞうれいしゅう》』には、長寛二(一一六四)年、同三年に外宮四至《しいし》内の人家から火事が発生し、宮中に危険が迫ったことから、大神宮司の請《うけ》により、宮中近接した人家の撤去を命じる旨の官宣旨が下されたことが記されている(33)。

以上のことにより、実万はこの先例を念頭において、内宮付近の住居を撤去し、火除地を造成することを企画し、関白鷹司政通に提案して、鷹司がこれを認めたことがわかる。鷹司は京都所司代か武家伝奏を通じて幕府にこのことを提案したと推測でき、幕府もこれを採用し、山田奉行にそれを実施させたのである。

第八節　徳大寺実則の『神宮申沙汰雑誌』

神宮上卿制度は慶応四(一八六八)年四月二十一日に正親町実徳《さねあつ》の退任をもって廃絶されたが、神宮上卿の記録として最後に記されたのが、徳大寺公純《きんいと》の子、実則《さねのり》の別記、38『神宮申《もうし》沙《ざ》汰《た》雑誌』である。その慶応三(一八六七)年六月二十八日条には次のようにみえる(傍線筆者)。

晴、暑熱、難耐、巳半漏、自頭左中弁勝長朝臣送消息幷神宮御用箱鍵等

神宮雑事可令伝　奏給之旨被仰下候、仍先内々申入候也、恐惶謹言、

六月廿八日　勝長

徳大寺中納言殿

請文小奉書捻文

神宮雑事可令伝　奏之旨奉了、早可存知候也、謹言、

六月廿八日　実則

〆　実則

御用筥鍵落手之旨以書状申送、
一、元上卿醍醐大納言忠順卿也、因姨仮服、昨日被辞申云々、
一、御礼之義、厳親御記令捜索之処、承置斗也、於今度同様承置了、
一、承了、沐浴、家中清浄、遠不浄、重軽服者幷月水女房別棟・別火也、先規雖如此、大方宥置、月障女七ヶ日ノ後、沐浴、出仕、但七日已後、尚有其事本以止為限、

○定規

一、家中余以下一統同火、清火也、一、火正清不浄ノ人ト不混火於転々事无憚、
一、行向他処、帰家之後、必沐浴、但不逢重服者幷不浄之輩不混雑火之時、不及其沙汰、帰家之後、用塩水、
一、披露物之節、一夜神事終、解斎、
一、非滅在所僧尼参、対面、消息共無憚、一、滅在所僧尼参入停止事、
一、重軽服者一切憚之、一、軽服日数之人雖除服不可入家中、但有無止事者、脇門参入、強不禁事、
一、家中之者灸治於別家無憚、従事了、沐浴、出仕之事、
一、女犯、翌朝、沐浴、一、余灸治三ヶ日憚之、
一、産着帯之後、不憚、産穢卅ヶ日不面会、七ヶ日以後、使往反無憚、
一、雖有堂舎之所、非滅在所寺院行向不憚、但不可入堂事、
賞季公・実起公・愛徳公・祭主幷近例実万公基豊公等如此云々、仍家公弘化度大略如此、令宥用給由在御記、
一、就公用有無止事者、雖重服之人之許、使往反、消息共強不憚、但新忌之人許可有憚、
右之条々以弘化四年御記抜萃訖、
一、従祭主許以政所被賀、以使謝申送、
一、余伝奏被　仰下之事、一列親縁ヶ所、除重軽服之所、以家僕状吹聴了、

一、以小座敷為清間、敷改畳、張注連、

これによれば、神宮奉行甘露寺勝長が実則に消息と神宮御用箱の鍵を送った。その消息は孝明天皇が実則に神宮雑事を伝奏するように命じたことを内々に伝達するというものであった。実則は、請文を提出して承諾し、沐浴して家中を清めた。

続いて「定規《じょうき》」として一四カ条にわたる神宮上卿在任中の心得が記されている。このうち傍線を付した七カ条が先に掲出した18『神宮上卿間之事』中の「神宮定条々」と同様の規定であり、波線を付した六カ条は「神宮定条々」にはない。それらのうちで、たとえば「家中余以下一統同火、清火也」との規定は、「神宮定条々」の「常々別火之間、雑火不混乱事」との規定と比較すると、神宮上卿のみではなく、家人《かじん》すべてが同一の清火を用いるという点で、より厳格になっていることを指摘することができる。他の三カ条についても神宮上卿が穢れを避けるための厳格な規定が盛り込まれている。

また、この「定規」は神宮上卿就任者の西園寺賞季《さいおんじよしすえ》・三条実起・三条実万・広幡《ひろはた》基豊や神宮祭主藤波などの別記・教示などにより作成され、弘化四(一八四七)年当時に神宮上卿を務めていた徳大寺公純が作成し、それを子の実則が公純の記録から書写したことがわかる。

その後、祭主藤波が政所《まんどころ》を通じてその就任を賀し、実則は使者を通じて謝した。さらに任命されたことを親族に家僕《かぼく》を通じて吹聴《ふいちょう》した。そして、小座敷《こざしき》を清間とするため、畳を張替えて注連縄《しめなわ》を張った。

おわりに

桃園天皇在位下の十八世紀半ばから近世末期の十九世紀後半にかけて、中山栄親・中山愛親・正親町公明・三条実万など多くの神宮上卿が、盛んにその記録の作成、親族をはじめとする神宮上卿経験者の記録の披見、書写を行った。とくに、愛親が定めた神宮上卿在任中の心得であった「神宮定条々」は、公明など延べ六人の神宮上卿によって十八世紀後半から十九世紀前半までの半世紀以上にわたって、披見、書写され続けた。また実万は古代・中世の朝廷における伊勢神宮行政や中世の神宮上卿制度を研究した。

これらのことは神祇伯白川・神宮祭主藤波・官務壬生の回答・先例勘申に頼らずに同職を家職として主体的に務めようとした清華家・羽林家公卿の意識の高まりによると考える。

そして彼らが後年武家伝奏や議奏に登用されるなど、新しく近世後期朝廷の中枢を担ったことも注目すべきである。その理由は、彼らが有職故実を集積し、それらに習熟していたことから、天皇・摂家に信任を得たことによると考える。

このことは、安永八(一七七九)年以降、清華家公卿と特定の羽林家公卿のみが神宮上卿に補任されたことをはじめ、近世後期の朝廷において清華家・羽林家が、中世以来、朝廷の実務を担ってきた弁官家にかわって、朝廷運営の中枢に参画するようになったが、彼らが神宮上卿に関するものをはじめとして、その役職を務めることに必要不可欠な有職故実を集積し、それらを提供し合う相互扶助的な関係を形成したことによるものであったと考える。

注目すべきことは、神宮上卿正親町公明と三条実万の活動である。江戸幕府は、寛永七(一六三〇)年以降、尊号一件を除いて、幕末に至るまで、摂家(摂政・関白・大臣)―武家伝奏―議奏によって朝廷を統制した[34]。神宮伝奏もこの朝廷統制機構の下に位置づけられ、摂政・関白の指示を神宮奉行・官務に伝えることをはじめとする神宮行政に関する連絡、調整を行うことが主要な役割の一つであった。

しかし、第三部第五章第三節において明らかにするように、十八世紀後半には正親町が関白に朝廷儀式の準備過程の復旧を提案し、関白も認め、それが実現しており、十九世紀前半に実万は関白を通じて幕府に採用される具体的な政策提言を行っており、両者とも明らかにその従来の立場を超える活動を行った。両者の提案は彼らが集積した先例故実に基づいており、それらは近世後期における清華家・羽林家公卿の政治的基盤の一つであったと考える。

註

(1) 第二部第一章第一節「神宮上卿・神宮伝奏一覧」。

（2）「祭主補任・大嘗会寿詞奏上一覧」、藤波家文書研究会編『大中臣祭主藤波家の歴史』（続群書類従完成会、一九九三年）三五八～三六四頁。
（3）橋本政宣編『公家辞典』（吉川弘文館、二〇一〇年）三一五・三二二頁。
（4）拙稿「近世儀式伝奏の補任」（『人文』三、学習院大学人文科学研究所、二〇〇四年）一三八頁。
（5）『国史大辞典』十（吉川弘文館、一九八五年）、川田貞夫「中山愛親」の項、六七一・六七二頁。
（6）前掲註（5）書、小西四郎「中山忠能」の項。
（7）前掲註（3）書、一六〇頁。
（8）『玉葉　第二』（名著刊行会）二五一・二五二頁。
（9）東京大学史料編纂所、二〇七三―一〇〇。
（10）『図書寮典籍解題　歴史篇』（養徳社、一九五〇年）九六頁。
（11）前掲註（4）拙稿、一四〇頁。
（12）『国史大辞典』四（吉川弘文館、一九八三年）、日野西資孝「公事根源」の項、七五八頁。
（13）前掲註（12）書、日野西資孝「禁秘抄」の項、六八九・六九〇頁。
（14）『国史大辞典』十三（吉川弘文館、一九九二年）、鈴木真弓「名目鈔」の項、五三七頁。
（15）『国史大辞典』十二（吉川弘文館、一九九一年）、飯田瑞穂「北山抄」の項、六九一・六九二頁。
（16）島薗進・磯前順一編『東京帝国大学神道研究室旧蔵書目録および解説』（東京堂出版、一九九六年）二三九頁。
（17）前掲註（16）書、一八五・一八六頁。
（18）『公卿諸家系図』（続群書類従完成会）五四・五五頁。
（19）『新訂増補国史大系　公卿補任　第五篇』（吉川弘文館）一九六・一九七頁。
（20）前掲註（18）書、四二・四三頁。
（21）佐竹朋子「三条実万の思想形成について」（『京都女子大学大学院文学研究科研究紀要　史学編』四　二〇〇五年）三四・三八・三九・四六頁。また佐竹氏は「幕末公家社会における三条実万の役割」（『新しい歴史学のために』二六六、二〇〇七年）のなかで「実万は、有職故実や漢学を学んで、改革を担いうる主体的自己を鍛え上げたうえで、具体的な朝廷改革に取り組み、さらには朝廷の政治的復権までをも視野に入れていた。こうした人物の登場は、公家社会の中から新たな政治主体が生まれてきたと評価することができる」（同一三頁）として、実万が有職故実を学んだ意義を指摘している。

(22) 徳富猪一郎『三条実万公　三条実美公』(梨木神社鎮座五十年記念奉賛会、一九三五年)一二頁。
(23) 「近世儀式伝奏一覧」[前掲註(4)拙稿]一三一～一三六頁。
(24) 大塚武松「三条実万」(『中央史壇』七九、一九二六年)二五二～二六六頁。前掲註(22)徳富著書、九～八〇頁。巌谷修「三条実万事略」(『日本史蹟協会叢書別編十二　伝記三』東京大学出版会、一九七三年)二九～三一頁。羽賀祥二「開国前後における朝幕関係」(『日本史研究』二〇七、一九七九年)。箱石大「安政期朝廷における政務機構の改変―『外夷一件御評議御用』の創設を中心に―」(『国史学』一四五、一九九一年)。
(25) 拙稿「近世神宮伝奏の性格変化」(『日本歴史』六八九、二〇〇五年)一八頁。第二部第一章第一節【神宮上卿・神宮伝奏一覧】。
(26) 前掲註(4)拙稿、一三二～一四一頁。
(27) 『国史大辞典』一(吉川弘文館、一九七九年)、伊東多三郎「足代弘訓」の項、一九六頁。
(28) 神宮文庫、三―一七八四。
(29) 神宮文庫、一―一七八三。
(30) 榊原頼輔『足代弘訓』(印刷者・発行者＝山村淺次郎、一九二三年)二四八～二五一頁。
(31) 神宮文庫、一―三一八五。
(32) 大西源一『大神宮史要』(神宮司庁教学課、平凡社より一九六〇年発行本の復刻、二〇〇一年)七三三・七三四・七三七・七三八・七四〇～七四三頁。
(33) 前掲註(32)書、一五九・一六〇頁。
(34) 高埜利彦「江戸幕府の朝廷支配」(『日本史研究』三一九、一九八九年、五一～五六頁。後に、同『近世の朝廷と宗教』〈吉川弘文館、二〇一四年〉I部第一章に収録)。

第三部　神宮伝奏の機能

第一章　戦国織豊期の神宮伝奏

はじめに

本章は、戦国織豊期における神宮伝奏の機能および朝廷の伊勢神宮行政について明らかにすることを目的とする。最初に当該期における神宮伝奏の研究史を概観する。

①菊地康明氏の言及が最も早い。同氏は『広橋守光記《ひろはしもりみつき》』について紹介し、守光について、権大納言町広光の男で文明十一(一四七九)年に広橋家を継ぎ、長享元(一四八七)年に叙爵以後、弁官、蔵人を経て、永正二(一五〇五)年に参議、同六(一五〇九)年に武家伝奏に任じられ、同八(一五一一)年には神宮伝奏をも兼ねて、当時公武の間にあって同じく伝奏勧修寺尚顕《かじゅうじひさあき》とともに最も活躍した人物の一人であり、その日記は当時の朝幕関係を考える上で貴重な史料としている。

その主要な記事の一つとして伊勢内外宮仮殿遷宮《ないげくうかりでんせんぐう》に関して内外宮の間に起こった争いに関する記事を紹介した。それによれば、室町期において両宮とも神殿の荒廃が著しかったため、神殿造替の沙汰を争うに到った。そのために永正九(一五一二)年に幕府より和談の儀を下知せしめられているが、この問題は容易に解決しなかったものとみえ、同十(一五一三)年六月二十九日以下の条によれば、七月祭主藤波伊忠《これただ》を遣わして両宮和与の儀を取り計らせた結果、十月に到り和談が始まったとしている(1)。

②室町期の神宮伝奏について菊地氏に続いて言及したのは飯田良一氏であり、室町期における神宮と幕府・朝廷との関係を神宮方《かた》の機能を通じて整理、考察するなかで、祈禱の内容およびその命令系統を明らかにした。同氏は、神宮に祈禱を命じるルートとして神宮伝奏→祭主→大宮司→内・外宮長官があったとし、神宮伝奏を通じて祈禱を命令したのは朝廷、幕府、朝幕の両者と三つの場合があったことを明らかにしている(2)。③伊藤喜良氏は嘉吉の乱後の武家伝奏・南都伝奏・神

宮伝奏について、次のことを明らかにした。

『建内記』嘉吉三(一四四三)年七月八日条の記事により、幕府から神宮大宮司河辺氏長《かわべうじなが》の重任について執奏があり、勅定の後、神宮伝奏日野資広《すけひろ》が勅許の旨を伝奏奉書によって職事坊城俊秀に伝えたことを明らかにし、この頃、彼らがしばしば発する伝奏奉書は天皇の意を奉じたものであり、勅定を職事に伝えるという重要な役割を演じていたこと、それは義満から義教期までの伝奏が室町殿の「仰《おおせ》」を奉じて伝奏奉書を発していた状況と異なり、彼らが活動している場は公家支配機構内であり、室町殿との関係は薄くなっていることを指摘している。(3)

④富田正弘氏は、応仁三(一四六九)年から慶長十二(一六〇七)年までの神宮伝奏の一覧表と文明四(一四七二)年から慶安元(一六四八)年までの賀茂伝奏の一覧表を作成し、次のことを明らかにした。

伝奏とは室町殿の王権にとって公家衆・寺社権門の支配や律令的天皇＝太政官の間接的支配のための重要な装置であるから、これに対する命令の主導権を手放すわけがなかった。伝奏に対する命令指揮の主導権はなお室町殿の下にあった。そこで、「公家側の政務」は、伝奏のうちに特別の担当の伝奏を置き、これを室町殿の支配下から切り離そうとした。それは神宮伝奏と賀茂伝奏であった。伊勢神宮と賀茂神社は、いずれも皇室とはとくに由縁の深い神社であり、室町殿の介入を排除しやすい部分であった。それぞれ応仁の乱までには、このような担当伝奏の分化が成立していたのである。これに対し、特殊な担当をもたない伝奏は、室町殿に主として仕えるものとなり、永正年間以降、これを「武家伝奏」と限定的名称で呼称するようになった。このような限定的名称となったのは「公家側の政務」の伝奏への命令権への執念が実ったものであり、ここにおいて「公家側の政務」は神宮・賀茂両伝奏に対して独占的な命令権を確保できるようになったとしている。(4)

⑤瀬戸薫氏は室町期における武家伝奏の補任について明らかにするなかで、神宮伝奏をはじめとする寺社伝奏の場合についても次のことを明らかにしている。

室町期の寺社伝奏は敷奏家《しきそうけ》であることが必須条件であった。敷奏は、『職員令《しきいんりょう》』に大納言の管掌事項の一つとして規定され、「謂敷陳也、奏進也」、すなわち天皇に意見を述べることである。三条西《さんじょうにし》実隆が神宮伝奏に任じられた際、「可候敷奏」と「神宮事可令伝奏給」の二通の綸旨を所望した経緯が『実隆公記《こうき》』に詳述されている。

さらに『諸家伝《しょかでん》』等によって敷奏補任年次の判明するものを表示すると、必ずしも神宮伝奏のみが敷奏を前提としているのではなく、武家伝奏や臨時の伝奏でも補任以前に敷奏に加えられる例が確認できる。(5)

⑥明石治郎氏は後土御門天皇期における伝奏・近臣について明らかにするなかで、神宮伝奏について次のことを明らかにしている。

明応五(一四九六)年に三条西実隆が神宮伝奏に補任されたときの経緯により、当時において神宮伝奏は伝奏のなかから選ばれるという関係が必ずしも成立していなかったようだが、実隆は、「可令候伝奏」という綸旨を得ており、間違いなく伝奏であった。

また室町殿から伊勢神宮に祈禱が命令された場合について明らかにした。それによれば、文亀元(一五〇一)年八月二日、神宮伝奏三条西実隆のもとへ武家伝奏勧修寺《かじゅうじ》政顕《まさあき》より「変異事」につき「公武御祈」の命令を下すよう奉書があった。それをうけて実隆は、翌日、前日付で奉行《ぶぎょう》職事《しきじ》万里小路《までのこうじ》賢房《かたふさ》に神宮伝奏奉書を発給した。(6)

⑦さらに、拙稿において、中世から近世にかけての朝廷において毎年神宮伝奏が天皇に対して一年で最初に伊勢神宮からの奏事《そうじ》事項を奏上する儀式であった神宮奏事始《はじめ》について、南北朝期から室町期の十五世紀前半にかけて成立したこと、神宮伝奏がその準備過程や当日の儀式において果たした機能を明らかにしており、大幅に加筆修正して第一部第三章に掲載している。(7)

⑧間瀬久美子氏は、天正十三(一五八五)年に内宮と外宮の間で起こった神宮式年遷宮の前後争論について明らかにしており、この問題の糺明のため、神宮伝奏柳原淳光《やなぎわらあつみつ》邸に官務左大史小槻朝芳《おづきともよし》・頭中将中山慶親・右大臣今出川晴季《はるすえ》・権大納言勧修寺晴豊《はれとよ》と同中山親綱・神祇伯《じんぎはく》白川雅英・吉田兼見《かねみ》の八名が集まって談合したことや神宮伝奏が果たした役割についても言及している。(8)

⑨神田裕理氏も、間瀬氏と同様に天正十三年度神宮式年遷宮の前後争論を取り上げるなかで神宮伝奏に言及している。それによれば、両宮の申状《もうしじょう》は正親町《おおぎまち》天皇が目を通し、神宮伝奏・柳原淳光と公家衆が談合を加え、内宮に理があると判断されたとし、天皇（朝廷）へ訴えられた当相論《とうそうろん》は、朝廷内で神宮伝奏を中心とした公家衆によって評定《ひょうじょう》されたが、これは神宮伝奏の当該期における具体的活動の好例であるとしている(9)。

以上の先行研究によれば、朝廷が衰微したとされる当該期においても、朝廷は、神宮への祈禱命令、神宮大宮司の任命、神宮式年遷宮の準備、神宮奏事始を行っており、神宮伝奏は、それらに密接に関与していた。また、神宮伝奏に任命されるためには、天皇に意見を申し述べることができる「敷奏」という立場にあることが前提となっており、その職の位置づけの高さを窺うことができる。

本章は、先行研究を踏まえて、後柏原《ごかしわばら》天皇・後奈良天皇・正親町天皇の各在位下における神宮伝奏の機能と戦国織豊期における神宮行政の一端を明らかにすることを目的とする。

第一節　戦国織豊期の神宮伝奏就任者

神宮伝奏の就任者については、第二部第一章第一節の【神宮上卿・神宮伝奏一覧】において明らかにしているが、あらためて本章において対象とする時期の神宮伝奏について人名・家格・就任年月日・退任年月日を当該期の天皇ごとに列記する。

後土御門天皇期（一四六四～一五〇〇年）

町資広　名《めい》　享徳四（一四五五）年二月八日以前～応仁三（一四六九）年一月十九日以降

柳原資綱《すけつな》　名　文明元（一四六九）年十一月～明応五（一四九六）年八月二十九日

三条西実隆　大臣　明応五年十二月三十日～永正三（一五〇六）年二月五日

後柏原天皇期（一五〇〇～一五二六年）

中御門宣胤《なかみかどのぶたね》　名　永正三年～同八（一五一一）年十一月十五日

広橋守光　清華　永正十（一五一三）年～同十三（一五一六）年四月

三条西公条《きんえだ》　大臣　永正十三年四月十三日～大永六（一五二六）年

後奈良天皇期（一五二六～一五五七年）

今出川公彦《きんひこ》　清華　大永六年～享禄五（一五三二）年一月二十一日

正親町実胤《おおぎまちさねたね》　羽林　享禄五年二月五日～天文《てんぶん》五（一五三六）年

柳原資定《すけさだ》　名　天文五年～同八（一五三九）年十一月十三日

広橋兼秀　清華　天文八年十一月～同九（一五四〇）年四月十二日

三条西実世　大臣　天文九年四月十六日～同十二（一五四三）年十月二十九日

甘露寺伊長《これなが》　名　天文十二年十一月三日～同十五（一五四六）年十月一日

正親町公叙《きんのぶ》　羽林　天文十五年十月二日～同十六（一五四七）年八月二十三日

烏丸光康　名　天文十七（一五四八）年～同十八（一五四九）年七月二十六日

中山孝親　羽林　天文十八年八月十六日～永禄八（一五六五）年六月

正親町天皇期（一五五七～一五八六年）

今出川晴季　清華　永禄八年八月二日～同九（一五六六）年二月十五日

柳原資定　名　永禄九年二月～天正六（一五七八）年三月二十七日

徳大寺公維《きんこれ》　清華　天正六年九月十二日～同八（一五八〇）年二月二十一日

柳原淳光　名　天正八年五月一日～同十五（一五八七）年八月八日

後陽成《ごようぜい》天皇期（一五八六～一六一一年）

正親町三条公仲《きんなか》　大臣　不明～文禄三（一五九四）年六月二十六日
柳原淳光　名　文禄三年七月二十三日～不明
西園寺実益《さいおんじさねます》　清華　慶長四（一五九九）年～同十二（一六〇七）年
大炊御門経頼《おおいみかど》　清華　慶長十三（一六〇八）年七月十六日～同十五（一六一〇）年五月二日
西園寺実益　清華　慶長十五年五月二日～同十九（一六一四）年一月十一日

以上のなかで、神宮伝奏としての活動を史料上から具体的に明らかにできるのが、町資広・柳原資綱・三条西実隆・中御門宣胤・柳原資定である。そこで本章においては、この五名が神宮伝奏として果たした機能を明らかにする。

第二節　後土御門天皇期における神宮伝奏の機能

『神宮史年表』には後土御門天皇期に神宮伝奏を務めた町資広と柳原資綱の活動についてしばしば記載されており、それらに基づいて両名の活動を明らかにする。(10)

1　町資広の場合

『氏経卿引付《うじつねきょうひきつけ》』の記事により、以下のことが明らかにできる。寛正《かんしょう》五（一四六四）年九月十一日、神宮伝奏町資広が、奉書を祭主藤波清忠に送付して、内宮仮殿遷宮延引《ないくうかりでんせんぐうえんいん》について同宮禰宜《ねぎ》等の解状《げじょう》を奏聞したところ、ただちに女房奉書を幕府神宮方頭人《かたとうにん》に下されたことを通知した。同十二月二十日、資広が、奉書を造伊勢大神宮使藤波秀忠に送り、内宮仮殿遷宮山口祭は来る二十九日に執行される旨が仰せ下された。

文正《ぶんしょう》元（一四六六）年十二月二十一日、資広が御教書《みきょうじょ》を祭主藤波清忠に下して来年将軍足利義政が重厄《じゅうやく》のために年中《ねんじゅう》祈禱すべきことを下知した。同二年三月九日、変異により資広が祭主藤波清忠に命じて両宮に公武御祈禱を執行させた。応仁三(一四六九)年一月十九日、資広が祭主藤波清忠に命じて両宮禰宜等に玉体安穏《ぎょくたいあんのん》・天下静謐《てんかせいひつ》および武家の安穏を祈らせた。

2　柳原資綱の場合

『氏経神事記』によれば、文明二(一四七〇)年八月四日、神宮伝奏柳原資綱が祭主藤波秀忠に凶徒誅罰御祈《きょうとちゅうばつのごき》を行うように両宮に下知させた。『文明年中内宮引付』によれば、同三年八月六日、変異により資綱が祭主藤波秀忠に公武御祈を両宮に下知させた。

以下、同書による。同年十月二日、二星合《にせいごう》により資綱が祭主藤波秀忠に来る八日より七日間の公武御祈を両宮に下知させた。同年十二月四日、彗星《すいせい》が出現したことにより資綱が祭主藤波秀忠に七日間の御祈を両宮に下知させた。同四年八月二十四日、内宮禰宜等が昨冬の彗星出現と今年の内侍所《ないしどころ》鳴動《めいどう》についての御祈の請文《うけぶみ》を進上しないことにより資綱が神宮祭主に命じて催促した。同六(一四七四)年二月十二日、変異により、資綱が祭主藤波秀忠を通じて公武御祈と将軍義尚《よしひさ》の年中御祈を両宮に命じた。同七(一四七五)年三月七日、京中の火災により資綱が祭主藤波秀忠を通じて御祈を両宮に命じた。

『親長卿記《ちかながきょうき》』によれば、文明十九(一四八七)年四月十九日、昨年、外宮《げくう》が炎上したことにより後土御門天皇が神祇権大副《じんぎごんのだいふ》吉田兼倶《かねとも》に御正体《ごしょうたい》の安否を検知させようとし、この日、神宮伝奏柳原資綱を召してこのことを諮問《しもん》した。

『御湯殿《おゆどの》の上《うえ》の日記』によれば、明応五(一四九六)年八月二十九日、資綱が神宮伝奏を辞任した。『実隆公記』によれば、同十月三十日、資綱は老衰により職に堪えざることから改補《かいほ》せられたいとのことで、この日、神祇伯白川忠富王《しらかわただとみおう》が神宮伝奏に就任せよとの勅命をもって三条西実隆を訪れ、この旨を伝えた。実隆は妻の重服《じゅうぶく》を理由にして、これを固辞したが、同十二月三十日、天皇は綸旨を下して実隆を神宮伝奏に補任した。

第三節　後柏原天皇期における神宮伝奏の機能

1　三条西実隆の場合

就任の経緯

三条西家は、四箇《しか》の大事《だいじ》・有職故実・和歌を家職とし、同家のなかでも実隆は後土御門・後柏原・後奈良の三代の天皇に歴任し、和歌・連歌をよくし、和漢の学・有職故実に通じ、その博識練達の才と温厚篤実な人柄から公武の間に厚い信任をうけて中世和学興隆の中心となり、近世の古典復興の土台を築いた。(11)

本章第二節2において若干言及しているが、あらためて『実隆公記』(12)によって実隆の神宮伝奏就任の経緯からみていく。明応五(一四九六)年十二月二十四日条には次のようにみえる。

廿四日、丁酉、陰、神宮伝奏事以女房奉書重而有仰之儀、再往之上、且者神慮又難測、先可存知歟、猶明日祗候之次、可申入之由献請文了、平生神事之儀、又奏事始以下之事等不審之間、内々招師卿、相談、晩頭入来、数刻雑談、条々有被示之事等、難尽筆端矣、

女房奉書続之、

（端裏書）「仰、明応五、十二、廿四、」

神宮のてんそうの事、はくしてもうちくおほせられ候つる。しも月になり候ておほせられ候ハんするとおほしめして候へハ、いまに御しこう候ハす候、しせんひろう事も候ハんするとおほしめして、たゝいまおほせられ候、御そんち候へく候、せん下なと候事にて候ハゝ、かさねて申され候へく候よし申とて候、かしく、

侍従大納言とのへ

先述したように同十月三十日に実隆は妻の重服を理由にして後土御門天皇による就任要請を固辞しているが、この記事によれば年末になって女房奉書により再度の就任要請があった。その理由の一つとして、天皇の念頭には、年明けに控え

ている神宮奏事始《そうじはじめ》のことがあったと考える。これに対して実隆は、「再往之上、且者神慮又難測、先可存知歟」と承諾する意向を固めている。

さらに、「平生神事之儀、又奏事始以下之事等」について不明であるため、前権中納言町広光を招いて内々に相談している。

このことについては、第二部第一章第一節に掲載した【神宮上卿・神宮伝奏一覧】によれば、広光自身は神宮伝奏を務めていないが、父の資広(13)は、嘉吉三（一四四三）年に在任し、享徳四（一四五五）年以前から応仁三（一四六九）年以降にかけて在任しており、後者については約十五年間以上にわたって同職を務めていたことによると考える。同二十五日条には次のようにみえる。

神宮伝奏事、謁伯卿、今日、依母正忌、昼間不参云々、先度愚存分巨細申入、其後、無音之間、安堵之処、昨日、重而勅定、強而及固辞之条且者神慮難測、所詮先可存知之由申入之、追而又可辞申歟、以前申状具披露否不審之趣談之処、長講堂伝奏事、被仰中御門大納言了、然上者此伝奏事就是非実隆可存知之由叡慮在之歟、只先令存知者可然也云々、予云、此上兎角不及申入歟、宗綱卿なと存知者勿論、其外又当時無其仁歟、然者先可存知也、先奉行職事々可被定之哉、傍頭存知之条近例也、守光朝臣可然歟、仍下官伝奏事令存知者、先可賜一通也、所謂可候敷奏之由被仰之、又神宮事可令申沙汰之由同可給一通也、或同時賜之、又他日被仰之事在之、其後、奏事始之儀雖如形、可致其沙汰也、此等之子細巨細可被披露之由相触了、

これによれば、実隆は、面会した神祇伯白川忠富王に対して「重而勅定」や「神慮難測」により就任を承諾したが、「追而又可辞申歟」と率直に打ち明けており、不承不承の就任であったことがわかる。しかし天皇はこの人事に先立って権大納言中御門宣胤を長講堂伝奏に補任しており、実隆も「此伝奏事就是非実隆可存知之由叡慮」を感じとり、就任を承諾したことがわかる(14)。同三十日条には次のようにみえる。

及晩一通到来、其状云、

神宮事可令伝奏給者、依天気言上、如件、

十二月卅日　　左中弁宣秀奉

進上、侍従大納言殿

一通得其意、先可候敷奏之由、同可賜一通歟之由内々申遣頭弁了、又一通到来、畏入之由付勾当内侍申入之、同申遣伯卿許了、

これによれば、実隆は正式に神宮伝奏に補任されている。(15) 芳賀幸四郎氏は、「実隆はその誠実な性格の故に後土御門天皇の信任をえ、天性の能書を見込まれて『慈鎮和尚《じちんかしょう》経文之和歌《きょうもんのわか》』などの書写や『古今集《こきんしゅう》』に朱点を加えることを命ぜられ、また宿直の晩には『散らぬ桜の物語』『秋の夜長物語』『宇治大納言物語』などを読進するのが例であった。また当時十二歳の勝仁親王《かつひとしんのう》(後の後柏原天皇)の学問の相手を命ぜられていた」としている。(16)

こうして築かれていた実隆への信頼が約三十年間にわたって務めた柳原資綱の後任として天皇が実隆を指名した理由の一つであったと考える。

神宮式年遷宮再興に向けての活動

実隆が神宮伝奏として神宮奏事始を務めたことは、第一部第三章第一節において明らかにした通りである。本節では『実隆公記』によってその他の活動をみていく。

先述したように明応六(一四九七)年の神宮奏事始における奏事の第一項目は、「祭主伊忠申造営事」であった。『実隆公記』(17)同八月二十一日条には「祭主伊忠来、内宮造替事、正官文書到来、可付奉行之由相談者也」とあり、同二十六日条には「神宮造替事、次第解到来、仍及晩、参内、於議定所奏聞」とある。

これらによれば、祭主藤波伊忠《これただ》が実隆に内宮より造替を要請する文書が届けられたので、奉行に付すことについて相談したこと、その後、神宮の造替についての次第解《しだいのげ》も到来したので、実隆が議定所《ぎじょうしょ》において天皇に奏聞したことがわかる。

これに対して同九月三日条には「抑就造宮事、摂津掃部頭・清筑後前司□□同道来、室町殿仰云、厳密可申沙汰之由也、細河返（ママ）事未及一途云々、則対面、暫相談、彼造替間事等了」とあり、この件について摂津掃部頭《せっつかもんのかみ》や清筑後守が実隆を訪問し、将軍足利義澄が「厳密可申沙汰」と命じているが、管領細川政元がその方針に従っていない旨を伝えている。

これ以降については不明であるが、この一連の動きは、神宮式年遷宮が、内宮において寛正三（一四六二）年以降、外宮においては永享六（一四三四）年以降、途絶した状態にあったことによるものと考える。

神宮への祈禱命令

『実隆公記』明応八（一四九九）年五月九日条には次のようにみえる。

九日、戊辰、霽、御祈事調一通、遣守光朝臣許、

二星合御祈事、従来十四日一七ヶ日殊可抽精誠之由、可令下知神宮給之旨、天気所候也、仍言上如件、尚顕誠恐謹言、

五月八日　右少弁尚顕

進上侍従大納言殿

職事御教書如此、予下知体、

二星合御祈事、従来十四日一七ヶ日殊可抽精誠之由、可令下知神宮給之旨、被仰下候也、謹言、

五月八日　実隆

頭弁殿

これによれば、右少弁勧修寺尚顕《ひさあき》が実隆に神宮に対して「二星合御祈《にせいごうのごき》」を命じるようにとの後土御門天皇の命令を伝える御教書《みきょうじょ》を出し、実隆は神宮奉行頭右中弁広橋守光にこの旨を伝える伝奏奉書を出している。神宮への祈禱命令を示す記事は他にもあり、同文亀元（一五〇一）年七月二十六日条には次のようにみえる。

御祈事御教書到来、伊長御祈奉行也、
就炎旱、雨御祈事、別而可令抽精誠之旨、可令下知神宮給之由、天気所候也、仍言上如件、伊長誠恐謹言、

七月廿六日　　右少弁伊長奉

進上　侍従大納言殿

予下知体、翌日、早朝、遣賢房朝臣許了、
就炎旱、雨御祈事、別而可令抽精誠之旨、可令下知神宮給之由被仰下候也、謹言、

七月廿六日　　実隆

頭右中弁殿

これによれば、御祈奉行蔵人権右少弁甘露寺伊長《これなが》が実隆に神宮に対して炎旱《えんかん》につき「雨御祈」を命じるようにとの後柏原天皇の命令を伝える御教書を出し、実隆は神宮奉行頭右中弁万里小路《までのこうじ》賢房《かたふさ》にこの旨を伝える伝奏奉書を出している。

神宮神主への叙爵申請

『実隆公記』明応八年五月十二日条には次のようにみえる。

抑神宮権禰宜叙爵事所望、昨日、御得日間、今朝可被伺之由付勾当内侍申之、到来之間、則加下知了、
度会貞胤叙爵事、時元宿禰状、副次第解、如此可有御奏聞候也、誠恐謹言、

五月十一日　　守光

進上　侍従大納言殿　白紙也、

度会貞胤叙爵の事、次第の解まいらせ候、心え候て、御らん候へく候、かしこ、

勾当内侍との申給へ　　さね隆

勅許之由返報之間、則書消息、下頭弁、

度会貞胤宜叙従五位下、可令宣下給之由被仰下候也、謹言、

五月十二日　　　　実隆

頭弁殿

これによれば、神宮奉行頭左中弁広橋守光が実隆に対して自らと官務左大史大宮時元の書状に副えて外宮権禰宜正六位上《げくうごんねぎしょうろくいのじょう》度会貞胤《わたらいさだたね》への叙爵を申請する次第解を送付した。実隆は、このことを勾当内侍《こうとうのないし》に対する消息によって後柏原天皇に奏聞したところ、勅許を得たので、神宮奉行に対して度会貞胤叙爵のことを宣下するように天皇が仰せ下されたとのことを伝奏奉書によって下知している。

神宮禰宜の補任

『実隆公記』(18)文亀二(一五〇二)年九月十五日条には次のようにみえる。

抑神宮禰宜事御執奏之儀、摂津中務大輔示送之、以使者申之、予不謁之、及晩参内、申入之、則勅許、藤波則来、禰宜任料送之、旨趣可記之、

これによれば、摂津中務大輔《なかつかさのたいふ》が使者を通じて実隆に対し神宮禰宜について執奏してもらいたい旨を伝えた。実隆は、これをうけて参内し、幕府が推薦した人物について執奏したところ、禰宜補任の勅許を得た。

内宮神馬の進献

『実隆公記』文亀四年二月十一日条には、「内宮榧御馬解状到来、写留之」とあり、次のようにみえる。

御馬事次第解、此正印文書以下被留御所了、

皇太神宮神主

注進可早被経次第上奏、任先例、被牽進当宮榧御馬事、

右当宮櫪御馬今月三日令直給之条驚存者也、任先例、不日、可被牽進、今御代始折節、件御馬欠如、太以不可然、雖為片時、難被打置、以夜継日、為被引進、註進言上如件、以解、

文亀三年十二月　日、大内人正六位上荒木田神主行久上

禰宜従四位下荒木田神主守朝

禰宜正五位下荒木田神主守則

（中略）

皇太神宮櫪御馬、去年十二月三日令直給之由、禰宜等正印注進到来候、可被牽進伫御馬之旨、可令申上給、恐々謹言、

正月廿日　　神祇権大副判

進上　新四位史殿

進上

祭主伊忠朝臣書状一通、

皇太神宮禰宜等申櫪御馬事、副本解、

右進上如件、

正月廿日　　左大史小槻時元

進上、頭右中弁殿

これによれば、内宮の神主たちが朝廷に対して連名で神馬《しんめ》を要請する次第解を送付したことがわかる。その次第解によれば、同三年十二月三日、内宮の神馬が亡くなったが、先例では日をおかずに新しい神馬を進献されなければならない。今は後柏原天皇の御代始《みよはじめ》であり、神馬が欠けているのはきわめて不適切である。片時も放置できないので、夜を日に継いで神馬を進献されることを要請するというものであった。

これをうけて、同四年正月二十日、神宮祭主藤波伊忠が官務大宮時元に神馬を進献されるように要請してもらいたい旨

を記した書状と内宮禰宜らの次第解を送付した。壬生は神宮奉行頭右中弁万里小路賢房にそれらを進上している。同二月十五日条には次のようにみえる。

抑皇太神宮御馬事、官不能勘例、纔延徳之度儀、注折紙、送之由、奉行職事申送之間、頗聊爾雖不可然、弥為遅々基之間、則先奏聞、任近例以消息相触頭人了、此事内々相談帥卿了、

皇太神宮櫪御馬去年十二月三日令直給之由注進了、早任先例可被召進之由、可有申沙汰之旨、被仰下候也、恐々謹言、

二月十五日　実隆

摂津中務大輔殿　掃部頭殿と書之、忘脚之処、報其旨之間、書改遣了、

官折紙如此、

皇太神宮櫪御馬事、延徳二年七月十九日、自室町殿被牽進、黒毛、云々、近日、令直給之由、依公武注進、自禁裏被申入歟、仍被牽進之、送状清筑後守元定、調之、頭人摂津掃部頭加草名云々、

時元上

これによれば、実隆は、内宮の神馬について天皇に奏聞した後、消息を通じて室町幕府において神宮頭人の任にあった摂津掃部頭に内宮の神馬が去年十二月三日に亡くなったことを注進し、早く先例に任せて新しい神馬を進献されるように取り計らうべきと天皇から命じられていることを伝達した。

室町幕府の神宮行政を担当した機関は神宮方であった。応永三(一三九六)年以前に設置され、その職員が、頭人・開《かい》闔《こう》・国分《くにわけの》奉行であった。(19) 飯田良一氏によれば、『武家名目抄《みょうもくしょう》』により、神宮開闔について「神宮開闔は伊勢両宮のことは何事となくうけ給り沙汰する奉行人なり。故に神宮奉行とも云へり」、あるいは頭人に関して「京都将軍家のはじめ、引付衆の内より神宮開闔の職を置れて、両宮の事を専当せしめ、猶事の遅滞あらん事を恐れて、引付頭人一人をして両宮の事務を管領せしむ。これ神宮頭人なり」としている。(20)

続いてこの件に関する先例を記した官務大宮時元の折紙には、内宮の神馬について、延徳二(一四九〇)年に室町将軍足利義材《よしき》から黒毛の馬が進献されたが、これは、近日に神馬が亡くなったので、天皇から幕府に神馬の進献を申し入れて実現したことであると記されている。永正元(一五〇四)年三月二十三日条には次のようにみえる。

今日、摂津中務大輔送使者云、尤可参申処、不私之故障之子細在之、仍以使者所申也、太神宮櫪御馬、去廿日既被牽進了、可得其意云々、尤珍重、則此趣可披露□、返答則以消息申入禁裏了、尤珍重之由被仰下、

これによれば、摂津掃部守が実隆に使者を通じて内宮の神馬を今月二十日に進献したことを伝え、三条西は消息を通じて天皇にこのことを報告した。

2 中御門宣胤の場合

三条西実隆の後任として神宮伝奏に就任したのが中御門宣胤である。儒学・有職故実を家職とした中御門家[21]は、貞和五(一三四九)年に初代の即位伝奏となった宣明《のぶあき》など実務に優れた公卿を輩出している[22]。とくに、宣胤は、嘉吉三(一四四三)年、二歳にて叙爵、寛正二(一四六一)年には後花園天皇の蔵人頭、同五年に後土御門天皇の蔵人頭に補任され、文正《ぶんしょう》元(一四六六)年に参議となり、長享二(一四八八)年には権大納言に昇進した。大永五(一五二五)年十一月に八四歳で没した。宣胤は、学識豊かで、応仁の乱による朝儀の荒廃を嘆き、その復興を志し、後進の指導にも当たった[23]。

さらに、宣胤は、長享二(一四八八)年、嘉楽門院崩御《からくもんいんほうぎょ》に伴う諒闇《りょうあん》伝奏→同年、貢馬《こうば》伝奏→延徳四(一四九二)年、改元伝奏→明応二(一四九三)年、貢馬伝奏→永正三(一五〇六)年、神宮伝奏というように、後土御門天皇の下でさまざまな儀式の伝奏を歴任[24]し、伝奏職に習熟した上で神宮伝奏に就任していることが注目される。その背景には、戦国織豊期の神宮伝奏が、先述した三条西実隆の活動にみられるように直接幕府側との交渉も担当するなど要職であったことがあると考える。

就任の経緯

『宣胤卿記』[25]によって宣胤の神宮伝奏就任の経緯からみていく。永正三（一五〇六）年二月五日、三条西実隆は内大臣就任に伴って神宮伝奏を退任した。同六日条には「神宮伝奏事、猶可存知之由仰旨、頭弁申送之」とあり、同七日条には「頭弁来、神宮伝奏事、御返事如何云々、度々仰之上者、可申領状歟、然者以吉日可申入之由返答了」とみえる。

これらによれば、後柏原天皇は頭弁を通じて宣胤にたびたびその就任を要請しており、宣胤は何らかの理由で固辞していたが、最終的には内諾したことがわかる。

天皇がたびたび宣胤に就任を要請した理由は何であろうか。宣胤がすでに神宮伝奏として活動していた同八月二十八日、二十九日条には次のような記事がみえる。

廿八日、晴、賜女房奉書、下姿にてちらと可参云々、則参勾当内侍局妻、被仰下云、来月御懺法講伝奏事、中山中納言被仰定之処、申所労之由辞申、忽御事欠之間、可存知之由、被仰下、近年知行無正体、無僕、殊老屈難叶之由、申入之処、重而種々被仰下、先罷帰、加思案、可申入之由申之、退出了、（後略）廿九日、小雨、彼岸初日也、御懺法講伝奏事、以文申領状了、

これによれば、宣胤は後柏原天皇から後土御門院七回忌の御懺法講《ごせんぼうこう》伝奏への就任を要請され、一度は断ったが、天皇から度重なる要請があり、就任を承諾したことがわかる。古代の神宮上卿や近世の神宮伝奏は厳格に清浄性を保つことを求められたが、当時は先に引用した二十八日条に「中山中納言被仰定之処、申所労之由辞申、忽御事欠之間」とあるように朝廷儀式を取り仕切る実務に長けた公卿が払底していたものと考える。こうした状況のなかで天皇が信頼して後土御門院七回忌の御懺法講の運営を任すことのできる公卿が宣胤のみであったのである。

つまり宣胤は後柏原天皇の朝廷運営を中枢で支えていた公卿であったということができる。宣胤が天皇から神宮伝奏への就任を繰り返して要請された理由も主としてここにあり、さらに当時の神宮伝奏就任者の要件として、〈1〉原則として権大納言であること、〈2〉有職故実を家職とし、朝廷の実務を代々担ってきた公家の出身であること、〈3〉実務に練達し

た学識豊かな公卿であることがあったこと、によると考える。
同二月十二日条には次のようにみえる。
神宮伝奏事申領状、長講堂伝奏事辞申之由、申遣頭弁、
神宮伝　奏事、有存旨、雖故障申入候、度々蒙仰、致固辞之条其恐候間、可存知仕候、内々可得御意候、謹言、
二月十二日　宣胤
頭弁殿
神宮事可令伝　奏給者、
天気言上如件、
二月十二日　右中弁尚顕奉
進上、中御門大納言殿　此一通、後日到来了、在神宮文書中、
これによれば、宣胤が神宮奉行頭右中弁勧修寺尚顕に長講堂伝奏を辞職して神宮伝奏就任を承諾する旨を正式に申し入れたことがわかる。さらに尚顕が宣胤に神宮のことを伝奏するようにという天皇の命令を書状で伝達している。
宣胤が神宮伝奏として神宮奏事始を務めたことは第一部第三章第二節において明らかにした通りである。本節ではまず『宣胤卿記』によって宣胤が同職に就任した当時の朝廷における神宮行政の状況をみておく。同三年三月二十四日条には次のようにみえる。
中斜、着衣冠、重大帷、持笏、不可着直衣云々、参内、神宮奏事始也、此伝奏、近年侍従大納言実隆卿也、依去月五日任槐、余可存知之由、被仰下、有存旨、度々辞申之処、依再往仰、終去月十二日申領状、祖父依武家、普広門院殿、御執奏、為此伝奏、古来厳重之儀、人々所望也、然神宮造替経数通、不及沙汰、内宮寛正三年十二月廿七日遷宮、至当年四十五年歟、外宮永享六年九月十六日遷宮、至当年七十三年歟、外宮炎上以後、無造営、雖有禰宜欠、今三欠、内宮二人、外宮一人、経年序、無望申体、如此時節、伝奏可有所存歟、奏事始事、前伝奏当年未奏事云々、有故障、

及今日、尤恐怖、頭弁毎事受余諷諫、目録書様等、近年分不宜、中納言宣秀卿職事時、注置一冊、在河東、昨日召寄、披見、如存旨、先立寄内府第、問近年之作法、次参内、（後略）

最初に宣胤が神宮伝奏に就任するまでの経緯が記された後、神宮式年遷宮が数度にわたり途絶しており、内宮は寛正三（一四六二）年十二月二十七日に遷宮されて以降四五年、外宮は永享六（一四三四）年九月十六日に遷宮されて以降七三年が経過している。禰宜にも欠員が三人生じており、内宮二人、外宮一人である。こうした状況で神宮伝奏としてどのように考えたらよいのかなどと慨嘆している。

また、神宮奏事始も前任の神宮伝奏が今年に入って故障を理由にして未だに行わずに今日に至った。頭弁は宣胤の諷諫《ふうかん》をうけている。目録の書様が近年の分は適切ではないからである。中御門宣胤が職事のときに記した一冊が河東《かとう》にあり、昨日取り寄せて披見した。今日は神宮奏事始であるが、まず内大臣三条西実隆邸に立ち寄り、近年の神宮奏事始の作法を質問した後、参内した。

これによれば、当時、神宮式年遷宮や神宮禰宜の人事が一向に行われておらず、神宮奏事始も三月下旬にようやく行われるなど、神宮行政がきわめて停滞していたことがわかる。三条西実隆の後任として宣胤に白羽の矢が立てられたのも、後柏原天皇が豊富な学職と経験をもつ宣胤に神宮行政の振興を期待したことによるものと考える。

神宮式年遷宮再興に向けての活動

それでは宣胤は神宮伝奏としてこうした状況にどのように対応したのか。永正三（一五〇六）年四月二十一日条には次のようにみえる。

廿一日、晴、或行者、実名玄養、号大覚坊、太神宮千日籠両度内、有度々奇瑞云々、記其旨、持来、雖強不信用、可捨置之条、又恐怖、所詮以事次、内々申入、於彼注記者不入見参、凡又軽忽、無殊子細、造替遅々事也、神宮ざうたいの事、武家には御ぶさた候とも、いく度も仰出され候はんずる事にて候、天下の重事、たゞ此事と存候、さ候程に、多年参籠の行者の候が、たびたびきずいの事にて、まかりのぼり候て、貞宗にも申候へば、公家より仰出され候て、申さたし候べきよし申候と申候、奇瑞の事は、神宮よりも注進申候はぬ事にて候程に、申入候べき事にても候はず候、たゞなにとなく、武家へ被申候はゞ、しかるべく存候、かやうにやと、大がい文のあんをまゐらせられ候、このよし御心え候て、御ひろう給べく候、かしく、

自是進案也、

早々可被仰之由御返事有之、

神宮さうたいの事、廿一ねんにつくりかへられ候事にて候に、両宮ともに、いくめぐりともなく、うちをかれ候事、天下のためあまりあさましき事にて候、くにぐにより、さたし候事にてなり候事にて候へば、いかやうにも、かたく仰つけられ候はゞ、しかるべく、おぼしめし候、このよし、むろまちどのへいそぎ申され候べく候、かしく、

頭弁どのへ、父前中納言在国之間、伝奏代也、

これによれば、宣胤のもとへある行者が神宮に参籠しているうちにたびたびあった奇瑞《きずい》の内容を記したものを持参した。神宮造替が遅滞していることもあり、宣胤は武家伝奏であった勧修寺政顕《まさあき》が加賀国に下向していたため、その代行を務めていた子の尚顕に書状を送った。(26)

それによれば、神宮造替のことについて、幕府は一向にすすめていないが、天皇が幾度も執行を命じていることである。天下の重事とは、ただこのことであり、その証拠に多年神宮に参籠していた行者がたびたび奇瑞を経験し、上洛して幕府の奉行に報告すると、朝廷から幕府に神宮造替のことをすすめるように命じるのがよいと述べた。

奇瑞のことは、神宮からも注進されなかったことであり、幕府に報告するほどのことではないが、神宮造替を要請する必要がある。このようなものでどうかと文案を差し上げるので、この内容を心得て幕府に披露するように命じるというものであった。

その文案をみると、神宮の造替は二一年ごとに行われるべきことであるが、両宮ともに何度も放置されていることは、天下のため、非常に嘆かわしい。国々より資金が出されることにより行うことができるものであり、どれほど厳重に命じ

てもよいとの後柏原天皇の意向である。このことを室町将軍足利義澄へ急ぎ伝えるようにとの内容であった。同二十八日条には次のようにみえる。

廿八日、陰、小雨、神宮造替事、遣状於伊勢守貞宗朝臣、玄養来、伝之、

太神宮造替事、一向被打置之条、為天下国家、太以不可然之由、自　禁裏被出女房奉書、頭弁披露申候、申次左京大夫局、去廿二日、早速被仰付候様、申御沙汰肝要候、就　神宮伝　奏如此申候、可得御意候、恐々謹言、

四月廿八日

伊勢守殿

これによれば、宣胤は幕府の奉行に神宮の造替のことについて書状を送っている。その内容は、神宮造替が一向に行われずにいることは天下国家としてきわめてよくないことである旨の女房奉書が出され、二十二日に左京大夫局《さきょうだいぶのつぼね》を申次《もうしつぎ》として幕府に送られた。早速、天皇から命じられたように幕府側もすすめることが肝要であるというものであった。以上のことにより、女房奉書を出すことを考え、その文案を作成したのは、宣胤であったことがわかる。同五月二十六日条には次のようにみえる。

神宮造替条々注進事遅々、何様次第候様、以外事、於無所見者、雖経日数可為同前候歟、相談祭主、早々可申是非之御返事之由、可被仰官候、

頭弁殿

これによれば、宣胤が尚顕に書状を出している。その内容は、神宮側から神宮造替についての注進状が遅滞しており、もってのほかである。日数が経過しても同前ではないのか、祭主藤波伊忠に相談し、早々に是非の返事をするように指示することを官務大宮時元に伝えるようにというものであった。同二十八日条には次のようにみえる。

廿八日、晴、神宮造替方事、伊忠朝臣、行賢等注進、幷時元宿禰状、頭弁送之、先内々備叡覧、被返下後、遣摂津掃部頭、余可持参室町殿之由申遣之処、不可及持参之由申之、

これによれば、宣胤の指示により神宮の造替について祭主藤波などから官務へ注進状が届けられたことがわかる。それらは官務の書状とともに尚顕を通じて宣胤のもとへ届けられた。宣胤は、まず天皇の叡覧《えいらん》に備えた後、それらを神宮頭人摂津掃部頭に遣わした。同九月一日条には次のようにみえる。

　祭主伊忠朝臣来、役夫工米事、摂津掃部頭依所労不出仕、飯尾大和守一人披露不可叶之由、申之、重而申武家者可然之由申之、

これによれば、祭主藤波が来て、造大神宮役夫工米《やくぶくまい》の件で幕府を訪れたが、摂津掃部頭は所労により出仕しておらず、神宮開闔飯尾大和守一人にしか依頼することができなかったと報告した。宣胤は繰り返して幕府に依頼するのが適切であると述べた。

造大神宮役夫工米は、神宮式年遷宮の際、造替費用として諸国の荘園・公領に課された臨時課税のことである。室町期に入ると、幕府は、それまで朝廷にあった役夫工米の賦課・免除権を獲得し、役夫工米を幕府段銭《たんせん》のなかに再編していった。しかし、幕府権力の推移・衰退とともに賦課範囲が東国、そして関東諸国へと限定されていき、また未進も顕著となっていった。ゆえに造営の遅滞、式年の延引という事態も避け難く、ついに寛正三(一四六二)年の正遷宮を最後として役夫工米の制も廃絶するに至るのである[27]。

祭主藤波はこの役夫工米の再興を幕府側に依頼したものと考えられる。同三日条には次のようにみえる。

　神宮造替催促文、進案、所申入也、被出之、遣頭弁、武家伝奏、父卿在国之間、為代、可申入武家也、頭弁来、為広卿亜相事執奏云々、

これによれば、宣胤が神宮造替催促文の案を作成し、それが天皇に裁可されたので、武家伝奏の代行を務めていた勧修寺尚顕に遣わして幕府に申し入れるように要請した。同七日条には、「頭弁来、(中略)神宮造替事、先日御返事今日自武家御申、早々可被仰付云々」とある。しかし、この記事以降、『宣胤卿記』には神宮式年遷宮関連の記事がみえなくなる。その再興は、外宮の場合、永禄六(一五六三)年、内宮の場合、天正十三(一五八五)年まで待たなくてはならなかったので

ある。(28)

神宮神主への叙爵・加階申請

同永正三(一五〇六)年九月十一日条には次のようにみえる。

十一日、晴、祭主伊忠朝臣上洛事、同子量忠叙爵事、権禰宜荒木田守晨従上事、同守梁・守孚・尚遂等叙爵事、以文

申入、則勅許、遣奉書於頭弁、(中略)

正四位下大中臣伊忠朝臣宜従三位、従五位下荒木田守晨宜叙従五位上、大中臣量忠、荒木田守梁、同守孚、同尚遂、

以上、宜叙従五位下、可令

宣下給之由、被仰下候也、謹言、

九月十一日、　　宣胤

頭弁殿

これによれば、祭主藤波伊忠が上洛し、自らとその子や神宮神主たちへの叙爵・加階を申請した。これに対して勅許が出されたので、宣胤は頭右中弁勧修寺尚顕にこのことを伝達する伝奏奉書を出した。

第四節　後奈良天皇・正親町天皇期における神宮伝奏の機能——柳原資定の場合

1　柳原資定の神宮伝奏記録

柳原家は、儒学・有職故実を家職とし、(29)南北朝期から室町期にかけて家祖の資明をはじめ何人もの実務能力に秀でた公卿を輩出した。(30)明応四(一四九五)年に生まれた資定も例外ではなく、(31)その朝廷における経歴をみると、天文《てんぶん》四(一五三五)年、権中納言→同五年、神宮伝奏→後奈良院即位伝奏→同八(一五三九)年、権大納言→弘治三(一五五七)年、後奈良院凶事伝奏

↓永禄二(一五五九)年、正親町院即位伝奏↓賀茂伝奏↓同九(一五六六)年、神宮伝奏というように[32]、伊勢・賀茂の神社伝奏や重要儀式の伝奏を歴任したことがわかる。とくに後奈良・正親町天皇の即位伝奏を務めたことは両天皇からの信任の厚さを示すものといえる。

管見によれば、資定が作成した神宮伝奏の別記《べっき》とその写本が計四点残されている。

①『神宮奏事始記　天文五年至同八年　完』(宮内庁書陵部、葉―一五〇三)

②『神宮奏事始記　幷《ならびに》奉幣之儀　天文』(専修大学付属図書館、菊亭文庫、シ―八七)

③『伊勢神宮雑事記《ぞうじき》』(宮内庁書陵部、葉―一六三六)

④『神宮申沙汰記《もうしざたき》』(宮内庁書陵部、葉―一三六八)

①は、宮内庁書陵部に所蔵されており、函号が葉―一五〇三とあることにより、葉室《はむろ》家に所蔵されていた記録であることがわかる。その内題には次のようにみえる。

天文五九十四　同六年三廿九

神宮奏事始記

禰宜職欠替事　同年十二十二

天文七正廿二　奏事始

同八年正廿五　奏事始　奉行惟房朝臣

これによれば、天文五(一五三六)年から同八(一五三九)年までの神宮奏事始の記事と同五年の神宮禰宜職交替の記事が主な内容であることがわかる。

②は専修大学付属図書館の菊亭文庫に収められている。菊亭とは今出川家のことであり、この史料は同家の所蔵していた写本である。その内題をみると「神宮奏事始記」とあり、その記事内容は①の宮内庁書陵部が所蔵する史料と同一である。その記事の後に「天正六年十月廿六日、権大納言藤原公維　在判」とある。このことにより天正六(一五七八)年九月十二日

から同八年二月二十一日まで神宮伝奏を務めた徳大寺公維《きんこれ》が、その在任中の同六年十月二十六日に柳原家から借り出した①を書写し終えたことがわかる。さらに次のようにみえる。

伊勢　天文七

一社奉幣申沙汰記　幷陣儀諸司

下行等事

①の天文七(一五三八)年五月十五日条には「右一社奉幣事別記也、仍不載之」とあり、②に書写された「一社奉幣申沙汰記」と同一の史料であると考える。その奥書には次のようにみえる。

天文七年十月廿九日、伊勢一社奉幣使発遣、予奉行、干時神宮伝奏也、用此次第、職事蔵人右中弁資将、弁宣治、外記英名、史少内記康雄参也、

右条々予所申沙汰也、上卿又同存知也、追而可記置也、

天正六年十月廿八日　　権大納言藤原公維立判

これによれば、天文七年十月二十九日に発遣された伊勢一社奉幣について資定が神宮伝奏として行ったことを記した原本があり、徳大寺公維は天正六年十月二十八日にそれを書写したことがわかる。以上のことから公維による二度の書写作業により本史料が成立したことがわかる。

資定は天文五年～同八(一五三九)年十一月十三日と永禄九(一五六六)年二月～天正六(一五七八)年三月二十七日の二度にわたり神宮伝奏を務めたが、その二度目の退任の後、同職に就任したのが徳大寺公維であった。書写の時期はその就任の直後であり、自らの職務の参考とするために前任者である資定の別記を借り出して書写したと考える。

③は、宮内庁書陵部に所蔵されており、二冊からなる。一冊目の外題《げだい》には『伊勢神宮雑事記　資定卿記抜書　共二』とあるように『資定卿記』を抄録したものであることがわかる。その内題《ないだい》には次のようにみえる。

神宮申沙汰事　天文八

内宮六禰宜譲職事、
内外宮四禰宜欠替事、
同大宮司重任斗
同元亀元七　内宮禰宜職転補事
款状写留了

さらに本文の手前には葉室の蔵書印があり、葉室家の所蔵していた史料であることがわかる。二冊目の外題も一冊目と同様である。その内題には次のようにみえる。

天文七　一社奉幣申沙汰
天正二六巳来　内宮仮殿遷宮次第解以下
永禄九三　奏事始木本祭陣儀等事
神宮事　資定卿記抜書也
嘉吉二六十二　薩戒記等抜書一巻之中
天正三・同四

④も宮内庁書陵部に所蔵されている。外題に「神宮申沙汰記　資定」とあり、内題には次のようにみえる。

天文七一社奉幣申沙汰
天正二六巳来、内宮仮殿遷宮次第解以下
永禄九三、奏事始、木本祭陣儀等事
神宮事　資定卿記抄出
嘉吉三六十二、薩戒記等抜書一巻之中
天正三・同四

また、奥付には、葉室の蔵書印が捺され、「蔵人頭右大弁藤原頼重(花押)」とある。これらによれば、まず同書の内題は③『伊勢神宮雑事記』の二冊目の内題と同一であることがわかる。また記事内容も同一である。さらに奥付に記名した公家は貞享四(一六八七)年十二月三十日から元禄四(一六九一)年三月六日まで頭右大弁の任にあった葉室頼重である。(33)以上のことにより、同書は頼重が頭右大弁在任中に葉室家が所蔵していた③を書写したものであると考える。その理由として、頼重の父頼孝、祖父頼業《よりなり》ともに神宮伝奏を務めており、同家が神宮伝奏の記録を集積していたことがあると考える。

2　神宮禰宜の交替

資定が奏聞した天文六(一五三七)年の神宮奏事始については第一部第三章第二節において明らかにしており、ここでは神宮禰宜の交替について、①『神宮奏事始記』によって明らかにする。同天文五(一五三六)年十二月九日条には次のようにみえる。

九日、雨下、自中原摂津守許、神宮禰宜職事、御執　奏之趣、以一通申之、仍所披露也、

大神宮度会神主是彦替職事、任先規御執　奏之趣、可有申沙汰趣可申入旨候、恐惶謹言、

十二月八日　元造判

柳原殿

人々御中

右付勾当内侍　奏之、

これによれば、幕府の奉行中原元造より資定のもとへ神宮禰宜職のことについて幕府から天皇に執奏する旨の文書が一通届けられた。それによれば、外宮神主度会是彦の交替について先規のように幕府が後任を推挙するので朝廷が取り計ら

うことを申請するという内容であった。さらに同条には次のようにみえる。

豊受太神宮一禰宜是彦欠替事、度会貴彦所望事、早可令
宣下候之由被仰下候也、謹言、
十二月十二日　資定
蔵人右少弁殿

天文五年十二月十二日　宣旨
豊受太神宮権禰宜正五位下度会神主貴彦、宜転補同宮禰宜欠替、
蔵人右少弁藤原宣治奉

口宣一枚献上候、早可令下知所、仍言上、如件、
十二月十二日　右少弁宣治奉
進上、日野中納言殿

口宣一枚返献之、早可令下知給之状、如件、
十二月十二日　権中納言資定
右少弁殿

これによれば、資定が蔵人右少弁中御門宣治宛に外宮一禰宜度会是彦の退任に伴い、同権禰宜度会貴彦が禰宜職を希望していることについて、後奈良天皇が早く宣下するように仰せ下されたことを下知した。それをうけて中御門は度会貴彦を外宮禰宜に補任するとの口宣案《くぜんあん》を資定宛に出した。資定は中御門にその口宣案を返却し、早く下知するように命じた。

3　神宮式年遷宮の再興活動と神宮の火災・怪異事件への対応

①『神宮奏事始記』の天文六（一五三七）年六月五日条によれば、「神宮造替事、次第解到来、（中略）付勾当内侍」とあり、外宮神主より神宮の造替を申請する次第解が資定のもとへ届けられ、資定は勾当内侍にそれを付して奏聞したことがわかる。さらに同条には次のようにみえる。

神宮造替事、次第解令　奏聞之処、誠近年無沙汰被歎思食、於正遷宮者急度難事行候哉、先仮殿計武家被仰出、可有其沙汰之由仰候、此旨可令下知給候也、恐々謹言、

六月五日　　資定

頭弁殿

これによれば、資定は頭左中弁日野晴光《はれみつ》に書状を出した。それは、後奈良天皇に神宮造替の次第解を奏聞したところ、天皇は近年造替が行われていないことを嘆き、正遷宮を行うことは困難ではないか、まず仮殿遷宮を幕府に指示して行うように命じたので、この旨を下知するようにというものであった。同七年二月七日条には次のようにみえる。

次第解到来、披見之処、神宮造替怪異事也、依請印文書即令持参、付勾当内侍局、奏聞解状等注左、

皇太神宮神主

注進可早被経次第御沙汰、急当宮遷御節間事、

右件御遷宮被閣諸事、被遂行遷御節者、一天安全、四海平定、聖運増長、武運長久御祈禱不可過之、御造営依遅引、御仮殿以外朽損也、昇殿之時者大床御階等以種々支度致其調事、天下表事神宮珍事無調法者可有昇殿退転、然者猶以凶事也、爰去月晦日夜半、瑞垣玉垣御門炎焼、玉垣、荒垣者悉令　頽落、瑞籬如形、以調法相残者志哉、玉垣者御門計同前、雖相残□以令焼失、年中三ヶ度祭礼、当月十六日干夜半可奉備御饌時節、神居殿内東西如足音両度奉鳴渡事、脅荒祭殿同夜如同奉鳴渡候、不思議子細何事如之乎、以夜継日、被急御造替者、天長地久、諸国饒、万民快楽御祈禱、何事過之乎、仍注進如件、

天文六年十二月日　大内人正六位上権禰宜荒木田神主行定

禰宜正四位上荒木田神主守兼

――――――――――守武

（後略）

これによれば、神宮造替がないため社殿が朽ち損じていること、火災や怪異事件が相次いでいること、速やかに神宮造替を行ってもらいたいことなどが記された、内宮神主の次第解が資定に届けられた。さらに同条には次のようにみえる。

神宮禰宜等注進之次第解即令　奏達候、抑玉垣・荒垣焼失幷社頭鳴動事被驚思食候、先例如何哉、急速可勘進之由可被下知両局之旨被仰出候、将又　宮中可為廃朝候哉、同可被相尋候也、

これによれば、資定がこの次第解を後奈良天皇に奏達したところ、天皇は、玉垣・荒垣の焼失や社頭における鳴動について驚き、先例はどうか速やかに勘進《かんしん》することを両局に下知することと、宮中は廃朝にするべきかも両局に尋ねることを命じた。

同条によれば、資定は頭弁にこのことを下知しており、同八日条によれば、官務左大史大宮伊治《おおみやこれはる》が「太神宮玉垣・荒垣焼亡幷御殿鳴動事」の先例を勘進し、大外記清原枝賢《きよはらえだかた》が「依　神宮炎上可被行廃朝否先例事」を勘進している。同九日条には次のような注目すべき記事がみえる。

九日癸丑、女房奉書到来、神宮造替事可被仰出武家、為御使可示申、然者可被相副勧修寺中納言尹豊卿云々、畏而承候由申之、仍而巳刻許参内、被仰下云、造替事当時定而急速不可事行歟、然者被加御思案を而、一段雖可被仰出、自神宮注進候上者、先此段可申入之由仰也、資定申云於造替之儀者只今不可為其沙汰、然者就旧冬怪事、一社奉幣事為武家可有申沙汰之由可被仰出歟之由言上之処、其分相意得可申入候旨、勅答、即令勧修寺同道、参武家之処、暫可相待之由、畠山中務大夫入魂、仍数剋祗候、小時為申次大館左衛門佐出逢之条、予　勅定旨申云、神宮造替事依無其沙汰仮殿近年破損、然者神官昇殿難叶之由申之間、急速被遂造営之節者可為珍重、就中去年十一月晦日、玉垣・荒垣令

焼失畢、又同十二月十六日夜半備神膳之時節、神居御殿如人之足音東西鳴動畢、同荒祭殿内同前鳴動希代之頽目也、然者為一天下別而可有御祈禱之由注進之条、於造替者追雖有其沙汰、不日先被発遣一社奉幣者目出可被思食之由 勅定旨申処、被仰下候、而造替幷奉幣事急速雖不可相調、各被仰聞者可被申返事、此旨両人相意得可披露之由上意也、又依為 勅使両人御対面也、事訖退、令参 内、申此旨、退出、得聞此段難相調之由被申旨、摂津守付勧修寺申之云々、是又不得其意者也、

これによれば、資定のもとに女房奉書が届けられた。その内容は、神宮造替のことを幕府に命ずるように、その際には資定が武家伝奏勧修寺尹豊《ただとよ》(34)を伴って使者を務めるようにというものであった。そこで資定が参内すると、後奈良天皇は、神宮造替を現在速やかに行うことは困難ではないか。しかし、神宮から注進された上は、まず幕府にこのことを命じるべきであると述べた。

これに対して資定は、神宮の造替は現在行うことが不可能である。そうであれば、神宮の怪異事件について一社奉幣のことを幕府が取り計らって行うように天皇より命じるべきではないかと進言したところ、天皇は幕府にそのように申し入れるように勅答した。

これをうけて資定は勧修寺を伴って幕府を訪問すると、しばらく待つように指示された。そこに資定が懇意にしていた畠山中務大夫が訪れた。その後、将軍への申次として大館左衛門佐《おおだちさえもんのすけ》とも面会し、資定は両名に天皇の勅定として次のことを述べた。

神宮造替が行われておらず、仮殿が近年破損し、神主が昇殿することもできなくなっている。このため、速やかに造営が行われたならば結構なことである。とりわけ昨年十一月晦日に玉垣《たまがき》・荒垣《あらがき》が焼失し、同十二月十六日夜半、神膳を供える時節に神殿に人の足音のような鳴動があり、荒祭宮《あらまつりのみや》の社殿においても同様に鳴動した。そのため特別に祈禱を行うことを注進した。また、造替においては追ってその指示をするが、日をおかずにまず一社奉幣を発遣されれば、めでたく思し召されることである。

資定は、両名に造替や奉幣を速やかに準備することは困難であるが、それらについて返事をすることを心得て将軍に披露するように指示した。この後、資定は、朝廷に参内、報告して退出した。このとき勧修寺を通じて神宮開闔《かいこう》中原摂津守が準備するのは困難であると述べたことを聞いた。

同三月二十七日条には、「自頭弁許、神宮、外宮也、造替事申次第解到来、同外宮一禰宜度会備彦神主加級事等也、即付勾当内侍披露候」とあり、外宮から朝廷に再び造替を申請する次第解と外宮一禰宜の加階申請が届けられた。その次第解には、「近年御朽損之故、去九月御壁板令離落」や「去四月御造営儀、雖具致注進、干今不被及御沙汰之条、御頽落待日而已神宮慨歎不過之矣」との現状が訴えられている。

同二十九日条によれば、資定が頭弁に書状を送り、この次第解を天皇に奏達したところ、幕府に神宮造替を行うようにとの勅定を下知するように指示した。さらに外宮神主度会備彦を正四位下《しょうしいのげ》に叙すことを宣下するようにとの天皇の意向も頭弁に書状を通じて伝えた。

同五月十五日条によれば、「一社奉幣之事御延引、不可然之由以消息申遣摂津守許者也」とあり、資定が消息を通じて中原摂津守に先日天皇の意向として申し入れた一社奉幣が現在に至るまで延引しており、今月中の発遣が天皇の意向であることを伝えた。

これに対して中原は資定に「神宮一社奉幣事披露仕候処、要脚次第可被示之由、得其意可申入候旨」との返信を送り、一社奉幣のことを将軍足利義晴《よしはる》に披露したところ、費用次第であるとの回答であったことを伝えた。さらに同条には、「右一社奉幣事別記也、仍不載之」とある。

同七月十一日条には、「神宮内造宮使事、次第解到来」とあり、資定のもとに内宮の造宮使補任を申請する次第解が届けられたことがわかる。造宮使とは神宮式年遷宮のためにおかれた臨時の役職であり、同遷宮が国家的重事とされてきたため、とくに造宮使を任命して一切の事務を管掌させたとされている(35)。

しかし神宮式年遷宮が途絶していた当時は造宮使の補任も行われておらず、この申請は内宮側による式年遷宮の再興を目指した動きであったといえる。同条によれば、資定は天皇にこの次第解を奏聞し、勅許が下された。さらに同条には次のようにみえる。

神祇大副大中臣朝臣宜被補造
皇太神宮使、早可令　宣下給之由被仰下候也、恐々謹言、
七月十八日　資定
頭弁殿
（中略）
天文七年七月十八日　宣旨
神祇大副大中臣朝臣
宜令補造皇太神宮使
蔵人頭右大弁藤原晴光

これによれば、天皇が神宮祭主を「造皇太神宮使」に補任することを早く宣下するように命じたことを資定が頭弁に書状を通じて伝えた。それをうけて頭弁がその補任の宣旨を出した。

4　天文七年伊勢一社奉幣使の発遣

本章第四節2・3においては①『神宮奏事始記　天文五年至同八年　完』の記事により明らかにしたが、ここでは②『神宮奏事始記幷奉幣之儀　天文』の記事によって伊勢一社奉幣使の発遣について明らかにする。

この天文七（一五三八）年十月二十九日の一社奉幣発遣は、第四節3において明らかにしたように、同二月九日、神宮伝奏柳原資定が後奈良天皇に一社奉幣を提案したことを契機として実現したものである。しかし同五月十五日の段階では費用の問題を理由に延引されている状態であった。その実現に至るまでの経緯について②所収の「一社奉幣申沙汰記」によっ

て明らかにする。同七月三日条には次のようにみえる。

一社奉幣料事被仰付候間、御さた次第可致下行之旨、宜得御意候、恐惶謹言、

七月三日　　元造判

柳原殿

これによれば、幕府の中原摂津守元造が資定に対して、一社奉幣料については、朝廷から指示され次第、下行《げぎょう》するとの将軍足利義晴の許可を得たことを書状によって伝えた。さらに次のようにみえる。

折紙

伊勢一社奉幣料為　武家御申沙汰候、然者発遣日時可被撰進候、奉行職事未相定候而、且内々令存也、

三日　　資定

修理大夫殿

陰陽頭殿如此可書之、

可被行　伊勢太神宮一社奉幣日

今月廿日、辛卯　　時辰申

廿五日、丙申　　時辰申

廿八日、巳亥　　時辰申

七月二二日　　修理大夫有春

右加銘、風記、付勾当内侍、進上之、御覧之後、五日早旦、申出、以摂津守進　武家畢、

これによれば、資定が修理大夫《しゅりのだいぶ》安倍有春に伊勢一社奉幣日時を撰進するように指示した。これをうけて有春は三つの日時を撰進した。資定はこれを勾当内侍に付して天皇に進上した。その御覧の後、同五日、中原摂津守を通じて幕府へも届

けた。

同五日条によれば、官務大宮伊治が資定を訪れ、一社奉幣日時《にちじ》定《さだめ》陣儀下行について協議している。このなかで「可申聞諸司〻〻下行事」ということになった。同七日条には、「一社奉幣日時定陣儀下行事、諸司問答之趣申遣摂津守許」とあり、資定は中原に諸司と問答してまとめた左記のような下行の一覧を送った。

一社奉幣下行方事

七千疋　延徳已来、如此、　　行事官　諸司配分

弐千疋　　祭主卿

弐千疋　　吉田侍従

同陣儀下行

五百疋　　上卿

参百疋　　奉行職事

参百疋　　弁　但職事兼行弁者別不可及書立、

（中略）

以上、万弐千九百疋

此外

御太刀白　二振

御馬　二疋

右相副書状、持遣摂津守許畢、

同十三日条によれば、資定が中原に「一社奉幣陣儀下行事、先日注進候了、仍日次可為何日候哉、上意之趣承仰候者、可　奏達候」との書状を送り、一社奉幣陣儀下行は何日に出るのか、将軍の意向を承知したならば奏達するように要請し

た。

これに対して、同十六日条によれば、中原が資定に「当時、要脚無御座候而近日之儀不可相調候」との書状を送り、費用がないため、近日中に下行を用意することはできないと回答した。しかし、八月二十六日条によれば、中原が資定に「陣儀幷衛士御訪以下以上千九百疋也、其内令減少、以上千五百疋分令申沙汰者可然之由、内々　上意之旨相示候」（傍線は史料の通りに付した。）との書状を送り、千五百疋《ひき》であれば用意できるとする将軍の内々の意向を示した。

同九月六日条によれば、再び中原が資定に書状を送り、正式にこのことを将軍の意向として伝えた。これをうけて資定はこのことを勾当内侍に付して天皇に奏聞したところ、天皇も「下官於申沙汰者不及是非」とこれを承諾する意向を示した。同七日条によれば、伊勢一社奉幣日時として「今月廿九日、巳亥　時申」と安倍有春から撰進され、「廿九日之分令治定畢、然者示送奉行職事者也」とあるように、天皇によってこの日が正式に治定された。

同条によれば、行事官左史生《ししょう》が「伊勢一社奉幣御発遣、神祇官小庁・仮屋幷東門・小門材木事」を注進しており、一社奉幣を発遣する神祇官の建物を建築あるいは修繕するための材木を申請していることがわかる。

また資定が中原に出した五枚の伝奏切符が記されている。そのなかの一枚を掲出しておく。

切符

（中略）

伊勢一社奉幣陣儀下行幷衛士御訪等以上千五百疋之分可令付渡給候也、

九月十五日　陣儀下行事、問答経数日、仍今日切符書遣候畢、

摂津守殿へ

この伝奏切符が朝廷から幕府に対する朝廷儀式費用の支払命令書の役割を果たし、幕府はこれを公方《くぼう》御倉《みくら》に送付して支出させたのである[36]。さらに同条には次のようにみえる。

一社奉幣発遣以前、小庁普請幷仮屋材木等事、行事官注進如此候、任例可令申沙汰給候也、

廿日　　　　　　　　　　　　　　　　　　　　　　　資定

摂津守殿

これによれば、資定が中原に先述した行事官の注進を送付し、材木を用意するように要請している。こうして準備が進められ、十月二十九日に伊勢一社奉幣使が発遣されたのであった。これは一度治定《じじょう》された日から一カ月後のことであったが、その理由として神祇官の普請に日数を要したことが考えられる。

5　天正三年内宮仮殿遷宮

ここでは、天正三(一五七五)年三月十六日に行われた内宮仮殿遷宮に向けて神宮伝奏柳原資定がどのように活動したのか、③『伊勢神宮雑事記』によって明らかにする。具体的には本書二冊目の「天正二六已来　内宮仮殿遷宮次第解以下」の記事によりみていく。

同天正二(一五七四)年五月条には次のようにみえる。

皇太神宮神主

注進可早被経次第上　奏、当宮御仮殿日時急間事

右当宮御朽損以外之間、遷御早々可然者也、御事始、地鎮祭、御柱立心御柱立、後鎮祭、可奉渡御御体日時可被仰付条々、聖運長久・国家安全御祈禱不可過之候、仍注進如件、以解、

天正二年五月日　大内人権禰宜正六位上荒木田神主行定

禰宜従四位上荒木田神主守雄

(後略)

これによれば、内宮神主が連名で損壊している社殿の仮殿遷宮を早急に行うことを希望し、遷宮諸祭典の日時を仰せ付けられることを要請している。同六月七日条には、「日時定事可為陣儀事也、然共只今難相調之由周養上人申」とあり、周

養上人が資定を訪ね、現時点では日時定陣儀の費用を用意することは困難であると報告している。ただし周養が勧進《かんじん》によって得た金銭が天正三年の内宮仮殿遷宮の費用となったことは大西源一氏によって明らかにされている。(37)

同十一日条によれば、資定が右中弁に日時定のことについて書状を送り、「内宮仮殿遷宮事、始木造始日時事、任例早可勘進之由可令下知陰陽頭之由被仰下候」とあるように木造始《こづくりはじめ》日時を先例のごとく早く勘進するべきことを陰陽頭《おんようのかみ》に下知するように指示した。同条には次のようにみえる。

内宮仮殿遷宮神宝御装束之儀、行事所依無之、未為其沙汰之儀、神慮難測被思召候、所詮任先例行事所家屋敷之事、以先之差図之旨、急度被申付候者可為神妙之由也、女房奉書如此候、別而可被抽　神忠事珍重候、猶委細者行事官干俊可申候也、恐々謹言、

六月十六日　　　　資定

村井殿

これによれば、資定が幕府の村井に内宮仮殿遷宮に伴って調進される神宝と御装束について、その行事所の設置を要請している。同十七日条によれば、陰陽頭から資定のもとへ次のような内宮仮殿遷宮諸祭典の日時定勘例が届けられた。

仮殿遷　宮之日

九月十三日、甲申、時亥

十二二日、乙酉、　時亥

廿八日、己亥、　　時戌

同十八日条には次のようにみえる。

内宮仮殿遷宮斗始日時勘文令　奏聞候処、早可令　宣下給之由被仰下候也、謹言、

六月十八日　　　　資定

右中弁殿

右日時勘文風記巻籠一通、予令下知畢、

これによれば、資定が右中弁に書状と日時を記した風記《ほのき》を送り、日時勘文《かんもん》を正親町天皇に奏聞したところ、早く宣下するように仰せ下されたことを下知した。しかし、同八月十一日条には、「太神宮造替事、依役夫工難事行令延引」とあり、役夫工を行うことが困難であることを理由にして仮殿遷宮は延引された。しかし、『神宮史年表』によれば、天正三(一五七五)年三月十六日には実現している。これは、天文十一(一五四二)年以来、実に三三年ぶりの内宮仮殿遷宮であった(38)。

おわりに

本章においては戦国織豊期における神宮伝奏の人事・機能と朝廷の伊勢神宮行政について明らかにした。まず注目すべきことは、後土御門天皇の在位期間、約三六年間のなかで柳原資綱が約三十年間にわたって神宮伝奏を務めたことである。退任理由も老衰を理由に自ら申し出たものであり、天皇の資綱に対する信任の厚さを窺うことができる。

さらに、三条西実隆、中御門宣胤、柳原資定は、いずれも有職故実に優れ、天皇の信任が厚い公卿であった。とくに後土御門天皇が自らの「勅命」を固辞した実隆に「綸旨」を下して就任させたことは、当時の神宮伝奏人事が天皇の意向に基づいて行われた、きわめて重要な人事であったことを示すものである。

その理由の一つは、当時の朝廷における伊勢神宮行政が天皇―神宮伝奏のラインによって行われており、天皇は神宮伝奏の人選に留意する必要があったことである。

もう一つは、当時の朝廷における伊勢神宮関連儀式が幕府からの費用や設備の提供をうけて行われたり、神宮禰宜職の人事が幕府の意向をうけて行われたりするなど、朝廷の伊勢神宮行政が幕府との密接な関係のもとに行われていたことから、当時の神宮伝奏は朝廷における伊勢神宮行政の責任者として幕府の神宮方と直接折衝したり、天皇や朝廷の意向を彼らに伝えたりするというきわめて重要な役割を担っていたことである。

戦国織豊期における神宮伝奏の機能をまとめると、①神宮奏事始の準備と執行、②内宮神主から内宮仮殿遷宮執行の要請をうけ、神宮奉行を通じて陰陽頭に仮殿遷宮諸祭典日時の勘進を指示し、その日時勘文を天皇に奏聞することや幕府の役人に仮殿遷宮に伴う神宝御装束行事所の設置を要請すること、③幕府や朝廷の意向をうけて神宮に祈禱命令を下すこと、④神宮式年遷宮再興に向けての活動、⑤神宮神主からの叙爵・加階申請を天皇に奏聞し、それらを宣下するようにとの天皇の意向を神宮奉行に伝える伝奏奉書を発給すること、⑥幕府からの神宮禰宜補任要請をうけて天皇に執奏し、天皇による補任宣下の指示を神宮奉行に伝えること、⑦内宮神主からの神馬の進献要請を天皇に奏聞し、幕府に神馬を進献するようにとの天皇の意向を伝達すること、⑧神宮における火災・怪異事件を天皇に奏聞し、その意向をうけ、神宮奉行を通じて官務と局務に同様の事件の先例と宮中を廃朝にするべきかについての意見具申を求めること、⑨伊勢一社奉幣使発遣に向けての活動として、執行したい旨の天皇の意向を将軍に伝えること、陰陽頭にその日時を勘進するように指示し、撰進された日時を天皇に奏聞すること、官務をはじめとする諸司と一社奉幣に掛かる下行について協議して、その一覧を作成し、幕府の役人に送付すること、幕府役人に伝奏切符を出すこと、行事官左史生から一社奉幣を発遣する神祇官の建物を建築あるいは修繕するための材木を申請され、幕府役人にその申請書を送付し、材木を用意するように要請することであった。

宣胤や資定の神宮伝奏としての活動には以下の注目すべきことがみえる。一つは、宣胤が永正四(一五〇七)年九月三日、神宮造替催促文の案を作成し、それが天皇に裁可されたので、武家伝奏の代行を務めていた勧修寺尚顕に対して幕府に申し入れるように要請したことである。

もう一つは、天文七(一五三八)年二月九日に神宮伝奏柳原資定が神宮における怪異事件への対応として、後奈良天皇に一社奉幣を提案したことを契機として十月二十九日の伊勢一社奉幣使発遣が実現したことである。

朝廷、幕府ともに衰微するなかで、神宮式年遷宮が途絶、仮殿遷宮も容易ではなかった当時においても、宣胤や資定は、主体的に神宮伝奏を務め、単に奏請と伝宣を行うだけではなく、神宮行政の責任者として積極的にその牽引役を果たしていたことを指摘することができる。

註

（1）菊地康明「広橋守光記に就て」（『書陵部紀要』三、一九五三年）四九・五三・五四頁。
（2）飯田良一「室町幕府と伊勢神宮―神宮方の活動を手がかりとして―」（『白山史学』一九、一九七七年）三五～五六頁。
（3）伊藤喜良「伝奏と天皇―嘉吉の乱後における室町幕府と王朝権力について―」（豊田武先生古稀記念会編『日本中世の政治と文化』吉川弘文館、一九八〇年、三五三～三五七頁。後に、同『日本中世の王権と王威』〈思文閣出版、一九九三年〉第四章に収録）。
（4）富田正弘「室町殿と天皇」（『日本史研究』三一九、一九八九年）三六～三七頁。
（5）瀬戸薫「室町期武家伝奏の補任について」（『日本歴史』五四三、一九九三年）五四頁。
（6）明石治郎「後土御門天皇期における伝奏・近臣」（羽下徳彦編『中世の政治と宗教』吉川弘文館、一九九四年）五五・五六・六六・六七頁。
（7）拙稿「神宮奏事始の成立」（『皇學館大学史料編纂所報』二二八、二〇一〇年）。
（8）間瀬久美子「伊勢・賀茂正遷宮前後争論をめぐる朝幕関係覚書」（今谷明・高埜利彦編『中近世の宗教と国家』岩田書院、一九九八年）二七七～三〇九頁。
（9）神田裕理『戦国・織豊期の朝廷と公家社会』（校倉書房、二〇一一年）一八〇～一八七頁。
（10）神宮司庁編『神宮史年表』（戎光祥出版、二〇〇五年）九九・一〇一～一〇四・一一〇・一一二頁。
（11）橋本政宣編『公家事典』（吉川弘文館、二〇一〇年）一九二・一九三頁。
（12）『実隆公記　巻三上』（続群書類従完成会）。以下、本章第三節1「就任の経緯」で引用した『実隆公記』の記事は、同書の三四六～三四八・三五二頁によった。
（13）前掲註（11）書、四五二頁。
（14）この記事後半の三行については前掲註（5）瀬戸論文の五四頁において敷奏と寺社伝奏について論じるなかで取り上げられている。
（15）この記事については前掲註（6）明石論文の五五・五六頁において伝奏と神宮伝奏について論じるなかで取り上げられている。
（16）芳賀幸四郎『三条西実隆』（吉川弘文館、一九六〇年）一三頁。
（17）『実隆公記　巻三下』（続群書類従完成会）。以下、本章第三節1「神宮式年遷宮再興に向けての活動」～「神宮神主への叙爵申請」

で引用した『実隆公記』の記事は同書の四三四・四三五・四三七・六五一・六五三・七一八・七一九頁によった。
(18)『実隆公記　巻四上』(続群書類従完成会)。以下、本章第三節1「神宮禰宜の補任」、「内宮神馬の進献」で引用した『実隆公記』の記事は同書の六五・二二五・二二六・二二八・二四九頁によった。
(19)百瀬今朝雄「段銭考」(寶月圭吾先生還暦記念会編『日本社会経済史研究』吉川弘文館、一九六七年)一三〜一七頁。『神道史大辞典』(吉川弘文館、二〇〇四年)五一七頁、西山克「神宮奉行」の項。
(20)前掲註(2)飯田論文、三六頁。
(21)前掲註(11)書、五三八頁。
(22)拙稿「中世儀式伝奏の成立」(『史料』一九四、二〇〇四年)三・四頁。同「中世儀式伝奏の補任」(『皇學館論叢』三七—五、二〇〇四年)五・八・一〇・一一頁。
(23)前掲註(11)書、五三八頁。
(24)「中世儀式伝奏一覧」(前掲註(22)拙稿「中世儀式伝奏の補任」)一〇頁。
(25)『増補史料大成　第四十五巻　宣胤卿記　二』(臨川書店)。以下、本章で引用した『宣胤卿記』の記事は、本書の九六・一〇一・一〇三・一一一・一一五・一一六・一二〇・一三一・一三四・一三五・一三六頁によった。
(26)前掲註(5)瀬戸論文、五〇・五一頁。
(27)前掲註(19)『神道史大辞典』、詫間直樹「造大神宮役夫工米」の項、六〇七・六〇八頁。
(28)小島鉦作『伊勢神宮史の研究』(吉川弘文館、一九八五年)一七頁。
(29)前掲註(11)書、四四三頁。
(30)前掲註(22)拙稿「中世儀式伝奏の成立」二〜五頁。同拙稿「中世儀式伝奏の補任」五・六頁。
(31)前掲註(11)書、四四六頁。
(32)「中世儀式伝奏一覧」(前掲註(22)拙稿「中世儀式伝奏の補任」)一二頁。前掲註(11)書、四四六頁。本書第二部第一章第一節【神宮上卿・神宮伝奏一覧】。
(33)前掲註(11)書、四九七頁。
(34)前掲註(5)瀬戸論文、四八・四九頁「表2　『武家』伝奏補任一覧」。
(35)前掲註(19)『神道史大辞典』、鈴木義一「造宮使」の項、六〇四頁。
(36)桑山浩然「中期における室町幕府政所の構成と機能」(寶月圭吾先生還暦記念会編『日本社会経済史研究』吉川弘文館、一九六七年）一三二・一三三頁。

（37）　大西源一『大神宮史要』（平凡社、一九五九年）三四九・三五〇頁。

（38）　前掲註（10）書、一二二・一二四頁。

第二章　近世の神宮奏事始

はじめに

本章は、中世から近世にかけての朝廷において、毎年、神宮伝奏《じんぐうてんそう》が天皇に対して一年で最初に伊勢神宮からの奏事事項を奏聞する儀式であった神宮奏事始《そうじはじめ》について、とくに近世における準備過程・式日・儀式次第・奏事事項を明らかにすることを目的とする。

具体的には神宮伝奏をはじめ摂政・関白・神宮奉行が準備過程と儀式において果たした機能、ひいては近世の朝廷における神宮行政の一端と奏事事項にみる、この儀式が神宮権禰宜《ごんねぎ》にとって有していた意味を明らかにする。

下橋敬長《しもはしゆきおさ》『幕末の宮廷』によれば、主たる正月の朝廷行事は元日朝賀、元日節会《せちえ》、二日の御掃除始、五日の披露始、御湯殿始、七日の白馬節会《あおうまのせちえ》、八日〜十四日の御修法《みしほ》、十一日の神宮奏事始、十二日の賀茂奏事始、十六日の踏歌節会《とうかのせちえ》、十八日の御歌会始、二十日〜三十日の官位勅問である。

このなかで披露始は公卿の位階披露、神宮奏事始は神宮権禰宜の位階奏聞、賀茂奏事始は賀茂神社神主の位階奏聞、官位勅問は堂上《とうしょう》・地下《じげ》・社家《しゃけ》・僧侶の官位宣下を行う儀式であった(1)。

以上のことにより伊勢神宮に関する政務は幕藩体制下において限定されていた朝廷政務のなかでも皇祖神を祀る神社に関するものとして高く位置づけられていたことがわかる。

神宮奏事始の研究史については、すでに第一部第三章「神宮奏事始の成立」の「はじめに」において詳述しており、ここでは再述しない。また、同章においては、中世における成立過程、準備過程、儀式次第、式日、奏事事項を明らかにしており、本章においては、近世神宮奏事始の準備過程、式日、儀式次第、奏事事項について取り上げて、近世における神宮伝奏の機能や神宮行政の一端を明らかにする。また、奏事事項の変化によりこの儀式が神宮権禰宜にとって有した意味を明らかにする。

神宮奏事始は近世を通じて行われているが、その準備過程や儀式次第に関するまとまった記述がある年度には限りがある。そこで、準備過程については、元和《げんな》五(一六一九)年から嘉永二(一八四九)年までのうち一〇例、儀式次第については、寛永四(一六二七)年から嘉永二年までのうち一四例を取り上げる。これら近世前期から後期にかけての諸事例の検討を通じて、近世における準備過程や儀式次第の変化はもちろん、神宮伝奏の機能や神宮行政の変化についても解明しうると考える。

第一節　神宮奏事始の準備過程

1　元和五年の場合

本節においては近世における神宮奏事始の準備過程を明らかにする。最初に元和五(一六一九)年の場合をみる。日野資《すけ》勝《かつ》の『資勝卿記』(2)同一月九日条には次のようにみえる。

昨日八日ニ神宮奉行頭左中弁業光朝臣より有使者、長橋殿ニテ被伺候処、来十一日、如例年奏事始可有之由被仰出候、則今日晩より神事也、

これによれば、神宮奉行柳原《やなぎわら》業光が長橋局《ながはしのつぼね》を通じて神宮奏事始の式日を後水尾《ごみずのお》天皇に伺ったところ、天皇は例年通り今月十一日に行うように命じた。同九日、柳原は神宮伝奏日野資勝に使者を通じてこのことを伝達した。同条によれば「来十一日、可有　奏事始之由、目録可調給者也、謹言」とあり、同日、日野は柳原に奏事目録を用意するように命じる書状を出した。同書によれば、十日、柳原は日野に奏事目録を提出した。以上のことにより近世前期における準備過程の大筋は明らかになったが、これ以降、どのように変化したのかを明らかにする。

2　貞享三年の場合

貞享三（一六八六）年の場合を明らかにする。久我通誠《こがみちのぶ》の『通誠公記』(3)同一月四日条には次のようにみえる。

今日、神宮奏事始日限之事、以老中愛宕前宰相奏聞、可為来九日旨被仰下了、則奉行令下知了、

神宮奏事始之事、来九日可令申沙汰候、可目録調給之状、如件、

正月四日　　権大納言通誠

これによれば、神宮伝奏久我通誠が老中愛宕通福《おたぎみちとき》を通じて霊元天皇に神宮奏事始の式日を伺い、天皇は今月九日とするように命じた。久我は神宮奉行園基勝《そのもとかつ》にこのことと奏事目録の作成を命じる書状を出した。園基勝の『神宮奏事始記』(4)同日条には次のようにみえる。

神宮奏事始之事、来九日可令申沙汰之状、謹所請如件、

正月四日　　左中将基勝請文

来九日、可有　神宮　奏事始之由、任例可被下知之条、如件、

正月四日　　左中将判

四位史殿

これによれば、園は久我にそれらを承知した旨の書状を出し、官務壬生季連《みぶすえつら》に今月九日に神宮奏事始があることを神宮祭主藤波景忠に下知するように命じる書状を出した。同九日条には次のようにみえる。

奏事目録

申

大神宮

神領再興事、

爵事、

祈年祭幣使再興事、
　祭主従三位景忠
荒木田重嘉申叙爵事、款状二通献之、此旨被申上之状、如件、
　正月九日　祭主従三位判
　四位史殿
(中略)
進上、
　祭主景忠卿書状一通
目録一紙　祈年祭幣使再興幷神領再興事
　荒木田重嘉申叙爵事副款状、
右、進上如件、
　正月九日　左大史小槻季連
進上頭中将殿
(中略)
奏事目録一紙献之、
可令　奏聞給、仍言上、如件、
　正月九日　左中将基勝奉
進上源大納言殿

これによれば、藤波が壬生に奏事目録と神宮権禰宜への叙爵款状《かんじょう》を送り、壬生から園へそれらが送られた。さらに園が久我に奏事目録を送った。『通誠公記』同日条によれば、次のようにみえる。

未剋許参内、以老中愛宕前相公羽林、明日奏事始剋限之事、何時可奏哉之事申上、明日辰剋可奏之由被仰下之間、退出了、次参殿下、明日辰剋奏事始之由申入了、

これによれば、神宮伝奏久我通誠が参内し、老中愛宕通福を通じて天皇に明日の神宮奏事始の刻限を伺い、天皇は辰刻に奏上するように命じた。久我は関白一条兼輝にこのことを報告し、園に書状によって伝達した。

以上のことにより、元和五(一六一九)年の場合と大筋において同様であったが、変化したことは神宮伝奏が天皇に式日奏聞を行い、関白に神宮奏事始の時刻を報告したことである。

同年についてこれ以上のことは不明だが、『兼輝公記』(5)天和《てんな》四(一六八四)年一月九日条には、「午後、柳原大納言、頭中将等入来、謁之、談奏事始目六《(ママ)》」とあり、神宮伝奏柳原資廉、神宮奉行中山篤親が関白一条を訪れ、奏事目録について相談した。

同十日条にも、「柳原大納言入来、談奏事始事」とあり、再び柳原が一条を訪れ、神宮奏事始のことを相談しており、当時、関白の指示により準備が進められたことがわかる。

3　元禄十六年の場合

元禄十六(一七〇三)年の場合を明らかにする。徳大寺公全《きんとも》の『公全公記』(6)同一月四日条には、「頭弁、予両人神宮奏事始日限、議　奏当番以池尻前中納言窺処、如例年来十一日辰剋被仰出」とあり、同五日条には、「頭弁へ奏事始目録之事示遣了」とあり、ここまでは同年の準備過程も貞享三(一六八六)年のそれとほぼ同様であったが、同八日条には次のようにみえる。

従頭弁　奏事始目録、款状等来、此次神祇権少副加階款状来、則高野前中納言へ入見参由以消息示遣、神宮奏事始目録、款状等入見参候、可令披露候哉、仍得御意候也、恐々謹言、

正月八日

高野前中納言殿　柳原前大納言為軽服之間、不遣之、
可令披露之由返答来、殿下へ持参、入内覧之処、可令披露之由被仰、参　内、議当番以池尻中納言此通可載目録之由
窺之処、可載由被仰出、目録、款状等於当所頭弁へ渡了、退出、

これによれば、神宮奉行日野輝光から神宮伝奏徳大寺公全に奏事目録の原案と神宮権禰宜が提出した叙位の請願書である款状などが届けられた。徳大寺は、武家伝奏高野保春《やすはる》にそれらをみせ、披露してもよいか内諾を得たいとの書状を出した。高野は披露するようにと回答した。

これをうけて徳大寺はそれらを関白近衛基熙《もとひろ》の内覧に入れた。近衛は東山天皇に披露するように命じた。徳大寺は参内し、議奏池尻勝房《いけがみかつふさ》を通じて天皇にそれらを奏事目録に掲載してもよいか伺うと、天皇は掲載するように命じた。これをうけて徳大寺はそれらを日野に渡した。同十日条には次のようにみえる。

従頭弁奏事目録来、
　白紙也、奏事目録一紙献上之、可令　奏聞給、仍言上如件、
　　正月十一日　右大弁輝光
　進上、徳大寺大納言殿
得其意之由返答了、

これによれば、日野から徳大寺に奏事目録が届けられた。以上のことにより、神宮伝奏が、武家伝奏、関白に奏事目録の原案と款状の披露許可を得た上で、天皇に披露し、奏事目録への掲載許可を得る点は、貞享三（一六八六）年の場合と比較すると大きく変化した点である。

4　延享五年の場合

延享五（一七四八）年の場合を明らかにする。中山栄親《ひでちか》の『神宮上卿記』(7)同一月四日条には次のようにみえる。

参内、奏事始日限如式、剋限如例可申沙汰哉之旨申、摂政命曰、日時共依請告旨於議奏大蔵卿、次送消息於益房、請文等続左、

来十一日　神宮奏事始可申沙汰候、目録可調給之状、如件、

正月四日　　栄親

右少弁殿

来十一日　神宮奏事始可有御沙汰、目録可調進之旨謹奉候也、益房

誠恐謹言、

正月四日　　益房

これによれば、神宮上卿中山栄親は、摂政一条道香に神宮奏事始の式日と刻限を例年と同様でどうかと打診し、一条から同意を得て、神宮奉行清閑寺益房にその旨を知らせ、奏事目録を作成するように命じる書状を出した。清閑寺はそれを承諾する旨を回答した。

同八日、清閑寺が中山に申請目録一枚と款状一〇通を送った。以上のことにより、天皇の幼少時には摂政がその代行として式日と刻限を決定したことがわかる。同九日条には次のようにみえる。

午剋許参、内覧款状十通於摂政、仰曰可載奏事目録者、以消息仰益房、

祭主三位申請目録一紙幷荒木田、度会等申加階之事可被載目録之由、摂政殿御気色之状、如例、

正月九日　　権大納言栄親

右少弁殿

これによれば、中山は一条に款状一〇通を内覧してもらい、一条は奏事目録の掲載許可を与えた。これをうけて中山は清閑寺にこのことを伝達した。以上のことにより、元禄十六（一七〇三）年の場合と比較すると武家伝奏による款状の内覧は行われなくなっていたことがわかる。

5　宝暦七年の場合

宝暦七（一七五七）年の場合を明らかにする。正親町実連《おおぎまちさねつら》の『神宮上卿雑記』(8)同一月四日条には次のようにみえる。

詣関白家、奏事始日限如式、剋限可為如例可申沙汰之旨、内々以諸大夫申入之処、可窺之旨被命置、参内、以議奏東久世前宰相同事窺之処、日時共依請被　仰下、次送消息於資枝、請文等続左、

来十一日、神宮奏事始可申沙汰候、目録可調給之状、如件、

正月四日　　　実連

蔵人頭殿

追言上、剋限之事、同承候也、

来十一日、神宮奏事始可有之、目録可被調之旨謹奉候也、

資枝　恐々謹言、

正月四日　　　資枝

これによれば、神宮上卿正親町実連が関白一条道香に神宮奏事始の式日と刻限を例年と同様でどうかと打診し、一条は桃園《ももぞの》天皇に奏聞するように命じた。正親町が天皇に議奏を通じて奏聞し、天皇は例年通りにするように命じた。正親町は神宮弁日野資枝《すけき》に奏事目録を用意するように命じる書状を出し、日野は承諾する旨の書状を出した。同九日条には、「一、巳半剋斗、参関白、入内覧款状十通」とあり、正親町が一条に祭主から提出された款状と目録を内覧にいれたことがわかる。

以上のことにより、神宮上卿が関白に式日時の内諾を求めたことは元禄十六（一七〇三）年の場合と比較して大きく変化した点である。

6　安永八年の場合

安永八（一七七九）年の場合を明らかにする。正親町公明《きんあきら》の『神宮上卿間之事《かんのこと》』(9)同一月四日条には次のようにみえる。

詣博陸下、家司季光朝臣出逢、神宮奏事始式日可窺申之由申入、可然旨被報了、以野宮中納言窺申式日例刻、可令存知被仰下、即退出、更参申博陸了、行事弁頼熙許授消息、

来十一日、剋限夘剋候也、神宮奏事始可申沙汰候、目録可調給候也、謹言、

正月四日　公明

蔵人弁殿

請文云、

来十一日、追言上、剋限夘剋之由同承候也、神宮奏事始可令申沙汰給、目録可調之由、謹奉候也、頼熙謹言、

正月四日　頼熙

これによれば、神宮上卿正親町公明が関白九条尚実《ひさざね》に家司《けいし》を通じて神宮奏事始の式日を奏聞することの了承を求め、九条は了承した。正親町は参内し、議奏野宮《ののみや》定和を通じて後桃園《ごももぞの》天皇に式日と刻限を伺い、天皇は例年通りに行うことを命じた。正親町は近衛にこのことを報告した。

さらに、神宮奉行葉室頼熙《はむろよりひろ》にこのことを伝達し、奏事目録作成を命じる書状を出した。葉室は正親町にそれらを承知した旨の書状を出した。同八日条には次のようにみえる。

晩頭、自行事弁頼熙許到来、

祭主寛忠朝臣申請目録一紙、荒木田、度会等申加級之事、款状十通副之、可令奏聞給哉、仍言上如件、

正月十一日　右少弁頼熙奉

頼熙　謹言、

進上、権中納言殿

これによれば、葉室が正親町に副状とともに祭主藤波寛忠から提出された申請目録一紙と神宮権禰宜の款状を送った。

同九日条には次のようにみえる。

参関白、祭主申請目録一紙、権禰宜等申加級款状十通幷訓書内々覧之、可載奏事目録候哉之由申入、被謁云、無子細、可載目録之由、文書各返給、次参　内、付野宮中納言、同内々窺申了、文書返給、下知于弁許、内々消息也、

内々申窺候也、

祭主寛忠朝臣申請目録一紙、両宮権禰宜等申加階之事、款状十通副之、可被載目録候也、謹言、

正月九日　　　公明

蔵人弁殿

これによれば、正親町が、九条にそれらを内覧してもらい、奏事目録への掲載の可否を伺い、九条は掲載を許可した。正親町は野宮を通じて天皇にそれらを内覧してもらい、掲載の可否を伺った。正親町は葉室に両者から掲載の許可を得たことを伝える書状を出した。以上のことにより宝暦七(一七五七)年の場合と大筋において同様であった。

7　天明五年の場合

天明五(一七八五)年の場合を明らかにする。三条実起の『神宮上卿日記』(10)同一月三日条には次のようにみえる。

仙洞御礼、参　院之処、鷲尾中納言隆建卿、賀茂伝奏也、面会、来五日、神宮　奏事始可相伺之旨申談、近例之由也、

これによれば、神宮上卿三条実起が参院した際に賀茂伝奏鷲尾《わしのお》隆建《たかたけ》と面会し、五日に神宮奏事始の日時を摂政九条尚実に伺うことを確認した。同五日条には次のようにみえる。

一、詣殿下御里亭、或於　宮中申入、着衣冠、奴袴、或直衣、以諸大夫朝山式部丞　神宮　奏事始式日可為例剋哉之由窺、奏事始可為式日、剋限午剋之旨被示聞、此次来八日或十日款状内覧之事申入之処、承知ニて、来八日午剋、内覧ニ可入之旨也、直参内、議奏六条前中納言届斗ニて相済、若殿下御返答ニ剋限不被仰下之時者、議奏より剋限被示候事、

一、剋限被仰出之後、神宮弁へ以消息申送、弁在朝之時、面会申入、
恐々剋限可為午剋候也、
来十一日
神宮　奏事始可申沙汰
目録可令調給之状、如件、
正月五日　　実起
蔵人右中弁殿
今度、弁参　内、故面会ニて申入卒、序款状到来候ハヽ、来八日巳剋迄ニ可被付之由、弁へ申送候事、
一、祭主へ者自弁被申入候事、
一、鬼間構之事、修理職奉行江自弁通達有之事、
一、内侍之事、上卿、弁催ニ及不申事、

これによれば、安永八（一七七九）年の場合と比較して注目すべきことは、神宮上卿が神宮奉行に対して款状、目録などを八日の巳剋《みのこく》までに持参すること、祭主に式日時を通達すること、修理職《しゅりしき》奉行に式場となる鬼間《おにのま》の設《しつら》えをするように命じること、内侍《ないし》には、神宮上卿、神宮奉行から促す必要はないことを指示しており、神宮上卿から神宮奉行に対する指示がより詳細になっていることである。

同七日条によれば、祭主藤波寛忠から三条に対して神宮奏事始において位階を申請する神宮権禰宜の交名《きょうみょう》一紙が送られた。同八日条には次のようにみえる。

一、自弁許消息到来、款状十通、目録一紙、次第解等被送之、
一、詣殿下御許、或於　宮中覧了、以諸大夫朝山式部少丞、覧款状十通、目録一紙幷加階交名訓付二通、内外宮各一紙等、右可載目録之由申入、件交名書体如左、御覧相済、可載目録之旨御返答、御所労ニ付、御面会無之旨被仰

下卒、

これによれば、神宮奉行から三条に款状一〇通などが届けられた。三条は、諸大夫《しょだいぶ》朝山を通じて摂政九条尚実にそれらを閲覧してもらい、奏事目録に掲載してよいか尋ねた。九条はそれを許可した。これをうけて三条は神宮奉行に書状を通じて摂政から掲載許可が出たことを伝えた。

8 文化十五年の場合

文化十五(一八一八)年の場合を明らかにする。大炊御門《おおいみかど》経久の『神宮上卿之記』(11)同一月四日、五日条には次のようにみえる。

四日、万里小路中納言書状遣、明五日奏事始式日剋限等窺、巳刻可参関白家之旨申遣、承知之旨被答了、五日、披露始也、神宮上卿、賀茂伝奏申合、同剋可窺事也、

五日、巳刻許参博陸、以諸大夫申入也、神宮奏事始式日剋限等如例可窺哉之旨申入、少時如例可窺被命、不令謁給、直参　内、万里小路同伴也、議奏属園池前宰相、神宮奏事始式日刻限等相窺、少時豊岡前宰相被招曰、奏事始式日刻限等来十一日辰剋被行之旨被仰出之旨伝　宣、謹奉、頭弁俊明在朝之間、面会、奏事始式日刻限、来十一日辰剋被行旨被仰出、如例可請取申入了、

一、祭主へ通達ノ事、一、御殿御装束ノ事、

一、款状、目録等八日辰剋可被越ノ事、

右各弁へ申入ノ事、謁博陸、今日、御参中、故八景間参、御不参ニハ御里亭参事、奏事始来十一日辰刻被行之旨被仰出、且八日目録、款状内覧之事御差支有無同窺事、八日内覧之旨被命、此後、帰宅了、祭主三位、二品等依故障先例有之哉、政所へ相尋之処、明和三年度例書付持参、

これによれば、天明五(一七八五)年の場合と比較すると、神宮上卿から神宮奉行に対する指示の内容が類似しているこ

などにより同年の準備過程が踏襲されていることがわかる。

9　天保十五年の場合

天保十五(一八四四)年の場合を明らかにする。三条実万《さねつむ》の『神宮上卿間記』(12)同一月四日、五日条には次のようにみえる。

四日
明五日披露始云々、奏事始式日剋限等可伺定也、先例与賀茂伝奏同時申沙汰也、相共可参入于殿下也、辰半剋許可参会之旨示合于権中納言了、
五日
辰半剋許、行水、不及神事、着衣冠、指貫、詣于殿下(中略)即黄門被参入、相共招種田、予申云神宮奏事始式日十一日剋限辰剋如例可伺定哉之由也、権中納言被申賀茂奏事始事、即答如例可伺定云々、退散、参内、(中略)予属議奏云神宮奏事ノ始式日剋限等伺申也、賀茂伝奏同上、小時同卿伝宣、式日十一日剋限辰剋被仰出云々、先於廊下招頭弁、仰件事、条々如例可商量之由示了、
　一、奏事目録如例可被調事、
　一、小御所議定所御装束可被沙汰事、
　一、可被達于祭主事、
　一、来八日巳剋迄款状已下可被送事、
　一、送状于祭主許、訓付交名款状写等明日巳剋迄可被送之旨申遣了、

これによれば、文化十五(一八一八)年の場合と同様である。三条は「先例与賀茂伝奏同時申沙汰也」と記しており、本節8において引用した大炊御門経久の記録である『神宮上卿之記』などを参考にしたと考える。

10　嘉永二年の場合

最後に嘉永二（一八四九）年の場合を明らかにする。徳大寺公純《きんいと》の『神宮申沙汰《もうしざた》雑誌草稿』(13)同一月五日条には次のようにみえる。

少時橋本亜相参入、両人招諸大夫、予先申云来十一日神宮奏事始如例辰剋被　仰出哉申入、次亜相賀茂奏事始式日致例、少時答如例可伺云々、両人直参朝、先予属正房卿、残番加勢也、神宮奏事始来十一日辰剋可被仰出哉言上、退入、（中略）少時伝宣、伺之通被　仰出云々、直退朝、参入、殿下同上被仰出之旨、并来八日款状已下内々奏聞、御内覧可有哉申入、少時、八日内々奏聞之儀御承諾、御内覧有之候、直帰畢、今日、資宗朝臣参朝之間、奏事始式日来十一日辰剋被仰出旨申渡、如例申含条々注左、
一、奏事目六（ママ）如例可被調之事、
一、小御所議定所御装束可被沙汰事、
一、祭主江可被達事、
一、来八日巳剋迄ニ款状已下可被相送事、
各承諾也、

これによれば、天明五（一七八五）年、文化十五（一八一八）年、天保十五（一八四四）年の場合と同様であり、光格天皇在位下における天明五年の準備過程が幕末まで踏襲されたことを指摘することができる。

第二節　神宮奏事始の儀式次第

1　寛永四年の場合

近世の神宮奏事始の式日については、『神宮雑事《ぞうじ》』(14)寛文八（一六六八）年一月六日条に官務壬生重房が摂政鷹司房輔に提出

した「神宮奏事始例」が記されている。それによれば、文亀二（一五〇二）年を最初として、記載のない年も多いが、寛文七（一六六七）年までの式日が記されている。それらをみると、中世の式日は一定していないが、近世以降、その多くが一月十一日に行われており、この日が式日として定着していたことがわかる。

本節においては近世神宮奏事始の儀式次第を明らかにする。最初に寛永四（一六二七）年の場合をみる。日野資勝《すけかつ》の『資勝卿記』同一月十一日条には次のようにみえる。

早旦、行水已後、着装束、重大帷子、日出時分参内、布衣一人、白丁一人其外青侍袴ニテ召具之、昇高遣戸、沓脱、先ニ頭中将元親朝臣参会、即申次也、爾時、出御、予持笏、於長押内、先御礼、次伺御気色、参進、而聊引寄円座、着座、置笏右方、自懐中取出目六（ママ）、読之、毎条右ノ方へ結テ伺御気色、読訖、懐中目録、取笏、下円座、謹而申入御、入御後、則退出シテ、奏事目録付仰詞、遣頭左中将之処也、

これによれば、神宮伝奏日野資勝は日の出頃に参内し、次に後水尾天皇が出御した。神宮伝奏は笏をもち、長押《なげし》の内において天皇に拝礼し、機嫌を伺った。参進し、少し円座《えんざ》を引き寄せ、着座した。笏を右方に置き、懐中より奏事目録を取り出し、読み上げた。

一項目読むごとに目録を右に結んで、天皇の意向を伺った。読み終わって、奏事目録を懐中に入れ、笏を取り、円座を降りて、天皇に入御を申し入れた。天皇が入御した後、神宮伝奏も退出して奏事目録に仰詞《おおせことば》を書き入れ、神宮奉行中山元親にそれを遣わした。以上が近世前期における儀式次第の大筋であったが、これ以降、どのように変化したのかを明らかにする。

2　天和四年の場合

天和《てんな》四（一六八四）年の場合を明らかにする。一条兼輝の『兼輝公記』同一月十一日条には次のような注目すべき記事がみえる。

辰剋、着衣冠、紅単、檜扇、参内、依奏事始也、召具、諸大夫一人、布直垂、布衣両輩、沓持、笠持、乍儲関白座、数代不参、乍儲座不参事理如何、永正、大永、関白参勤雖無所見、亀山、後宇多已来至後円融、関白、丞相必参勤、奏事始者議定始、奏神宮雑事儀也、議定日参　内之上者、奏事始不参無謂、永正、大永者依朝廷衰微、如節会、御裾、諸宣下内覧多不参、而朝参少、是装束不具、或依里亭遠、難協、仍難用先例、然而年久断絶、故以右大将昨鳥伺御内意、可参　内之由勅許、仍今日所参　内也、向後毎年件等日可参而已、

これによれば、この日、関白一条兼輝は神宮奏事始を務めるために参内した。これまでも式場に関白の座が設けられていたが、関白は数代にわたり参勤していなかった。

中世以来、関白・大臣は必ず参勤していたが、永正・大永年間に朝廷が衰微し、関白が、節会・御裾《おすそ》・諸宣下内覧の多くに参勤しなくなった。そして装束が不備となり、里亭《りてい》が遠方にあることにより、先例に従うことが困難となったために関白の参勤は久しく断絶していた。

一条は関白の参勤を再興したい理由として奏事始は議定《ぎじょう》始であり、神宮のことを奏上する儀式である。議定日に参内したならば、奏事始に参勤しない理由はないとし、昨日、霊元天皇に武家伝奏花山院定誠《かざのいんさだのぶ》を通じて参勤したい旨を奏上し、勅許を得たので参内した。

実際の儀式において寛永四(一六二七)年の場合と比較して変化したのは、同条に「予窺天気、目伝　奏、伝奏進、引寄円座、置笏、自懐中取出目録、読之」とあるように、一条が天皇の機嫌を伺い、神宮伝奏柳原資廉《やなぎわらすけかど》に目配せしたことにより、柳原が奏事目録を奏聞したことである。同書によれば、翌貞享二(一六八五)年の場合も一条は参勤して同様の役割を果たした。

3　貞享三年の場合

貞享三(一六八六)年の場合を明らかにする。『兼輝公記』同一月九日条には次のような注目すべき記事がみえる。

入常御門、候便宜所、事未始前、招近臣東園中納言、奏云奏事始毎度儲伝奏座、然而不着座、置着円座、其体如職事奏聞、奏事始作法雖不慥、叙位除目時、執筆先着座、依関白命、移着執筆円座、是作法大臣、納言無差別、准此例、於奏事始先着座、次依関白命移着円座、可協時宜歟、此等事可任叡慮、宜可有奏聞、小暫東園中納言被伝勅云、予所申有其謂、先令着座、移円座、可然歟、予仍命右旨於神宮伝奏了、

これによれば、この日、神宮奏事始の前に一条は議奏東園基量《ひがしぞのもとかず》を便宜所《びんぎしょ》に招き、次のことを要請した。神宮奏事始においては毎度神宮伝奏の座が設けられているが、神宮伝奏は着座せず、円座に着座している。それは職事《しきじ》奏聞のようであり、神宮奏事始の作法については不確かであるが、叙位・除目《じもく》のとき、執筆は、まず着座し、関白の命令によって円座に移動する。

この作法は大臣・納言とも同じである。この先例に准じて神宮奏事始においても、まず神宮伝奏の座に着座し、次に関白の命令によって円座に移動するのが適切ではないか。このことは霊元天皇の意向に任せるべきであり、奏聞してもらいたいというものであった。しばらくして東園が一条にそのようにするのが適切ではないかとの勅命を伝達したことにより、関白一条兼輝は神宮伝奏久我通誠にこのことを命じた。『通誠公記』同日条には次のようにみえる。

辰剋許参内、衣冠、重持笏、衣冠、持笏事先例也、頭中将同被参、即剋殿下御参之間、事具之由、頭中将相伴、一同以老中東園中納言奏之、有暫出御議定所、議定所構注左、次関白入簾中、着座、次予懐中目録、入簾中、着座、頭中将簾外伺公、次関白被窺御気色、殿下予気色、次予請気色、起座、膝行、着円座、其儀、先右足少引寄円座於前、着之、次置笏於右方、自懐中取出目録、読之、一ケ条読之、結申、窺御気色、次第三ケ条読了、懐中目録、次取笏、膝退、平伏、申入御、次入御、出簾外、殿下御退出了、次予件目録銘加、下職事、直下之間、不及一通、其儀、

九ノ字幷仰詞加之、

貞享三年正月九日　基勝奏、

神宮条々

祭主景忠卿申、祈年祭幣使再興事、
仰、早可致其沙汰、
同申、神領再興事、
仰、可被仰出武家、
同申、荒木田重嘉叙爵事、
仰、可令宣下、
如此相加了、次頭中将件之目録銘相加、書改、二通賜予之間、頭中将一同以老中右大将件一通献之、御所留、此次珍重申上并以表使女房右京大夫、勾当内侍申入祝詞了、於今一通目録者予方留之了

これによれば、先述した一条の命令によって神宮伝奏久我通誠は議定所に入ると、まず伝奏の座に着座し、一条が天皇の機嫌を伺い、神宮伝奏に合図して、円座に移動させ、奏事目録を奏聞させた。

一条兼輝については、天和二(一六八二)年に上官の左大臣近衛基熙《もとひろ》を異例に越えて関白になり、霊元天皇の朝廷再興を支持した人物であったことが明らかにされていることにより、(15)神宮奏事始における関白の参勤を再興したことや先例に倣うように神宮伝奏へ儀式上の所作を指示した理由も理解できる。

4　貞享五年の場合

貞享五(一六八八)年の場合を明らかにする。『兼輝公記』同一月十日条によれば、摂政一条兼輝が議定所に着座すると、神宮伝奏久我通誠が奏事目録を持参し、一条はそれを内覧した。

その後、「就議定所簾下、付内侍奏聞、依幼主無出御」とあるように、一条が議定所の簾下において奏事目録を内侍に付して東山天皇に奏聞するという形をとった。しかし天皇は当時一三歳と(16)幼主であったことにより出御はしなかった。しばらくして奏事目録が返却され、久我はそれをうけとって退出し、一条も退出した。

5　元禄四年の場合

元禄四（一六九一）年の場合を明らかにする。一条のあとに関白となった近衛基熙の『基熙公記』(17)同一月十二日条によれば、近衛は事前に奏事目録を内覧し、神宮奏事始に参勤した。同条には「有御気色、余伝爾之、次上卿起座、進円座、置笏、取出懐中、目之、一々読之」とあり、実際の儀式において神宮伝奏に合図し、奏聞させた。このように、天和四（一六八四）年、貞享三（一六八六）年の準備過程が引き継がれていることがわかる。

以上のことにより、天和四年から貞享五年にかけて一条が行った関白参勤の再興、神宮伝奏への儀式所作の指示、摂政による奏事目録の内覧によって、神宮奏事始の性格が、神宮伝奏が主体となって行う儀式から、摂政、関白の指示の下で神宮伝奏が行う儀式へ変化したことを指摘することができる。

6　元禄十六年の場合

元禄十六（一七〇三）年の場合を明らかにする。徳大寺公全《きんとも》の『公全公記』同一月十一日条には次のようにみえる。

> 晴夘剋、参　内、着衣冠、単、持笏、頭弁、予両人参之由議奏迄申入了、関白不参也、辰剋許　出御之由、議定所西庇候、頭弁簾際候、告　出御之由、余参進、入議定所内、直着円座、置笏、披目録、読一ケ条了、窺天気、平伏、又一ケ条読、如初平伏、又一ケ条読了、平伏、以上、三ケ条也、巻目録、懐中、持笏、退出、伏而申入御、ゝゝ之後、出簾外、目録爾仰詞書付、頭弁遣了、以表使余祭主頭弁　奏事始首尾能珍重存由勾当内侍迄申入之処、目出思食之由被仰下了、於男末　天盃拝領、

これによれば、関白近衛基熙の不参により、その指示はなかったが、その他の大筋は貞享三（一六八六）年の場合と同様であった。

7　延享五年の場合

延享五（一七四八）年の場合を明らかにする。中山栄親の『神宮上卿記』同一月十一日条には次のようにみえる。

十一日、早旦、参内、紅単、取笏、摂政坐清涼殿西庇、設畳北面、予着円座、読目録、如前例畢、退座、加表書日仰詞等、授益房、取案一枚、従議定所簾下付内侍奏聞、不返賜、次於申口賜天盃、（後略）

これによれば、早朝、清涼殿の西《にし》の庇《ひさし》に着座した摂政一条道香に対し、神宮上卿中山栄親が奏事目録を読み、一条が回答した。中山は退出後にその仰詞を奏事目録に書き、その写しを内侍に付して当時八歳であった桃園天皇に奏聞した。

このことにより、同じく天皇が年少であった時期の神宮奏事始であっても先に明らかにした貞享五（一六八八）年の場合と異なることは、摂政が事前に奏事事項に回答し、実質上、天皇の代行としてこの儀式を務めたことである。

8　宝暦七年の場合

宝暦七（一七五七）年の場合を明らかにする。正親町実連の『神宮上卿雑記』同一月十一日条には次のようにみえる。

十一日、早旦、参内、紅単、取笏、関白坐清涼殿、設畳北面、予着円座、此時円座以左手寄北、読目録、其儀於右方閉目録、於中央上之読了、畢退座、加表書、奏事目録書之日仰詞等授資枝、（中略）案紙一紙、杉原、授議奏、又一枚与祭主、又一枚関白殿進也、弁之沙汰也、次於申口賜天盃、（後略）

これによれば、延享五（一七四八）年の場合と同様に桃園天皇の出御がなく、神宮上卿正親町実連が関白一条道香に対して奏事目録を読み、一条が回答した。中山は退出後にその仰詞を奏事目録に書いた。議奏に奏事目録の写しを渡したが、桃園天皇への奏聞はなかった。

このことにより、天皇が成人後も体調のことなど何らかの理由で出御しなかった場合、関白が天皇の代行を務めたことがわかる。

9　安永八年の場合

安永八（一七七九）年の場合を明らかにする。正親町公明の『神宮上卿間之事』同一月十六日条には次のようにみえる。

卯半剋、着衣冠、藤丸固織物奴袴、上括、紅単、檜扇、帖紙、参内、左少弁頼熙着束帯、参上、関白辰剋計令参給、直衣、予、頼熙等謁申、可有内覧哉申入之後、被着議定所西庇座、両面端畳、副布障子、北面敷之、次予経庇、南行、着同座、奏事目録取副于笏、逃左足候、須臾直左足候、気色、関白目許、予降座、参進、置笏右方、取直目録、置座前、跪候、関白披見、返給、予取副笏、関白被仰云、可奏聞、予退出、関白起座、此後事具之由、付万里小路前大納言申入、辰半剋許、出御議定所、御引直衣、紅御単、紅御張袴此間関白被着西庇座、予同取副目録于笏、着座、須臾起座、搴御簾、昇長押、被着御前座、両面端畳、副南簾下、北面敷之、次予起座、搴御簾、昇長押、懸右膝、起、歩行両三歩、次膝行、三度、先右足、着御前円座、以左手、押円座着之、次取渡目録左手、置笏右方、次取渡目録右手、於右方披之、持廻前方、披文、聊押下、読上、安永八年正月十六日、頼熙奏神宮条々、祭主寛忠朝臣申神領再興事、押合右方、伺天気、又持廻前方、読上、同申祈年祭幣使再興事、同前、毎段如此了、巻文、取副于笏、膝退、先左足三度、起両三歩候、長押下、平伏、申入御、此間入御、関白降座、平伏了、復座、予下長押、搴御簾、退去、次関白起座、退入、此後、予書奏事目録銘幷日ノ二字仰詞等、授左少弁頼熙云々、書上卿官名、

此二字予書之、　権中納言　頼熙書之、

安永八年正月十六日　　頼熙奏

神宮条々

祭主寛忠朝臣申神領再興事、

仰詞予書之、仰、早可仰武家、

同申祈年祭幣使再興事、

仰、早可致其沙汰、

同申従五位下荒木田神主盛臣

同久老、同氏歴、同弘大、同興古
等申従五位上、度会
神主貞等、同算彦、同貞賀、
同末邦、同末博等申正五位下事、
仰、早可宣下、

此銘予書之、**奏事目録**

謁申関白賀、無異、頼熙進目録写一紙、次付万里小路前大納言、賀申、可付女房之由被示之、頼熙付件卿献写一紙、付女房言上、暫時於申口上、賜天盃、退去之後、付女房畏申了、頼熙目録一紙与予、又一紙与祭主寛忠朝臣、権禰宜等加級口　宣案下左大史云々、今日、祭主権大副参候、申賀詞、流例云々、退出、巳半剋過解斎、

これによれば、午前七時、神宮上卿正親町公明が衣冠を着け、参内した。神宮奉行葉室頼熙も束帯を着け、参内した。午前八時、関白九条尚実《ひさざね》が直衣《のうし》を着け、参内した。神宮上卿と神宮奉行が関白に謁見し、奏事目録を内覧するかどうか申し入れた後、関白は議定所の西庇座に着した。

神宮上卿も庇座に着し、笏に目録を取り副えて、座を降り、笏を右方に置き、参進した。目録を取り直し、関白の座の前に置いた。関白が目録を披見し、返した。神宮上卿が笏を取ると関白が奏聞せよと命じ、神宮上卿は唯《い》と答え、退出した。関白も起座《きざ》した。

午前八時半、後桃園天皇が議定所に出御した。この間、関白が西庇座に着き、神宮上卿も目録を笏に取り副え、同座に着した。しばらくして関白が起座し、御簾《みす》を挙げ、長押を昇り、御前の座に着した。

神宮上卿も起座し、御簾を挙げ、長押を昇り、御前の円座に着した。目録を左手に取り渡し、笏を右方に置き、目録を右手に取り渡し、右方においてこれを抜き、前方に持ち廻し、披いた目録を少し押し下げ、「安永八年正月十六日、頼熙奏す。神宮条々、祭主寛忠朝臣申す。神領再興事」と読み上げた。

右方に目録を押し合わせ、天皇の意向を伺い、また前方に持ち廻し、「祈年祭幣使再興の事」と読み上げた。右方に目録を押し合わせ、天皇の意向を伺った。このようにして読み終わり、目録を巻き、笏に取り副え、長押を降り、平伏して、天皇に入御されるように申した。天皇が入御した。関白が座を降り、平伏し、座に戻った。神宮上卿は長押を降り、御簾を褰げ、退去した。関白も起座し、退入した。

この後、神宮上卿は奏事目録に銘、日付、申請事項に対する天皇の意向である仰詞等を書き、神宮奉行に授けた。そして関白に謁見し、賀《よろこ》びを申した。神宮奉行が目録の写し一紙を持参し、議奏万里小路《までのこうじ》政房にそれを渡し、賀《よろこ》びを申した。議奏《ぎそう》は目録の写しを女房に渡すように指示した。神宮奉行は写しを議奏に献じ、同じものを女房に渡して賀びを申した。しばらくして申口《さるのくち》において神宮上卿が天盃《てんぱい》を賜った。

神宮上卿は退去後に女房に謝辞を述べた。神宮奉行が目録一紙を神宮上卿に渡し、また一紙を祭主に渡し、権禰宜等加《か》級《きゅう》の口宣案を官務に渡した。神宮上卿は午前十一時過ぎに解斎《げさい》した。

10　安永九年の場合

さらに、正親町公明の『神宮上卿間之事』によれば、安永九年一月十三日、摂政九条尚実が神宮上卿正親町公明に議奏橋本実理《さねまさ》を通じて今月二十二日巳刻に神宮奏事始を行うように命じた。正親町は神宮奉行坊城俊親にこのことを伝え、奏事目録の作成を命じた。同日条には次のような注目すべき記事がみえる。

幼主之時、奏事始儀以寛延之趣談申、摂政殿最可然旨被決定、其趣如左、
摂政殿御坐爾鬼間代、公明参進、着円座、読申奏事目録、条々執御気色畢、退座、書加仰詞、下弁俊親、此後、
就内侍候所、案一枚不返賜、
伝聞宝暦内前公摂政中内覧了、付内侍奏聞云々、此儀如何、社司訴訟奏申、幼主無其理、於如奉幣宣命者猶奏之者、
自余文書以覧摂政為奏聞者可然乎、仍如此申行訖、公被諾給、

前年十月に後桃園天皇が崩御し、同八年十一月二十五日に八歳で践祚《せんそ》したのが光格天皇であった。当然、神宮奏事始に出御して奏聞をうけることは困難であり、正親町は先述した延享五(一七四八)年に摂政一条道香が天皇の代行を務めた先例を摂政九条に伝え、九条が自ら天皇の代わりに神宮上卿の奏聞をうけ、回答することが決定された。

正親町の伝聞によれば、このことには他にも先例があり、宝暦年間に摂政近衛内前《うちさき》が文書を内覧後、内侍に付して天皇に奏聞していたが、社司の訴訟を契機として天皇が幼少のときは奉幣の宣命は奏聞するが、他の文書は摂政に内覧させることをもって奏聞とすることになったという。

同十九日、坊城が正親町に祭主の申請目録と神宮権禰宜の加階申請書を副状とともに送った。同二十一日、正親町が九条にそれらを内覧してもらい、奏事目録掲載の許可を得た。同二十二日条には次のようにみえる。

巳剋許着衣冠吉服、参内、摂政令参給、左少弁俊親、束帯、授奏事目録、先摂政御坐于鬼間代、予参進、着円座、目録取別笏、読申目録条々、執御気色、退座、書加仰詞、下目録於俊親、此後、案二枚俊親送之、一枚付内侍候所、進上之、不返賜也、一枚留私、又謁申殿下、賀申、俊親進案一枚、又一枚、白紙也、送六条前中納言、以女房賀申入了、暫時於御三間ノ西、申口代、賜天盃、当代初度、畏申了、退出、解斎、

これによれば、神宮奏事始が行われ、同十三日の決定通り、鬼間代《おにのまだい》において正親町が九条に奏事目録を奏聞した。近衛内前在任中以降の「文書以覧摂政為奏聞」という慣例は、貞享五(一六八八)年の神宮奏事始について一条兼輝が『兼輝公記』同一月十日条に「幼主無出御、摂政時儀、先例不分明、准彼是令了」、「就議定所簾下、付内侍奏聞、依幼主無出御」と記していることときわめて対照的である。

内前については、幕府の朝廷統制の要としての立場に忠実であり[18]、摂政、関白在任期間が歴代二位の二〇年一一カ月の長期にわたり、強大な権力をもっていた人物であることが[19]明らかにされている。

以上のことにより、先述のように安永年間の神宮奏事始において関白が奏事目録の内覧を行い、摂政が天皇の代行を務めたことは、延享・宝暦年間において摂政・関白の権限が拡大した結果であったと考える[20]。

11　天明五年の場合

天明五(一七八五)年の場合を明らかにする。神宮上卿三条実起の『神宮上卿日記』同一月十一日条には、次のようにみえる。

一、鬼間構点検之事、件構修理職設之、円座者六位蔵人設之、
一、台盤所妻戸可開置之由命六位蔵人事、
一、謁申殿下、弁一同也、事具之由申入、此已前自弁目録一紙被送之、今度、具之由議奏、殿下等へ予より不申、自弁申入卒、
一、事具之由、議奏衆へも申入候事、
一、奏事目録取副于笏参進、於鬼間南庇、伺殿下御気色、御目許之後、昇長押、着円座、斜向殿下方、置笏右方、披文書、当眼前、読之、一段読了、押合右方候、殿下御気色承伏、次又当眼前、披之、読之、凡三段也、毎度如初読了、後巻之、取笏、退入、
一、謁申殿下、恐悦申入了、弁一同也、
一、於蔵人所書仰詞、下弁事、
一、御塞之事、議奏中へ申入候事、
一、以表使内侍被廻候様申入候事、
一、奏事目録写二紙、宿紙仰詞者弁書加之、一紙留上卿許、一紙於台盤所妻戸下付内侍　奏之、被留御前事、
一、奏終之後、議奏中へ恐悦申入、今日、中山大納言也、以表使勾当内侍江恐悦申入候事、弁一同也、
一、招祭主三位、恐悦申入候由為心得申入候事、
一、中山大納言被招、唯今　天盃給候間、申口へ可参之旨也、
一、於申口賜　天盃、三献有加、右御礼以表使申入事、如例、事訖、退出、解斎、

一、無滞相済ニ付、吉田両宮、春日、夫より上御霊へ社参、畢、申刻退出、上御霊より帰家、秉燭也、

これによれば、神宮上卿三条実起は、まず式場の鬼間が設えられたか点検した。この設えは修理職が行い、円座は六位蔵人が用意した。次に六位蔵人に台盤所《だいばんどころ》の妻戸《つまど》を開けるように指示した。三条は神宮奉行とともに摂政九条尚実に謁見し、準備が整ったことを報告した。さらに議奏衆へもこのことを報告した。

三条は奏事目録を笏に取り副えて参進し、鬼間の南庇において九条の意向を伺い、目で合図されたことをうけて、長押を昇り、円座に着いた。そして関白のほうを向き、笏を右方に置き、奏事目録を抜き、眼前に当てて読んだ。一カ条読んで、右方に押し合わせ、九条の意向を承った。これを三カ条にわたって行い、目録を巻き、笏に取り副え、退入した。

次に神宮奉行とともに九条に謁見し、恐悦であることを述べた後、蔵人所において目録に仰詞を書いて神宮奉行に手渡した。議奏衆に式場を閉じることを要請し、表使《おもてづかい》を通じて内侍に来るように伝えた。

そして目録の写しを二つ作成した。宿紙《しゅくし》の仰詞は神宮奉行が書き、一つは三条のもとにおき、もう一つは、台盤所の妻戸下において内侍に付し、光格天皇に奏聞され、天皇のもとにおかれた。

奏聞の後、議奏中山愛親《なるちか》、続いて表使を通じて勾当内侍《こうとうのないし》に恐悦であることを述べ、祭主藤波寛忠を招いて朝廷に恐悦であることを申し入れるように指示した。中山が、今から天盃を賜うので、申口に来るように指示した。三条は、申口において三献《さんこん》を賜い、例のように表使をもって御礼を述べ、退出し、解斎した。

以上のことにより安永九(一七八〇)年の儀式次第が踏襲されている。さらに式場の点検や六位蔵人に対する指示など従来までなかった神宮上卿の役割を指摘することができる。

12　文化十五年の場合

文化十五(一八一八)年の場合を明らかにする。大炊御門経久の『神宮上卿之記』同一月十一日条には次のようにみえる。

早旦、沐浴、卯剋許着直衣、単紅、参内、少時、予、俊明朝臣共参勤之由、議奏甘露寺大納言届、面会、同殿下申、

八景間、
一、六位参上、如例御殿御装束令奉仕ノ事、
一、六位御装束具之由告之、予俊明朝臣相共議奏言上、次殿下申上、点見如例、
一、少時、議奏甘露寺大納言被告曰、今日出御無之旨被示了、殿下無出御之旨申上、
一、俊明朝臣内侍奏聞之旨一紙被書付、被申入之旨也、
此後、内覧、奏聞也、俊明朝臣より被告ノ事、清手水如例、小御所南庇座、目録懐中也、内覧、如例、起座、回簀子、入東庇、北ヨリ三ノ間、北庇布障子下参、垂簾、左手簾アケ、右手ニ而目録、入簾下、少時、奏聞了、返給、本路退下、
一、此後、目録書仰十一之二字、奏事目録之銘等予書之、
一、属議奏、勾当掌侍等申珍重、予、弁相共申上也、次殿下申上也、
一、賜天盃如例、属議奏勾当掌侍畏申也、
一、目録写弁献上如例、
一、同一紙殿下進入、如例、
一、同一紙被送議奏、如例、
一、同一紙被送祭主家政所、如例、
但祭主故障ニ付、政所へ被送候了、
一、同一紙被送予、如例、
一、御装束撤却、六位へ命了、弁下知也、
一、謁殿下、賀申弁無事相済御届申入了、予弁相共申也、御祝酒如例、此後、退出、解斎、
これによれば、神宮上卿による式場の点検や六位蔵人に対する指示など天明五(一七八五)年の場合と類似点があり、同

年の事例が踏襲されたと考える。

13　天保十五年の場合

天保十五(一八四四)年の場合を明らかにする。三条実万の『神宮上卿間記』同一月十一日条には次のようにみえる。

十一日、天蔭、時々日光現、今日、奏事始也、仍遅明出寝、理髪、浴了、着衣冠、参内、乗網代輿、共人諸大夫一人、布衣両人、頭弁既以参入、相共届申之参仕之由於議奏坊城、先是殿下使来于非蔵人口云、今日依歓楽不参給与免内覧云々、此間御装束具之由新蔵人告之者、伴奉行向小御所、新蔵人又従来、検知御装束、殿下雖不参、其座猶設之先例也、依修朝文、不参也、鋪設如例者、余頭弁相共届議奏、御装束事具之旨申入、関白不参候、免内覧旨申入、辰半刻許　出御之旨当番議奏被告之、頭弁被候御裾之間、参上于常御所、余手水於申沙汰間縁、懐中奏事目録、先是頭弁授于予、向議定所、自簀子昇長押、西方、自座前、着座、此面取出扇、置前、経須臾　出御于東庇、議奏飛鳥井左兵衛督、自西廂南面杉戸簾中密被告其由者、取扇、懐中、起座、出簀子、東行、更此折経同簀子、昇御座、次間長押、懸左膝、平伏候、天気、先々上卿皆如此、昇長押候、天気、賀茂奏事始、伝奏於簀子候、天気、以何可為是哉、先随近々之習、静膝行、以左手引寄円座、着之、不安座、西面、出扇、置前、自懐中取出目録、於左脇披之、持廻、聊引上之、頗声出、読申之、三度候天気了、毎度、横目録、平伏、微唯、於左方巻之、入懐中之、取扇、又懐中了、降円座、後方、申入御、唯平伏也、于時御裾御剣之役人参進、即　立御、令入布障子御、其後、起座、退入、経本路候便所、小時、議奏当番被招者、可賜　天盃云々、予依議奏不及誘引、一身参上、表使誘引如常、於申云賜　天盃、三献、二献之時有加、了、予、頭弁等触議奏、賀申奏事始無異之事、予賜　天盃之事畏申之、雖両役依為別事於廊下以非蔵人祗奏、又於同所与弁相共以表使申之、翌日、賀茂伝奏広橋中納言於役所被申之、此事去年有談歟、予今年不思惟、先年上卿之時、為議奏尚如今日令進退候旨見日記、仍所為如此、猶可勘、以女房申入如例、奏事目録仰詞銘等　入御之後、直書之、下頭弁了、件写頭弁執筆、宿紙附議奏、予頭弁等相共属之了、又一紙、宿紙頭弁被授、予又一紙授于祭主也、事了、於中沙汰間有一献候事、先是先祭主令来此所了、予先飲之、頭弁被乞盃、余擬也、即被返盃、次祭主先余盃亦写也、返盃了、撤之、陪膳、非蔵人也、其後、退出、頭弁相伴参入于殿下、以家司奏事始無異之由賀申之、頭弁同之、又被進奏事目録之写了、申置、退散、帰畢、此後、解斎、

これによれば、天保十五年の場合は関白不参のため、その内覧は免じられたが、その他は大筋において天明五（一七八五）年、文化十五（一八一八）年と同様であった。

14　嘉永二年の場合

最後に嘉永二（一八四九）年の場合を明らかにする。徳大寺公純の『神宮申沙汰雑誌草稿』同一月十一日条には次のようにみえる。

十一日、卯半剋、沐浴、参朝、位袍、紅単、奴袴、帖紙、檜扇、候申沙汰間、先是奉行参朝、互賀申、被示云、六位蔵人参上之間、御装束訖云々、点検未無之候、両人参朝之旨、届議卿聡長卿、予六位等相伴、議定所、小御所構等点検訖、今日、殿下御参、御座構之訖、少時従執柄示給云御血症ニ付、御不参ニ候、内覧被免事、仍両人御装束出来、且殿下御不参、内覧被免旨言上、臨期御不参御座、不授先規也、辰半比被招両人聡長卿云、臨期　出御不被為有、以内侍可奏聞、両人謹唯退入、仍六位蔵人招寄、殿下御不参、臨期、出御不被為有、以内侍奏聞之間、内侍廻以表使可示命訖、少時、唯今内侍被廻云々、仍予奏事目六（ママ）懐中、直向小御所、従東簀子昇北一間、候簾下、内侍被兼候之間、予直進、目六（ママ）取出、以左手垂簾、以右手件奏事目六（ママ）授之、内侍以衣袖被取、少逆退、相待奏聞了、返賜、進簾下、以左手垂簾、以右手取目六（ママ）、少退、目録懐中、直経本路、退出、候便所、件目六裁仰詞、如例直下奉行、其後、同伴、向役所、奏聞相済旨言上、便奉行写献上、少時予一人聡長卿被招、賜天盃了、直正房卿誘引、加勢也、於申口賜之、二献訖、有加又一献、已上三献、（中略）其後、於申沙汰間、有三献之儀、其後、同伴、退朝、参　殿下、申次良典奏事始無異相済旨申入、同上賀申、奉行写被進入申置也、直帰畢、午前、解斎、

これによれば、大筋において天明五(一七八五)年、文化十五(一八一八)年、天保十五(一八四四)年の場合と同様であり、天明五年の儀式次第が幕末まで踏襲されたことを指摘することができる。

第三節　神宮奏事始の奏事事項

1　祈年祭幣使の再興

本節においては近世における神宮奏事始の奏事事項を明らかにする。『資勝卿記』によれば、慶長三(一五九八)年の奏事事項は、社殿の造替・神領の再興・内宮権禰宜一名への叙爵、すなわち従五位下《じゅごいのげ》の授与であり、元和五(一六一九)年、同六年、寛永三(一六二六)年、同四年、同五年の場合も同様であった。

平井誠二氏は、天和四(一六八四)年、貞享三(一六八六)年の神宮奏事始において、祈年祭幣使の再興が奏聞されたこと、朝廷と神宮の意向は永正の頃より式年遷宮の途絶とともに祈年祭も途絶していたが、式年遷宮はすでに再興されており、祈年祭や祈年祭幣使を再興させたいということで一致していたこと、しかし幣使は再興されず、幕末まで奏事内容として奏上し続けられたことを明らかにしている。(21)

『季連宿禰記《すえつらすくねき》』(22)天和四年一月十日条によれば、同年の奏事事項は、祈年祭幣使の再興・神領の再興・内宮権禰宜一名への叙爵であり、続いて同条に官務壬生季連は「抑目六三ケ条之中、端一ケ条ハ近年、造替事ト書之、然ニ祈年幣使再興事ト書之条、今年、改テ書之歟、尤可有其謂事也」と記しており、同年から奏事事項のなかで社殿の造替が祈年祭幣使の再興へと変化したことがわかる。

神宮式年遷宮は、経済的理由によって内宮《ないくう》は寛正三(一四六二)年から天正十三(一五八五)年まで、外宮《げくう》は永享六(一四三四)年から永禄六(一五六三)年まで途絶しており、(23)仮殿遷宮《かりでん》という仮の社殿を設け、破損した社殿から御神体を遷すことだけが行われていた。(24)以上のことにより、社殿の造替は中世以来、神宮の切実な要請であった。

しかし、近世の幕藩体制下において神宮式年遷宮も順調に行われるようになり、奏上の必要がなくなった。これにかわって奏事事項となったのが、祈年祭幣使の再興であった。祈年祭は室町期において途絶し、元禄十二(一六九九)年に再興されたが、祈年祭幣使が再興されるのは明治二(一八六九)年のことであった。[25]この祈年祭幣使の再興については朝廷において次のような動きがあった。『兼香公記《かねか》』[26]によれば、寛保《かんぽう》二(一七四二)年一月九日に神宮奏事始があり、その後、桜町天皇が関白一条兼香に、祈年穀奉幣使、祈年祭幣使を再興したいので、武家伝奏久我通兄《みちえ》、葉室頼胤《よりたね》を参内させ、このことを伝達すると述べた。

一条は議奏武者小路公野《むしゃのこうじきんや》に両名を参内させるように指示した。同十六日、天皇は久我と葉室にこの意向を伝達した。同二十一日条には次のようにみえる。

而見両伝　奏、此日丹後守へ行向、申候内書付、写被送、

祈年祭、伊勢へ之幣使被立度御沙汰候、祈年穀奉幣使も春秋両度被立度御沙汰候、祈年穀奉幣之儀、古来ハ廿二社へ幣使を被立候事ニ候得共、上七社斗へ可被立候、各両三年之内ニ御再興被遊度との思召ニ候、此旨関東へ可被仰遣由内々御沙汰候事、

これによれば、両名は京都所司代土岐頼稔《ときよりとし》を訪れて、天皇の意向を伝え、幕府へ取り次ぐことを要請した。しかし、同二月八日、土岐が一条を訪れ、新嘗会《にいなめえ》再興後、間もないことを理由として幕府に取り次ぐことに難色を示し、実現には至らなかった。[27]

同二十一日条によれば、その要請の際に両名が土岐に渡した書付には次のようにみえる。

一、祈年祭之事、天和以来、毎年正月　神宮奏事始之目録ニ祈年祭幣使再興之事ト被載候儀故、兼々御再興被遊度
　　思召候事、

これによれば、桜町天皇は祈年祭幣使の再興が神宮奏事始における奏事事項であったことにより、幕府に対してこのことを要請しようとしたことがわかる。

2　両宮権禰宜各五名への加階

『通誠公記《みちのぶこうき》』によれば、貞享四(一六八七)年の奏事事項は、祈年祭幣使の再興・神領の再興・内宮権禰宜五名と外宮権禰宜五名への従四位上《じゅしいのじょう》授与であり、同じ位階授与でも同三年の場合、内宮権禰宜一名、しかも同三年一月八日条には「自勢州申叙爵款状未到来之時、以作名奏之流例也、今度未到来之間、以作名申之」とあるように、「作名」、すなわち架空の人物を設定して叙爵したことと比較するとその内容が大きく変化した。

このことについて和田朋子氏は、同三年十二月三日、祭主藤波景忠が神宮伝奏久我通誠に神宮奏事始のときに加階申請を行うことができるようにしてもらいたいと要請し、同二十一日に霊元天皇の勅許が出されるまでの経緯を明らかにしている(28)。同三年十二月三日条には、この要請理由が詳細に記されている。

其子細者、神宮権禰宜極位正四位上也、雖然申叙爵之後、令加階事毎度御代始惣位階拝之時歟、又者御祈賞ニ被下歟之両条之外、令拝叙之事無之、然ニ近年、為御祈賞加階被成下之事邂逅也、雖叙四位正上輩、件之子細故、令拝叙之日無之間、両宮権禰宜四、五人計雖老輩、申叙爵之後、不令加階、卒者数多有之、然間自明年奏事始自両宮五人歟、十人歟加階之事令申上度之旨、殊ニ賀茂氏人之輩奏事始之時、申加階之間、以此傍例景忠卿願望之旨也、

これによれば、神宮権禰宜の極位《ごくい》は正四位上であるが、叙爵された後に加階されることは、天皇代始の総位階、すなわち各天皇の代始めに行われた神宮禰宜・権禰宜全員への位階授与のときか、御祈賞としての位階授与のときしかなく、近年、後者も稀である。

このために正四位上を極位とする権禰宜でもそれに叙されることはなく、両宮権禰宜のなかで老輩といえども、叙爵された後、加階、すなわち従五位上以上の位階を授与されることなく、死去する権禰宜が多数いる。ゆえに来年の神宮奏事始より両宮で五人か一〇人の権禰宜への加階申請を行いたい。このことについては賀茂奏事始において賀茂神社の氏人が加階申請を行った傍例《ぼうれい》もあるというものであった。

また同八日条にみえる藤波が久我にその要請を記した「口上之覚」には「二宮権禰宜四百人程度有之候得者、自上首次第

毎年十人計宛預加級候者、賜一階輩者不及申、残輩茂連々巡番可相当与、数百権任一同毎春可為恐悦候歟、以上」とあり、さらに同四年一月十日条にみえる外宮権禰宜五名の加階申請書には「謂其年齢則弘光者八十九歳、友弘者八十一歳、延佳者七十三歳、常好者六十九歳、貞慶者六十八歳也」とある。

これらによれば、神宮権禰宜にとって神宮奏事始において加階が勅許されることが如何に僥倖《ぎょうこう》であったかを知ることができる。それまでは『神宮雑事』寛文七(一六六七)年一月三日条に官務壬生重房の見解として「三箇条目録者為祝辞申上事」と記され、この「口上之覚」にも「叙爵申輩無之時者、作名ニ而申上候故、目録三ケ条共無実ニ成候歟」と記されており、神宮奏事始は形だけの恒例儀式の性格が強かった。

しかし、貞享四(一六八七)年から認められた新しい奏事事項によって、神宮奏事始は単なる正月の恒例儀式から神宮権禰宜が年に一度加階申請ができる機会として、彼らにとってきわめて重要な意味をもつ儀式へと変化したのである。

正親町公明の『神宮上卿記』によれば、安永八(一七七九)年の奏事事項は、祈年祭幣使の再興・神領の再興・内宮権禰宜五名への従五位上授与と外宮権禰宜五名への正五位下授与であった。同一月八日条にみえる度会貞算による加階申請書には「去貞享四年以来、正月　奏事始之日、二所皇大神宮権禰宜各五人毎年順次賜位一階」とある。

さらに『神宮申沙汰雑誌草稿』嘉永二(一八四九)年一月十一日条によれば、同年の奏事事項も同様であり、両宮権禰宜各五名への加階申請は、貞享四年以降、奏事事項として他の二カ条とともに定着し、幕末に至るまで奏上され続けたことがわかる。

3　天皇の仰詞

それでは奏事事項に対する天皇の仰詞は如何なるものであったか。『通誠公記』貞享三(一六八六)年一月九日条によれば、祈年祭幣使の再興については「仰、早可致其沙汰」、神領の再興については「仰、可被仰出武家」、荒木田重嘉については「仰、可令宣下」であった。

一方、正親町公明の『神宮上卿記』安永八（一七七九）年一月十六日条においても、祈年祭幣使の再興については「仰、早可致其沙汰」、神領の再興については「仰、早可仰武家」、両宮権禰宜各五名への加階については「仰、早可宣下」であり、三カ条の奏事事項とともにそれらに対する仰詞も定まっていたことがわかる。

祈年祭幣使の再興については先述した通り実現しなかった。また、神領の再興については、寛永十（一六三三）年に山田奉行花房幸次《はなぶさよしつぐ》が度会郡《わたらいぐん》二見郷《ふたみごう》の神領地を復旧させ、同十六（一六三九）年に同郡前山《まえやま》の神領地復旧を斡旋したことはあるが[29]、仰詞をうけて朝廷が幕府に要請したものではなく、近世を通じてそのような事例は確認することはできない。

以上のことから近世の神宮奏事始において奏上されることによって実現したのは位階授与だけであった。

おわりに

近世における神宮奏事始の準備過程は、神宮伝奏が、一月四日に天皇にその式日を伺い、例年通りに行うように命令をうけると、神宮奉行に対して奏事目録の作成を指示するというものであった。式日は一月十一日であり、式場は、議定所、清涼殿、鬼間代、鬼間、小御所と一定していなかった。

儀式次第は、辰刻か辰半刻頃（午前八時か午前八時三十分頃）に式場に出御した天皇に対し、神宮伝奏が伊勢神宮からきた三カ条の奏事事項が記された奏事目録を奏聞し、一カ条を奏聞するごとに天皇の意向を伺うというものであり、入御後、神宮伝奏も退出し、奏事目録に天皇の仰詞を書いて神宮奉行に渡した。

江戸幕府は、寛永七（一六三〇）年以降、尊号一件を除いて幕末に至るまで摂家（摂政・関白・大臣）―武家伝奏―議奏のラインによって朝廷を統制した[30]。このことにより、神宮奏事始の準備も天和四（一六八四）年以降、摂政・関白の指示を受けて行われるものになった。

さらに、天和四（一六八四）年から貞享五（一六八八）年にかけて、一条兼輝が行った関白参勤の再興、神宮伝奏への儀式所作の指示、摂政による奏事目録の内覧によって、その性格は神宮伝奏が主体となって行う儀式から、摂政、関白の指示により神宮伝奏が行う儀式へと変化した。

また、第二部第一章第一節によれば、神宮伝奏は享保十六(一七三一)年以降、名称が神宮上卿に変更され、同第三章第四節によれば、とくに安永八(一七七九)年以降、白川神祇伯・藤波神宮祭主・壬生官務の回答や先例勘《かん》申《じん》に頼らず、家職として主体的に務めようとした清華家、羽林家公卿によって担われた。彼らは盛んにその記録を作成し、親族をはじめとする他の神宮上卿の記録を披見したり、書写したりした。

これらのことは、神宮奏事始の準備過程においても天明五(一七八五)年以降、神宮上卿から神宮奉行に対する指示がより詳細なものになり、同年の準備過程と儀式次第が幕末まで踏襲されたことに表れている。

奏事事項は、当初、社殿の造替・神領の再興・内宮権禰宜一名への叙爵であったが、天和四(一六八四)年以降は、祈年祭幣使の再興・神領の再興・内宮権禰宜一名への叙爵、貞享四(一六八七)年以降は、祈年祭幣使の再興・神領の再興・両宮権禰宜各五名への加階に変化し、幕末まで同様であった。近世の神宮奏事始において奏聞されることによって実現したのは位階授与だけであった。

貞享四年に、内宮、外宮権禰宜の加階申請が新しく奏事事項として認められて以降、神宮奏事始は単なる正月の恒例儀式から神宮権禰宜が年に一度加階申請ができる機会として、彼らにとってきわめて重要な意味をもつ儀式へと変化した。

註

(1) 平凡社、一九五九年、三四〜七七頁。
(2) 国立公文書館、二六三―八〇。
(3) 『史料纂集　八五　通誠公記　第二』(続群書類従完成会)。
(4) 宮内庁書陵部、葉―一三九四。
(5) 東京大学史料編纂所、二〇七三―一一二九。
(6) 東京大学史料編纂所、徳大寺家史料、四一―一一。

(7) 東京大学史料編纂所、正親町家史料、二八―四〇五。
(8) 東京大学史料編纂所、正親町家史料、二三―二七〇。
(9) 東京大学史料編纂所、正親町家史料、二八―四〇九。
(10) 国立公文書館、一四二―四〇〇。
(11) 蓬左文庫、大炊御門家史料、一四九―二。
(12) 東京大学史料編纂所、徳大寺家史料、三三―八四。
(13) 東京大学史料編纂所、徳大寺家史料、三五―四七。
(14) 宮内庁書陵部、F一〇―六九五。
(15) 高埜利彦「江戸幕府の朝廷支配」(『日本史研究』三一九、一九八九年、六六頁。後に、同『近世の朝廷と宗教』〈吉川弘文館、二〇一四年〉I部第一章に収録)。また霊元天皇の親政、同上皇の院政については、以下の論文に詳説されている。久保貴子「天和・貞享期の朝廷と幕府―霊元天皇をめぐって―」(『早稲田大学大学院文学研究科紀要』別冊一四、一九八八年。後に改稿、改題して『近世の朝廷運営』〈岩田書院、一九九八年〉第二章に「霊元天皇の朝廷運営」として収録)。山口和夫「霊元院政について」(今谷明・高埜利彦編『中近世の宗教と国家』岩田書院、一九九八年)。
(16) 「歴代天皇一覧」(児玉幸多編『日本史小百科　天皇』東京堂出版、一九七八年)二六三〜二七八頁。以下、天皇の年齢は同書によった。
(17) 東京大学史料編纂所、二〇七三―一七五。
(18) 高埜利彦「後期幕藩制と天皇」(『講座・前近代の天皇』二、青木書店、一九九三年、一九八頁。後に、同『近世の朝廷と宗教』〈吉川弘文館、二〇一四年〉I部第二章に収録)。
(19) 石川和外「近世准三后考」(『日本歴史』六二五、二〇〇〇年)六六・六七頁。
(20) 宝暦期の朝廷については、前掲註(18)高埜論文、一八一〜一九八頁に詳説されている。
(21) 平井誠二「近世の大中臣祭主家」(藤波家文書研究会編『大中臣祭主藤波家の歴史』続群書類従完成会、一九九三年)一九八頁。
(22) 宮内庁書陵部、F九―一三四。
(23) 小島鉦作『伊勢神宮史の研究』(吉川弘文館、一九八五年)一五頁。
(24) 中西正幸『伊勢の遷宮』(国書刊行会、一九九一年)一三二頁。
(25) 大西源一『大神宮史要』(平凡社、一九五九年)六二八〜六三三頁。山田恭大「伊勢神宮における元禄年間朝儀再興について―祈年祭・神御衣祭再興を事例として―」(『皇學館論叢』四九―一、二〇一六年)三三～四〇頁。

(26) 東京大学史料編纂所、二〇七三―一一八。

(27) 高埜利彦氏は延享元(一七四四)年に祈年穀奉幣に准じて三〇三年ぶりに発遣された上七社奉幣使の再興過程を詳細に明らかにしている。同『近世日本の国家権力と宗教』(東京大学出版会、一九八九年)四四～四八頁。

(28) 和田朋子「近世朝廷における公家―久我通誠の日記を中心に―」(『橘史学』一五、二〇〇〇年)一〇五頁。

(29) 前掲註(25)大西著書、四五四頁。

(30) 前掲註(15)高埜論文、四八～四九頁。

第三章　近世神宮神主への叙位

はじめに

本章においては近世伊勢神宮神主への叙位を取り上げる。近世朝廷において伊勢神宮神主への叙位は重要政務の一つであり、この過程を検討することは朝廷機構を明らかにする上で有効である。

伊勢神宮禰宜《ねぎ》への叙位については石川達也氏による先行研究がある。同氏は、天明六（一七八六）年の三《さん》・四《よんの》禰宜の従三《じゅさん》位《み》叙位手続きを神宮の史料によって分析し、「宗廟《そうびょう》」たる神宮においても全国的な神職位階の上昇とは無関係ではなく、むしろ他の神社のそれを意識することにより、自分たちのさらなる上昇、神社界においての一番上位を獲得するために、経済的な負担も顧みず精力的に活動し、それを果たしたことや叙位手続きの実態について明らかにしている（1）。

ただし、同氏の研究は時期が限定されており、近世全体を通じた解明が必要である。そこで本章においては、第一節で寛永三（一六二六）年、第二節で承応《じょうおう》三（一六五四）年、第三節で寛文九（一六六九）〜十三（一六七三）年・元禄十六（一七〇三）年、第四節で延享四（一七四七）年、第五節で天保十五（一八四四）年における神宮神主への叙位の過程を明らかにする。

それにより、神宮伝奏をはじめ関白・神宮奉行・官務・祭主がそれらにおいて果たした役割を明らかにし、近世前期から後期にかけての朝廷における伊勢神宮行政の変化を解明する。

また第二節では承応年間に発生した外宮《げくう》下級神主への叙爵・加階とそれに伴う訴訟事件を取り上げる。

近世の神宮神主が位階に関して起こした争論については、平井誠二氏が慶安四（一六五一）年二月に発生した伊勢神宮の正権《せいごん》禰宜等に対する即位恩賞としての総位階昇進再興問題に関する争論を明らかにした。

その概略は、祭主藤波友忠が総位階の再興要請を挙奏しなかったことにより、外宮禰宜等は朝廷に訴訟を起こしたが、認められなかった。そこで寺社奉行へ訴えたところ、幕府は朝廷における解決を望んだため、朝廷において両者の主張が展開された。その結果、承応元(一六五二)年五月、後光明天皇が総位階勅許の方針を示したというものであった。(2)このように神宮神主は近世を通じて絶えず朝廷に自らの位階上昇を求めていたことから、彼らにとって叙位がもっていた意味についても解明する。

第一節　寛永三年における神宮神主への叙位

本節においては、寛永三(一六二六)年における神宮神主への叙位を検討し、近世初期における伊勢神宮行政の一端を解明する。神宮伝奏日野資勝《すけかつ》の『資勝卿記』(3)同六月五日条には次のようにみえる。

荒木田幷度会等申叙爵事、此旨可被申上之状、如件、

六月一日　　神祇権少副　判

四位史殿

進上

祭主友忠書状　一通

荒木田・度会等申叙爵事

小折紙副　二枚

右、進上、如件、

六月五日　　大史孝亮

進上、　頭左中弁殿

小折紙

申
従五位下
荒木田神主氏是
（中略）
申
従五位下
度会神主貞治
（中略）
小折紙二枚別ツ、ミ而来候也、
荒木田・度会等申叙爵之事、小折紙二通相副之、早可有御　奏達候哉、誠恐謹言、
六月五日
進上　日野大納言殿
右、小折紙、祭主書状・官務状相副、披露申候へハ、両伝奏へ御談合と被　仰候テ、持参申候へハ、無別儀ノ由御返答、披露候て、勅許也、
荒木田氏是、重彦、定清、尚茂、氏長、武存、守昭、奥視、経昌、并度会貞治、文安、光次、正城、貞和、末光、貞光、正真等叙爵事、早可令　宣下給之由被　仰下候也、謹言
六月五日
頭弁殿
これによれば、祭主藤波友忠が官務壬生孝亮《みぶたかすけ》に両宮の神主が叙爵申請したことを報告した。壬生は神宮奉行烏丸光賢《からすまるみつかた》に祭主の書状一通と両宮神主による叙爵申請の小折紙二枚を送った。烏丸は日野にこれらの小折紙二枚を副え、早く奏聞

することを要請する書状を送った。これをうけて日野は小折紙二枚を祭主書状一通と官務書状一通を副えて後水尾《ごみずのお》天皇に披露したところ、天皇は、武家伝奏三条西実条《さんじょうにしさねえだ》・中院通村《なかのいんみちむら》に談合するように命じた。日野が両名にそれらを持参すると、両名は問題ないと回答したので、日野は再び天皇に披露し、勅許を得た。これにより日野は烏丸に天皇が早く位階を宣下するように命じたことを伝えた。

第二節　承応三年における神宮神主への叙位をめぐる訴訟事件

本節においては承応三（一六五四）年における神宮神主への叙位をめぐる訴訟事件を取り上げる。『大神宮史要』(4)には「承応の神訴」としてその詳細が記されている。それによれば、この事件は、豊宮崎《とよみやざき》文庫を創設するなど神宮の学問に功績があった外宮権禰宜《げくうごんねぎ》の出口《でぐち》（度会）延佳《のぶよし》・宮掌大内人《くじょうおおうちんど》の与村（源）弘正・岩出（秦《はた》）末清・青山（秦）正清に対して、承応三年に後光明天皇より位階昇進の命令があり、加階・叙爵の口宣案が出されたが、これを不服とした外宮禰宜たちが、その加階・叙爵の取り消しを求めて朝廷に訴訟を起こした事件であった。

『祠官賞爵沙汰文《しかんしょうしゃくさたぶみ》』(5)と『参洛記　全』(6)には事件の詳細な経過が記録されている。最初に四人への叙位が行われるに至った経緯を『参洛記　全』承応三年四月十四日条は次のように記している。

（前略）出口氏度会延良神主者、権禰宜中、四十有臈、而文庫籍中、六十有余之首長也、（中略）出口氏偶記灯火之夜話、皆及　神道之事、名之曰陽復記、此記刊行世、故菊亭前亜相公、参内之次、被献上之、於御記録所、既備叡覧之由、以其次、延良述作之名、末清・弘正等、同硯席之交、彼是　神訴之中、皆達　叡聞矣、其後、林羅山父子二人、共書文庫記、神宮使介、在洛之砌、献于油小路宰相殿、蓋以為職事也、宰相殿以此記被呈伏原殿、伏原殿又被進覧于御記録書、蓋以為御師範也、爾時猶文庫営建之張本、及二三子之事之由、厥後、伝　奏鷲尾大納言隆量卿、以生等之実名、度々被達　上聞之由、介者告報之、其頃、禰宜職相論之御裁許、見于禰宜職沙汰文、前祭主非例ノ御沙汰、見于惣位

階沙汰文、数度之勘例、毎度之証文、就御尋、令献覧之者、神宮顕然者、

出口延佳は後期度会神道の創唱者である。このとき後光明天皇が読んだ『陽復記』は、彼の主要な著作の一つで、彼の神道思想の神髄が述べられている。[7]

天皇も『正保遺事《しょうほういじ》　全』[8]に「帝、仏道及ひ旧弊をさけさせ給ひ（中略）程朱の説を信しさせ給ふ御事」とあるように、この『陽復記』の思想に共鳴した。さらに与村弘正等三人が延佳の同学の士として外宮の豊宮崎文庫設立に関わったことも天皇の耳に入っており、天皇は外宮下級神主四人の功績を高く評価し、異例とも言える別勅《べっちょく》による叙位を行ったのである。

『祠官賞爵沙汰文』によれば、承応三年四月十四日、この四人（秦末清は名代《みょうだい》の塩瀬重香）が上洛し、同十七日、神宮伝奏鷲尾隆量《わしのおたかかず》を訪れた。鷲尾は四人に対して先日の奏事の際に功績のある神主に賞を与えるべきとの勅定が下り、祭主にこれを下知すると日を置かずして四人が参洛したことは神妙であるとして天皇にこれを伝えると語った。

同十八日、鷲尾は弘正を召して権禰宜の加階が禰宜の加階を越えた例と大内人が叙位された先例の所見があれば、注進するように命じ、これは天皇の意向ではなく、自らの内々の意向であると述べた。

同十九日、弘正は鷲尾の邸宅に参り、昨日、注進を命じられた先例二通を提出し、また延佳が今回加階されれば、父の位を越えてしまうので加階を断る旨の辞状も渡した。

同二十三日、鷲尾が参内し、この延佳の辞状を天皇にみせ、四人が参洛した旨を奏上すると、天皇は、延佳が父の位を越えないために加階を断ったことについて、その心情を汲んで父延伊に加階するように命じた。

さらに弘正・末清・正清には恩爵を与え、この加階・叙爵の件について日吉大社《ひよしたいしゃ》に参詣のため志賀に逗留中の関白二条光平にも諮問するように命じた。『参洛記　全』同二十四日条には次のように記されている。

同廿四日、雨天、依　命両　勅使発向于志賀之処、二条殿下御父子、父前摂政左府御諱康道公・子関白従一位御諱光平公、共同亭御座、勅意関召、而関白殿仰曰、延良有功之上、存孝之由、叡感尤儀也、父延伊加級之儀、急可被　宣下、弘正・末清・正清等縦雖有労功之不同、共以尽神忠之由、達上聞之上者、雖不及有旧例、其勘文亦分明、則三人

同可預栄爵事勿論也、是亦急可被宣下也、両　勅使承此旨、直被窺前摂政殿御機嫌之処、微笑曰、抽賞之恩詔、感孝之　叡慮専任于当関白之議定、速可被下知者、分之宜也、左府不及再評之由、仰也、両　勅使承関白御父子之旨、而同日及暮帰京、直参内、右之趣有　勅答、天気弥御感之上、明日四人可捧小折紙之由勅定也、伝　奏・職事承　勅命、自　朝退、而入夜、従伝　奏召正清曰、今日、関白父子之御機嫌、天朝之御気色、各冥加之至、神助之極、可存有難之由、仰也、正清稽首合爪、而急退出、告報焉、吾儕等不覚手舞足蹈、速認小折紙、明日可献之由、議定焉、

これによれば、神宮伝奏鷲尾と神宮奉行中御門宗良は天皇の意向を関白に伝え、この件について諮問した。関白は、天皇の意向をもっともであるとした上で、四人の加階と叙爵を急ぎ宣下《せんげ》するように指示した。また鷲尾は直接神主に叙爵・加階申請の小折紙提出を指示した。

『祠官賞爵沙汰文』によれば、同二十五日、四人は小折紙を神宮奉行に提出し、同二十六日、四人の加階・叙爵が宣下された。宣下の上卿は神宮伝奏鷲尾が務め、口宣案は蔵人頭でもある神宮奉行が奉じた。

同二十七日、官務壬生忠利から祭主河辺定長へ四人に口宣が出されたことを早く下知するようにとの文書が出され、さらに祭主から大宮司河辺精長《きよなが》にこのことを承知するようにとの文書が出された。同五月二日、大宮司が外宮禰宜たちにこのことを下知した。これに対して同十六日条には次のように記されている。

今後、弘正・末清・正清等以自分之申状預叙爵、相副口宣案・次第下文等神宮到来、拝閲候処、源・秦之両氏被付候、彼三人者終不預叙爵者之後胤止申、殊異姓之者仁天御座候、故神宮之承知可為如何之段、一禰宜常晨江申理候処、自分仁京都江被申達候由、何様之儀候哉、不得其意候、抑当宮祠官等自往古不交他姓、以度会姓被恩補儀候、然処、源・秦之両氏以当宮之権任任、奉捺正印之事、云新儀、云非例、神鑑尤難測奉存候、併神宮之古法無陵忽候様被仰付、於被下者、可為御神忠候、恐々謹言、

（中略）

五月十六日　　　三禰宜満彦（在判）

二禰宜全彦（在判）

進上祭主殿政所

同日、捧鷲尾大納言家幷司庁之状、同之、

これによれば、外宮禰宜がこれに異議を申し立てた訴状を出し、度会姓以外の源・秦の両氏に叙爵がなされ、その結果、権禰宜に任じられるのは、「新儀」であり、「非例」であると主張している。そして外宮祠官は古来度会姓以外の者は交えないとしている。同書によれば、これに対して神宮伝奏鷲尾は、同十八日、次の書状を家臣の勝月頼重に出させた。

飛札趣、則令披露候、然者今度弘正・末清・正清等叙爵就御　勅許、異姓之輩預叙爵候旧例無之旨、右三人者先年被補大内人職候輩故、被任旧例、今度五位御　勅許候、尤大内人預叙爵候事、旧例数多数勘進被申候、各如被仰候、異姓無之候者、可被補権任候得共、此三人者異姓故叙爵迄候、委子細之段者祭主殿・宮司殿江御尋尤候、各旧記若御取持無之候者、御両所江御申候而可有一覧候、恐惶謹言、

大納言家

五月十八日　勝月数馬頼重（在判）

外宮二禰宜殿

三禰宜殿

（後略）

これによれば、大内人が叙爵されている先例は数多くあり、異姓でなければ権任《ごんにん》、つまり権禰宜に補任されるが、この三人は異姓だから叙爵されるだけであるとしている。

神宮伝奏鷲尾の回答にも関わらず、外宮禰宜たちは禁河《きんが》を越えて上洛し、(9) 七月八日、鷲尾の後任である神宮伝奏葉室頼《はむろより》業《なり》・神宮奉行中御門宗良・官務壬生忠利の邸宅を訪ねたが、対面することはできず、同九日、関白二条から叱責され、武家伝奏清閑寺共房・野宮定逸《ののみやさだはや》から伊勢神宮のことはその担当者に訴えるように命じられた。この訴訟を起こした外宮禰宜

等の意識を示すのが七月十日の次の記事である。

今日午刻、外宮長官使者京着、被捧口状於伝奏・奉行・官務殿、

口上之覚

（前略）

一、禰宜中我等各別に罷成候子細は、口宣下候上は、尤口宣之下知可承知仕事と我等存候、又禰宜中被申候者、此度之儀非例候間、上々へ御断可申上候、其上口宣返候例も有之事候と被申候間、我等申候は、口宣可返申との事、無勿体事候と、様々意見申候へども、曽合点不仕候、

一、右三人之者等之儀、如何様之子細以合点不被仕候哉と、重而相尋候へば、後々神宮へ入込申と被申候間、我等申候は、神宮へ入込申間敷との書物為可取申と申候へども、兎角、不被合点仕候、禰宜中畢竟之所存者、口宣用申間敷との事候、我等者口宣可用申と依存候、各別に罷成候、

七月八日　　外宮一禰宜常晨

これによれば、外宮禰宜は異姓の者が叙爵されれば、彼らが権禰宜への任命を要求し、外宮内部へ入り込むのではないかと危惧していたのである。その理由は外宮神主にとって叙爵・加階がもつ意味にある。

『外宮近代禰宜朝恩録』(10)には、近世外宮禰宜の位階昇進年月日が記録されており、たとえば次のようにみえる。

二禰宜正四位下度会神主因彦、禰宜四十二年、寛永十五年三月一日、補権禰宜、寛永十五年三月二日、叙爵、正保四年七月十八日、任禰宜、信彦替、承応二年九月十一日、叙従五位上、御代始賞、（後略）

これによれば、外宮禰宜になりうる度会氏直系の神宮家出身で権禰宜に補任された神主は、その後、必ず叙爵され、欠員が出れば、禰宜に補任されるのが通例であった。つまり、外宮において叙爵された神主は必ず権禰宜か禰宜であったのである。

さらに、去年以来、三日市場家の一門が権禰宜への任命を内宮に要求し、叙爵を願い出て、紛争を続けており、外宮禰

宜の神経も過敏になっていた[11]。

『祠官賞爵沙汰文』によれば、同七月二十四日、出口延佳、与村弘正、塩瀬重香、青山正清が神宮伝奏葉室を訪ね、勘例を渡すと、神宮伝奏葉室は別勅によって叙位された上は勘例を一覧する必要はないと述べた。同九月五日条には次のようにみえる。

五日、及暮参伝　奏黄門、有御対面、今日　奏聞事訖之旨被仰、次参総官、詳被告所聞于黄門之語云、今日黄門与宗良朝臣共被参内、携訴状等、進　御前、先残置勘例、奏覧　禰宜訴状、次延良等陳状、次祭主・宮司口状、次宮司・禰宜問答状、次一禰宜口状、即　竜顔読之、頗有　逆鱗、勅語云、曲事乃事申須者等也、読訖、所残置之勘例触天覧、有　勅問、被　奏云、是双方所進之勘例也、勅定云、如勘例者不及　覧之也、伝　奏不知朕意、私取勘例、因之禰宜及異議、此叙位被依例而授之者也、只奉為宗廟賞有功而已、其勘例将持帰也、即被返下、自以　玉手令取　奏文　入御、其後伝奏・職事被退下、

これによれば、葉室は、四人の勘例、禰宜の訴状、延良等の陣状、祭主・宮司の口状《こうじょう》、宮司・禰宜たちの問答状、一禰宜の口状を後光明天皇に提出し、その判断を仰いだ。天皇はこれらを読み、激怒した。さらに神宮伝奏が個人的に勘例を提出させたために禰宜が異議に及んだとし、この叙位は先例に基づかずに授けたものであり、伊勢神宮に対して功績があったことに対して授けただけであるとしている。

その後、明暦元(一六五五)年八月条、万治《まんじ》二(一六五九)年七月二十九日条によれば、外宮禰宜たちは天皇の裁断をも不服として寺社奉行に訴え出たが、勅命ということで訴えは退けられたのである。

当時、伊勢神宮神主が叙爵、加階されるのは、天皇即位の際にすべての禰宜・権禰宜へ加階される総位階の場合と臨時に神主自らが叙爵、加階を申請する場合であり、このように如何にその功績が大なるものであったにせよ、天皇が自らの意志で神宮の下級神主に恩賞として叙爵、加階を命じることは異例のことであった。

さらに、それが通常は叙爵されない下級神主に対するものであったことにより、外宮禰宜たちは従来の伊勢神宮神主の

階層を崩すのではないかとの懸念を抱き、「口宣用申間敷」、「口宣可返申」というように激しく反発したのであった。

第三節　寛文・元禄年間における神宮神主への叙位

近世朝廷において伊勢神宮関連公事《くじ》は、その準備を担当する神宮伝奏が事前に神斎を行ったこと(12)からわかるように、神事とされており、それらを担当する神宮伝奏は清浄性の保持を厳しく求められた。このことにより、神宮伝奏は就任すると、最初に家内を潔斎し、行水するなどして身を浄めた(13)。

近世において関白・三公などは神祇道《じんぎどう》を家職とする公家であった白川神祇伯・藤波神宮祭主などに随時種々の質問を行い、彼らはこれに答えを出した。とくに触穢に関わることは神祇道の家々に諮問するのが適当とされていた(14)。

第二部第二章「はじめに」において明らかにしたように、近世前期においては、神宮伝奏も身を浄めた後、彼らに同職在任中に避けるべき触穢の内容について質問した。たとえば『神宮伝奏之間事《のかんのこと》　転法輪《てんぽうりん》相談条々(15)』は、寛文十三(一六七三)年に三条実通が神宮伝奏に補任された際、白川雅喬王《しらかわまさたかおう》が、先代の雅陳《まさのぶ》王により三条家からのさまざまな質問に回答するかたちで作成されていた神宮伝奏在職中の心構えを披見し、それに補足を加えて実通に送付したが、その控書が本書である。

また近世前期朝廷の伊勢神宮行政については『神宮雑事《ぞうじ》(16)』に詳記されている。同書は全六冊からなり、寛永二十一(一六四四)年一月十一日から延宝三(一六七五)年五月二日までの記事を収めている。

一冊目は壬生忠利が伊勢神宮行政に関係する記事について記した別記であり、二冊目から六冊目までは、官務壬生重房の従者、奥西重好《しげよし》が『重房宿禰記《すくねき》(17)』中の伊勢神宮行政に関係する記事を抄記したと推定できる別記である(18)。

近世前期の官務壬生とその従者がこうした別記を作成した理由は、『神宮雑事』寛文七(一六六七)年九月二十七日条によれば、官務壬生重房が神宮奉行今城定淳《いまきさだあつ》に「凡於　神宮者不引他社之例、又於他社者不引　神宮例之由、先達之為口伝、為故実之間、諸社例不可勘進」と述べているように、壬生が伊勢神宮に関する政務を特別なものと認識しており、官務の職務遂行上の参考書とするため、伊勢神宮に関する政務の先例集ともいうべき同書の作成を企図したことであったと考える。

本節においては、まず、同書に詳述されている寛文年間における神宮神主への叙位過程を取り上げ、近世前期の朝廷における神宮伝奏の機能をはじめとする伊勢神宮行政と叙位を求める神宮神主の意識について明らかにする。

『神宮雑事』によれば、寛文九(一六六九)年四月一日、祭主藤波景忠が官務壬生重房に自らと両宮禰宜の叙位を申請する小折紙と勘例を提出し、壬生はそれらを神宮奉行烏丸《からすまる》光雄に伝えた。同三日には神宮伝奏清閑寺熙房《ひろふさ》が壬生にその小折紙を披露すると述べた。

同十一日には、祭主景忠より壬生に内宮一禰宜《ないくういちのねぎ》藤波氏富の正三位《しょうさんみ》を申請する小折紙・申文《もうしぶみ》・勘例・外宮五《ごの》禰宜以下の叙位を申請する小折紙・勘例が到来し、壬生はそれらを烏丸に届けた。

同十六日には、関白鷹司房輔が壬生に氏富の正三位申請について一禰宜に対する正三位叙位の先例があるか尋ねた。壬生は先例を調べたが、所見はなかったことを回答した。鷹司は、壬生に対して、明日、伺候するように命じた。同十七日条には次のようにみえる。

同十七日、令伺候関白殿、被尋仰云、今度両宮正員禰宜一級申上、幷内宮一禰宜三位氏富正三位申上、去々年既被叙従三位、其間不幾、今年又正三位為早速、去々年被宥一禰宜之労、既為　勅許、先例皆以及七旬之後也、氏富為六十余之沙汰也、然間三位七旬已後為先例之間、於正三位者其例可為希有、今度御沙汰有間敷之由、被仰訖、正三位先例不及所見之由、書付可進之由、被仰、即於御前書之、令呈進者也、

正三位之事、引勘候処、不得所見事、於従三位者元徳已来、流例候歟、四月十七日　　重房

如此横折書之、殿下為御覚悟之由、被仰之、尤不及甘心者也、

（後略）

鷹司は、今度、両宮禰宜の叙位申請と内容一禰宜氏富の正三位申請があり、一昨年、すでに氏富は従三《じゅ》位に叙されており、その間、少ししか経っていないのにも関わらず、今年、正三位に叙されるのは早速である等の理由で、今度の氏富への叙位はあってはならないと述べた。

さらに、鷹司は、正三位への叙位の先例を所見していないので、書付を送るように命じ、壬生はすぐに御前において「正三位加階の先例を調べたところ、所見を得なかったが、従三位については元徳以来、先例が伝わっているのではないか」と記し、関白に提出した。

このように神宮行政を統轄した鷹司にとって自らの決定の根拠として壬生家に集積された先例が必要であったことがわかる。また、同二十一日条・二十三日条には次のようにみえる。

同四月廿一日、従祭主景忠、宮司精長二男叙爵事、小折紙勘例到来、同廿二日令挙　奏、

申　従五位下　大中臣長春

大中臣長春申叙爵事、此旨早可被申之状、如件、

四月廿一日　神祇権少副 判

左大史殿

（後略）

同廿三日、従清閑寺黄門少時可入来之由、仍参彼亭、仰云、昨日可披露之処、依御不例、不及其儀、可為廿五日披露之由定訖、又昨日宮司二男叙爵事不可有異議歟之由被尋問、余云、先例之趣廻愚案之処、不可及異議歟之由申入訖、然者可披露之由仰了、

同二十一日、祭主藤波が壬生に大宮司河辺精長の次男長春の叙爵を申請する小折紙と長春からの勘例を送った。同二十三日には、神宮伝奏清閑寺が壬生に来るように命じ、壬生がその邸宅を訪れると、清閑寺が昨日の叙位申請について異議

はないかと尋ねた。壬生は先例を検討したところ、異議には及ばないのではないかと回答した。

清閑寺はそうであるならば、披露すると述べており、神宮神主の叙位申請を披露するか否かの判断を官務の意見によって行ったことを示している。同二十五日条には次のようにみえる。

同廿五日、清閑寺熙房卿エ令参入、同奉行頭左中弁光雄朝臣参会、其趣今般申上祭主景忠位階事、去々年、寛文七年叙従四位下、其年序不幾、又先例連年又中一年等之例、是者為　朝賞例、景忠昇進之次第、如華族之昇進甚不可然之由、今日殿下幷雅章卿・実豊卿被議定、又内宮一禰宜氏富正三位事、去々年、叙従三位、其年序是又不幾、又先例正三位為一人、従三位之時、被経御沙汰、被宥一禰宜之労、被叙従三位訖、是又今般正三位所申上、不可然之由、被議定、又外宮一禰宜・二禰宜是又去々年被叙一階許、然自正三位者浅位之間、可被宥之由、被議定、又荒木田従二禰宜至十禰宜、度会一同一階可被　宣下歟之由、被議定、

これによれば、清閑寺が烏丸と壬生にこの日清閑寺が鷹司と武家伝奏飛鳥井雅章・正親町実豊《おおぎまちさねとよ》に対して披露した祭主と禰宜の叙位申請に関する鷹司・飛鳥井・正親町による議定の結果を伝達した。

しかし、同二十六日条によれば、この議定《ぎじょう》の結果について清閑寺と壬生の間で次のような遣り取りがあった。

同廿六日、令参入清閑寺中納言熙房卿仰云、景忠事氏富事不可有勅許者、残祠官之輩小折紙可披露歟如何之由雖申入殿下、御返答之趣不分明之由被談聞、在暫時、熙房卿預来儀、其趣者倩被廻思案之処、今般祭主景忠一階、内宮一禰宜氏富正三位去々年拝叙之故、及早速之御沙汰、不及披露、然処、外宮一禰宜・二禰宜是又去々年拝叙之処、此両人斗、今年可賜一級之事不可然、加思案之間、此趣令尋問殿下幷武家伝奏雅章卿・実豊卿、今年可停歟如何、被問所存之由、余云、御思案之旨令甘心之由申入訖、今年為式年之遷宮、為其賞可賜一級歟之由、望請歟、又一禰宜神体奉仕之故、一級申歟之由、在御尋、此条於為賞者不及先例、又賞者遷宮已後可有御沙汰事也、兼被行賞事如何之由答申、又神体奉仕之勤、重役之故、一級申之由、外一禰宜所申也、毎度遷宮被下一級、不知其例之由、殿下申入之由、被談仰訖、唯、今度所申者臨時加階也、於賞御沙汰者不叶道理之由談仰、為尤之由申入訖、又賞例為意得可勘給之由也、

これによれば、清閑寺は、壬生に外宮一禰宜と同二《にの》禰宜への叙位についても適当ではないとして議定の結論に反対の意見を述べ、その旨を鷹司・飛鳥井・正親町にも伝え、彼らの意向を尋問した。そして壬生も清閑寺の意見に賛成した。以上の経緯の上、同三十日条には次のようにみえる。

同卅日、従神宮伝奏清閑寺中納言熙房卿可参入之由、則令馳参、祭主景忠同参入、其趣者、

一、内宮一禰宜従三位氏富正三位之事、去々年従三位所望之時、先輩及七旬、皆以被叙従三位、然処、氏富為六旬余、可有如何之処、被宥恕一禰宜廿箇年余、禰宜労五十箇年遷宮奉仕之功、彼此既為　勅許、又正三位之例於二宮常真一箇度、是又為希有、自叙従三位以降、其間不幾之間、就早速之御沙汰、無宣下之旨、可致下知之旨、被命訖、

一、外宮一禰宜・二禰宜是又去々年自叙一階以降、其間不幾、為早速之故、無　宣下之旨同可加下知之由、

一、従内宮二禰宜至十一階　勅許之事可加下知云々、

一、従外宮三禰宜至于十一階　勅許之事可加下知云々、

一、宮司精長一階同二男一階　勅許之事可加下知云々、

一、祭主景忠一階事、去々年自叙一階以降、其間不幾、殊父友忠為　勅勘、又先例在連年、或中一年之例、是者皆為朝賞之例、難因准歟、於　勅勘之子孫、昇進一二代減于先例法也、雖然先景忠当年一級者為早速之由可加下知云々、

（後略）

これによれば、清閑寺が壬生と藤波に対して各々の申請に関する宣下と勅許の有無を伝達し、問題となった外宮一禰宜と二禰宜に対する叙位の宣下は清閑寺の主張通りに見送られた。

同書によれば、同十一月二十四日、再び祭主が内宮一禰宜氏富の正三位叙位を申請した。しかし十二月二十五日には勅許が出されないことが壬生より祭主に伝えられた。翌寛文十（一六七〇）年五月二十一日条・二十二日条には次のようにみえる。

同十年五月廿一日、従祭主景忠朝臣、内宮一禰宜氏富内々申正三位款状・勘例到来、即令挙達了、（後略）同廿二日、従神宮伝奏清閑寺中納言熙房卿、可令参入之由、即令参彼亭、祭主景忠朝臣同被招、其趣氏富正三位事、令　奏達之処、此儀可有如何哉之由、被勅問摂関家之処、各所存被申、就其意見不同、今般勅許不被仰出、重而可有御沙汰之由、被　仰出之間、可得其意之由、被命之、令領掌之由、答訖、尋申云、人々意見之旨、如何之由、仰云、自従三位其中間不幾之故也、又於御祈禱之賞者、為隔別之沙汰之由也、愚案云、従叙従三位以降、経四箇年歟、尤為早速、又被宥長日御祈禱之功者、又各別也、抑上階御免之事、不可有容易之　勅許事歟、被叙従三位之時、御沙汰之次第不分明之由、

（中略）

勅問之人々意見之辞、令所望、注之、

関白房輔公　鷹司殿

以一箇度之勘例者可有如何哉、其上、中早速候、雖然、於一箇度茂有例之上者、可被用之歟、弐余社之例、略所見候間、以此准拠苦間敷候歟、殊以　神宮之儀候間、

右大臣兼晴公　九条殿

勘例一有之候上者、難被叙候歟、雖然於款状之趣者　勅許苦間敷候哉、猶可在　叡慮、

前摂政光平公　二条殿

雖　神宮之儀候、例一箇度、其上中早速之事候間、正三位之儀過分候歟、雖然猶可在　聖断、

内大臣基熙公　近衛殿

款状之趣尤候歟、雖然先例唯一人之外無之、其上、中早速候間、雖　神宮之儀、今聊可有御吟味候歟、飛鳥井前大納言雅章卿

中早速候間、難被宥歟、雖然可在　叡慮、

正親町前大納言実豊卿
如何様共　叡慮次第爾存候、

これによれば、同二十二日に三度目の申請がなされており、同二十三日には、清閑寺が壬生と祭主藤波に対し、氏富の正三位への叙位申請を奏聞したところ、霊元天皇はこの件をどのようにすべきか摂家衆と武家伝奏に勅問され、おのおのが意見を述べたが、それぞれが異なっていたので、今回、勅許は出されなかったことを伝えた。この後、同七月七日に四度目の申請が、翌寛文十一年二月十二日には五度目の申請が祭主より行われたが、いずれも却下され、勅許は出されなかった。

この叙位申請問題に関連し、同十二月三日条には次のような注目すべき記事がみえる。

同年十二月三日、従神宮伝奏清閑寺中納言熙房卿、可参入之由、即令参彼亭、被命云、今日以東園大納言基賢卿被仰出者、神宮事、自今以後、諸事委細加評判可令　奏聞、不被経　勅問、可被　仰出之間、可存此旨之由、被　仰出、熙房申云、雖為身不屑、蒙此　仰、眉目之由、申上、雖然、諸事不勘之間、官務重房与遂評判、可経　奏之由、迄于基賢卿申入、向後、可被評判之由也、次又内宮一禰宜氏富正三位事、被　勅問之処、摂関家異見之趣不分明、従三位猶以及御疑貽之由、被仰出、然間正三位事、委遂評判、於可被叙道理者、可被叙之由、被　仰出、可加評判之由、申上云々、熙房於所存者、不可被叙、重房如何之由、被尋問、申云、於正三位者、於両宮唯為一人、最以不可為容易歟、猶所存追而可被談之由也、

この記事は清閑寺が壬生に語った内容であり、それによれば、霊元天皇が、その側近であった議奏東園《ひがしその》基賢《もとかた》を通じて清閑寺に対し、伊勢神宮のことは、今後、諸事について詳しく審判を加えてから奏聞し、摂家衆、武家伝奏への勅問を経ないで、天皇が命じることができるようにすべきであると命じた。清閑寺は、この命令を承知したが、諸事を調べられないので、官務と審判をして奏上する旨を東園に申し入れると、東園は、今後、審判をするように命じた。

次に、東園は天皇が氏富の正三位申請について摂家へ諮問したところ、摂家の意見の内容がはっきりせず、天皇は氏富

の従三位への叙位でさえ、疑いをもっており、ゆえに、氏富の正三位への叙位のことは清閑寺が詳しく審判して、叙されるのが道理ならば、叙されるべきであると命じたことを述べたので、清閑寺はこの件について審判を加えると述べた。

清閑寺は、自らの意見は叙されるべきではないとした上で、壬生は如何かと尋ねると、壬生は、正三位は両宮のなかでただ一人を叙するものであり、容易に行うものではないのではないかと述べた。

江戸幕府は、寛永七(一六三〇)年以降、尊号一件を除いて幕末に至るまで、摂家(摂政・関白・大臣)―武家伝奏―議奏のラインによって朝廷を統制したが、[19]さらに、摂政・関白・摂家の大臣など摂家公卿は、勅問衆を構成し、公家官位叙任をはじめとする種々の朝廷政務に関して天皇の勅問に与っていた。[20]霊元天皇によるこれら二つの命令は、朝廷統制機構や勅問衆が伊勢神宮行政に関与することを否定し、自らの側近公卿であった神宮伝奏に強力な権限を与えることによって、新たに天皇―神宮伝奏の指揮系統を形成し、神宮行政を統御しようと考えた霊元天皇の意図に基づくものであったと考える。[21]

しかし清閑寺家は伊勢神宮に関する諸事を審判するために必要な有職故実の蓄積を十分に行っていなかったのである。第二部第一章第二節5と同第三節において明らかにしたように、近世前期においては、神宮伝奏は家職化しておらず、権大納言・権中納言の公卿が持ち回りで担当していたのであり、有職故実に詳しい公卿が補任されたわけではなかった。このために神宮伝奏が神宮に関する諸事について意見を具申する際には官務との評議を必要とした場合が多かった。

その後、神宮伝奏から平安末期の神宮上卿への復古を目指す動きのなかで、享保十六(一七三一)年以降、『公卿補任』の表記が神宮伝奏から神宮上卿に変更され、とくに安永八(一七七九)年の光格天皇即位以降、就任者に占める清華家公卿の割合が増加し、神宮上卿職を清華家と特定の羽林家公卿が独占し、同職の家職化が進んだ。

そして、第二部第三章において明らかにしたように、桃園《ももぞの》天皇在位下の十八世紀半ばから近世末期の十九世紀後半にかけて、中山栄親《ひでちか》・中山愛親《なるちか》・正親町公明《おおぎまちきんあきら》・三条実万《さねつむ》など多くの神宮上卿が、盛んにその記録の作成、親族をはじめとする神宮上卿経験者の記録の披見、書写を行った。また実万は有職故実として古代・中世の神宮上卿を研究した。

これらのことは、白川神祇伯・藤波神宮祭主・壬生官務の回答、先例勘申《かんじん》に頼らずに同職を家職として主体的に務めようとした清華家、羽林家公卿の意識の高まりによると考えられ、寛文年間における神宮伝奏清閑寺の在り方と比較するときわめて対照的である。

さらに、彼らが後年武家伝奏や議奏に登用されるなど新しく近世後期朝廷の中枢を担ったことも注目すべきである。その理由は、彼らが有職故実を集積し、それらに習熟していたことから、天皇・摂家に信任を得たことによると考える。また、第三部第五章第三節において明らかにするように、十八世紀後半には正親町が関白に朝廷儀式の準備過程の復旧を提案し、関白も認め、それが実現しており、十九世紀前半に実万は関白を通じて幕府に採用される具体的な政策提言を行っており、両者とも明らかにその従来の立場を超える活動を行った。両者の提案は彼らが集積した先例故実に基づいており、それらは近世後期における清華家・羽林家公卿の政治的基盤の一つであったと考える。

さて神宮の禰宜は叙位申請を如何なる意識によって行ったのか。藤波氏富はこれ以降も正三位への叙位申請を二回にわたって行ったが、従三位への昇進から間もないことを主な理由としていずれも却下された。次に掲げるのは、寛文十三（一六七三）年三月十二日条にみえる、六回目の申請の際に氏富から朝廷に提出された款状《かんじょう》である。

皇大神宮一禰宜従三位荒木田神主氏富申進祭主裁事、

請特蒙　天恩、因准先例、被叙正三位、弥抽朝祈暮賽之懇誠状、

右、謹検旧貫　太神宮禰宜者　朝廷奉祈之職・皇家清撰之器也、因茲、浴代賞・臨時之恩沢、蒙加階・栄爵之鴻慈者聖代明時之佳例　神宮古今之通規也、故因准先例、以従三位氏富可被叙正三位之旨、去寛文九年以来、愁訴雖及数通、終不関　天恩、渇望之情、寤寐小心者歟、倩案　神宮之古風　文武天皇御宇、以改赤冠、勅授位記之日、於内宮祠官者叙従七位上、於　外宮神職者賜正八位下、而後依　称徳天皇御宇、把笏之長宣、仁明天皇之御宇、越階之遺　詔、如今、二宮禰宜等倶雖叙正六位下、階級之正従、相当之高卑、各有差別、然　外宮一禰宜常真去元亀三年自従三位被叙正三位　内宮一禰宜何減一等哉、加之、賀茂之社司折月中之桂、春日之神宮紐雲上之交、何況吾神　天照皇太神宮者万徳、万世之宗廟、七千余座之祖神也、奉仕之禰宜等豈比余社之神職哉、（中略）豈無御憐察哉、伏望者因准先例、

以従三位氏富為恩叙正三位者、御裳月清長増可憐之光神道風静永伝無射韻者哉、不任至信之情、氏富、誠惶誠恐謹言、

寛文十三年三月　日　皇太神宮従三位荒木田氏富款状、

これによれば、氏富は、度重なる正三位への叙位申請理由を、外宮一禰宜の正三位への叙位が元亀三(一五七二)年に行われているのに対し、内宮一禰宜には行われていないことであるとし、内宮は「万徳、万世之宗廟、七千余座之祖神」であり、その禰宜は他社の神職と比較できない存在と主張している。この後、四月二十一日に氏富を正三位に叙する旨の口宣案が下知された。これは内宮禰宜に対する最初の正三位への叙位であった。

さらに、同正月十二日、外宮一禰宜度会全彦が正四位下《しょうしいのげ》から従三位への叙位を申請した。この申請については、神宮奉行柳原資廉《やなぎわらすけかど》が、送られてきた外宮一禰宜の従三位昇進者の勘例のなかに南朝による宣下の例が記載されていたことに立腹し、さらに祭主藤波景忠もこうした先例は所見がなく、咎められるべきとの見解を示した。神宮奉行および官務の見解をうけ、同二十四日には神宮伝奏清閑寺の判断が示されている。

同廿四日、従神宮伝奏清閑寺中納言煕房卿、奉行柳原頭左中弁資廉朝臣・祭主景忠朝臣被相招、度会全彦申上階事、今度不可　奏聞、款状・勘例可被返、就其儀可参入云々、即令参入彼亭、資廉朝臣・景忠朝臣参会、煕房卿仰云、全彦申上階之事、此儀当年所令申、甚以不被甘心、其謂、去年及大訴、既可被解任当職歟之由、及御沙汰、雖然宥免有之処、当年不顧其儀、猥企大望之条、言語道断之次第也、更以不可有奏達、款状・勘例被還却、又勘例之内、令引南都之例、古今僧俗勘例、終不引南朝之例、令書載之段、尤以其罪多、又永禄之禄字令書誤、叙位・除目之時、若書過如斯之時、称難書、其中文折留不被任叙云々、今度、興国等被尋其子細、雖被沙汰申文、不及披露之故、不能其儀、已来、諸事可相慎、此趣被相招、被経次第、此趣重房令申達祭主、令承伏也、其後有小時、令帰、

清閑寺が、柳原、藤波を招き、度会全彦上階のことを奏聞しない旨を伝え、その款状と勘例を返すように命じた。その理由として、去年、全彦は大訴《たいそ》に及び、一禰宜を解任されることが検討されたが、宥《ゆる》されたばかりであり、今年、このような大望を企てるのは言語道断であること、勘例のなかに南朝から宣下された例を引用しているが、現在までその例を引

用している勘例は一つもなく、その罪は重いこと、勘例のなかで永禄の禄という字を書き誤っており、叙位、除目《じもく》のときに書き誤った場合、難書と称して叙任されないことを挙げた。

このように神宮伝奏は、神宮神主の叙位申請について、その適否を審査し、披露するかどうかを決定する権限を有していたことがわかる。

同六月九日には、再度、全彦の正四位下から従三位への加階申請が行われた。その際、款状と勘例に加えて出された全彦の口上覚《こうじょうのおぼえ》には次のように記されている。

（前略）上階之儀、両宮ニかきらす、賀茂・春日之社職等も猶有之由、殊ニ当春、春日正之預・権之預り等如きも被叙従三位候由承及候、（中略）天下宗廟之一禰宜と志て、余社社職之位階ニをと里申儀、不絶汗顔奉存候、願者、被任先例、早ク被叙従三位候者、弥可奉抽　宝祚悠久・国家安寧之御祈禱、精誠候也、

寛文十三年六月　　外宮一禰宜全彦

確かに『公卿補任』によれば、寛文十三（一六七三）年二月五日、春日社の正預《しょうのあずかり》と権預《ごんのあずかり》が従三位に叙されている。全彦は、「天下宗廟之一禰宜」として他社の神職の位階に劣ることは恥ずかしいとし、早く従三位へ叙されることを希望した。同十一日には全彦を従三位に叙する旨の口宣案が出された。

この後、元禄年間における神宮神主への叙位をみる。神宮伝奏徳大寺公全《きんとも》の『公全公記』(22)元禄十六（一七〇三）年三月二十八日条には次のようにみえる。

晴、武家伝奏へ以書状度会末転、永相等款状入見参之処、如例可令披露之由返答、申剋計関白参候処、御他行之由、諸大夫小林主税頭預置了、当番夕替也、従関白使給、款状子細無之候間、可令披露之由、二通返給、議奏当番以右衛門督申上之処、則　勅許、頭弁へ以書状下知了、有依所労《（ママ）》、不参、

これによれば、神宮伝奏徳大寺公全が武家伝奏に神宮神主度会末転、永相などの款状をみせたところ、例の通り披露するようにとの回答があった。次に徳大寺は関白近衛基熙《もとひろ》邸を訪れ、近衛が不在であったため、諸大夫《しょだいぶ》に款状を預けた。

その後、近衛の使者が来て、それらについて問題はないので披露するようにとの指示を伝え、それらを返却した。これをうけて徳大寺は議奏石井行豊《いわい》を通じて東山天皇に披露したところ、勅許が下されたので、神宮奉行日野輝光に書状をもってこのことを伝え、下知するように指示した。

第四節　延享四年における神宮神主への叙位

本節においては、近世中期の延享年間における神宮大宮司《じんぐうだいぐうじ》への叙位を検討し、近世中期朝廷における伊勢神宮行政の変化を解明する。神宮上卿中山栄親の『神宮上卿記』(23)延享四(一七四七)年十月十日条には次のようにみえる。

十日午斜参内、相具款状二通、例書一通、正権禰宜交名二通、覧文書五通於摂政、命曰、於里第可有熟覧間、院奏之事於新中納言可申有無、於里亭問送案内於彼卿、可奏聞御気色之由答来、直参摂政御許、申彼返答、命曰可院奏、文書五通返賜、参桜町殿、召御前、奏之、仰曰、正権禰宜等一級可為如例、大宮司上階之事於禰宜等例者何事之有乎、被任摂政之意、可被宣下歟、猶可被尋右府以下歟、可在彼意者、称唯、参摂政、申御旨、命曰、何事之有乎、各可宣下者、参院中此由、又参内、告宣下之事、於別当、退出、以消息仰右少弁了、

これによれば、神宮上卿中山栄親が神宮正権禰宜の款状などをもって参内し、摂政一条道香にそれらをみせると、一条は自邸にて内覧する間に桜町上皇への奏聞許可を院伝奏八条隆英を通じて得るように指示した。中山が八条にそれらの控えを送ると、八条は奏聞するようにとの上皇の意向を伝えた。

これをうけて中山が上皇に奏聞すると、上皇は正権禰宜への叙位は例の通り行うようにと述べ、続いて大宮司河辺長矩《ながのり》の従三位《じゅさんみ》への叙位は、禰宜などの先例があり、何の問題があるのか、一条の意向に任せて宣下されるべきではないか、さらに右大臣以下にも尋ねるべきか、一条の意向に任せると述べた。

中山は一条に上皇の意向を報告すると、一条は、何の問題もないので、それぞれ宣下するように指示した。中山は参院

して、このことを報告し、参内して宣下が許可されたことを伝えた。退出後、神宮弁清閑寺益房《ますふさ》にも消息をもって伝えた。

この大宮司の従三位への叙位について、神宮上卿正親町公明の『神宮上卿間之事』[24]には「大宮司上階之例、長矩、延享四年九月廿一日　叙従三位　御代始賞　初例也」とあり、続いて先に引用した『神宮上卿記』延享四年十月十日条が記されている。その後、次のようにみえる。

明按大宮司上階今度初例、仙院之叡慮、執政之御意見、栄親卿記、竊案可称善乎如何、古来、大宮司不上階、定而有其故歟、但於代始賞者譲与他人、無子細、大略見建久六年月輪殿記

これによれば、神宮大宮司は古来から従三位に叙されないことになっていたが、今度、上皇の叡慮と摂政の意向によりそれが勅許されたことがわかる。

先に引用した『神宮上卿記』の記事によれば、上皇は「被任摂政之意、可被宣下歟、猶可被尋右府以下歟」と述べ、摂政は「何事之有乎、各可　宣下者」と述べており、本章第三節において明らかにした寛文十（一六七〇）年の内宮一《ないくういちの》禰宜に対する正三位叙位を勅許するかどうかについて霊元天皇が関白《かんぱく》をはじめ右大臣以下の摂家衆と武家伝奏に勅問《ちょくもん》したことと比較すると、摂家の立場が上昇したことを指摘することができる。

第五節　天保十五年における神宮神主への叙位

本節においては、近世後期の天保十五（一八四四）年における神宮神主への叙位を検討し、近世後期の朝廷における伊勢神宮行政の変化を解明する。神宮上卿三条実万の『神宮上卿間記』[25]同五月二十七日条には次のようにみえる。

廿七日、祭主来臨中示云、四禰宜可申従三位、禰宜等隔中三年、加級是例也、然処至今年為中二年、雖然先例至四禰宜之時、必申上階、依之、欲令申之処、中置未満可為何様哉、先例中置未満、上階無之、但一禰宜必叙正三位、是不拘年限有先例、准之者不苦歟、非四座者雖年間相隔不申上階云々、

爰守民雖為四禰宜至中三年上階、然者四禰宜於早速不申上階歟、可守年限事歟、然而件守民所労不仕之旨也、仍早不申置、且（ママ）今四禰宜年齢相長之間、若雖不隔年限、申望可無子細歟条々談申候云々、

守淳
安永二年八月八日　叙従三位　五六才　同年十二月三日　叙正三位、依一座、

氏彦
安永十年五月廿三日　叙従三位　五十七才　同年七月廿八日　叙正三位、依一座、

経高
安永十年七月四日　叙従三位　四十才　同年十一月十九日　叙正三位、依一座、
文化十四年九月廿一日　叙正四位上　三十才　文政四年二月三日　叙従三位、三十四才、依四座、

右中三年

今度承事、

申従三位

藤波禰宜正四位上荒木田氏朝四十二才

件人早速進四座之間、自然不限年限云々、
従勘考可返答由答了、絶無子細歟之由存候者也、今日、於　内謁、博陸申此事、示給云、就職申之儀、不可有子細、賀茂社禰宜是亦補職之時、不拘年限、上階有其願、然者雖不満年限、進四座之故、申趣有之者可然云々、謁頭弁　行事弁、示此事、無別存云々、

これによれば、神宮祭主藤波教忠《のりただ》が神宮上卿三条実万に以下のことを述べた。「内宮四禰宜《よんのねぎ》の従三位申請について、禰宜などは三年間隔で叙位されるのが通例であるが、この禰宜の場合、今年で中《なか》二年である。しかし先例では四禰宜に補任《ぶにん》されたときに必ず従三位を申請しており、今回はそれらに倣って申請したい。

確かに三年未満で従三位に叙された先例はないが、一禰宜は必ず正三位に叙され、年限に拘わらず叙されている先例があり、これに倣えば問題ないのではないか。四禰宜でなければ、三年経過していても従三位申請をしない。また、荒木田守民は四禰宜に補任され、三年経過して従三位に叙された。

そうであるならば、補任されて早速に上階することは適切ではないのか。年限を守るべきであるのか。しかし、守民は、所労により出仕していなかったので、早速に申請しなかった。そして、今の四禰宜は年齢が高いので、もし年限を経ていなくても申請することに問題はないのではないか。」

これに対して三条は勘考した上で回答すると述べ、このことを関白鷹司政通に相談した。鷹司は賀茂神社の禰宜が補任されたとき、年限に拘わらずに従三位申請をするので、神宮の禰宜が年限に満たなくても四禰宜に補任されたことをもって従三位申請することは問題ないと答えた。三条は神宮奉行烏丸光政にこのことを伝えた。同二十九日条には次のようにみえる。

廿九日、祭主来臨、面之、過日、示被談四禰宜申上階事、可無子細、就職申也、不可有余議、進四禰宜之時、申上階ト云事、先例在款状、今度、不満年限事、子細可被載款状歟、但一禰宜申正三位之時、不満中置事不載之者、祭主云、別ニ不満中置事不載款状歟、猶可勘考云々、依其次第、至明日可及披露歟、重而可申云々、後刻余当番参　内之間、祭主被参入、過刻、被調之処、一禰宜申正三位之時、款状子細繁多也、仍今度聊可書加歟之旨被談也、雖未満年間云々、如斯進四座之輩、必授賜正三位云々、此分可書入歟云々、尤可然之由答了、此趣可達彼地之間、披露暫延引云々、

これによれば、三条が、藤波に四禰宜の従三位申請については問題ないと回答し、四禰宜に昇進したときに従三位を申請することは、先例が款状に記載されており、今度、年限に満たないことも款状に記載されるべきか、ただし一禰宜の正三位申請のときはこのことを記載しないと述べた。

祭主は、とくに年限に満たないことを款状に記載しないのではないか、さらに勘考すると述べ、三条はその結果によっ

て明日披露するかどうか決定すると述べた。その後、三条は議奏当番として参内し、藤波も参入した。

藤波は、先刻調べたところ、一禰宜の正三位申請のとき、款状は詳細に記されている。これによって今度も款状には年限には満たなくても四禰宜に補任された者は必ず正三位に叙されることを書き加えるべきではないかと述べた。三条はそうするべきであると述べた。この後、このことを伊勢に伝えるため、披露はしばらく延引された。同六月八日条には、次のようにみえる。

八日、祭主示送曰、

申　従三位　　　　　　　　四十二才

藤波禰宜正四位上荒木田氏朝

右之者、明日八日、令披露候、仍御按内申入候也、

六月七日　　　　　　教忠

三条大納言殿

仍別書被送款状之写、且過日示談之条被謝了、

一、如例以切紙于窺殿下、無子細被答命、付議奏、内々言上、坊城前大納言承諾云々、

これによれば、藤波が三条に明日内宮禰宜正四位上荒木田氏朝の従三位申請を披露したいので案内するとの旨の書状を出した。これに対して、三条は先例の通り関白鷹司に書状を送り、その意向を伺ったところ、問題はないと回答したので、議奏坊城俊明《としあきら》に奏聞の承諾を得た。同九日条には次のようにみえる。

早朝、頭弁示送曰、

皇太神宮禰宜正四位上荒木田氏朝神主申従三位之事、副款状、次第解如此早可令奏聞給哉、誠恐謹言、

六月八日　　　　光政

三条大納言殿

次第解
禰宜荒木田氏朝申一級之事、款状一通献之、早可被申上之状、如件、
六月八日　神祇権大副
左大史殿

進上
祭主朝臣書状　一通
禰宜荒木田氏朝神主申一級之事、款状一通副之、
右、進上如件、
六月八日　左大史小槻以寧
進上蔵人頭左大弁殿

款状如左
浴之、書折紙、
申従三位　四十二才
禰宜正四位上荒木田氏朝
即参入、殿下内覧了、進入写、参内、付坊城前大納言、奏之、小時　伝宣、勅許云々、頭弁参朝之間、直下之、退出、解斎、

これによれば、早朝、烏丸が三条に書状を送り、この申請の款状と祭主から官務への次第解《しだいのげ》、官務から神宮奉行への次第解を送るので、早く奏聞するように要請した。三条は鷹司に款状を内覧してもらい、参内し、坊城を通じて仁孝天皇に奏聞した。勅許が下され、三条はすぐに烏丸に伝達した。

以上のことにより、天保年間においては、先例と異なる位階申請のとき、関白が適当と判断した場合に初めて款状が神

主から祭主に提出された。その後、官務、神宮奉行を経て神宮上卿にわたり、神宮上卿は款状を関白の内覧に供し、その内諾を得て、議奏を通じて天皇に奏聞された。

おわりに

寛永三(一六二六)年の場合、神宮神主の位階申請は、まず神宮祭主が官務に伝え、その後、神宮奉行、神宮伝奏の順序で上申された。神宮伝奏が天皇に奏聞すると、天皇は武家伝奏の内諾を得るように命じ、神宮伝奏が内諾を得て、再び奏聞し、勅許が出された。これをうけて神宮伝奏は神宮奉行に天皇が早く位階を宣下するように命じたことを伝えた。

承応三(一六五四)年の場合は天皇の意向により恩賞として外宮の下級神主に位階が授与された特殊な事例である。天皇は、位階授与の勅定を出した後、神宮伝奏を通じて関白に諮問した。関白は、天皇の意向をもっともであるとした上で、位階を急ぎ宣下するように指示した。

これをうけて神宮伝奏は神主に位階申請の小折紙提出を指示した。神主は小折紙を神宮奉行に提出し、神主に位階が宣下された。宣下の上卿は神宮伝奏が務め、口宣案は蔵人頭でもある神宮奉行が奉じた。

寛文九(一六六九)年の場合、それまでと異なることは、まず神宮伝奏が、関白・武家伝奏に披露し、その判断を仰いだことである。さらに、伊勢神宮に関する朝廷政務を専門に担当した神宮伝奏は神宮神主への叙位申請に際し、その適否を判断し、自らの意志で却下したり、関白・武家伝奏へ意見具申し、それを両者の決定に反映させたりするなど、一定の権限を有していた。

同十年における内宮一禰宜藤波氏富の正三位申請について、天皇は摂政・関白・内大臣など摂家公卿と武家伝奏に勅問した。その後、この件に関して、霊元天皇が議奏東園を通じて神宮伝奏清閑寺に対し、伊勢神宮のことは、今後、諸事について詳しく審判を加えてから奏聞し、摂家衆・武家伝奏への勅問を経ないで、天皇が命じることができるようにすべきであると命じた。清閑寺は、この命令を承知したが、諸事を調べられないので、官務と審判をして奏上する旨を東園に申し入れると、東園は、今後、審判をするように命じた。

次に、東園は天皇が氏富の正三位申請について摂家へ諮問したところ、摂家の意見の内容がはっきりせず、天皇は氏富の従三位への叙位でさえ、疑いをもっており、ゆえに、この正三位への叙位のことは清閑寺が詳しく審判して、叙されるのが道理ならば、叙されるべきであると命じたことを述べたので、清閑寺はこの件について審判を加えると述べた。

清閑寺は、自らの意見は叙されるべきではないとした上で、壬生は如何かと尋ねると、壬生は、正三位は両宮のなかでただ一人を叙するものであり、容易に行うものではないのではないかと述べた。

これら二つの霊元天皇による命令は、朝廷統制機構や勅問衆が伊勢神宮行政に関与することを否定し、自らの側近公卿であった神宮伝奏に強力な権限を与えることによって、新たに天皇―神宮伝奏の指揮系統を形成し、神宮行政を統御しようと考えた霊元天皇の意図に基づくものであったと考える。

しかし、清閑寺家は、伊勢神宮に関する諸事を審判するために必要な有職故実の蓄積を十分に行っていなかったのである。当時、神宮伝奏は家職化しておらず、近世前期においては、権大納言・権中納言の公卿が持ち回りで担当しており、有職故実に詳しい公卿が補任されたわけではなかった。このために、神宮伝奏が神宮に関する諸事について意見を具申する際には官務との評議を必要とした場合が多かった。

元禄十六(一七〇三)年の場合も、最初に武家伝奏、次に関白が款状を内覧し、両者がそれらの天皇に対する披露を許可すると、神宮伝奏が議奏を通じて天皇に款状を披露し、勅許を得るというものであった。

延享四(一七四七)年の場合、最初に摂政が款状を内覧し、神宮上卿に桜町上皇の意向を伺うように指示した。上皇は「被任摂政之意、可被宣下歟、猶可被尋右府以下歟」と述べ、摂政は「何事之有乎、各可　宣下者」と述べており、寛文十(一六七〇)年に内宮一禰宜への正三位叙位を勅許するかどうかについて霊元天皇が関白をはじめ右大臣以下の摂家衆と武家伝奏に勅問したこととと比較すると、摂家の立場が上昇したことを指摘することができる。

天保十五（一八四四）年の場合、先例と異なる位階申請について関白が適当と判断したときに初めて款状が神主から祭主に提出された。その後、官務、神宮奉行を経て神宮上卿にわたり、神宮上卿は款状を関白の内覧に供し、その内諾を得て、議奏を通じて天皇に奏聞した。

注目すべきことは、祭主が内宮四禰宜への従三位叙位を先例に基づいて強く主張し、関白も賀茂神社禰宜に同様の先例があることにより容易に認めたことである。このことは、寛文十年の内宮一禰宜に対する正三位叙位、延享四年の大宮司に対する従三位叙位の過程と比較して、祭主の発言力が強化したことを指摘することができる。

一方、近世の神宮神主にとって叙位はどのような意味をもっていたのか。承応三年の場合、外宮禰宜は下級神主への位階授与に反対した。その理由は、異姓の者が叙爵されれば、彼らが権禰宜への任命を要求し、外宮内部へ入り込むのではないかと危惧したことであった。

その背景には、外宮禰宜になりうる度会氏直系の神宮家出身で権禰宜に補任された神主は、その後、必ず叙爵され、欠員が出れば、禰宜に補任されるのが通例であり、外宮において叙爵された神主は必ず権禰宜か禰宜であったことがあった。

近世においては、伊勢神宮神主の禰宜・権禰宜補任に伴う叙爵・加階の申請・許可が慣例化しており、伊勢神宮神主にとって朝廷から授与される位階は伊勢神宮における神主間の階層秩序を維持する上で不可欠であった。

伊勢神宮をはじめとする主要な神社は朝廷勢力の一環であり、[26]朝廷はそれらの神主・僧侶に位階を授与することによって、彼らをその一員として包摂していた。

高埜利彦氏によれば、非参議公卿の増加は、まず元禄期を境にして急に増加し、二つ目の画期として安永期から著しい変化がみえ、天明〜寛政期には増加の一つのピークを形成する。とくに後者は、一時期神職数が非参議のなかの過半数を占め、二十二社の上七社《かみしちしゃ》（伊勢・石清水・賀茂・松尾《まつのお》・平野・稲荷・春日）の神職を中心に三位以上神職の増加が顕著な傾向であるという。[27]

間瀬久美子氏は、三位以上の神職数は近世を通してみると、およそ非参議公卿数の三分の一強で、明和事件前後から安永半ば(一七六七〜一七七五年)にかけては半数を占めており、これら三位以上の神職とは伊勢・賀茂・春日の三社で大半を占め、ことに寛政以降は伊勢両宮の神職が他を圧倒していると指摘している(28)。

以上のことを踏まえると、寛文年間は、内宮一禰宜・外宮一禰宜がそれぞれ正三位・従三位を繰り返して申請し、それらが認められ、三位神職数拡大の端緒が開かれたという意味で、一つの画期であったことを指摘することができる。

内宮一禰宜・外宮一禰宜が、繰り返し、正三位・従三位を申請したのは、彼らの申請書に「吾神　天照皇太神宮者万徳、万世之宗廟、七千余座之祖神也、奉仕之禰宜等豈比余社之神職哉」や「天下宗廟之一禰宜」などとあるように、皇祖神を祀る神社神職であるとの自覚に基づくものであり、彼らにとって従三位・正三位への昇進が朝廷勢力における自らの位置づけを確認するという重要な意味をもっていたことが背景にあった。

註

(1)石川達也「天明期における神宮禰宜の位階」(『神道史研究』五六―一、二〇〇八年)。

(2)平井誠二「近世の大中臣祭主家」(藤波家文書研究会編『大中臣祭主藤波家の歴史』続群書類従完成会、一九九三年)一六六〜一六八頁。

(3)国立公文書館、二六三―八〇。

(4)大西源一、平凡社、一九六〇年、四九七〜五〇四頁。

(5)国立公文書館、一四二―七八五、記主度会末矩。

(6)国立公文書館、一四二―六九三、記主源弘正。

(7)この書物について平重道氏は「思想史的な位置は単に近世伊勢神道の復興を先唱したというだけではなく、神仏習合を主体とした中世神道に対し、その解釈を全く転換させて、儒教理論を中心に神道の内容を組織立て、仏教思想の束縛を切断して、神道を自由の世界に誘導し、近世の基本的思想となる儒教を神道理解の媒介とする道を大きく開拓した著述である」としている。『日本思想大系　三九　近世神道論　前期国学』(岩波書店、一九七二年)五三一頁。

(8)国立公文書館、一四四―九四。

(9)『常基古今雑事記』(記主檜垣常基、国立公文書館)によれば次のような史料がみえる。

慶安二年、伝奏姉小路中納言公景卿、御奉行園頭中将基福之御時、下神宮御掟之案文、同年五月十二日、自神宮仕証文呈進奉候、其文曰、

一、正禰宜越禁河、今竹川也、不可他国上京、但依病三木致湯治、或不得止之子細於有之者、縦雖有旧例、自今以後、不触祭主而他国上京堅可停止事、

一、神宮之儀、触祭主、被相違之時、正・権禰宜及雖至内人、祭主於非道致越訴者、非制限、若妄致越訴者、可為曲事之由、奉得其定、

一、権禰宜者祭主之補任、叙爵者被経次第之条、勿論候、祭主之沙汰不帯私曲者、不可越奏事、

右之条々堅相守之、於社法弥旧式不可諠者也、後証如件、

常生
因彦
貞帷
貞和
慶安二年五月十五日　集彦
常和
満彦
全彦
貞晨
進上　常晨
頭中将殿
御雑掌

伊勢神宮の禰宜は、本来、禁河という定められた河川を越えて上洛したり、他国に出向いたりすることを禁止されていた。しかし、守られることはなく頻繁に禰宜たちは訴訟のために上洛した。これにより、慶安二（一六四九）年、神宮伝奏と神宮奉行はその対策として以上のような規制を出した。

(10) 西尾市岩瀬文庫、一一六—五五。
(11) 前掲註（4）大西著書、四九九頁。

(12)『史料纂集　八九　通誠公記　第二』(続群書類従完成会)元禄三(一六九〇)年八月二十九日条。
(13)『基量卿記』二十(東京大学史料編纂所、二〇七三―一〇〇、全二八冊)、元禄十(一六九七)年十二月二十五日条。
(14)高埜利彦「江戸時代の神社制度」(『日本の時代史　十五　元禄の社会と文化』吉川弘文館　二〇〇三年、三八七頁。後に、同『近世の朝廷と宗教』〈吉川弘文館、二〇一四年〉Ⅱ部第一章に収録)。
(15)宮内庁書陵部、三五五―六七、一冊。他にも、前掲註(13)『基量卿記』二十、元禄十(一六九七)年十二月二十五日条によれば、東園基量が神宮伝奏就任当日、藤波神宮祭主へ同職在任中に避けるべき触穢について質問し、祭主藤波はこれに回答した。
(16)宮内庁書陵部、F一〇―六九五、全六冊。なお、拙編著『神宮雑事』(皇學館大学研究開発推進センター、二〇一四年)において本書の第一冊から第六冊までの本文を翻刻し、「宮内庁書陵部蔵『神宮雑事』について」と題する解題を掲載している。
(17)宮内庁書陵部、F九―一三三。
(18)前掲註(16)拙編著書、二二一頁。
(19)高埜利彦「江戸幕府の朝廷支配」(『日本史研究』三一九、一九八九年、五一～五六頁。後に、同『近世の朝廷と宗教』〈吉川弘文館、二〇一四年〉Ⅰ部第一章に収録)。
(20)田靡久美子「近世勅問衆と朝廷政務機構について」(『古文書研究』五六、二〇〇二年)三四頁。
(21)霊元天皇の親政・同上皇の院政については、以下の論文に詳説されている。久保貴子「天和・貞享期の朝廷と幕府―霊元天皇をめぐって―」(『早稲田大学大学院文学研究科紀要』別冊一四、一九八八年。後に改稿・改題して、『近世の朝廷運営』〈岩田書院、一九九八年〉第二章に「霊元天皇の朝廷運営」として収録)。山口和夫「霊元院政について」(今谷明・高埜利彦編『中近世の宗教と国家』岩田書院、一九九八年)。
(22)東京大学史料編纂所、徳大寺家史料、四一―二。
(23)東京大学史料編纂所、正親町家史料、二八―四〇五。
(24)東京大学史料編纂所、二八―四〇九。
(25)東京大学史料編纂所、徳大寺家史料、三三―八四。
(26)間瀬久美子「神社と天皇」(『講座・前近代の天皇　三　天皇と社会集団』青木書店、一九九三年)二一八頁。
(27)前掲註(19)高埜論文、六八～六九頁。
(28)前掲註(26)間瀬論文、二一八頁。

第四章　近世朝廷と神宮式年遷宮

はじめに

近世朝廷は、官位叙任や国家安全の祈願などをその役割としていたこと(1)から、寺社と密接な関係を有しており、幕藩体制下において限定されていた朝廷政務のなかでも寺社に関するそれらは枢要な部分を占めていたと考える。たとえば、皇祖神を祀る伊勢神宮に関する政務は、神宮奏事《じんぐうそうじ》始《はじめ》、例幣使発遣《れいへいしはっけん》、式年遷宮祭祀日時定《しきねんせんぐうさいしにちじさだめ》の執行、祭主・大宮司・禰宜の任命と位階授与、禰宜による訴訟への対応、祈願申請など多数にのぼっており、伊勢神宮行政の実像を明らかにすることは近世朝廷政務と朝廷機構の解明に資するものであると考える。

近世朝廷機構に関しては、これまで朝幕関係を論ずる視点から朝廷政務を担当した主要な職制である武家伝奏、議奏の研究が進められ、高埜利彦氏は、江戸幕府が寛永七（一六三〇）年以降、尊号一件を除いて幕末に至るまで摂家（摂政・関白・大臣）―武家伝奏―議奏の統制機構によって朝廷を支配したことを明らかにした。(2)さらに、山口和夫氏は霊元上皇が院政を敷いた貞享四（一六八七）年以降、元禄六（一六九三）年までの間と、下限は不明であるが、宝永六（一七〇九）年以降の一定期間、政務を掌握し、摂政、関白もその指揮下にあったことを明らかにした。(3)

幕府の朝廷統制機構下において寺社に関する政務を担当したのが神宮伝奏をはじめとする寺社伝奏であったが、朝廷統制機構と神宮伝奏《じんぐうてんそう》をはじめとする神宮奉行、官務、祭主という実務担当者が政務を遂行するとき、全体としてどのように機能したのか未解明な部分が多い。

本章において取り上げるのは、近世神宮式年遷宮の朝廷における準備過程である。式年遷宮とは、神社で一定の年数を定めて新殿を造営し、旧殿の御神体を遷すことであり、伊勢神宮においては、内宮《ないくう》が六九〇年、外宮《げくう》が六九二年から開始された。[4]

また、神宮式年遷宮に先立っては、最初に造営料材を御杣山《みそまやま》から伐り出すとき、山の上り口に坐《いま》す神を祀って、伐採、搬出の安全を祈る祭である山口祭をはじめ、[5]両宮の正殿《しょうでん》床下中央に柱を立てる祭祀である立心御柱《りっしんのみはしら》祭[6]など多数の関連祭祀が執行される。

式年遷宮は、『神宮文体』によれば永正三(一五〇六)年に「神宮無双之重事」と称されるなど伊勢神宮における最も重要な[7]祭祀である。経済的理由によって内宮は寛正三(一四六二)年から天正十三(一五八五)年まで、外宮は永享六(一四三四)年から永禄六(一五六三)年まで途絶していた。[8]

近世において神宮式年遷宮は一四度行われた。[9]間瀬久美子氏は、慶長十四(一六〇九)年度、寛永六(一六二九)年度、慶安二(一六四九)年度の同祭祀に際して発生した内宮、外宮のいずれを先に行うかを巡る争論を取り上げ、そこにみられる朝幕関係とそれら四度の同祭祀に際して朝廷において執行された諸儀式の準備過程を明らかにした。

それによれば次の通りである。江戸幕府成立後、最初に執行された慶長十四年度の場合、幕府の執行命令をうけた神宮伝奏大炊御門《おおいみかど》経頼が諸司を召集して神宮造営の立案に取りかかり、山田奉行に式年遷宮祭祀日時定陣儀の下行《げぎょう》を要請した。また神宮奉行と相談して先例の通りに両宮の山口祭陣儀を別々に執行させた。寛永六年度の場合、神宮伝奏日野資勝《すけかつ》が正《しょう》遷宮祭《せんぐうさい》に先行する儀式の復興を試みた。

慶安二年度の場合、神宮伝奏姉小路公景《あねがこうじきんかげ》が両宮神主から出された正遷宮祭日時宣下を要請する書状を関白に提出した。関白一条昭良は古来の規範によって、慶長・寛永の式年遷宮と異なり、外宮を先に執行することを決定し、後光明天皇もこれに勅定を下した。[10]

神田裕理氏も慶長十四年度の神宮式年遷宮の前後争論を取り上げるなかで神宮伝奏について言及しており、遷宮問題が具体化していた、同十三年八月十三日、徳川家康方に神宮伝奏大炊御門経頼らが赴き、執行費用の提供を依頼し、家康は兵粮米六万俵を寄進したことを明らかにしている。[11]

以上のことから、慶長十四年度、寛永六年度は神宮伝奏が主導していたが、寛永七年に幕府の朝廷統制機構が確立されたことにより、慶安二年度は関白が中心となって進める体制になったことがわかる。

本章においては、近世朝廷における伊勢神宮行政を解明する一環として、同年度に続く寛文九（一六六九）年度以降の神宮式年遷宮の準備過程とその変化を明らかにすることを目的とする。

ただし、同年度以降、式年遷宮は近世最後の嘉永二（一八四九）年度まで一〇度にわたって執行され、その関連祭祀も数年間にわたって執行されたことにより、本章のなかでそれらすべてを網羅的に明らかにすることは史料的制約により困難である。

そこで、本章では、寛文九（一六六九）年度、元禄二（一六八九）年度、宝永六（一七〇九）年度、文化六（一八〇九）年度、文政十二（一八二九）年度における準備過程の一端とその変化を明らかにする。

第一節　寛文九年度式年遷宮の準備過程

最初に、寛文九（一六六九）年度の場合を明らかにする。まず幕藩体制下の神宮式年遷宮準備がどのように開始されたのかをみておく。『寛文九年内宮遷宮記』(12)の冒頭に同六（一六六六）年七月二十九日付の祭主家老長井内蔵允《くらのすけ》から内宮一禰宜殿《いちのねぎどの》御宿所《ごしゅくしょ》宛の書状がみえる。

態一筆令啓達候、然者就今度正遷宮、御訴訟付於江戸神宮使者被申上候、其御返事者如何被仰出候哉、被聞召度由、神宮役人中被仰候間、委御書付被成可給候、御急候之間、早速御報待入候、為其態以飛札申入候、猶期後音之節候、

恐々謹言

七月廿九日　長井内蔵之允
祭主家老也

内宮一禰宜御宿所

これによれば、神宮からの使者が幕府に赴き、式年遷宮の許可を要請していることがわかる。このことについて近世前期の外宮神主で神宮考証学者としても知られる黒瀬益弘(13)は『寛文九年外宮正遷宮記』(14)の冒頭に次のように記している。

抑　正遷宮儀式古代之例置而不論、天正以降奉台命以成造宮事者出於慶光院之手、慶光院者開基清順上人以造宮有勲功、其余烈不堕、拝謁代々大樹、而賜造宮之朱印者也、然造宮之儀僧尼承旨依為非礼、有直自神宮言上之公命、以故両神宮使、内宮使井面内膳・外宮使松木主計、詣于東武、蒙得厳旨、因襲旧貫、而経営之、使自神宮言上東武者始于今般也、且自後比及式年、有早可令聞達于公庭之命、是国家泰平之瑞徴、神事興復之先兆乎、寧可不慶幸哉、

永禄六(一五六三)年には慶光院清順上人の勧進《かんじん》により一二〇年間にわたり途絶していた外宮式年遷宮が再興され、天正十三(一五八五)年には同周養上人の勧進により内宮式年遷宮が再興された。こうした功績から慶光院は江戸時代に入っても徳川氏から遷宮を執行すべしとの朱印状を下付されていた(15)。

しかし、黒瀬によれば、寛文六年になって幕府が遷宮の命を僧尼《そうに》がうけるのは非礼であるとして直接神宮から幕府に遷宮の許可を要請するように命じたことにより、内宮使と外宮使が幕府へ出向き、その許可を得た。このように、神宮より幕府に使者を派遣し、直接遷宮許可を要請するのは、今回の遷宮から始まったというのである。

一方、朝廷側の動きはどうであろうか。官務壬生《みぶ》重房の従者、奥西重好が『重房宿禰記《すくねき》』(16)中の伊勢神宮行政に関する記事を抄記した別記である『神宮雑事《ぞうじ》』(17)によれば、寛文六年七月二十九日、神宮伝奏花山院定誠《かざのいんさだのぶ》が祭主藤波景忠に神宮式年遷宮、神宮臨時遷宮の執行年月日の先例を提出するように命じた。

同八月一日、藤波はそれを花山院に提出した。花山院はそれを武家伝奏飛鳥井《あすかい》雅章と正親町《おおぎまち》実豊へ持参し、今度の式年遷宮について相談した。両名は幕府に今度の遷宮は内宮、外宮ともに行うのか尋ねると回答した。同五日条には次のようにみえる。

従祭主景忠去廿九日、勢州遣飛脚令帰、従両宮口上之覚書来、則達　神宮伝　奏花山院大納言定誠卿、去廿九日、被

問覚者、今度、従両宮遷宮之儀、関東御訴訟申入、従関東両宮被仰渡其趣、如何之由被尋問、従両宮答申覚書也、

（中略）

口上之覚　自内宮之返事

五月十八日、寺社御奉行御寄合被成、井上河内守殿被仰聞候御遷宮之儀、昨日、能御次而候而申上候処ニ、頓而可被仰出候間、先皆々返候様ニトノ御事之由被仰聞、被帰候也、

自外宮之返事

去夘月九日、寺社御奉行所　神宮使令伺公、御遷宮式年之儀申上候処、外宮者無子細可被仰遣之由承、其後、度々御訴訟ニ罷出、五月十八日、寺社御奉行処被仰聞候者、御遷宮之儀、昨日、申上候処、頓而可被仰出候間、先可罷帰之旨蒙仰候御事、已上、八月五日

これによれば、同五日、藤波が壬生に内宮・外宮双方から来た覚書《おぼえがき》を渡し、壬生は花山院にそれらを提出した。その覚書には両宮の神主がそれぞれ式年遷宮の執行許可を求める訴訟を幕府に起こした結果が記されていた。内宮の覚書によれば、同五月十八日、寺社奉行井上河内守正利が内宮の使者に対して近日中に幕府から執行命令が出されることを伝えた。さらに外宮の覚書によれば、寺社奉行は外宮の使者にも同様のことを伝えた。『重房宿禰記』同七月二十六日条には次のようにみえる。

令参花山院大納言亭、仰云、昨日、従関東　神宮遷宮之事、奉書到来云々、就夫昨日両伝令　奏聞、則於禁中被　仰出、山口祭事可為来月之由奉書被載之、従奉行広橋頭左中弁可被申渡之間、被尋彼亭、可被得其意之由有命、

これによれば、花山院が壬生を招き、昨日、幕府から山口祭を来月に執行するように命ずる奉書が到来し、これについて両武家伝奏が霊元天皇に奏聞したところ、天皇が山口祭執行を許可したことを伝え、この件に関して神宮奉行広橋貞光から指示をうけるように命じた。その後、同条によれば、壬生が広橋を訪れると、両宮山口祭日時定陣儀と両宮山口祭の

日時について、それぞれ八月上旬と同中旬が適当であるとし、藤波に朝廷の内意として下知するように指示した。

さらに『寛文九年外宮正遷宮記』によれば、「寛文六年丙午」とあるのに続いて「二十六日」とのみ記載されているが、先述した『重房宿禰記』の記事から考えると寛文六年七月二十六日条にあたる記事がみえる。

二十六日、自長官全彦来于子良館使价　上如左、

当宮正遷宮山口祭、来八月可被執行之様ニ従御公儀被仰出候間、左様ニ御心得可被成候、（後略）

これによれば、幕府はおそらく山田奉行経由で直接神宮側に山口祭について来る八月中に執行するように命じたことがわかる。

『寛文九年内宮遷宮記』によれば、同八月五日、内宮一禰宜《いちのねぎ》藤波氏富を代表とする内宮神主中が祭主政所《まんどころ》宛に山口祭日時について次の内容の書簡を送付している。「仮に日時が急に仰せ出された場合、諸事を調えることが困難なため、今月末に設定するように御心得いただき、日時について早速に御一報いただくことを望む。そうしていただければ、先例のように日時解状《げじょう》を差し上げる。以上の内容を御披露いただきたい」。

『神宮雑事』によれば、同八月七日、藤波の使者が壬生に両宮から山口祭執行日時を八月中とし、神宮側が予め日にちを承知しておかなければ、その準備が困難であるために、その日時を二〇日ほど以前に伝達していただきたいと要請してきているので、それらが仰せ出されているならば、承りたい旨を伝えた。壬生はまだ命令は出されていないが、出されたならば、早々に伝達し、山口祭執行日時のことは神宮伝奏に伝えると回答した。同八月十二日条には次のようにみえる。

従神宮伝奏花山院亜相定誠卿、従関東申来　神宮遷宮之事可為両宮之由今日被仰出、為内意被告知了、神宮奉行烏丸頭右中弁光雄朝臣示給云、山口祭日時之事可為相談之間、陰陽頭幸徳井令同道、可参之由申来、則幸徳井使可被向彼亭之由申遣、余追付、令向彼亭、光雄云両宮遷宮之事被仰出、山口祭日時之事今月下旬之末比、山口祭日時可撰之由、従伝奏定誠卿示給、（中略）陰陽頭今夜相勘、内勘文可進、

これによれば、花山院が壬生に、幕府が改めて朝廷に式年遷宮は両宮ともに行うように命じたことを明らかにした。神

宮奉行烏丸光雄は壬生に陰陽頭《おんようのかみ》幸徳井《こうとくい》と自邸に来るように指示し、花山院が幸徳井に山口祭日時を今月末頃から選ぶように命じたことを伝えた。幸徳井はそれを承諾し、烏丸に今夜適当な日を調べた上、山口祭日時内勘文《ないかんもん》を提出すると述べた。同書によれば、同十三日、幸徳井が烏丸に日時内勘文を提出し、それが霊元天皇に奏聞された。その後、山口祭日時定の執行日が同十八日、山口祭の執行日が同三十日と決定された。

『寛文九年内宮遷宮記』によれば、これに対して、同日、藤波は一禰宜に書簡を送付し、山口祭の日を今月三十日頃と通知した上で日時解状を早々に提出するように求めた。また、同日、祭主家老長井も一禰宜に対し、藤波から下知するように指示があったとして、山口祭日時定陣儀は今月十七日頃であり、日時解状の提出期限は十四か十五日であると書簡で通知した。

これをうけた一禰宜は、同十五日、祭主政所宛に内宮山口祭日時について今月末に勘下《かんげ》されるように申請する解状を提出した。それに対して、同二十二日、藤波は書簡にて神宮大宮司河辺精長《きよなが》に対して両宮山口祭の日を今月三十日とし、この旨を両宮に下知するように命じた。同二十四日、河辺は一禰宜に書簡にてこの旨を伝え、別紙にて、内宮は辰刻、外宮は申刻に執行される旨を伝えた。『寛文九年内宮遷宮記』と『寛文九年外宮正遷宮記』によれば、同三十日、両宮にて山口祭が執行された。

以上、寛文九年度神宮式年遷宮に向けて同六年に執行された両宮山口祭日時の決定過程をみたが、それらの要点をまとめると、同年度の式年遷宮以降、最初に神宮から幕府に遷宮の執行命令を要請し、幕府も慶光院を介さず、直接神宮に執行命令を出すようになった。そして両宮神主が幕府に早く式年遷宮執行命令を出すように訴訟するまでに至った理由は、寛文九年度の場合、幕府は神宮にその約三年前の同六年七月に至るまで式年遷宮の執行許可を与えず、『慶安二年正遷宮記』(18)によれば、慶安二(一六四九)年度の場合、その約五年前の寛永二十一(一六四四)年四月五日に慶光院周長上人に対して遷宮執行を命じる朱印状を与えたことを考えると、その執行許可が明らかに遅延していたことである。

寛文九年度の場合、朝廷は、神宮と同様に幕府から執行命令をうけると、天皇が山口祭の執行を許可し、山口祭日時定陣儀日時や山口祭日時について朝廷と神宮の間で調整が行われた。

具体的にみると、幕府は式年遷宮の執行命令を出した際、その遷宮諸祭における最初の祭祀である山口祭について執行時期を八月中と指示した。朝廷は神宮に八月中旬を内意として下知したが、祭主は朝廷に神宮側の意向として八月末に山口祭執行日を設定するように要請し、この意向をうけた神宮伝奏の指示により、執行日が八月三十日と決定した。このなかで、幕府がおおよそではあるが、遷宮祭祀の開始時期も指示していること、その枠内で朝廷が神宮の意向に基づき、詳細を決定していることが注目される。

次に立心御柱《りっしんのみはしら》祭・正《しょう》遷宮祭日時定執行日の決定過程を明らかにする。『神宮雑事』同九年六月二十五日条には次のようにみえる。

従清閑寺中納言熙房卿、唯今、頭左中弁光雄朝臣令参会、従殿下御尋之事在之間、可参入之由、即令参入御亭、被命云伊勢遷宮日時定事、陰陽頭従南都上洛之間、日次事令尋之処、今月卅日、七月六日宜歟之由勘訖、此旨殿下申入之処、武家伝　奏可申入之由被仰、即飛鳥井前亜相雅章卿、正親町前亜相実豊卿申入之処、雅章卿云卅日日次不宜、諸事忌之云々如何之由、実豊卿云七月者不宜、但不知故実、所申伝也、先例譜代職輩被相尋、被任先例、可然之由、両卿被申此趣、参殿下、申入之処、仰去年既七月、地曳・立柱・上棟日時定在之、其節不及沙汰、今年七月不宜之由被申旨為如何哉、然者相尋官務・祭主先例、可有壱左右之由殿下仰云々、先例可相勘之由也、

これによれば、神宮伝奏清閑寺熙房《ひろふさ》は自邸に壬生を呼び、次のことを述べた。清閑寺が陰陽頭に正遷宮祭日時定の執行日として適当な日を尋ねると、今月三十日か七月六日がよいのではないかと回答した。清閑寺がこのことを関白鷹司房輔に報告すると武家伝奏にも報告するように命じられた。

そこで飛鳥井と正親町に報告した。飛鳥井は三十日を不適当として諸事を避けるべきであると述べ、正親町は七月を不適当であると述べた。そして、両名は先例を譜代の職に就いている者に尋ねて、その通りにすることが適当であると述べた。

清閑寺はこのことを鷹司に報告した。鷹司は昨年の七月に神宮式年遷宮諸祭祀である地曳《じびき》祭・立柱《りっちゅう》祭・上棟《じょうとう》祭の日時定があり、そのときには問題にしないで、今年の七月は不適当とするのはどういうことかと述べ、そのような指示であれば、壬生と藤波に先例を尋ねて決定すべきだと命じたというものである。

そこで清閑寺は壬生に先例を勘進《かんしん》するように命じた。同条によれば、壬生は朝廷において伊勢神宮関連儀式が七月に執行された先例を調べ、それを折紙に記して提出した。さらに清閑寺は藤波にも同じことを尋ねた。藤波は伊勢神宮においては七月を憚ることはないと回答し、永正・享禄年間中、七月に朝廷から御祈が命じられたことを一紙に記し、提出した。

同二十六日、壬生は烏丸より、七月六日に両宮の立心御柱祭・正遷宮祭日時定を執行することを藤波に伝達するように命じる覚書一通を受け取ったが、同二十七日、再び烏丸より日時定執行日が今月三十日に変更されたことなどを知らせる覚書を受け取った。壬生は清閑寺の邸宅を訪れ、今日、急に執行日が変更された理由を尋ねた。

同条によれば、清閑寺はこれに対し、この日、参内して、鷹司・飛鳥井・正親町と面会したときのことを次のように語った。

宣下于卅日治定之事、実豊卿云従関東七月上旬之比　宣下日時可注進之由也、六月中　宣下申請之儀分明也、来六日於　宣下者中旬之注進也、然者卅日可然之由被申云々、殿下、雅章卿不及問答、被任其旨云々、万事実豊卿被任雅意之故、無関白之威権云々、如斯　宣下日時必定之処、任彼卿一人之申、無事故、又被改之事、神慮最区測、御遷宮者九月也、其注進依無御日次、雖及于中旬有何事乎、然共七月不可然之由令先言之故、如斯之所為歟、昔宇治左大臣頼長執権之故、兄法性寺殿無威権之故、世人号楊名関白、楊名者有名無実云々、雖然当殿下者被抱実豊卿権威給、法性寺殿・宇治殿例者不有同日之論也、唯当殿下依短才之儀云々、可思可悲、

これによれば、正親町が清閑寺に幕府の意向は七月上旬に執行日時を報告するようにとのことであり、六月中の日時宣下を要請しているのは明らかである。七月六日の宣下では七月中旬の報告となる。そうであれば、日時宣下は三十日が適

当であると述べた。

鷹司と飛鳥井は問答に及ばず、正親町に任せるとのことであり、万事が正親町の意向に任され、関白の権威はない。式年遷宮は九月であり、その執行日時の報告が七月中旬になっても問題はないが、正親町が七月は不適当であると主張したので、このように変更したというものであった。(19)こうして同三十日、両宮立心御柱祭・正遷宮祭日時定が執行された。

以上のことにより、寛文九年度の場合、関白は幕府権力を背景とした武家伝奏の意向を重視し、その主張に従ったことを指摘できる。

第二節　元禄二年度式年遷宮の準備過程

寛文九(一六六九)年度に続く元禄二(一六八九)年度の場合を明らかにする。『元禄二年内宮遷宮之覚《おぼえ》』(20)によれば、延宝八(一六八〇)年十一月十五日、内宮一禰宜藤波氏富、外宮一禰宜黒瀬半兵衛が山田奉行所を訪れ、山口祭の執行命令を要請した。その理由として、寛文九年の吟味帳に、慶長・慶安の両度は正遷宮の六年前に山口祭を執行したが、今後は上古の定例のようにその七年前に山口祭があるようにしたい。そうであるならば、八、九年前から山田奉行所まで言上すべきとあり、今度の遷宮までは九年間あるので、この吟味帳の通りに要請した。

この寛文九年の吟味帳は、『両宮御造営吟味帳』のことであり、上野秀治氏によって紹介されている。それによれば、この史料は、両宮の作所《さくしょ》が寛文九年の遷宮の実情や、不備の対応、今後の対策を書き上げたもので、時の山田奉行桑山貞政も承認して署名し、両作所に返却したものである。(21)

その後、天和《てんな》元(一六八一)年、内宮正殿《しょうでん》が炎上し、御神体を仮殿《かりでん》に遷す事件が発生した。同二(一六八二)年二月十三日、内宮一禰宜氏富は内宮臨時遷宮を幕府に申請し、同七月三日、幕府は内宮臨時遷宮と両宮式年遷宮の執行許可を同時に出した。(22)

これについて『元禄二年内宮遷宮之覚』天和二年の項には「一、七月三日、式年御造営被為　仰出候ニ付、桑山下野守殿より御状被成下候、幷江戸神宮使より差越候書状、同九月ニ到来」とあり、山田奉行桑山を通じて幕府から神宮に式年遷宮の執行命令が伝えられたが、一方、今度の式年遷宮に際しても寛文九年度と同様に幕府に直接遷宮執行命令を要請するため神宮から江戸に使者が派遣されたことがわかる。

同八月十三日、山田奉行桑山は内宮一禰宜氏富以下三名の神主に対して山口祭を来る九月下旬に執行するように一両日中に朝廷に解状を提出せよと命じた。これをうけて、同十五日、内宮神主は連名で山口祭日時を九月下旬のなかで勘下《かんげ》されるようにとの解状を祭主藤波に出した。『元禄二年外宮遷宮記』[23]によれば、同日、外宮神主たちも山口祭日時宣下を要請する解状を大宮司に提出しているが、内宮とは異なり、その時期についての要望は記載されていない。

同二十三日、藤波が内宮一禰宜ら内宮神主に書簡を通じてその理由を問い合わせており、同二十五日、内宮一禰宜らは「当時、御遷宮之山深嶮御座候故、往還も急速難成候」などの理由を回答している。その同じ書簡のなかで「造宮御奉行桑山野州、右之通奉願候様ニと被相催候故、注進仕候」とあり、山田奉行が、山口祭を来る九月下旬に執行するように朝廷に解状を提出せよと命じたのは、神宮側の希望を汲んでのことであったことがわかる。

このことは、『両宮御造営吟味帳』に式年遷宮執行の手順として、「まず神宮から幕府の出先機関の山田奉行に届出をし、山田奉行は江戸の幕府へ連絡し、神宮が何時頃山口祭を執行したいと申請していることを上申する」と規定されていたことに基づくと考えられる[24]。

『元禄二年内宮遷宮之覚』によれば、天和二年九月二十四日、内宮に山口祭日時を九月二十六日の辰刻とし、予備の日時として同二十八日の卯刻とするとの宣旨と祭主の副状が到着した。同二十六日、同書と『元禄二年外宮遷宮記』によれば、両宮において山口祭が執行された。

以上、今年度の山口祭日時決定に際して、寛文九年度に定められた『吟味帳』に基づく幕府と神宮の協調した関係を看取することができる。一方、朝廷と幕府の関係は如何なるものであったかをみていく。

『兼輝公記』[25]によれば、同九月八日、神宮伝奏柳原資廉《やなぎわらすけかど》と神宮奉行庭田重条《にわたしげえだ》が関白一条兼輝を訪れ、次のことを提案した。

それは、同十一日に伊勢神宮への例幣発遣儀式、同十二日に両宮山口祭日時定があり、本来、祭主藤波景忠は、例幣使として幣帛《へいはく》を伊勢神宮に奉納した後、上洛してこのことを朝廷に報告し、山口祭日時宣旨を受け取り、伊勢神宮に持参しなければならないが、往復の時間を考慮し、藤波は伊勢において宣旨の到着を待ち、例幣使の一人である忌部使《いんべし》が上洛後、幣帛奉納を朝廷に報告してはどうかというものであった。

これに対して、同九日条によれば、一条は柳原と庭田を呼び、柳原は所労により来なかったが、一条は訪れた庭田に次のように述べた。

疇昔、伝奏・奉行、祭主滞留勢州事、今日、廻愚案、率爾難奏、既奏之、雖勅許、武家伝奏後日聞之、不申武家者不可協時宜、難計之旨称之者、於事可有否、於公論者関白奏達、於勅許者無異論、然而当時、武家権勢感之間、難分別、如何、下官不奏已前、相談武家伝奏事尤斟酌、何者如此儀遂無相談儀、今度、一ケ事於令相談者可為後例、只伝奏、奉行等被談武家伝奏如何、

これによれば、昨日の提案は霊元天皇に奏聞し難い。奏聞して勅許が下されても、武家伝奏花山院定誠[26]・千種有能《ちぐさありよし》が事前に幕府に相談しなければ、その意向に適わないなどと主張し、決定が覆される可能性がある。本来、関白が奏聞し、勅許を得ることには何の問題もないが、現在、幕府の権勢を感じており、その適否を判断することができない。

しかし、奏聞前に武家伝奏に相談することは避けたい。このようなことは武家伝奏に相談することなく行うものであり、今回、このことを相談すれば先例となる。神宮伝奏と神宮奉行が武家伝奏に相談してはどうかというものであった。これに対して、庭田は柳原に相談し、明日返答する、と述べた。

同十日、庭田は一条邸を訪れ、柳原が一条の考えに賛成であるが、このことについて武家伝奏に相談することは遠慮したい旨を述べたことを伝えた。元禄二年度についてこれ以外のことは不明であるが、以上のことにより同年度も寛文九年

度と同様の体制によって準備が行われたことがわかる。

また、一条が同九日条に「当時、幕府権勢感之」と記したように、このとき武家伝奏が有していた関白を凌ぐ権勢の大きさは幕府の権力を背景としており[27]、当時の朝廷における伊勢神宮行政は幕府の強い統制下にあったことを指摘できる。

第三節　宝永六年度〜寛延二年度式年遷宮の準備過程

元禄二（一六八九）年度に続く宝永六（一七〇九）年度の場合を明らかにする。『宝永六年外宮正遷宮記』[28]にはその冒頭に外宮禰宜度会彦敬《わたらいひこたか》が次のように記している。

近年、造営用材を伐採する山である御杣山《みそまやま》[29]に当たる大杉山がしだいに荒廃し、良質の材木が得られないので、飛驒山か木曽山に御杣山を変更されたいと、作事担当者の頭《かしら》である頭工《とうこう》[30]等が頻りに要請している旨を造営全体の統領である作所[31]が両宮の一禰宜に報告した。両宮においてもこの提議を検討し、異議なしとしたので、作所がこの旨を山田奉行所に訴えた。山田奉行堀利寿は幕府に御杣山を改めて遷宮を執行するようにとの命令を要請した。この結果、幕府は木曽山中の湯船沢《ゆぶねさわ》をもって御杣山とするようにとの老中奉書を出した。

同書には、これに続いて「元禄十五年壬午」とあり、一月十八日付で稲葉正勝以下五名の老中が連名で山田奉行宛に送付した書簡がみえる。その内容は、来る式年造営に向けて先例の通りに八年前に山口祭を執行するが、両宮の作所から今般は来月から三月上旬の間に日時を設定することを指示されたい旨が申請され、幕府は先例の通りに執行するように指示するというものであった。

同一月二十四日、外宮神主は連名で山口祭日時宣下を申請する解状を大宮司に提出している。同二月六日には、外宮山口祭の日時を三月六日申刻、予備日時を三月七日申刻と定める宣旨が出された。同三月六日には外宮山口祭が執行された。以上、宝永六年度の山口祭日時決定に際しては、寛文九年度、元禄二年度の決定過程を踏襲していることがわかる。一方、朝廷における両年度の準備過程においては、武家伝奏が権勢を振るい、朝廷の伊勢神宮行政は幕府の強い統制下にあったが、宝永六年度はどうであったかをみていく。

『基熙《もとひろ》公記』(32)によれば、その約七年前の元禄十五（一七〇二）年一月二十二日、武家伝奏が関白近衛基熙に正遷宮祭執行は来る丑年であり、それに向けて、本年、山口祭を執行させるように、とする幕府の命令を伝達した。

同二十九日、神宮伝奏徳大寺公全《きんとも》と神宮奉行鷲尾《わしのお》隆長が近衛邸を訪れ、伊勢神宮より到来した山口祭日時宣下を申請する解状を持参し、近衛は、内覧後、早く東山天皇に奏聞するように命じた。同二月一日、鷲尾が近衛に六日辰刻に山口祭日時定が執行されるので、列席するように要請した。近衛は列席すると回答した。また鷲尾は近衛にその上卿《しょうけい》以下の名簿を手渡した。同四日条には次のようにみえる。

徳大寺大納言来云藤波二位申山口祭可為来六日、然而近代不及口宣案等之沙汰、為私参向之体無念、存先例、近者如此之条、可相願存、但承殿下御内意、可進止旨密相語云々者、答云古例・近例不能左右間、早以奉行可有其願、（中略）所詮奏聞之上、可有御沙汰間、早可被付奉行者、徳大寺諾、起座了、

これによれば、徳大寺が近衛に祭主藤波景忠が徳大寺に次のように述べたと伝えた。「山口祭日時定が来る六日にある。近世においては祭主が伊勢神宮の造営を掌る令外官であった造宮使(33)に補任される口宣案《くぜんあん》が出されることもなく、私的に山口祭に参向しており、無念である。口宣案が出された先例があるので、それを申請したい。ただし、近衛の意向を伺った上で申請するかどうかを決定する」。近衛は、先例は不明だが、早く神宮奉行を通じて申請するように命じた。同条には藤波が提出した寛正二（一四六一）年に藤波秀忠を造宮使に補任した口宣案と太政官符《だいじょうかんぷ》の写しが記されている。

同五日、鷲尾が近衛に藤波を造宮使に補任することについて承諾を求め、近衛は早く天皇に奏聞するように命じた。同六日、藤波は造宮使に補任され、同三月六日、両宮山口祭が執行された。

『綱平公記』(34)享保七（一七二二）年二月一日条には「就山口祭、官符、任符、元禄十五年ノ度御再興」とあり、元禄十五（一七〇二）年の山口祭に際して祭主を造宮使に補任する太政官符発布が再興されたことがわかる。

以上のことにより、宝永六年度の場合、武家伝奏の役割は関白に山口祭を執行させるようにとする幕府の命令を伝達するのみであった。一方、関白が式年遷宮準備を主導したことを指摘できる。

また、同年度以降、式年遷宮の準備過程において武家伝奏が果たした役割がわかるのは、明和六(一七六九)年度・嘉永二(一八四九)年度の場合であるが、武家伝奏は山口祭日時定執行を命ずる老中奉書を天皇に届けたり、同儀式執行と決定された日時を京都所司代に報告したりするのみであり、幕府権力を背景に活動した様子はみられない(35)。

高埜利彦氏は、五代綱吉政権が三代家光政権までの軍事指揮権に頼った支配方式ではない「平和」な時代の秩序維持を図る上から、よりいっそう、将軍権威を高める必要があり、天皇、朝廷が担ってきた儀礼上の存在意義を必要としたことを明らかにしており(36)、宝永六年度以降、武家伝奏を通じて準備過程へ介入することもなかったことを踏まえると、同年度の準備に際して幕府が朝廷に協調的な姿勢に変化したことを指摘できる。

同年度に続く享保十四(一七二九)年度の場合はどうであろうか。『享保十四年外宮遷宮記　上』(37)によれば、同二(一七一七)年七月二十九日、作所が造宮役人を率いて一禰宜家を訪れ、幕府に今度の式年遷宮における御杣山を決定してもらいたい旨の願書を提出した。これに対して、同四年五月二十八日、召しにより、一禰宜代が作所代・造宮役人を率いて奉行所を訪れると、御杣山は先例の通り木曽山とすべしとの幕府の命令が伝えられた。

同六(一七二一)年九月五日条には「山口祭、明年三月可勤行、因茲與内宮神宮相議、一禰宜代貞忠檜垣主馬・神主総代七禰宜常包率作所代・造宮役人、詣于奉行所、呈其願書」とあり、両宮が協議して、山口祭を来年三月に執行したい旨を決し、外宮一禰宜檜垣《ひがき》貞忠らが山田奉行所を訪れ、その願書を提出した。

同書によれば、これに対して、十月二十一日、奉行所からの召しにより再び檜垣らが奉行所を訪れると、山口祭を願書のごとく来年三月に執行するようにとの幕府からの命令が告示された。同七年一月二十一日には外宮神主が連名で山口祭日時宣下を申請する解状を大宮司に提出した。これに対して、同二月四日条には「為啓式年正遷宮造営祇承台命之慶賀、神宮使弘厚森織部、上道赴于江府」とあり、二月六日には、山口祭日時を三月九日巳刻、予備日時を同十四日亥刻とする宣旨が大宮司から外宮にもたらされた。

以上、享保十四年度の山口祭日時決定に際しては寛文九年度から宝永六年度までの決定過程を踏襲していることがわかる。ただし、寛文九年度や元禄二年度の場合、幕府に直接式年遷宮執行命令を申請するために江戸に神宮使が派遣されたことに対して、享保十四年度の場合、神宮使は幕府から式年遷宮執行命令が出されたことに慶賀を申し上げるため、江戸に派遣されており、式年遷宮準備をめぐる朝廷と幕府の関係が大きく変化したことがわかる。一方、朝廷においては、『綱平公記』同七年一月二十六日条・同二十七日条・同二月一日条によれば関白が準備を主導していた。[38]

享保十四年度に続く寛延二(一七四九)年度の場合はどうであろうか。『寛延二年外宮正遷宮記　上』によってみる。その冒頭には、元文二(一七三七)年六月七日、作所松木邑彦《まつきむらひこ》が一禰宜家を訪れ、来る式年遷宮に備えて御杣山の決定を山田奉行所に願い出ることを申請した。それをうけて、同十二日、一禰宜代粟野《あわの》文明らが奉行所を訪れ、この願いを山田奉行堀直生に伝えた。同三年二月四日、召しにより一禰宜代堤盛有らが奉行所を訪れ、幕府が尾張殿家老に御杣山を木曽山とするとのことを命じた旨が伝えられた。

以上の御杣山決定過程は、寛延二年度に続く明和六(一七六九)年度については不明であるが、それに続く寛政元(一七八九)年度や近世最後の式年遷宮であった嘉永二(一八四九)年度についても同様であり、[39]宝永六年度に行われた大杉山から木曽山への御杣山変更を契機として、式年遷宮の準備は、神宮において造営全体を統括する作所が幕府による御杣山決定を申請し、幕府が先例のごとく木曽山に決定することによって開始されることになった。

続いて、『寛延二年外宮正遷宮記　上』によれば、寛保《かんぽう》元(一七四一)年九月六日、外宮一禰宜松木圭彦《よしひこ》らが山田奉行所を訪れ、山口祭を来年三月に執行したい旨を伝えた。これに対して、十月十日、奉行所からの召しにより再び松木らが奉行所を訪れると、「山口祭如願来戌年可勤行、又日時者可望請于京都、因有此台命」と山口祭を願いのごとく来年に執行するようにとの幕府からの命令が告示され、その日時の決定は朝廷に申請するように指示している。これをうけて、同二年一月二十一日、外宮神主たちは山口祭日時宣下を申請する解状を大宮司に提出し、同二月九日、外宮山口祭日時を三月六日辰刻とする宣旨が大宮司から外宮側にもたらされた。

以上の山口祭日時の決定過程について、寛文九年度の場合、幕府がおおよそではあるが、山口祭の時期を指示し、その枠内で朝廷が神宮の意向に基づき、詳細を決定したことや元禄二年度・宝永六年度・享保十四年度の場合、神宮側が幕府に山口祭執行時期についての希望を伝え、幕府がその希望通り具体的に指示するというものであった。

宝永六年度以降、山口祭の三月上旬実施が定例化したことも考慮する必要があるが、寛政元(一七八九)年度や嘉永二(一八四九)年度について山口祭日時の決定過程は寛延二年度と同様であったことを踏まえると、寛延二年度以降、式年遷宮の準備過程における幕府の姿勢が朝廷の意向や立場を尊重するものに変化したことを看取することができる。(40)(41)

第四節　文化六年度式年遷宮の準備過程

文化六(一八〇九)年度については、神宮上卿正親町実光《おおぎまちさねみつ》の『神宮上卿雑記』(42)によって同七年に行われた両宮別宮《りょうぐうべつぐう》式年遷宮の準備過程をみる。

同六月二十五日、祭主藤波光忠が正親町に明日両宮別宮遷御《せんぎょ》日時を勘下することを申請する解状を披露することを伝える書状を出した。同日条によれば、その際に次の折紙が副えられていた。

内宮別宮遷御日時之事、
　自八月上旬至下旬
外宮別宮遷御日時之事、
　九月上旬
右、可被勘下之事宜預御沙汰候
　六月廿五日　光忠

右衛門督殿

これをうけて正親町は関白鷹司《たかつかさ》政熙《まさひろ》と議奏にこのことを伝え、藤波に明日の神宮解状の披露は辰刻に行うように命じる書状を出した。同二十六日、神宮奉行万里小路《までのこうじ》建房《たけふさ》から正親町に大宮司と両宮からの解状、あわせて三通が届けられた。正親町は鷹司にそれらの解状を内覧してもらい、光格天皇に奏聞するように命じた。正親町は参内し、解状三通と祭主の折紙を奏聞し、天皇の勅許が出された。正親町は鷹司にこのことを報告した。同二十七日条には次のような注目すべき記事がみえる。

両宮別宮正遷宮日時、内勘文之通、於神宮無差障哉、被尋下于祭主之旨、議奏山科中納言伝宣、内勘文二包被授候、御請、明日、明後日之中、可申云々、召祭主、及夕、

得御意度候間、恐入候、御参可被成候也、

二月廿七日　　　　実光

藤波神祇権大副殿

参上、招申沙汰間、内勘文二包授之、前件仰也、明日披露物、予在　朝之間、可有勘文返上、御請等示、被承諾、退出、

これによれば、議奏山科忠言《やましなただとき》が正親町に両宮別宮正遷宮日時について内勘文の通りで支障はないか、祭主に尋ねるようにとの天皇の命令を伝え、内勘文二通を授けた。正親町は承諾し、藤波に内勘文の日時について内諾を得たいので、参内するように命じた。

藤波が参内し、正親町は申沙汰間《もうしざたのま》において内勘文二通を授け、明日披露するので、正親町が朝廷にいる間に返却するように命じた。藤波は承諾して退出した。同二十八日、藤波から正親町に神宮において支障はなく、内勘文を返却するとの書状と内勘文が届けられた。

その書状には「内勘文　両宮へ尋遣候事、先例無之候」とある。確かに、『篤長卿記《かずながきょうき》』(43)寛政元(一七八九)年五月一日条に

よれば、同年に行われた両宮別宮山口祭以下日時宣下に際して光格天皇はこうした指示を行っていないことから、文化七年の準備過程において光格天皇の意向により初めて祭主藤波の内諾を得て正遷宮日時が決定されたことを指摘することができる。

第五節　文政十二年度式年遷宮の準備過程

文政十二(一八二九)年度については、神宮上卿大炊御門《おおいみかど》経久《つねひさ》の『神宮上卿之記』(44)をはじめ、神宮上卿三条実万《さねつむ》がその準備を担当した際の記録である『遷宮奉行記』(45)とその続編である『遷宮奉行記　草稿』(46)に詳細が記されている。『遷宮奉行記』と『遷宮奉行記　草稿』は東京大学史料編纂所に徳大寺家史料の一部として所蔵されている。『遷宮奉行記』は、表紙に右端から「神宮上卿正二位行権大納言兼皇太后権大夫藤原朝臣実万」、「両宮四所別宮造替山口祭以下日時定」、「造両太神宮心御柱正遷宮等日時定」、「遷宮奉行記」と記され、本文は文政十二年三月十六日から同六月五日までの記事であり、内容は両宮別宮山口祭以下の遷宮祭祀日時と両宮立心御柱祭・正遷宮祭日時の決定過程である。『遷宮奉行記　草稿』は、表紙に右端から「文政十二年　同十三年　実万御記也」、「遷宮奉行記草稿」とあり、本文は同六月某日から同十三(一八三〇)年二月十一日までの記事であり、内容は同十二年九月に執行された両宮正遷宮祭後の伊勢神宮に対する奉幣使発遣の準備過程などである。

最初に『神宮上卿之記』によって両宮山口祭日時の決定過程をみる。文政五(一八二二)年一月二十日、祭主藤波光忠が参内し、申沙汰間において神宮上卿大炊御門と面会した。藤波は、山口祭日時宣下を申請する解状が到来したので、明日披露したいとのことを要請し、大炊御門は承知したと回答した。さらに藤波は先例のように造宮使に補任されることを要望した。

大炊御門は、神宮奉行広橋光成《みつしげ》と示し合わせて、八景間《はっけいのま》において関白一条忠良と面会し、明日、山口祭の解状を披露してよいか伺った。一条は先例のように披露することを命じた。その後、大炊御門は、議奏園池公翰《そのいけきんふみ》と面会し、明日、山口祭の解状を披露することを伝え、園池も了解した。大炊御門は藤波に明日卯刻に披露するとのことを書状で伝えた。

同二十一日、大炊御門は辰刻に参内し、しばらくして広橋も参内した。大炊御門は広橋を同伴して議奏鷲尾隆純に造宮使と山口祭日時のことを申し入れた。その際に「造　両太神宮使之事」と記された奉書と次の解状を提出した。

山口祭日時定

二月上旬

同　日時

三月上旬

しばらくして、議奏甘露寺国長が大炊御門と広橋を招き、解状を返却し、陰陽頭に山口祭日時の内勘文を提出させるようにとの仁孝天皇の命令を伝えた。大炊御門は広橋とともに陰陽頭に日時を勘進するように命じ、その後、陰陽頭は大炊御門らに内勘文を渡し、大炊御門らは甘露寺にそれを提出した。その際に甘露寺は天皇が造宮使に藤波を指名したことを伝えた。同条には次のような記事がみえる。

陰陽頭内勘文被付

陣儀之日時

二月一日丙午　時巳午

二日丁未　時巳午

三日戊申　時辰巳

六日辛亥　時辰午

文政五年正月廿一日　晴親

山口祭日時
三月一日丙子　時卯午
四日己卯　時巳午
七日壬午　時巳午
十日乙酉　時辰午
文政五年正月廿一日　晴親
属甘露寺前大納言、献上、少時同卿伝　宣、御点之通被　仰出、可仰清書旨、直仰陰陽頭、少選清書被付、
撰申可有　皇太神宮御造替山口祭日時
来月七日壬午　時巳
文政五年二月三日　陰陽頭安倍朝臣晴親
撰申可有　豊受太神宮御造替山口祭日時
来月七日壬午　時午
文政五年二月三日　陰陽頭安倍朝臣晴親

これによれば、天皇が提出された内勘文に御点を加え、日時を決定し、甘露寺を通じて大炊御門に清書するように命じた。すぐに大炊御門は陰陽頭安倍晴親《あべはれちか》に清書を命じ、しばらくして安倍は清書を提出した。それによれば、内宮は三月七日の巳刻、外宮は同日の午刻であった。

同条によれば、大炊御門と広橋は、藤波に「御用之儀、得御意度候間、唯今可令参朝給候也」との書状を出し、参朝した藤波に造宮使のことを伝え、内勘文日時についての内諾を求めた。

しかし、同二十三日、二月三日に予定されていた両宮山口祭日時定陣儀が延引となり、同七日、同二十六日に行われることが決定された。同二十六日、両宮山口祭日時定が行われ、先日内定していた日時が正式に決定された。

次に『遷宮奉行記』によって両宮別宮山口祭以下遷宮祭祀日時の決定過程をみる。文政十二年三月十九日、祭主藤波光忠が三条に明日神宮大宮司と伊勢神宮禰宜等が作成した両宮別宮山口祭以下日時宣下を要請する解状を披露するとの書状とその日時が来月中下旬のなかから勘進されるように取り計らうことを要請する書状を送った。

その後、三条は神宮奉行柳原隆光と会い、柳原が三条に解状奏聞の際は神宮奉行も神宮上卿とともに参内するべきか、また、神宮上卿、神宮奉行が陰陽頭に祭祀日時内勘文の提出を命じるのか尋ねた。続いて同条には次のようにみえる。

件等事不得先例之記之間、難一決、仍内々以事便、触議奏大宮大夫、尋問文化度之例、即閲役所之記、被答云彼時上卿一人奏之、弁不参伴、且後日、自議奏仰陰陽頭、被召内勘文、仰上卿、被尋神宮差支否云々、仍此趣与頭弁談合、

これによれば、三条もそれらについての先例を知らないために回答することができず、議奏徳大寺実堅《さねみ》に尋ねた。徳大寺は議奏記録を閲覧し、文化七(一八一〇)年に行われた同儀式に際しては、神宮上卿だけが参内、奏聞し、後日、光格天皇が議奏を通じて陰陽頭に祭祀日時の内勘文提出を命じ、提出された内勘文日時について神宮上卿に伊勢神宮において差し支えがないかを尋ねさせたことを回答した。三条は柳原にこの旨を伝えた。

その後、三条は院の休息所において関白鷹司政通に面会した。同条には「両宮別宮山口祭以下日時之解状、明日、可披露之由祭主注進候、令　奏聞、無御差支哉之由申入、可奏之由命給」とあり、三条は鷹司に藤波がそれらの解状を明日披露するので、それを仁孝天皇に奏聞してよいか尋ね、その許可を得た。同条によれば、その後、三条は議奏衆にこのことを連絡する書状を出した。徳大寺は三条に非蔵人《ひくろうど》番頭《ばんがしら》を通じて明日卯刻《うのこく》以降に来ることを命じた。

同二十日、三条は柳原の使者からそれらの解状を受け取り、それらを持って参内し、議奏園池を通じて天皇に奏聞した。その後、同条には「予申云日時内勘文勘進候者、内々可被尋下于祭主申請之趣申入之処、先例又如此、可為其分由被示了」とあり、三条は園池に日時内勘文が勘進されたならば、内々にそれで問題はないか尋ねてもらいたい旨の藤波からの要請を伝えた。園池は先例も同様であり、そのように行うと回答した。

同二十二日、三条が議奏日野西延光《ひのにしとおみつ》に呼ばれ、議奏候所《こうしょ》に行った。同条には「両宮別宮山口祭以下日時内勘文有注進、

件日時各於神宮差支無之乎、如何、被尋下云々、勘文被授也」とあり、日野西は三条に陰陽頭安倍晴親から祭祀日時内勘文が注進されたので、天皇が伊勢神宮においてこの日時で支障はないか尋ねたことを伝え、これを渡した。三条は申沙汰間に退き、柳原などとそれを筆写して、日野西に返却した。

その後、同条によれば、三条は藤波に「御用之儀、得御意度候間、唯今、御参可被成候也」との書状を出し、内勘文の日時について藤波の内諾を得たいので参内するように命じた。三条は参内した藤波に内勘文の写しを渡し、天皇が伊勢神宮においてこの日時で支障はないか尋ねたことを伝え、明日、回答できるか尋ね、藤波は承諾した。同二十三日、早朝、藤波は三条に面会し、同条には「昨日、所尋申日時之事、各於神宮差支無之云々」とあり、伊勢神宮においては支障ないとのことを回答し、その後、内勘文の写しを返却した。三条は巳刻に参内し、日野西にこのことを報告した。その後、日野西が三条に天皇が明日土御門を召して勘文の清書を命じ、その日時定奉行を任命することを決定したことを伝達した。同二十八日、両宮別宮山口祭以下日時定が執行された。

次に両宮立心御柱祭・正遷宮祭日時の決定過程を明らかにする。同五月六日条には「祭主示云正遷宮解状当月中旬到来歟、然者以日時内勘文可被尋下事可沙汰云々」とあり、藤波が三条に神宮神主の両宮正遷宮祭日時宣下を申請する解状が今月中旬に到来する予定であるが、天皇が藤波に祭祀日時内勘文の日時で支障はないか尋ねるように取り計らうことを要請した。

同十八日、藤波が三条に神宮神主の両宮立心御柱祭・正遷宮祭日時宣下を申請する解状が到来したので、明日、披露するとの書状と次のような書状を出した。

両宮式年造替立心御柱日時
　右八月中旬
遷御日時
　右九月上旬

内外宮隔中二日被勘下候様之事、

これによれば、その内容は、両宮の祭祀の間は二日間空け、立心御柱祭日時は八月中旬、正遷宮祭日時は九月上旬のなかから勘進されるように取り計らうことを要請するものであった。

同十九日、柳原が三条にそれらの解状などを届けた。この後、三条は、解状を書写し、鷹司を訪ね、それらを内覧してもらい、奏聞の許可を得た。三条は議奏鷲尾を通じてそれらを天皇に奏聞した。

同二十日、議奏池尻暉房《いけがみてるふさ》は三条に書状を通じて参内することを命じ、参内した三条に土御門から勘進された祭祀日時内勘文について、天皇が藤波に伊勢神宮においてその日時で支障はないか尋ねたことを伝達し、明後日までに回答させることを命じて、内勘文を渡した。同条に記された、その内勘文は次の通りである。

内勘文二通

内宮心御柱日時
　八月十一日壬申　時戌
　　十二日癸酉　時戌
　　十三日甲戌　時戌

正遷宮日時
　九月三日甲午　時酉
　　五日丙申　時戌

文政十二年五月十九日　晴親

外宮心御柱日時
　八月十六日丁丑　時亥
　　十八日己卯　時戌
　　十九日庚辰　時辰

正遷宮日時
　九月八日己亥　時戌
　　九日庚子　時酉

文政十二年五月十九日　晴親

これらによれば、内宮立心御柱祭の執行日が八月十一日、予備日が同十二日、同十三日、同正遷宮祭の執行日が九月三日、予備日が同五日、外宮立心御柱祭の執行日が八月十六日、予備日が同十八日、同十九日、同正遷宮祭の執行日が九月八日、予備日が同九日であった。

同二十日条によれば、三条は藤波に内勘文の日時についてその内諾を得たいので参内するように命じる書状を出した。さらに同条には次のようにみえる。

小時、祭主参上、招寄、令見内勘文、此定於神宮御差支無之歟尋之、答申云於内宮者此旨無子細、外宮正遷宮為八日者、九日有一社奉幣、無余日、例幣発遣、其前祭主帰洛、頗無便宜、地下参向之面々亦同依之、以六日迄之内、可被勘下者、尤可然云々、但六日猶以遅云々、先々多以一日為内宮遷御、四、五日為外宮遷御歟、然而今年一日為日食、二日難被用歟如何、二日、内宮、五日、外宮、如此被勘下候者、殊以珎重之由也、

これによれば、三条は藤波に内勘文をみせ、それらの日時で支障はないかを尋ねた。藤波は次のように回答した。「外宮正遷宮祭が九月八日に執行されたならば、同九日に正遷宮祭に伴う伊勢神宮への一社奉幣が行われることになる。同十一日には伊勢神宮への例幣発遣があり、一社奉幣と例幣に参向する祭主・地下官人《じげかんじん》にとって非常に不便である。先例では一日に内宮正遷宮祭、四日か五日に外宮正遷宮祭が執行されたことが多いが、今年一日は日食のため、内宮正遷宮祭を同二日、外宮正遷宮祭を同五日と勘下していただければ結構である」。

三条は池尻にこのことを報告し、内勘文を返却した。池尻は返答すると述べた。午下刻、鷹司が参内したので、池尻は、三条を呼んで、鷹司は先ほどの報告を詳しく承知しているが、事実関係に誤りがないように直接報告することを命じた。三条は八景間において鷹司にこのことを報告した。同条には次のようにみえる。

命云先例多被用一日、大略流例歟、然而今年一日々触、仍除之、(中略)以二日為内宮遷御者可然也、然而此日難被用由陰陽寮申之、依之、先如彼内勘文被　仰付也、但六日、七日撰申之外也、其故ハ隔中二日可被勘下由兼以祭主申請之間、内宮設日後者除件両日、然者全無他日歟、

これによれば、鷹司は三条に今度の内勘文日時が決定された経緯を述べた。その内容は、先例では一日に内宮正遷宮祭が執行されたことが多いが、今年一日は日食であることを理由に候補日から外した。そこで二日が適当であると考えたが、土御門がこの日を反対したので、三日とした。

そして、外宮正遷宮祭の執行日から六日・七日を除いた理由は、先日、藤波が内宮、外宮の正遷宮祭の間を二日間空けることを要請していたので、内宮正遷宮祭の予備日である五日より後の二日間は除いたというものであった。

続いて同条によれば、三条は、その必要はなく、藤波は内宮正遷宮祭執行日後の二日間を空ければ支障はないという意向であることなどを述べた。鷹司は、先日、土御門が提出した八月中旬と九月上旬における日の吉凶を示した一覧をみせた。それによれば、九月二日は凶日であり、土御門はこれを理由に反対したことがわかる。

さらに、鷹司は藤波を呼び、外宮正遷宮祭の執行日は内宮正遷宮祭予備日後の二日間を空ける必要はないのか尋問し、藤波は内宮正遷宮祭執行日後の二日間を空ければ支障はないと回答した。

その後、同条には「命云二日之所、暦面上段、天一天上、因之、可被宥用事不可然歟如何」とあり、鷹司は、三条に九月二日は天一天上《てんいちてんじょう》、[47]すなわち陰陽道でいう方角神の一つである天一神が天に上っている期間の内であり、天一神の祟りがなく、吉日であることを理由に内宮正遷宮祭の執行日とするという藤波の意向に沿った考えを示して、その適否を尋問した。

続いて「猶被尋問于陰陽頭之上、自議奏可沙汰、其後、可尋申祭主由被命」とあり、土御門にも尋問した上で、池尻を通じて内勘文日時のことを指示するので、藤波にその適否を尋ねるように命じた。

その後、池尻が三条に土御門から改めて祭祀日時内勘文が勘進されたので、天皇が伊勢神宮においてその日時で問題はないか尋ねたことを伝達し、明日、藤波の意向を報告することを命じた。同条に記されたその内勘文は次の通りである。

高檀紙四折

内宮心御柱日時
八月十一日壬申　時戌
十二日癸酉　時戌
十三日甲戌　時戌

外宮心御柱日時
八月十六日丁丑　時癸卯
十八日己卯　時戌
十九日庚辰　時酉

正遷宮日時

正遷宮日時

九月二日癸巳　時戌　　　　九月五日丙申　時戌
　三日甲午　時酉　　　　　六日丁酉　時戌
　文政十二年五月廿日　晴親　　文政十二年五月廿日　隆光

これによれば、内宮立心御柱祭の執行日が八月十一日、予備日が同十二日、同十三日、同正遷宮祭の執行日が九月二日、予備日が同三日、外宮立心御柱祭の執行日が八月十六日、予備日が同十八日、同十九日、同正遷宮祭の執行日が九月五日、予備日が同六日であり、両宮正遷宮祭の執行日が藤波の要請通りに変更されたことがわかる。

三条は藤波にそれをみせた。同条によれば、藤波は、「為此定者殊恐悦也」、「勘文之条如申被及御沙汰、恐悦之由」と述べ、同二十一日、三条に内諾する旨を伝えた。三条は、午刻に参内し、園池にこのことを報告した。同六月五日、両宮の立心御柱祭・正遷宮祭日時定が執行された。

おわりに

近世朝廷における神宮式年遷宮の準備過程について次のことに注目したい。寛文九(一六六九)年度の場合、関白が遷宮祭祀日時定の執行日決定に際して武家伝奏の内諾を求め、さらに、武家伝奏は幕府の意向として執行日の変更を要請し、それが変更された。このことにより、同年度の場合、関白は幕府権力を背景とした武家伝奏の意向を重視し、その主張に従ったことを指摘できる。

これに対して、文化七(一八一〇)年の準備過程において、光格天皇の意向により初めて同祭祀の執行日が祭主藤波の内諾を得て決定され、仁孝天皇下の文政十二(一八二九)年度の場合も遷宮祭祀の執行日決定に際して祭主は祭祀内勘文日時に関する自らの内諾を得ることを朝廷に要請し、天皇もその内諾を求め、関白が祭主の要請に従って正遷宮祭の執行日を変更したことである。

以上のように、その準備過程が武家伝奏の意向を強く反映するものから祭主の意向を強く反映するものに変化した理由としてあげることができるのは、まず神宮式年遷宮準備において武家伝奏が果たした役割の変化とその背景にある幕府の朝廷に対する姿勢の変化である。

元禄二（一六八九）年度の場合、関白は神宮伝奏と神宮奉行の提案を武家伝奏の反対を恐れたことにより天皇に奏聞することができなかった。さらに、武家伝奏は同三（一六九〇）年に執行された内宮臨時遷宮の諸祭祀について関白が提案した、それらの執行日の短縮を幕府の意向として反対し、これにより一条はこの提案を撤回した。以上のことから当時の朝廷における伊勢神宮行政は幕府の強い統制下にあり、武家伝奏は幕府の権力を背景として関白を凌ぐ権勢を有していた。

宝永六（一七〇九）年度の場合、武家伝奏の役割は関白に山口祭を執行させるようにとの幕府の命令を伝達するのみであった。一方、関白が準備を主導していた。同年度に続く享保十四（一七二九）年度の場合も関白が準備を主導しており、文政十二年度も同様であった。宝永六年度以降における武家伝奏の役割は、明和六（一七六九）年度、嘉永二（一八四九）年度の場合、山口祭日時定執行を命ずる老中奉書を天皇に届けたり、決定された山口祭執行日時を京都所司代に報告したりするのみであった。これらのことから宝永六年度以降は近世末期に至るまで関白が主導する体制であったと推定される。

また、山口祭日時の決定過程について、寛文九年度の場合、幕府がおおよそではあるが山口祭の時期を指示し、その枠内で朝廷が神宮の意向に基づいて詳細を決定していることや元禄二年度・宝永六年度・享保十四年度の場合、神宮側が幕府に山口祭執行時期についての希望を伝え、幕府がその希望通り具体的に指示するというものであったことを踏まえると、宝永六年度以降、山口祭の三月上旬実施が定例化したことも考慮する必要があるが、寛延二（一七四九）年度以降、幕府が神宮側にその日時の決定を朝廷に要請するように指示していることは、式年遷宮の準備過程において幕府が朝廷の意向や立場を尊重する姿勢に変化したことを示すものであると考える。

次に藤波家の朝廷における立場の変化である。その当主は平安時代から江戸時代末期に至るまで代々神宮祭主を務めた[48]とともに近世においては神祇道を家職とし、関白・三公などは随時、種々の質問を行い、藤波はこれに回答しており[49]、本来、同家は朝廷においてその神社行政、とくに伊勢神宮行政の枢機に参画しうる立場にあった。

しかし、元和《げんな》九（一六二三）年に当主種忠が後水尾上皇の勅勘を蒙って祭主を辞任し、同家は堂上公家から地下身分に落とされた。さらにその後継の友忠も承応二（一六五三）年に総位階勅許に対する違勅の罪により流罪に処せられた。[50]その後、万治四（一六六一）年に祭主に補任された景忠も天和四（一六八四）年に至るまで地下身分のままであり、近世前期の朝廷における同家の立場はきわめて弱いものであった。

その後、景忠は堂上復帰を果たしたことにより朝廷における発言力を強め、元禄十五（一七〇二）年には先例を根拠として、それまで途絶していた祭主に対する造宮使に補任する口宣案など文書による補任の再興を神宮伝奏に要請し、その結果、太政官符による補任が再興され、朝廷における同家の立場が回復した。

さらに、第三部第五章において明らかにするように、安永八（一七七九）年に神宮上卿正親町公明が神宮例幣使発遣儀式の準備過程を旧例通りに復旧することを関白に提案し、それが実現したり、享和元（一八〇一）年には伊勢神宮への公卿勅使が儀式書に則った本来の形式に復古されたりしたこと[51]からもわかるように、光格天皇以降の朝廷において伊勢神宮に関する政務や儀式が重視され、藤波家の立場が上昇した。

註

（1）高埜利彦「江戸幕府の朝廷支配」（『日本史研究』三一九、一九八九年、四八～四九頁。後に、同『近世の朝廷と宗教』〈吉川弘文館、二〇一四年〉Ⅰ部第一章に収録）。

（2）前掲註（1）高埜論文、五二～五六頁。

（3）山口和夫「霊元院政について」（今谷明・高埜利彦編『中近世の宗教と国家』岩田書院、一九九八年）。

（4）鈴木義一「式年遷宮」（『神道史大辞典』吉川弘文館、二〇〇四年）四四九～四五〇頁。

（5）同「山口祭」（前掲註（4）書）九八〇頁。

（6）鎌田純一「心御柱」（前掲註（4）書）五六二頁。

（7）中西正幸『伊勢の神宮』（国書刊行会、一九九一年）六九頁。

(8)小島鉦作『伊勢神宮史の研究』(吉川弘文館、一九八五年)一五頁。
(9)「式年並臨時仮殿遷宮一覧表」(『神宮要綱』神宮司庁、一九二八年)二〇一〜二一二頁。
(10)間瀬久美子「伊勢・賀茂正遷宮前後争論をめぐる朝幕関係覚書」(今谷明・高埜利彦編『中近世の宗教と国家』岩田書院、一九九八年)二七九・二八四・二八五・二九三頁。
(11)神田裕理『戦国・織豊期の朝廷と公家社会』(校倉書房、二〇一一年)一八七頁。
(12)神宮司庁編『神宮遷宮記　第五巻』(神宮式年造営庁、一九九五年)。以下、『寛文九年内宮遷宮記』は、同書による。
(13)中西正幸『神宮式年遷宮の歴史と祭儀』(大明堂、一九九五年)二・六〇頁。
(14)前掲註(12)書。以下、『寛文九年外宮正遷宮記』は同書による。
(15)大西源一『大神宮史要』(平凡社、一九五九年)三四三〜三四五・六八八頁。
(16)宮内庁書陵部蔵、F九―一三三。
(17)同、F十一六九五。なお、拙著『神宮雑事』(皇學館大学研究開発推進センター、二〇一四年)において本書の第一冊から第六冊までの本文を翻刻し、「宮内庁書陵部蔵『神宮雑事』について」と題する解題を掲載している。
(18)前掲註(12)書所収。
(19)田中暁龍氏は、寛文九(一六六九)年当時、三条西実教と武家伝奏正親町実豊が朝廷において権威をふるい、このために霊元天皇も両者を疎んじ、その命令をうけた公卿たちが中院通茂のところへ両者排斥の相談に来るという一件があったことを明らかにした。同「寛文三年『禁裏御所御定目』について―後水尾法皇による禁中法度―」(『東京学芸大学附属高等学校大泉校舎　研究紀要』一四、一九八九年)一七三頁。
(20)前掲註(12)書。
(21)上野秀治「江戸幕府と遷宮」(『皇學館大学講演叢書　第一三五輯〜第一四二輯　伊勢の神宮と式年遷宮』皇學館大学出版部、二〇一二年)一七五〜一八一頁。
(22)神宮司庁編『神宮史年表』(戎光祥出版、二〇〇五年)一四六・一四七頁。
(23)前掲註(12)書。以下、『元禄二年外宮遷宮記』は同書による。
(24)前掲註(21)上野論文、一七六頁。
(25)東京大学史料編纂所、二〇七三―一二九。
(26)久保貴子氏は、花山院定誠について、自らの朝廷における勢力拡大のために延宝五(一六七七)年から同六(一六七八)年にかけて、ほぼ内定していた一宮の儲君を覆して、親族である五位擁立へ動いたこと、霊元天皇の側近であったことを明らかにした。同「天和・貞享期の朝廷と幕府―霊元天皇をめぐって―」(『早稲田大学大学院文学研究科紀要』別冊一四、一九八八年、一六〇～一六二頁。後に、同『近世の朝廷運営』〈岩田書院、一九九八年〉第二章に収録)。

(27) 平井誠二氏は、延宝三(一六七五)年における花山院定誠の武家伝奏への任命は幕府からの奏請をうけて行われたことなど、慶長から貞享の間、任命権は実質的に幕府が掌握しており、武家伝奏はその意向を強く反映させられていたことを指摘した。同「武家伝奏の補任について」(『日本歴史』四二二、一九八三年)五九頁。また、高埜利彦氏は、延宝六(一六七八)年から同八(一六八〇)年にかけてのものとみられる左大臣近衛基熙の「口上覚書」を紹介し、同書において、近衛が禁中では現在相談事が一致しない状態にあり、それは関白の下知で決定することが稀になっているためであるとし、その上、関白、三公などによる承諾のないことが霊元天皇の叡慮であることを理由に治定されることなどがしばしばであるとして、関白の職が意味をなさないものになってしまうことを危惧していたことを明らかにした。前掲註(1)高埜論文、六五頁。なお、山口和夫氏は、この「口上覚書」が延宝六年に作成されたことを明らかにした。同「近世の朝廷・幕府体制と天皇・院・摂家」(大津透編『史学会シンポジウム叢書　王権を考える――前近代日本の天皇と権力』山川出版社、二〇〇六年)二二六～二二八頁。

(28) 神宮司庁編『神宮遷宮記　第六巻』(神宮式年造営庁、一九九五年)。以下、『宝永六年外宮正遷宮記』は、同書による。

(29) 前掲註(13)中西著書、三六頁。

(30) 前掲註(13)中西著書、九三頁。

(31) 前掲註(13)中西著書、九二頁。

(32) 東京大学史料編纂所、二〇七三―一七五。

(33) 前掲註(13)中西著書、三一頁。

(34) 東京大学史料編纂所、二〇七三―九〇。

(35) 『兼胤記』(東京大学史料編纂所、二〇七三―一〇二)宝暦十一(一七六一)年十二月二十六日条・『公武御用日記』(東京大学史料編纂所、徳大寺家史料、二七―一)天保十三(一八四二)年一月十一日条・『公武御用日記』(国立公文書館　古四二―七五八)同二月五日条。

(36) 前掲註(1)高埜論文、六三頁。

(37) 前掲註(28)書。以下、『享保十四年外宮遷宮記　上』は同書による。

(38) 前掲註(28)書所収。

(39)『寛政元年外宮遷宮記』安永六(一七七七)年六月十日・同二十二日・同七年二月二十五日条、『嘉永二年外宮遷宮記』天保八(一八三七)年二月二十四日・同三月二十九日・同十一月十六日条。いずれも前掲註(28)書所収。
(40)前掲註(22)書、一五四・一六一・一六九・一七七・一八六・一九二・一九三・一九八・二〇四頁。
(41)『寛政元年外宮遷宮記』天明元(一七八一)年九月六日・同十二月四日・同二年一月十八日・同二月七日条、『嘉永二年外宮遷宮記』天保十二(一八四一)年九月七日・同十三年一月一日、同十七日、同二月八日条。いずれも前掲註(28)書所収。
(42)東京大学史料編纂所、正親町家史料、二六一―三六八。
(43)国立公文書館、一六三―一四九。
(44)蓬左文庫、大炊御門家史料、一四九。
(45)東京大学史料編纂所、徳大寺家史料、三三―六九。
(46)東京大学史料編纂所、徳大寺家史料、三五―三六。
(47)『日本国語大辞典』七(小学館、一九八〇年)、一〇二一頁。
(48)藤波家文書研究会編『大中臣祭主藤波家の歴史』(続群書類従完成会、一九九三年)三三〇~三四九頁。
(49)高埜利彦「江戸時代の神社制度」(『日本の時代史　十五　元禄の社会と文化』吉川弘文館、二〇〇三年、二八七頁。後に、同『近世の朝廷と宗教』〈吉川弘文館、二〇一四年〉Ⅱ部第一章に収録)。
(50)平井誠二「近世の大中臣祭主家」[(前掲註(48)書)]一六六~一六八・一七七・一八〇頁。
(51)藤田覚「伊勢公卿勅使からみた天皇・朝廷の動向」(『論集きんせい』二〇、一九九八年、一六頁。後に、同『近世政治史と天皇』〈吉川弘文館、一九九九年〉第五章に収録)。

第五章　近世の神宮例幣使発遣

はじめに

本章においては、近世の朝廷における神宮例幣使発遣《じんぐうれいへいしはっけん》を取り上げる。例幣とは伊勢神宮の神前に新穀を奉る神嘗祭《かんなめさい》のときに天皇が使者を遣わして幣帛《へいはく》を奉ることであり、養老五(七二一)年九月十一日に発遣されて以降、例年、同日を式日《しきじつ》として行われるようになったが、源平合戦の頃よりは幣料も不足し、式日に使を発遣することができなくなり、戦国時代に入って後土御門《ごつちみかど》天皇の末年頃に廃絶し、正保《しょうほう》四(一六四七)年に再興された(1)。

例幣使は王・中臣《なかとみ》・忌部《いんべ》・卜部《うらべ》から構成された。しかし、平安時代には王として皇親《こうしん》に留まる者は稀有となり、その数は激減した。これにより朝廷は神事違例を回避するために元服直後の無位王を便宜的に叙爵して勤仕《ごんし》させたり、皇親の範囲を逸脱して、あたかも姓のように王号を称する王氏という変則的な氏族の存在を容認せざるを得なくなった。正保四年の再興以降は、河越《かわごえ》家が王代を、真継《まつぎ》家が忌部を務めることになった(2)。また延徳元(一四八九)年、吉田兼倶《かねとも》の飛神明《とびしんめい》事件以後、卜部(吉田)氏は祭庭に列することを峻拒《しゅんきょ》され、近世に及んだ(3)。そこで神宮大宮司を世襲した河辺《かわべ》家が四姓使《しせいし》の一員となった。

このような恒例の奉幣使《ほうへいし》以外にも朝廷から神宮に発遣される奉幣使には、天皇・国家・神宮に事のあった場合の臨時奉幣使があり、そのうち格別の大事に際しては三位以上の公卿または参議が充てられた。これを公卿勅使といい、王・中臣・忌部・卜部の四姓も副従《ふくじゅう》した(4)。

公卿勅使は天平十(七三八)年五月に発遣されたのが最初であり、嘉暦《かりゃく》三(一三二八)年九月に発遣された後、戦乱のために三一九年間途絶し、正保四年に例幣とともに再興された。絶えて久しい重儀の再興のため、特別に参議広橋綏光《やすみつ》を公卿勅使として遣わしたことによるものである。(5) ただし、天皇即位に際しての由奉幣や神宮式年遷宮に際しての一社奉幣は戦国期においても行われていた。(6)

近世における奉幣使研究の嚆矢《こうし》は高埜利彦氏によるものである。高埜氏は、古代・中世において天皇の即位報告や国家異変に対する安全祈願のために発遣された七社《しちしゃ》奉幣使と宇佐・香椎《かしい》奉幣使が延享元(一七四四)年に再興され、文化元(一八〇四)年と元治元(一八六四)年にもそれぞれの奉幣使が発遣されたことについて、幕藩制国家のなかで幕府の主導の下に存在した朝廷が独自の神事としては執行し得なかった文化元年や延享元年のような前二回とは違い、すでに朝・幕間の政治的な逆転を遂げたあとの元治元年の奉幣使は、朝廷主導による独自の神事として機能していたことを明らかにしている。(7)

藤田覚氏は、正保四年に再興された伊勢公卿勅使について、江戸時代を通じて断続的に総計七回行われ、正保・天和《てんな》・元文の三回は例幣使なみの不十分な形式であったが、享和元(一八〇一)年の派遣において古代・中世の旧来の形式に復古して、幕末の安政・文久の二回の範となり、その儀式の形が踏襲されたことを明らかにしている。また不十分な形式とはいえ、公卿勅使を再興させ、しかも享和において旧来の形式へ復古させたことから、江戸時代の天皇と朝廷が朝儀・神事の再興復古にかけた意欲と努力が読みとれるとしている。(8)

以上のように、先行研究において近世の奉幣使発遣は天皇・朝廷の政治的浮上という側面から明らかにされてきたが、本章においては奉幣使のなかでも近世において神宮の神嘗祭に際して発遣された例幣について、神宮伝奏をはじめ摂政・関白・神宮奉行・祭主がその準備過程において果たした機能、ひいては近世朝廷における伊勢神宮行政の一端を明らかにすることを目的とする。

第一節　承応三年度例幣発遣の準備過程

本節では神宮伝奏葉室頼業《はむろよりなり》の『神宮伝奏日次記《ひなみき》』(9)によって承応《じょうおう》三(一六五四)年度の準備過程をみる。同八月九日条には「一、例幣談合ニ鷲尾殿へ参申也」とあり、神宮伝奏葉室が前任者の鷲尾隆量《わしのおたかかず》に例幣のことについて相談したことがわかる。

同十三日条によれば、葉室が関白二条光平に「例幣上卿之儀、如例相触させ可申哉、又、万事如例可申付之儀」と述べ、例幣上卿の人事について例のように告知させてよいか伺い、また、万事、例のように神宮伝奏に申しつけてもらいたい旨を要請した。これに対して二条側は「御心得被成候由」と回答した。

同十六日、葉室が神宮奉行中御門《なかみかど》と伊勢および例幣のことについて相談した。同十七日条によれば、再び中御門が葉室を訪れ、「例幣之役人之事相談申也、又、伊勢へ之伝馬之事、武家伝奏へ可申之事相談申也」とあり、例幣の役人人事と伊勢への伝馬《てんま》を武家伝奏に申請することについて相談した。

同十八日条には「今日、巳刻許、官務、大外記へ申遣、地下之役人者、今日中ニ吟味候て、奉行頭中将殿迄ニ被申候由申遣也」とあり、葉室が、官務、大外記《だいげき》に地下《じげ》役人の人事について今日中に検討し、中御門まで報告するように命じたことがわかる。

同二十一日条には「武家之伝奏清閑寺大納言殿へ例幣之伝馬人足、如例可被仰渡之由申遣也」とあり、葉室は武家伝奏清閑寺共房に例幣の伝馬人足《にんそく》を例のように手配することを要請した。

第二節　延享四年度例幣発遣の準備過程

本節では神宮上卿《しょうけい》中山栄親《ひでちか》の『神宮上卿記』(10)によって延享四(一七四七)年度の準備過程をみる。同八月十四日条には「兵庫頭賢兼、若狭守矩弘等如例願申例幣参向之事」とあり、河越《かわごえ》兵庫頭・真継《まつぎ》若狭守が神宮上卿中山に例年通り例幣使として参向することを申請した。

同十六日、祭主藤波和忠が神宮上卿中山に例幣が例年の通りに行われることを要請した。同十八日条には「午剋許参内、摂政殿参入、于直盧申例幣式日可有発遣哉」とあり、神宮上卿中山が摂政一条道香に直盧《じきろ》において式日通りに例幣の発遣があるか尋ねた。

摂政一条は式日通りに行うので議奏芝山重豊にこのことを伝えると述べた。その後、中山は藤波に例幣が式日通りに発遣されることになり、藤波を中臣使に任命するとの内示が出たことを伝えた。藤波は承諾した。さらに、河越と真継を邸宅に呼び、河越を使王代に、真継を忌部代にとの内示が出たことを伝えた。両名ともに承諾した。神宮上卿庭田重熙《しげひろ》の『神宮上卿事』(11)によれば、宝暦九(一七五九)年の場合も大筋で同様であった。

第三節　安永八年度例幣発遣の準備過程

本節では神宮上卿正親町公明《おおぎまちきんあきら》の『神宮上卿間之事《かんのこと》』(12)によって安永八(一七七九)年度の準備過程をみる。近世後期の神宮上卿や朝廷の伊勢神宮行政について考える場合、正親町公明に注目する必要があることは第二部第三章第四節によって明らかである。

近世の正親町家、とくに実豊・公通《きんみち》・実連《さねつら》・公明については、『東京帝国大学神道研究室旧蔵書目録および解説』に詳記されている。それによれば、公明は延享元(一七四四)年三月二十五日、実連の嫡男として誕生後、寛延元(一七四八)年に侍従《じじゅう》に就任したことをはじめとして、頭中将《とうのちゅうじょう》、さまざまな朝儀の奉行、参議、権中納言、賀茂伝奏、神宮上卿、権大納言、院伝奏の順に官職、役職を歴任し、奉行を務めるごとにさまざまな朝儀に関する記録を記し、研鑽を重ね、有職故実に詳しい公家として頭角を現していった。

寛政三(一七九一)年、武家伝奏となり、当時、発生していた尊号一件では議奏であった中山愛親《なるちか》とともに積極的に幕府へ尊号宣下《せんげ》を求めた。このことにより幕府は責任者として両名と議奏である広橋伊光《これみつ》の三人の召喚を要求した。同五年に公明と愛親が下向し、厳しい尋問の結果、ともに役職を免じられ、公明が逼塞、愛親が閉門となり、その他数名が処罰された。(13)また、高埜利彦氏は、公明についてこの事件に際して武家伝奏の役職にありながら、その立場を否定して個人の思想に忠実であったことを指摘している[14]。

以上の公明の経歴や彼に対する先学の評価から、先述したように、その別記《べっき》『神宮上卿間之事』が先例故実を豊富に収め、後の神宮上卿もこの記録の価値を認識して書写したことと、後述するように彼が神宮上卿として実績を残した理由がわかる。それでは公明は神宮上卿としてどのような活動をしたのか。

『神宮上卿間之事』によれば、日付は不明だが、安永八年六月に河越兵庫頭・同兵庫助・真継佐渡守が神宮上卿正親町の雑掌《ざっしょう》に「例幣・王使・忌部使等直会饗膳并勧盃巡次之間事有願申旨」とする文書を提出した。

この内容は次のようである。「昨年、伊勢に例幣使として参向した際の両宮直会殿《りょうぐうなおらいでん》における勧盃《かんぱい》順序について、寛延元（一七四八）年から明和六（一七六九）年までの通りに公卿中臣・宮司・使王・忌部の順序で行うように命じられたが、例幣再興以来、饗饌の儀は王使が最初であり、勧盃の儀も寛延元年から明和六年までの例はかつてはなかったものである。ところが寛延元（一七四八）年に〔『公卿補任』によれば延享四（一七四七）年の誤り。〕大宮司河辺《かわべ》長矩《ながのり》が上階《じょうかい》、すなわち従三位《じゅさんみ》に叙されたことにより、摂政一条道香が勧盃だけは右のように務めることを命じたとのことを当時の祭主藤波和忠が伝達したので、その通りに務めてきた。しかし、その後、順序に変動があり、宝暦九（一七五九）年には饗膳、勧盃ともに公卿中臣・使王・斎部・大宮司の順序で務めた。

同十年、同十一年には中臣使が殿上人であったことにより、使王・中臣・大宮司・忌部の順序で務めたい旨を前関白一条に願い出たところ、その通りにするように命じられた。このことは道中において祭主藤波季忠《すえただ》が伝達した。それを聞いた忌部は、上京後、一条に順序を上げるように願い出て、それが認められた。

その後、大宮司長矩が辞職し、長堯が大宮司に就任したが、先規の通り、使王より後に大宮司が勧盃していた。しかし、明和五（一七六八）年に長堯が上階したことにより、一条が使王・忌部より前に大宮司が勧盃することを命じたことを季忠が伝達した。

そこで、上京後、先規とともに摂政近衛内前《うちさき》に訴え出たところ、同六年には一社奉幣・例幣ともに先規の通りに務めるように近衛が命じたことにより、使王の後に大宮司が勧盃するようになった。元来、慶長年中、奉幣再興以来、使王・中臣・忌部・大宮司の順序が定められていた。

延宝六(一六七八)年、当時の祭主藤波景忠が上階した後も神祇官代《じんぎかんだい》と伊勢において座次《ざなみ》は使王を上首《じょうしゅ》にして務めていたが、貞享二(一六八五)年、景忠が昇殿を許された後、公卿中臣になったことにより使王の上に立てられることになった。

天和《てんな》元(一六八一)年の臨時奉幣の際に一条内房が使王は中臣の上に立つ儀式次第を作成した。中臣さえこのように上階しても昇殿を許されるまでは座次は使王の次であったので、当然、大宮司の勧盃順序は先規の通り変わらずに命じられることを願うものである。

憚りながら、百余年、参仕《さんし》を命じられ、有難く参役《さんやく》してきた。大宮司は社頭職であるから、総じて下臈《げろう》にて務めてきたところ、勧盃の儀の際は使王・忌部使に雑じっていることについて恐れながら如何なものかと考える。先格の通りに命じられることをひとえに願い奉る」。

この問題について嶋津宣史氏は次のことを明らかにしている。奉幣使が幣帛を奉り、宣命《せんみょう》を奏上した後に、一殿(五丈《ごじょう》殿《でん》)で行われた饗饌の儀で、勧盃の順序が使王・中臣・忌部・大宮司であるのが慶長再興以来の先例であると河越家は主張しているが、やはり藤波景忠の堂上《とうしょう》復帰、従三位上階は、饗饌の席次にも影響を及ぼしたのである。

さらに明和五年に大宮司河辺長堯が同じく従三位に上階すると勧盃の順序は中臣・大宮司・使王・忌部となり、王代の席次は大宮司の下に位置することになった。これについて河越賢兼は勧盃順序の是正を神宮伝奏に願い出ている。しかしながら位階と儀礼上の職階との区別は容易ではなく、その後も伝奏に願い出たり、藤波家と折衝を繰り返したりしたらしいが、所詮、地下身分の河越家の主張は通らなかったと思われる[15]。同氏によれば、このように明和五年から安永八(一七七九)年までに少なくとも三通の願書が神宮上卿に出されたが[16]、安永八年の場合、神宮上卿をはじめとして、朝廷はこの願書にどのように対応したのか。

『神宮上卿間之事』同六月条の続きには、昨年、公卿中臣・宮司・使王・忌部使の順序が命じられた経緯が記されている。

それによれば、安永七（一七七八）年八月二十七日に大宮司河辺長堯が祭主藤波季忠《すえただ》を通じて神宮上卿三条実起に対し、父長矩が延享四（一七四七）年に上階して以降の勧盃順序の先例を引用して、「何卒此以後、先例之通、先中臣、次宮司、次使王代、次忌部ト次第被仰出候様、宜御沙汰奉願候」と記した願書を提出したことが発端である。

三条は関白九条尚実《ひさざね》にこの願書をみせたが、九月九日、九条は自分の一存で決定することができないので後桃園《ごももぞの》天皇の叡慮《えいりょ》を伺ったところ、天皇は、桜町院・桃園院の御代《みよ》に決定されたことを改定することは難しいと述べ、寛延元年から明和六年までの通りに務めるように命じたというものであった。同条の続きには次のようにみえる。

依之、案之、使王、斎部中条与大宮司申条、可否忽難弁決、殊年来之進退区分、云朝儀、云社式、斑駁、不知何是焉、竊案旧証、勧盃之巡次、先王親、次中臣、為公卿之時、先中臣、次王臣、次忌部、次宮司、不論上階、非上階、如此定、可謂当理歟、王、中臣、忌部等者使々也、於宮司、大小斎宮寮頭、主神司等者、依職掌預饗応、其意趣可有分別歟、相交使々之条、不知所由、仍一日詣関白、王、忌部等申条、所付家僕之一帖、内覧之、後日、於　洞中謁申之時、被仰曰、所申不非拠、使々与宮司等縦令有主客之意歟、暗如愚案、所思給者、猶　両宮禰宜等旧記文抜書可召寄、去年、祭主執申之時者、既逼、例幣発遣了期、申出之間、先　桜町院、桃園院両代被定置之趣ニ可被商量、被示三条大納言了、猶可令思惟給云々、旧年令引勘官本之処、聊有所見、令見予給、進可書写也、

招祭主、示両宮禰宜等、旧記文可被召寄之由承知也、

これによれば、神宮上卿正親町は使王・忌部の主張と大宮司の主張をうけ、古記録を検討した結果、使王・中臣の順、ただし公卿のときは中臣・使王の順、そして忌部・大宮司の順、大宮司は上階か非上階を論じない、使王・中臣・忌部は使者であるが、大宮司は職掌であり、区別するべきであるとの考えを記している。

自らの考えをまとめた正親町は九条を訪ねて使王と忌部の願書を内覧してもらった。後日、正親町は九条に面会して自らの考えを述べた。九条は、根拠はあり、使々と大宮司を主と従の関係ととらえるということかと述べ、暗に正親町の考えに同意した。

さらに九条は両宮禰宜などの旧記の抜書を提出するように命じ、去年、藤波が指示したときは、例幣発遣がせまっており、提出されたのは発遣した後であったので、まず桜町院・桃園院の御代に定められたことに基づいて考えるように神宮上卿三条に命じたと述べ、昨年、官本を引用したところ、いささか所見があったので、書写するように命じた。正親町は藤波寛忠を招いて九条の命令を伝達した。同八月五日、正親町は参内して九条に両宮禰宜などの旧記の抜書をみせた。同七日条には次のようにみえる。

去六日、謁関白之時、密申云、近代例幣式日発遣、祭主付爾神宮上卿伺申之時、上卿則申窺、且使王、中臣、忌部等自上卿之許直催仰、此事不協旧儀候歟、於式日発遣否伺申儀者、予可令存知、且可仰祭主也、於件使々催事者、例幣奉行職事令存知、無差障歟、以賢慮可被定仰之旨申入畢、尤可然之旨令答給、同日、相遣両貫首、頭中将忠平朝臣、頭弁篤長朝臣、密談関白之趣同令示談、於復旧儀疥重之由、各令答者也、所勘一紙両朝臣披見了、

これによれば、同六日、正親町が九条に対して、近代において例幣式日発遣は、祭主が神宮上卿に伺いを付し、神宮上卿が伺った。さらに使王・中臣・忌部などへは神宮上卿が参向命令を伝達していたが、このことは旧儀にあわないのではないか。

式日通りに発遣するかを奏聞することと、その通りに発遣するようにとの勅許を祭主に下知することは、神宮上卿の担当でよいが、使王・中臣・忌部に対する参向命令の伝達は、旧儀に基づいて例幣奉行職事《ぶぎょうのしきじ》が担当するべきであり、差し支えがなければ、このように定めて命じることを要請した。

これに対して九条も同意した。正親町は頭右中将中山忠尹《ただまさ》と神宮奉行頭右大弁甘露寺篤長《かずなが》に会い、同様のことを相談した。両名とも旧儀に復することは結構なことであると述べた。正親町は自ら先例を抄記した一紙を両名にみせた。

同日条にみえる先例は『神祇官年中行事』『康富記』『薩戒記《さっかいき》』『玉葉《ぎょくよう》』の記事を抄記したものである。たとえば『薩戒記』の抄出は次のようである。

奉行職事仰伯許事

薩戒記応永廿七年

祈年祭可為式日、使々事、任例可令下知給之由、被　仰下候也、仍執啓、如件、

正月十八日　　　左中将定親

謹上、伯二位殿

これは、応永二十七(一四二〇)年一月十八日に頭左中将中山定親が神祇伯《じんぎはく》白川資忠王《しらかわすけただおう》に出した書状であり、称光天皇が中山に祈年祭《きねんさい》幣使発遣儀式を式日通りに行うべきこと、白川に使者たちに対して先例通りに務めるように下知させるべきことを命じたという内容であった。正親町はこの先例を根拠にして先述の主張を行ったと考える。同十六日条には次のようにみえる。

卯、天陰、着直衣、参内、謁申、例幣式日発遣、使々参向如例可窺哉旨、雖為御衰日、於窺可無子細旨被示仰、亦被命曰、先日申入使々催之事、両宮直会饗饌勧盃巡次之事、自今年被改仰候、可令存知云々、

例幣　使王、中臣、斎部、

右、自今年、奉行職事可催仰、

両宮直会饗饌勧盃

先使々、次宮司

宮司雖上階、以使々可為先、

これによれば、正親町は参内して九条に例幣式日発遣と例幣使を奏聞してよいか尋ね、九条は後桃園天皇の衰日《すいにち》であるが、奏聞することに問題はないと答え、さらに「使々催之事」と「両宮直会饗饌勧盃巡次之事」について今年から改めるので承知するように命じた。

その内容は、使王・中臣・忌部に対する例幣への参向命令の伝達は例幣奉行職事が行うこと、例幣の際の両宮直会《なおらい》饗《きょう》饌《せん》における勧盃順序はまず中臣使など使々が先であり、大宮司はその次である。大宮司が上階していても使々を先にする

ようにとのことであった。

その後、正親町は議奏万里小路《までのこうじ》政房を通じて例幣式日発遣と例幣使参向について例年のように命じてもらいたい旨を奏聞したが、後桃園天皇の衰日により勅許はなかった。正親町は藤波を招いて例幣式日発遣と使々参向は追って命じられること、饗饌勧盃巡次は、まず使々、次に大宮司であり、大宮司が上階しても使々を先にするようにとのことを神宮に伝達することを命じた。

次に正親町は、使王・忌部を招き、饗饌勧盃の順序について以前から願い出ていた通りに使々を先とするようにとのことを伝達した。さらに神宮奉行甘露寺に関白が使々への参向命令の伝達は今年から例幣奉行職事が行うように命じたことを伝えた。

同十七日、正親町は再び参内して議奏橋本実理から勅許を伝達された。この後、正親町は橋本を通じて天皇に例幣奉行職事中山忠尹に対して例幣使に参向命令を伝達するように命じることを要請し、天皇は中山にこのことを命じた。中山も承諾した。同十八日、中山が正親町に例幣上卿・弁・三姓使《さんせいし》を告げた。同二十三日条には次のようにみえる。

参内、謁関白、被仰曰、使王与中臣座次之事、於神祇官、先王、次中臣可為列立也、但中臣取　宣命之後、至十六日、外宮、十七日、内宮、読　宣命畢、中臣可為先、其後、使王可為先者、

両宮直会座　対座

一、使王　　三、斎部

二、中臣　　四、宮司

三献之時、

初献　王　二献　中臣　三献　王

二献之時、

一献　王　二献　中臣

如此進退、強而可被無子細思給之間、最小官無所存者、可下知旨也、承訖、可然由答申入了、

これによれば、正親町は参内して九条に謁見した。九条は、使王と中臣の座次について、神祇官代においては先に王、次に中臣が列立するべきである。ただし、中臣が宣命をうけとった後から、十六日に外宮《げくう》、十七日に内宮《ないくう》において宣命を読み終わるまでは中臣を先とし、その後は使王を先とするべきであると述べた。

さらに両宮における直会の座次は使王・中臣・忌部・宮司の順であり、勧盃順序は、三献《さんこん》の場合、初献《しょけん》は使王、二献は中臣、三献は再び使王、二献の場合、初献は使王、二献は中臣とすることを示した。

そして、これでとくに問題はないと思うので正親町に異存がなければ伝達するように命じた。正親町は承諾した。こうして九月十一日例幣発遣儀式が行われ、同十六日、外宮、同十七日、内宮に、それぞれ幣帛が奉納された。

第四節　天明四年度例幣発遣の準備過程

本節では神宮上卿三条実起の『神宮上卿日記』(17)によって天明四(一七八四)年度の準備過程をみる。同八月十五日、三条は前神宮上卿徳大寺実祖《さねみ》から去る十一日に河越兵庫助・真継能登守が提出した例幣参向願書をうけとった。

同十六日、祭主藤波寛忠と面会し、例幣式日発遣と使々参向について先例のように伺ってもらいたい旨を承知したと述べた。午後、参内し、摂政九条尚実《ひさざね》に謁見した。三条は先例の通りに伺ってもよいか尋ねた。九条は先例の通りに議奏を通じて天皇に伺うように命じた。

三条は議奏六条有栄《ありひで》を通じて光格天皇に伺い、天皇はすぐに許可した。三条は藤波にその旨を伝達した。同十七日、頭中将油小路隆彭《あぶらのこうじたかみち》から、昨夜、例幣奉行職事に任命されたので、報告するとの書状をうけとった。三条は河越・真継の願書に副えて先例のように取り計らうことを命じる書状を送った。藤波が来て、伺いを立ててもらったことを謝した。

同十八日、真継、河越が三条に例幣参向の伺いを立ててもらったことを謝した。同二十二日、油小路から例幣の散状を

うけとった。同二十九日、夕刻より神事を構えて注連縄《しめなわ》を引き、門前に「僧尼、重軽服人不可参入」との札を立てた。九月二日条には次のようにみえる。

中山前大納言面会之節、於神祇官代　宣命使王へ給事、先例、仍此度先例之通、可取斗覚悟、内々申談、猶旧例等可入御覧旨申、承知、尚可被考之旨返答、

これによれば、三条は議奏中山愛親《なるちか》に面会して例幣発遣の際に神祇官代において宣命を使王に授けることが先例であるから、今度、先例の通りに取り計らう考えであり、旧例もみせると述べた。中山は承知したが、さらに考えるように回答した。同五日条には次のようにみえる。

川越兵庫助来、左之通書付、諸大夫共迄差出、

中臣使上階之時、

使王江給　宣命候例、

一、慶長十四年、奉幣御再興之節より貞享三年迄、凡八十年斗、

中臣使雖上階、使王江給　宣命、

一、寛延元年、大嘗会由奉幣、

中臣使上階、使王江給　宣命、

一、明和八年、大嘗会由奉幣、

中臣使上階、使王江給　宣命、

一、天明二年、例幣、

中臣使上階、使王江給　宣命、

これによれば、河越が、慶長十四（一六〇九）年以降、中臣使が従三位に上階していたときでも使王に宣命を授けた先例を持参し、諸大夫を通じて九条に提出すると述べた。

この問題について嶋津宣史氏は次のように述べている。「『儀式』によると例幣発遣儀は八省院《はっしょういん》において行われ、天皇が中臣、忌部を召し、まず忌部に幣帛を授け、中臣に『好久申天奉礼』との勅語を賜わった。また、『西宮記《さいきゅうき》』・『九条年中行事』によると、その間に上卿が王を八省院東福門に召して宣命を授与した。八省院焼亡の後は神祇官代において発遣儀は行われたが、慶長十四年以降は吉田家斎場を神祇官代として幕末までそこで発遣儀は行われた。

さて河越家では以上の先例に習い、例幣・臨時奉幣発遣儀において上卿から王代へ宣命を授与されることを望んでおり、少なくとも王代を兼帯してからは、その様に執り行われていたようである。しかし祭主藤波景忠が天和四(一六八四)年に堂上に復帰し、ついで貞享二(一六八五)年に上階するに及んで事態は変化する。即ち実際に宣読する中臣使が上卿から直接宣命を受け取るようになってしまったのである。

これについて河越家では違例であると異議を申し立てたが、以後、中臣使が殿上人《てんじょうびと》であれば宣命は使王へ、公卿であれば宣命は中臣使へ渡すのが例となったという。しかし、これも明和年間には位階の上下によって発遣儀の席次が定まり、宣命は中臣使に授与されるようになった。王代という家職を誇る河越家にとって、例え地下《じげ》身分とはいえ、儀式の場において王代は中臣使の上席という自負があり、堂上家となった藤波家に対抗する姿勢を崩そうとしなかった[18]」。

しかし、先に引用した河越が持参した先例によれば、慶長十四(一六〇九)年に奉幣が再興されてから貞享三(一六八六)年まで中臣使が上階していても使王に宣命を授けていたという。確かに『公卿補任』によれば、延宝六(一六七八)年から天和四(一六八四)年まで祭主藤波景忠が上階していた。

『神宮上卿日記』によれば、天明四年九月六日、中山から先日話していた先例を九条にみせるので、奉書に記して、提出するようにとの旨の書状が届いた。そこで三条は『左経記』と『中右記《ちゅうゆうき》』の記事を記したものを提出した。それには、たとえば次のような『中右記』の記事が記されている。

承安元年例幣、玉葉記者上卿、(中略)中臣祭主従三位大中臣親隆朝臣率忌部・卜部等、入自東福門、経幔門、列立小

安殿南面、（中略）以余以召使召使王、即致重王入東福門、経砌、着軾、余置笏、取出 宣命、給之、

これによれば、承安元《じょうあん》（一一七一）年の例幣において祭主大中臣親隆《おおなかとみちかたか》が従三位であり、上階しているが、宣命は使王致重王に授けられており、三条の主張の根拠となるものである。同七日条には次のようにみえる。

一、中山前大納言面会、先達而差出置候書付、今日、摂政殿江被及言上候処、則書付通被仰下、恐悦不過之、中臣へ給 宣命之事、貞享年中、一条家当職ノ中、藤波門流之事、故中臣へ給 宣命様被命、其後、一条家門流如此、仍近例如此相済来、先例一、二ケ度中臣へ給例有之候得とも如何、仍今度被相改之旨被仰下、全中山、正親町両亜相取斗ニテ相済、珍重云々、

一、弁座之事、左之通可然、尤嘉応二年之度、実房公権大納言ニて、祈年穀奉幣上卿之時、上卿、弁、一列ニて無之、如図可然、

今度、弁彼是被申候へとも、中山前大納言宜被取斗、家例ニ付、如此定畢、

これによれば、三条は議奏中山と面会した。中山によれば、先日、三条が提出した先例の書付について九条に報告したところ、その先例の通りに命じたということであった。

さらに九条は、中臣へ宣命を授けることは、貞享年間に一条兼輝が摂政・関白の職にあり、藤波家が一条家の門流であったことにより、中臣使へ宣命を授けることを命じたことに始まった、近年では、一、二ケ度、中臣使へ授けた先例があるが、如何なものか、よって今度は改めると命じた、ということであった。

次に三条は、例幣発遣儀式における弁の座について、『実房公記』にみえる嘉応二（一一七〇）年に祖先の三条実房が祈年《きねん》穀《こく》奉幣上卿を務めた際の記事と、上卿、弁が一列ではなく、上卿が西向き、弁が南向きに座す図を示し、中山の取り計らいがあり、「家例」であることから、このように定めた、と記した。九日、三条は発遣儀式の弁を務める柳原均光《やなぎわらなおみつ》に儀式次第と仰詞《おおせことば》を送り、その晩、潔斎した。

同十一日条に記された「例幣発遣次第」には「次上卿賜 宣命、使王取之、退出」とあり、実際に宣命は使王に授けられた

ことがわかる。

以上のように、天明四年の例幣において宣命を使王に授けることは、最初に三条が議奏中山愛親に相談し、中山の摂政九条に対する働きかけがあり、実現の運びになった。さらに三条がこのことについて「全中山・正親町両亜相取斗ニテ相済」としていることにより、本章第三節においてみた安永八（一七七九）年に古記録によって例幣発遣儀式の準備過程の復旧と両宮饗饌における勧盃順序の是正を実現させた正親町公明もこの件に関与したことがわかる。

三条は『神宮上卿日記』の冒頭に「先年、件上卿正親町大納言公明卿、右卿之留、今度、内密借用、其趣ヲ以、万事令取斗畢」と記したように、正親町から神宮上卿の別記を借用し、その内容に基づいて万事を取り計らうとしており、三条は神宮上卿としての活動に際して正親町の『神宮上卿間之事』を参考にしたと考える。

第五節　文化九年度例幣発遣の準備過程

本節では神宮上卿正親町実光の『神宮上卿雑記』(19)によって文化九（一八一二）年度の準備過程をみる。同八月十一日、河越兵庫助と真継美濃守が正親町に対して先例のように参向を命じられたい旨を申請した。同十六日条には次のようにみえる。

祭主来申、例幣式日発遣幷中臣使参向等被伺云々、可沙汰答了、巳半剋、着衣冠、参内、謁申、例幣式日発遣、使々参向如例、可窺哉、可為其通被命、付新大納言、例幣式日発遣、使々参向、如例、可被仰下哉言上、小時以同卿伝宣、式日発遣、使々如例、可催仰云々、謁殿下、同旨申入了、

これによれば、祭主藤波光忠が正親町に例幣式日発遣と中臣使としての参向について申請し、正親町は光格天皇に伺うと回答した。巳半刻、衣冠を着けて参内し、関白鷹司政熙《まさひろ》に謁見して例幣式日発遣と使々参向について先例のように天皇に伺ってもよいか尋ねた。

鷹司が許可したので、正親町は議奏山科忠言《やましなただとき》を通じて天皇に対し、それらについての命令が出されることを要請した。

しばらくして天皇から山科を通じて式日発遣と使々参向を先例の通りに行うようにとの命令が出された。続いて同条には次のようにみえる。

一、招祭主、式日発遣之事、仰候、中臣使々事、内々可為如例、示謝了、此後、以女房被申謝詞云々、自伯仰之後、可然、但安永八年、厳君令奉行給時、使々催為奉行職事沙汰令改給、其以前、上卿催使々、仍就其例歟、

一、神宮弁、頭弁、以折紙式日発遣、使々如例、可催仰下之旨示送了、

一、頭中将、例幣奉行之由被示、使王代斎部等交名送之、如例使々可被催仰、示謝了、

一、祭主卿参向之事、被来謝、以使謝遣了、

これによれば、正親町は藤波を招いて式日発遣の許可が出されたことを伝え、使々参向の許可が出されたことについても内々のこととして伝えた。

このことは、安永八(一七七九)年、実光の父、公明が神宮上卿として「使々催」を例幣奉行職事の担当とするように改め、今回も頭中将が例幣奉行職事として先例のように使々に参向命令を伝達することになったことによるものであり、同年に復旧した儀式準備過程は三十年以上にわたって引き継がれていたことがわかる。

神宮上卿大炊御門経久《おおいみかどつねひさ》の『神宮上卿之記』[20]によれば、文政元(一八一八)年の準備過程も大筋において同様であった。

第六節　天保十五年度例幣発遣の準備過程

本節では神宮上卿三条実万《さねつむ》の『神宮上卿間記《かんき》』[21]によって天保十五(一八四四)年度の準備過程をみる。同八月八日、三条が花山院《かざのいん》家厚に面会し、文政六(一八二三)年、祭主が故障したときに「例幣式日伺定之事」と「中臣使事」を大宮司へ命じられた先例について調べるため、花山院が神宮上卿であった間の日記を借覧したいと依頼すると、花山院は承諾した。十日、花山院は三条に使者を通じて文政十一年の例幣中臣使などのことについての日記書抜を送った。十一日、三条は

関白鷹司政通に家司《けいし》を通じて次のことを述べた。

「例幣発遣のことについて、例年、八月十六日に祭主が申請し、神宮上卿が取り次ぎ、祭主に中臣使の内示を伝達しているが、現在、祭主藤波教忠《のりただ》は故障しており、先日、中臣使には大宮司河辺が任命されるようにとのことを申請した。三条は、十六日に取り次ぐと回答したが、予め鷹司に伺っておきたい」。

これに対し、鷹司は、三条に家司を通じて、とくに意見はなく、先例によって考えるように命じる書状を出した。さらに河越兵庫助が三条に対して自らの病気のために息子を使王代に任命してもらいたい旨の願書を提出した。続いて真継能登守も忌部として参向したい旨の願書を提出した。

十六日、三条は鷹司に家司を通じて「例幣式日発遣、中臣使大宮司神祇少副可被仰下哉、且自余使々可為如例哉可伺定之旨」を申し入れた。鷹司は例の通りに考えるようにと回答した。三条は参内して議奏飛鳥井《あすかい》雅久を通じて仁孝天皇に「例幣式日発遣、使々如例可被仰下哉、但中臣使・大宮司・神祇少副可被仰候哉」と奏聞した。

しばらくして伝宣され、退出し、鷹司に家司を通じて報告した。その後、自邸に来た藤波家の政所《まんどころ》沢池に家司則精を通じて、「例幣式日発遣」、「中臣使大宮司被仰下」とのことを伝えた。さらに承諾の旨を速やかに伝えること、中臣使任命の伝達は表向きには伯よりあるものであり、まず内示を伝えたということなどを述べた。また、同二十日、河越が三条に願書を提出し、それは次のようであった。

一、例幣使王参向願之通、蒙　仰、冥加相叶、難有奉畏了、然ル処、発遣之節、神祇官幷伊勢両宮参向之節、従先前到賢兼、明和八年迄帯剣ニて使王御役儀相勤、

これによれば、明和八（一七七一）年まで河越が使王代として神祇官代と伊勢両宮に参向した際に帯剣していたので、今年度も認めてもらいたいというものであった。これに対して三条は家司清宣を通じて勘考して近日中に回答すると伝えた。

さらに同条には次のようにみえる。

又、中云、祭主依服中中臣大宮司被仰出歟、是迄於勢官中臣為上階之人時、中臣列上、四位以下之時者、使王為上儀、

去文化十一年御治定被仰下、其節賜書付了、当年、中臣為四位之趣候間、使王可引上之由覚悟、無暇以書付相伺、可申哉云々、答云先規為一定之義者《ママ》、更不可及申、若又可及異論義《ママ》可出来者、更可申遣者、令答置也、

これによれば、河越からもう一通の願書が提出された。河越の願い出は次の通りである。祭主が服中により中臣使には大宮司が任命されるのか。これまで伊勢や神祇官代においては中臣使が上階の者であったときは中臣使が列上になり、四位以下のときは使王が列上とされた。

このことは文化十一（一八一四）年、光格天皇によって決定されて命じられた。本年は、中臣使が四位であるので、使王が上に立つべきであると考える。時間がないので書状によって伺うものである。これに対して三条は先規として定まっていることであり、さらに答えることはないなどと述べた。

その一方、同二十九日、三条は花山院家厚に面会し、文化三（一八〇六）年当時に神宮上卿であった家厚の父愛徳の日記を借用することを依頼した。同条にはその日記の写しが記されている。

文化三年被　仰下之写、

使王与中臣座次之事、為同位之時、不分正従、先王、次中臣、不為同位之時、以位色之高為先、可列立、被　仰下候事、

於神祇官　　伊勢両宮同様之事、

これは文化三年に神祇官代と伊勢両宮における使王と中臣の座次について出された光格天皇の命令である。これによれば、同位のときは正従にかかわらず、先に王、次に中臣、同位ではないときは位階の高い方を先となし、列立するようにというものであった。また同条には「文化十一年、中臣・王氏等座次之事、其程上卿経久公尋申記六候処、即被借送雑記、彼時、座次之事、委細不記置也」とあり、三条は文化十一年当時の神宮上卿大炊御門経久から記録を借りた。以上のことにより三条は河越の願い出をうけて座次に関する先例を集積していたことがわかる。

正親町公明の『神宮上卿間之事』安永八（一七七九）年六月条には、次のような神宮例幣使の神祇官代と両宮における列立

あるいは座列順序の先例が記されている。

一、神祇官代幷両宮等王使・中臣座次之事、慶長年中奉幣御再興剋ヨリ、中臣使上階ニ而も使王ヨリ次座、

貞享元年

中臣景忠卿辞三位、昇殿、正四位下ニ而使王ヨリ次座、

貞享二年

中臣景忠卿叙三位、昇殿之上階、故使王ヨリ上座、是ヨリ後ハ、公卿之節ハ、中臣上座、殿上人之節ハ、使王上座、

明和元年例幣

中臣使四位ニ而上座、王五位ニ而下﨟、

同年十一月、大嘗会由奉幣

使王五位ニ而上座、中臣四位ニ而下﨟、

明和二年

中臣四位ニ而上座、使王五位ニ而下﨟、

明和三年

使王五位ニ而上座、中臣四位ニ而下﨟、

是ヨリ後ハ、先規之通相定リ、公卿之節ハ中臣上首、殿上人之節ハ王上首ニ而相勤申候、既明和九年、安永六年両度、従三位季忠卿依所労中臣使寛忠御勤、殿上人ニ而御座候、故使王上首ニ而相勤申候事、

宮川解除　内外宮ニ鳥居列立　外宮玉串行事所

内外宮正殿前石畳　外宮直会殿

内宮玉串行事所　内宮直会殿

以上、使々・宮司・禰宜等座列之図

これによれば、慶長年間において奉幣が再興されてから貞享元(一六八四)年までは中臣使が上階していても使王の次座であったが、同二年に祭主藤波景忠が上階したことを契機として、中臣使が公卿のときは上座となり、殿上人のときは使王が上座となる慣例が定められた。

しかし明和元(一七六四)年から同三(一七六六)年までの四例においては中臣使が殿上人であったにもかかわらず、同使と使王が交互に上座となり、一定していなかった。そこで同三年には再び先規の通りに順序を定めることが確認された。

そして例幣使が列立あるいは座列する場所は神祇官代も含めると八カ所にのぼることから、朝廷において予め決められたその順序は例幣使にとってきわめて重要な意味を有していたことがわかる。

次に『神宮上卿間記』天保十五年九月一日条によれば、三条は鷹司に面会して最初に「王使帯剣」について伺ったところ、鷹司は神宮上卿就任者の記録で先例を調査するように命じた。次に三条は「王・中臣座次事、為殿上事ハ、与地下可有差別歟、庭中之事、従位次、不可及地下之差別歟、猶勘、更可申付旨」と、この問題について鷹司に意見を具申している。それは殿上か地下かで差別してよいのか、位階によって地下を差別してはいけないというものであり、明らかに地下官人である河越の主張に沿っていた。

この問題について同九月二日条によれば、三条が藤波に「已文化之例、治定之上者、今又不可被改歟、雖然有願申之状者、以訴状可申也、其旨可被達于宮司也」と述べ、同九月三日条には「祭主送宮司之願書」とあり、中臣使を代行することになった大宮司河辺は、使王の上位に列立したいと考えており、その願書を藤波に提出したことがわかる。

同条には「新源大納言、明和三年輔忠卿記一冊被借送之了、彼座次之事、委細被記之了」とあり、座次の問題が争論となるなかで、三条は明和三(一七六六)年当時の神宮上卿広幡輔忠《ひろはたすけただ》の記録を借り、さらにその先例を集積していたことがわかる。同四日条には藤波が三条に提出した次のような一紙がみえる。

又、宮司為四位之時、殿上、地下以無差別、文化十一年被定下、聊非無不審、上階之時、不論殿上・地下、列王使之上、又中臣五位之時、不論殿上・地下、立王使之下、是近例也、然者、至四位、指図殿上、地下、其理如何、但文化十一年、既被定仰之上ハ、今又容易難被改歟、猶可勘事也、

これによれば、藤波は次のように主張した。「文化十一(一八一四)年の決定はいささか不審である。中臣使が上階したときは、殿上人か地下人かを論ぜず、王使の上に列し、中臣使が五位のときは、殿上人か地下人かを論ぜず、王使の下に立つことが近例である。そうであるならば中臣使が四位のときに使王が下に立つ理由は何か。しかしすでに決定された上は容易に改めることはできないのではないか。さらに調べる必要がある」。

以上のように藤波は河辺と同様に文化十一年の光格天皇の決定に不満を抱いており、中臣使が使王の下に立つのは中臣使が五位以下の場合だけであると主張している。

同六日、三条は鷹司邸を訪れ、家司を通じて使王代と大宮司の願書、祭主の副状、神宮上卿就任者の記録である『輔忠卿記』『公明卿記』『経久卿記』から自ら抄記した先例を提出した。鷹司は、それらを一覧し、しばらくして三条に文化十一年の決定を改めることは困難であると述べた。さらに王使帯剣についても許可しないと述べた。同八日、三条は河越兵庫助を招き、家司正庸《まさつね》を通じて鷹司の意向を伝えた。

同九日には、藤波家の政所を招き、家司正庸を通じて河辺の願い出は却下されたことを伝えた。同十一日、例幣発遣儀式が行われた。同十六日、外宮に幣帛が奉納され、同十七日、内宮に幣帛が奉納された。

おわりに

本章においては、承応三(一六五四)年度・延享四(一七四七)年度・安永八(一七七九)年度・天明四(一七八四)年度・文化九(一八一二)年度・天保十五(一八四四)年度における神宮例幣使発遣の準備過程を明らかにした。

それらを通覧すると、承応三年度の場合は、再興されて数年目ということもあり、神宮伝奏が前任者や神宮奉行と相談

しながら中心となって準備を進めた。そのなかで官務・大外記に地下官人の役人人事を指示したり、武家伝奏に伝馬人足の手配を要請したりした。

日程をはじめとして例外はあるが、準備過程がほぼ共通してくるのが延享四年度以降であり、それは次の通りである。①八月十一日に使王代を家職とする地下官人の河越と忌部使を家職とする真継が神宮上卿に対して例幣使参向の許可を得たい旨を申請する。②同十六日に祭主が神宮上卿に対して例年通りに式日における例幣使の発遣を申請する。③同十九日までに神宮上卿は摂政か関白にそれらの申請を天皇に奏聞する許可を得る。④神宮上卿は、その許可を得ると、ただちに議奏を通じて天皇に奏聞して勅許を得る。⑤神宮上卿は祭主以下に勅許が出されたことを伝達する。

さらに、それらの準備過程における神宮上卿の活動を中心とする神宮行政について注目すべき点が三点ある。一点目は、安永八年に神宮上卿正親町公明の意見具申によって、伊勢例幣使発遣儀式の準備過程が旧例に復され、幣帛奉納に際して両宮で行われる直会饗饌における勧盃順序が是正されたことである。

近世において神宮伝奏・神宮上卿が儀式の準備過程の復旧を主張し、それが実現したことや、地下官人の訴えをうけ、それを関白に取り次ぐだけではなく、自らの考えを述べて関白の決定に反映させたことは初めてであった。

またその主張も正親町自身が調べた古記録の先例に基づいて行われたものであり、このことを第三部第三章第三節において明らかにした寛文年間に神宮伝奏清閑寺が議奏東園に「諸事不勘之間、官務重房与遂評判、可経　奏」と述べたことと比較すると両者の在り方には大きな相違がみられる。

二点目は、天明四年に神宮上卿三条実起が神祇官代における例幣発遣に際して宣命を中臣使ではなく使王に授けることを議奏中山愛親に相談し、中山の摂政九条尚実に対する働きかけがあり、実現されたことである。さらに三条がこのことについて「全中山・正親町両亜相取斗ニテ相済」としていることにより正親町公明もこの件に関与していた。

第二部第三章第四節から第六節において明らかにしたように、三条・中山・正親町の三名に共通することは有職故実の集積に熱心であり、神宮上卿を家職として主体的に務めた公卿であったことであり、この三名は神宮上卿の別記の貸し借りを通じて密接な関係にあった。

このことは、安永八年以降に同職就任者に占める清華家公卿の割合が増加して同職を清華家と特定の羽林家公卿が独占し、同職の家職化が進んだことにより、それらの家同士の相互扶助的な関係が形成されたことを示している。

また宣命を中臣使に授けることは藤波家が一条家の門流であったことにより貞享年間に摂政・関白の職にあった一条兼輝が命じたことに始まった。これらのことから天明四年度の例幣において宣命は使王に授けることと改められたのは、三条、中山らによる一条家門流によってできた旧弊を是正する動きであったことを指摘することができる。

三点目は、天保十五年に発生した使王代河越と中臣使を代行することになった大宮司河辺による座次争論について、伊勢神宮や神祇官代において中臣使が三位以上であったときは中臣使を列上とし、四位以下のときは使王を列上とするという文化十一(一八一四)年における光格天皇の決定に基づき、関白がその通りとするという裁定を下したことである。

第三部第四章第四節において明らかにしたように、光格天皇は文化七(一八一〇)年における神宮式年遷宮の準備過程においても遷宮祭祀日の決定に際して祭主の内諾を得ることを命じ、それ以降、このことが慣例となった。

以上のことにより光格天皇在位下の安永八年から文化十三年までは朝廷における伊勢神宮行政の変革期であり、安永八年における神宮上卿正親町公明と天明四年における三条実起の活動、文化七年・同十一年における光格天皇の決定は幕末に至るまで朝廷の伊勢神宮行政を規定し続けたことを指摘することができる。

註

(1) 西山徳「例幣」(『神道史大辞典』吉川弘文館、二〇〇四年)一〇三五頁。
(2) 藤森馨「國學院大學図書館所蔵『河越家記録・文書』の紹介と目録」(『國學院大學図書館紀要』七、一九九四年)七七～八二頁。
(3) 鈴木義一「四姓使」(前掲註(1)書)四五七頁。
(4) 同「公卿勅使」(前掲註(1)書)三〇三頁。
(5) 大西源一『大神宮史要』(平凡社、一九五九年)七一・七三・四七四頁。

(6)『神宮史年表』(戎光祥出版、二〇〇五年)二二六頁。
(7)高埜利彦「近世奉幣使考」(『歴史学研究』五〇〇、一九八二年。後に、同『近世日本の国家権力と宗教』〈東京大学出版会、一九八九年〉第二章に収録)。
(8)藤田覚「伊勢公卿勅使からみた天皇・朝廷」(『論集きんせい』二〇、一九九八年。後に、同『近世政治史と天皇』〈吉川弘文館、一九九九年〉第五章に収録)。
(9)宮内庁書陵部、葉―一五四五。
(10)東京大学史料編纂所、正親町家史料、二八―四〇五。
(11)宮内庁書陵部、二六四―六一。
(12)東京大学史料編纂所、正親町家史料、二八―四〇九。
(13)島薗進・磯前順一編『東京帝国大学神道研究室旧蔵書目録および解説』(東京堂出版、一九九六年)二三九頁。
(14)高埜利彦「近世天皇論の現在」(『争点　日本の歴史　近世編』五、新人物往来社、一九九一年)九六頁。
(15)嶋津宣仁「國學院大學図書館所蔵河越家記録『諸願届録』(翻刻・紹介)」(『國學院大學図書館紀要』七、一九九五年)九二～九三頁。
(16)前掲註(15)嶋津論文、一〇六～一〇九頁。
(17)国立公文書館、一四二―四〇〇。
(18)前掲註(15)嶋津論文、九二頁。
(19)東京大学史料編纂所、正親町家史料、二六―三六八。
(20)蓬左文庫、大炊御門家史料、一四九。
(21)東京大学史料編纂所、徳大寺家史料、三三―八四。

あとがき

本書は、二〇一四年八月に学習院大学大学院人文科学研究科へ提出した審査学位論文「神宮伝奏《じんぐうてんそう》の研究」を改稿したものである。この論文に対して二〇一五年七月に博士（史学）の学位が授与された。この間、ご審査を賜った主査の高埜利彦先生、副査の家永遵嗣先生、副査の平井誠二先生に心より深く御礼を申し上げる。なお、本書の刊行にあたり、学習院大学大学院人文科学研究科博士論文刊行助成金の支給を受けた。ここに記して感謝を申し上げる。

本書は、康和二（一一〇〇）年の成立から慶応四（一八六八）年の廃絶まで約七百六十九年間にわたり、延べ二五一名の公卿が務めた神宮上卿・神宮伝奏の体系的な制度史研究と、同職をはじめとして、天皇・院・摂政・関白・武家伝奏・神宮奉行・官務・祭主による朝廷における伊勢神宮行政の研究という二つの側面から成り立っている。

以上の理由として、近年とみに進展しつつある中近世の天皇・朝廷・公家社会・朝幕関係の研究においても、二〇一三年十月に式年遷宮が行われたことにより、学界をはじめとして広く世間の耳目を集めている伊勢神宮の研究においても、神宮上卿・神宮伝奏および朝廷の神宮行政については、等閑に付されているのが現状であり、研究の蓄積自体がきわめて不十分であることがあげられる。

筆者の専攻は近世史であるが、近世の神宮伝奏・神宮上卿や朝廷の伊勢神宮行政を考察する上においても、その前提となる中世のそれらの研究が不可欠であった。そこで本書においては、まず第一部で平安末期から室町期までの神宮上卿・神宮伝奏を網羅的に取り上げ、それぞれの成立過程や両者の関係などについて論じた。

第二部では、近世における神宮伝奏の基礎的な制度史研究として、その補任・行動規範・記録に焦点を合わせた。第三部では、戦国織豊期における神宮伝奏について、人事・記録・機能の面から網羅的に明らかにした上で、江戸期においては、神宮伝奏・神宮上卿就任者も一七三名と多数にのぼることもあり、神宮奏事始《そうじはじめ》・神宮神主への叙位・神宮式年遷宮・

神宮例幣使《れいへいし》発遣《はっけん》という朝廷における神宮に関する政務・儀式として、とくに重要なものを取り上げ、それらを通じて神宮伝奏・神宮上卿の機能をはじめとして朝廷における伊勢神宮行政の実態について明らかにした。以下、各章の初出を記す。

序章「神宮伝奏研究史の整理と本書の課題」（新稿）

第一部「神宮伝奏の成立」

第一章「神宮上卿の成立」（原題「神宮伝奏の成立について」第一章「神宮上卿の初見史料」第二章「神宮上卿の成立」『学習院大学人文科学論集』八、学習院大学大学院人文科学研究科、一九九九年）

第二章「神宮伝奏の成立」（原題「神宮伝奏の成立について」第三章「神宮伝奏の初見史料」第四章「神宮伝奏の成立」『学習院大学人文科学論集』八、学習院大学大学院人文科学研究科、一九九九年）

第三章「神宮奏事始の成立」（原題「神宮奏事始の成立」『皇學館大学史料編纂所報』二二八、二〇一〇年）

第二部「神宮伝奏の補任」

第一章「神宮伝奏の補任」（原題「神宮伝奏の補任について」『学習院史学』三八、二〇〇〇年、原題「近世神宮伝奏の性格変化」第三章「近世後期の神宮上卿」『日本歴史』六八九、吉川弘文館、二〇〇五年）

第二章「近世神宮伝奏の行動規範——『神宮伝奏之間事《のかんのこと》　転法輪相談条々』の検討を通じて」（新稿）

第三章「近世神宮伝奏の記録」（原題「近世神宮伝奏の性格変化」第二章「近世後期神宮上卿の記録」『日本歴史』六八九、吉川弘文館、二〇〇五年）

第三部「神宮伝奏の機能」

第一章「戦国織豊期の神宮伝奏」（新稿）

第二章「近世の神宮奏事始」（原題「近世の神宮奏事始」『皇學館論叢』四四—一、二〇一一年）

第三章「近世神宮神主への叙位」（新稿）

第四章「近世朝廷と神宮式年遷宮」（原題「近世朝廷と神宮式年遷宮」『近世の天皇・朝廷研究—第1回大会成果報告集—』学習院

大学人文科学研究所、二〇〇八年）

第五章「近世の神宮例幣使発遣」（原題「近世の神宮例幣使発遣」『近世の天皇・朝廷研究―第4回大会成果報告集―』学習院大学人文科学研究所、二〇一二年）

以上、博士論文を提出するに際して、研究を体系化するため、新たに書き下ろしたものもあり、また、すでに活字になっているものも、とくに、第一部第一章・第二章・第三章、第二部第一章・第三章、第三部第四章については、発表当時の原稿に対して、大幅に加筆、修正している。

筆者が神宮伝奏の研究に取り組むようになったのは、國學院大學文学部史学科在学時にまで遡る。三年生に進級した春、まだ具体的な研究テーマも定まっていなかった私は、何かのきっかけが摑めればと、史学科の教授であった今江廣道先生の研究室を訪問した。先生が研究されていた近世の朝廷や公家についてのお話を伺い、未公刊の公家の日記が宮内庁書陵部などの各所に膨大に残されていることを知った。お話を聞きながら、こうした史料を使えば独創的な研究ができるかもしれないと考えていると、「君は伊勢の出身だから神宮伝奏のことを研究するとよい」とお勧めをいただいたのであった。

伝奏といっても武家伝奏の存在くらいしか知らなかったが、朝廷と幕府との連絡や交渉にあたり、近世においては朝廷政務機構の中枢にあった武家伝奏に対して、朝廷の伊勢神宮行政を担った神宮伝奏という職制の存在に強く関心をもった。高等学校を卒業するまでの一八年間、伊勢で育った私にとって神宮はとても身近な存在であったからである。当時も武家伝奏の研究をはじめとする朝幕関係論はかなりの進展をみせていたものの、朝廷と伊勢神宮の関係や朝廷における神宮行政などの研究は、あまりみられないように思われた。

その後、当時、今江先生が國學院大學日本文化研究所の一室で主宰されていた中院通茂《なかのいんみちしげ》という近世公家の日記を輪読する会に参加するようになった。通茂の日記はきわめて解読が難しいものであったが、ともあれ、この会への参加を通じて公家の記録を用いて実証的に研究するスタイルを確立することができた。ちなみに、その世話役をしておられたのが、博士論文の副査をしていただいた平井誠二先生である。人生のご縁とは不思議なものであると思う。

卒業論文、修士論文ともに今江先生を指導教員と仰いで神宮伝奏について執筆したが、修士課程を修了後、学習院大学大学院人文科学研究科史学専攻博士後期課程に進学した。指導教員は、高埜利彦先生である。高埜ゼミに入り、先生の歴史学や社会全般に対する考え方や先輩、後輩ゼミ生たちのさまざまな近世史の研究に触れることによって、狭かった私の視野も徐々にではあるが広がっていった。

また、高埜先生が主宰している近世朝幕研究会のメンバーに加われたことも僥倖であった。というのも、博士後期課程を満期退学した後、教職に就く道を選んだ私が、博士論文提出にまでこぎつけることができたのも、この会が中心となって開催した「近世の天皇・朝廷研究」の第一回と第四回大会で研究発表を行ったことが契機になっているからである。第一回のテーマは、「近世朝廷と神宮式年遷宮」、第四回のテーマは、「近世の神宮例幣使発遣」であったが、これら二本の報告は、博士論文やそれに基づく本書の中核を成す二章となっている。その後、第六回大会でも発表する機会を得て、この大会は、私にとって研究の貴重なペースメーカーとなっている。

さらに、博士後期課程を満期退学した後、伊勢の皇學館大学史料編纂所に一〇年間にわたり研究嘱託として在籍することができたことも研究を続けていく大きな支えとなった。同所においてお世話になった、岡田登先生、荊木美行先生、遠藤慶太先生に、この場をお借りして感謝を申し上げる。この間、その機関誌『皇學館大学史料編纂所報』に「神宮奏事始の成立」や皇學館大学人文学会の機関誌『皇學館論叢』に「近世の神宮奏事始」などの小論を発表する機会をいただき、これら二篇の論文も博士論文や本書を構成する重要な二章となっている。

現在、勤務する海陽中等教育学校においては、学校長の中島尚正先生をはじめ、良き上司や同僚、そして何よりも聡明で闊達な生徒たちに恵まれ、充実した教師生活を送っている。歴史学を専攻した者にとって研究と教育は車の両輪であると思う。その両立は容易なことではないが、今後も努力していく所存である。

末筆ながら、神宮伝奏という研究テーマを与えて下さった、今は亡き今江先生、そして博士後期課程入学以降、学位取得に至るまで、多年にわたり、ご指導を賜った高埜先生に改めて深く感謝する次第である。学位授与式の後、先生に博士論文を出版するようにお勧めをいただいたことが本書刊行の契機となった。筆者にとって初めての論文集の刊行であり、これをスタートラインとして、より一層精進していきたいと考えている。

最後に、厳しい出版事情の折、小著を刊行していただいた山川出版社に心より深く御礼を申し上げる。

二〇一六年十月

渡辺　修

著者略歴
1972年に生まれる。三重県伊勢市にて育つ。
2001年　学習院大学大学院人文科学研究科史学専攻博士後期課程単位取得満期退学
現在　海陽中等教育学校教諭　博士(史学)

主要論文
「神宮伝奏の補任について」(『学習院史学』第38号、2000年)
「近世神宮伝奏の性格変化」(『日本歴史』第689号、2005年)
「近世朝廷と神宮式年遷宮」(『近世の天皇・朝廷研究―第1回大会成果報告集―』、2008年)

神宮伝奏《じんぐうてんそう》の研究《けんきゅう》

2017年3月20日　第1版第1刷印刷　　2017年3月31日　第1版第1刷発行

著　者　渡辺《わたなべ》　修《おさむ》
発行者　野澤伸平
発行所　株式会社　山川出版社
〒101-0047　東京都千代田区内神田1-13-13
電話　03(3293)8131(営業)　03(3293)8135(編集)
https://www.yamakawa.co.jp/　振替　00120-9-43993
印刷所　株式会社　太平印刷社
製本所　牧製本印刷株式会社
装　幀　菊地信義

ISBN978-4-634-52022-6

索　　引

I　事項

あ行

荒木田宣綱らの罪名定の上卿　48
荒祭宮　110, 167, 270
安永八年度例幣発遣の準備過程　34, 387
位階申請　31, 172, 346, 348
衣冠　63, 67, 75, 129, 204, 304, 398
医師　199, 200, 203
伊勢　20, 27, 52, 61, 232, 386, 388, 401
異姓　326, 327, 348
伊勢一社奉幣　109, 113, 264
伊勢一社奉幣使発遣　272, 276, 279
伊勢一社奉幣日時　273, 275
伊勢公卿勅使　53, 221, 385
伊勢公卿勅使発遣日時　59, 88
伊勢斎王　52
伊勢斎宮神事潔斎　221
伊勢神宮　1, 12, 19, 22, 23, 24, 27, 31, 85, 118, 121, 133, 167, 175, 183, 205, 219, 241, 242, 283, 316, 320, 326, 328, 329, 330, 335, 336, 346, 347, 352, 355, 363, 373, 374, 375, 377, 380, 406
伊勢神宮行政　1, 28, 31, 33, 113, 321, 329, 340, 355, 379, 380
伊勢神宮禰宜　373
伊勢神宮の雑訴　103
伊勢神宮の訴訟　98
伊勢神宮への例幣発遣　363, 376
伊勢太神宮造宮使宣下　106, 114
一条家の門流　397, 406
一条家門流によってできた旧弊　406
一社奉幣　109, 270, 271, 272, 275, 279, 376, 385, 388
一社奉幣日時定陣儀下行　274
今出川家　209, 223, 263
石清水社　14
石清水八幡宮行幸上卿　50, 60
石清水八幡宮の仮殿遷宮日時定神事　175
院司　57
院御所　57, 87
院執権　98
院執事別当　76
院伝奏　98, 112, 168, 340, 387
院の評定　100, 113
院別当　57, 70, 87
忌部　384, 388, 392, 394, 400
斎部　388
忌部使　363, 389, 405
忌部代　387
請文　63, 85, 212, 235, 246
宇治会合中　232
氏富の正三位申請　330, 331, 335
卜形　61, 78
卜部　384
羽林家　31, 159, 160, 161, 162, 165, 166, 167, 184, 186, 187, 209, 225, 228, 236
羽林家公卿　188, 222, 228, 236, 316, 336, 337, 406
江戸幕府　26, 30, 236, 317, 336, 352, 353
延慶二年三月八日の評定　21, 103
延慶二年の「条々」　103
延享四年度例幣発遣の準備過程　34, 386
延享四年における神宮神主への叙位　34, 340
円座　126, 127, 129, 297, 299, 300, 304, 308
王　384
王使　388, 404
王使帯剣　403, 404
王代　384, 389, 396
大炊御門家　159, 160, 185, 209
大内人　324, 326
正親町家　161, 186, 209, 222, 225, 226, 387
正親町天皇期　33, 244
大杉山　364, 367
仰詞　118, 127, 129, 134, 297, 302, 305, 308, 316, 397
太多御厨　99
太多御厨に関する相論　99
御神楽用途賦課　98
越訴の停止　98
鬼間　293, 308, 316
鬼間代　306, 316
折紙　180, 181, 255, 360, 368, 369
尾張殿家老　367
陰陽道　377
陰陽頭　61, 78, 106, 109, 132, 277, 279, 358, 359, 371, 372, 373, 374
陰陽寮　59, 61, 78, 88, 90

か行

暇　198
怪異事件　63, 87, 268, 269, 279
改元伝奏　28, 166, 212, 227, 255
改補　14, 246
家格　19, 24, 33, 143, 159, 160, 161, 162, 165, 184, 185, 186
家記　231
花山院家　159, 185
官掌　61
家職　12, 31, 158, 160, 177, 184, 185, 188, 192, 212, 213, 224, 226, 231, 236, 247, 255, 256, 262, 317, 329, 336, 379, 396, 405
家職意識　231

家職化　177, 188, 336, 347, 406
家人　173, 203, 204, 235
春日社　31, 339
家説　213
上座　403
亀山院政下　97, 112
亀山親政・院政期　14, 32, 89
賀茂神社　22, 31, 183, 283, 314, 343, 348
賀茂奏事始　121, 122, 133, 283, 314
賀茂伝奏　22, 28, 30, 31, 104, 105, 163, 176, 177, 183, 212, 241, 263, 292, 387
下問　49, 52, 86
河越家　384, 389, 396
河辺家　384
寛永三年における神宮神主への叙位　34, 321
看経　201, 203
勘考　343, 400
款状　99, 118, 288, 289, 290, 291, 293, 294, 337, 338, 339, 340, 343, 344, 345, 346, 347, 348
勘状　99
勘進　124, 269, 279, 360, 371, 375
勘申　59, 60, 81, 82, 87, 88, 109, 130, 132, 133
勧進　277, 355
関東静謐御祈　109
神嘗祭　28, 34, 384
勧盃順序　388, 389, 390, 394
勧盃順序の是正　389, 405
勧盃の儀　388, 389
関白　25, 27, 28, 30, 121, 164, 165, 168, 180, 181, 187, 192, 224, 231, 232, 233, 236, 283, 288, 291, 298, 301, 304, 305, 311, 320, 325, 329, 331, 336, 339, 341, 346, 348, 352, 353, 366, 369, 379, 405
関白参勤の再興　301, 316
関白の参勤　298, 300
官符請印　107, 111, 114
寛文九年度式年遷宮の準備過程　34, 354
寛文・元禄年間における神宮神主への叙位　34, 329
還補　162, 170, 171, 186
官務　1, 6, 24, 25, 31, 111, 118, 124, 164, 171, 175, 176, 236, 252, 253, 255, 260, 261, 269, 274, 279, 285, 296, 305, 312, 315, 320, 325, 329, 330, 332, 335, 336, 338, 345, 346, 347, 348, 352, 355, 386, 405
勘文　60, 61, 78, 374
勘例　277, 328, 330, 331, 338, 339
管領　250
儀式次第　26, 28, 34, 118, 119, 120, 122, 127, 129, 133, 283, 284, 308, 312, 316, 317, 389, 397
祈謝　47, 111
議定所　126, 129, 133, 249, 300, 304, 316
議定始　298
議定日　298
議奏　30, 166, 167, 168, 180, 181, 188, 212, 225, 227, 236, 288, 290, 291, 299, 302, 305, 308, 313, 316, 335, 336, 337, 340, 344, 348, 352, 369, 371, 373, 375, 387, 393, 400, 405
議奏候所　373
木曽山　364, 366, 367
木曽山中の湯船沢　364
祈禱　22, 27, 30, 201, 202, 204, 240, 242, 270
祈禱僧　199, 200, 202, 203, 204
祈禱命令　114, 243, 250, 279
祈年穀奉幣　109, 397
祈年穀奉幣使　313
祈年穀奉幣発遣　68
祈年祭　25, 112, 312, 313
祈年祭幣使　312, 313
祈年祭幣使の再興　312, 313, 314, 315, 316, 317
祈年祭幣使発遣儀式　392
規範　204, 353
旧儀　391
灸治　64, 66, 213
旧例　380, 395, 405
恐懼　76, 79
行事官　276
行事官左史生　275, 279
行事太神宮上卿　107
凶日　377
行事所　15, 277
行水　125, 126, 198, 199, 202, 204, 205, 213, 329
饗饌勧盃の順序　393
饗饌の儀　388, 389
饗饌の席次　389
京都所司代　25, 232, 233, 313, 366, 379
凶徒誅罰御祈　246
軽服　105, 108, 175, 199, 202, 203, 205, 215
競望　108
玉体安穏　245
局務　279
玉葉会　220
玉葉・中右記会　220
極臈　126
記録所　15, 17, 18, 21
記録所の勘状　76
記録所の寄人　15
禁河　326
禁忌　16, 17, 58, 112, 177, 178
禁忌故障　108
禁忌事項　77
近臣　23, 57, 87, 122, 162, 242
近世神宮神主への叙位　34, 320
近世の神宮例幣使発遣　384
近世の天皇・摂家側近公卿　212
禁裏　85, 129
宮司　59, 62, 388, 394
公卿　14, 29, 98, 159, 160, 161, 162, 163, 164, 165, 166, 167, 168, 171, 172, 177, 184

公卿勅使　17, 52, 167, 188, 380, 384, 385
公卿中臣　388
公事　1, 50, 86, 120, 133, 221, 329
宮掌大内人　323
九条兼実執政期　32, 56, 88
九条家　75, 89, 159, 160, 185
口宣　85, 108, 325
口宣案　267, 305, 323, 325, 338, 339, 346, 365, 380
口伝　123
弘法の供物　201
公方御倉　275
競馬観覧　57
蔵人所　51, 67, 183, 308
慶光院　355
家司　62, 63, 75, 213, 291, 400
穢れ　19, 26, 76, 159, 160, 163, 178, 184, 187, 204, 211, 217, 220, 221, 222, 235
下行　27, 273, 274, 275
外宮　26, 58, 81, 167, 246, 327, 348, 352, 353, 355, 367, 372, 377, 394, 404
外宮一禰宜　12, 231, 271, 333, 338, 349, 361, 366, 367
外宮使　355
外宮正遷宮祭　376, 377, 378
外宮正殿　111
外宮禰宜　3, 40, 138, 230, 323
外宮の心御柱　85
外宮の別宮　61
外宮別宮高宮　98
外宮立心御柱祭　375, 378
解斎　55, 305
解除　55, 63, 75
解状　58, 61, 69, 88, 108, 110, 228, 245, 362, 368, 369, 371, 373, 375
潔斎　16, 50, 88, 175, 204, 205, 329, 397
決裁権　74
月障の女房　215
月水　199
月水方の火　199, 203
月水中の女房　198, 201, 203, 204, 213, 223
月水の女性　55
月水の人　198, 201, 203
月水の者　199, 200, 201, 202
検非違使別当　50, 53, 86
元禄二年度式年遷宮の準備過程　34, 361
小朝熊社神鏡紛失事件　75, 76
五位　404
合火　199
光格天皇下の朝廷　167
光格天皇在位下　167, 214, 296, 406
光厳院政下　120, 121, 122, 133, 162
「口上之覚」 314, 315
口上覚　339
功人　98
皇祖神　31, 283, 349, 352
弘長三年制符　14
弘長三年八月十三日宣旨　14, 89
行動規範　32, 33
勾当内侍　119, 127, 129, 131, 133, 252, 268, 273, 275, 308
貢馬伝奏　255
公武御祈　23, 242, 246
公武御祈禱　245
孝明天皇即位伝奏　166, 227
恒例の奏聞　183
幸若舞　170
久我家　46, 158, 159, 160, 184, 185, 209
後柏原天皇期　33, 247
御祈　246, 360
国学者　3, 40, 138, 230
小御所　120, 316
後嵯峨院政下　89, 121
後嵯峨院政期　14, 32, 84, 96, 102, 108
故障　66, 67, 165, 170, 258, 399
後白河院　57, 87
後白河院政　55, 87
後白河院政期　32, 54, 96, 112
御神体　312, 352, 361
後土御門天皇期　33, 242, 243
後鳥羽院政期　32, 77, 80, 89, 96
後鳥羽院(上皇)の近臣　76, 79
後奈良天皇期　163, 244
御廟　224
後伏見院執権　162
御不例　65
後堀河天皇期　32, 80, 89
後桃園天皇の叡慮　390
後桃園天皇の衰日　392, 393
後陽成天皇期　244
子良館　98
勤行　201
権任　326
軒廊御卜　46, 47, 51, 63, 77, 78, 79, 87, 90, 111, 113

さ行

罪科　61
斎戒　215, 219, 220
斎宮　221
斎宮卜定　52
斎宮卜定所　52
斎宮寮　221
祭祀　183, 359
祭祀内勘文日時　378
祭祀日時内勘文　373, 374, 377
祭主　1, 17, 22, 24, 25, 27, 28, 31, 48, 52, 62, 84, 97, 103, 110, 112, 113, 120, 176, 180, 181, 219,

220, 221, 240, 245, 246, 249, 260, 290, 305, 308, 320, 322, 324, 325, 333, 335, 343, 345, 346, 348, 352, 354, 355, 368, 369, 376, 400, 405, 406
祭主藤波の内諾　370, 378
祭物　61
作所　364, 366, 367
作所代　366
作名　314
桜町院・桃園院の御代　390, 391
桜町天皇近習衆　212
桜町天皇譲位伝奏　212
左大史　24, 175, 242, 252, 269
雑火　178, 213
雑訴　14, 101, 103, 111, 113, 121
座次　389, 394, 401, 403
座次争論　406
申口　305, 308
座列順序　402
障り　173
産穢　200, 203
参議　98, 112, 160, 161, 162, 172, 185, 186, 240, 255, 384, 387
参向命令　391, 393
三献　308, 394
三条家　12, 33, 159, 185, 203, 209, 226, 227, 231, 232
三条西家　161, 163, 186, 193, 247
三台　66
三台の任　53, 86
三位以上の公卿　384
寺院参詣　204, 213
使王　388, 389, 392, 394, 395, 396, 398, 401, 403, 404, 405
使王代　387, 400, 404, 405
職事　18, 22, 98, 104, 108, 111, 113, 114, 126, 241, 258, 299
式日　25, 26, 28, 32, 34, 118, 119, 120, 131, 132, 133, 134, 283, 285, 287, 289, 290, 291, 297, 316, 384, 387, 391, 405
式日発遣の許可　399
職事の蔵人　78, 90
敷奏　23, 172, 241, 242, 243
敷奏家　23, 241
式年遷宮祭祀日時定陣儀の下行　26, 353
式年遷宮の執行許可　356, 361
直盧　386
地下官人　27, 78, 90, 376, 403, 405
地下人　404
地下身分　380, 389
使々参向の許可　399
寺社伝奏　23, 30, 31, 104, 113, 241, 352
寺社奉行　321, 328, 356
治定　171, 276
紫宸殿　63
四姓使　384
次第解　60, 81, 249, 252, 253, 254, 268, 269, 271, 272, 345
七条河原御所　56
七条殿　57
七夜　200
執権　122
執事　122
執政　62, 72, 75, 88
執奏　20, 22, 110, 183, 241, 252, 279
地曳祭・立柱祭・上棟祭の日時定　360
持仏堂　201
注連縄　125, 235, 395
除目　75, 299
諮問　192, 246
笏　126, 127, 129, 297, 304, 305, 308
社殿の造替　312, 317
社頭における鳴動　269
朱印状　355
重軽服　198, 204
重軽服者　55
重服　125, 174, 175, 176, 199, 203, 205, 224, 246, 247
重服中　175
重厄　245
従五位下の授与　312
従三位　46, 220, 320, 331, 336, 338, 339, 340, 341, 342, 349, 397
従三位上階　389, 395
従三位への昇進　337
出納　63, 65, 67, 79
修祓　215
修理職　308
修理職奉行　293
叙位　30, 288, 299, 320, 321, 323, 324, 328, 331, 340, 341, 342, 348
殤　177
請印　124
承応三年度例幣発遣の準備過程　34, 385
承応三年における神宮神主への叙位をめぐる訴訟事件　34, 323
承応の神訴　323
上階　338, 343, 388, 390, 392, 396, 397, 401, 403, 404
仗議　46, 47, 48, 61, 75, 76, 86, 88
将軍義尚の年中御祈　246
上卿　1, 14, 15, 28, 48, 50, 83, 133, 168, 169, 227, 325, 365, 396, 397
焼香　201, 203
上皇の近臣　122, 162
仗座　59, 60
正三位　52, 330, 331, 333, 335, 336, 337, 338, 343, 346, 349
正三位への叙位申請　338

正遷宮祭日時　375
正遷宮祭日時定　227
正遷宮祭日時定執行日　359
正遷宮祭日時宣下　353
常置化　51, 72, 88
昇殿　270, 389
上棟祭の日時定　108
触穢　17, 33, 58, 66, 81, 85, 132, 164, 173, 187, 192, 329
触穢事件　77, 78, 90
叙爵　27, 131, 132, 240, 252, 255, 279, 314, 317, 322, 323, 325, 327, 348, 384
叙爵款状　286
除服出仕　174
所労　65, 66, 68, 69, 78, 88, 104, 171, 224, 261, 343, 363
白河院政期　17, 96
白河院近臣　50, 86
白河押小路殿　57
白川神祇伯　192, 222, 223, 317, 329, 336
白餅　202
神意　171
神祇官　59, 61, 78, 90, 109, 279
神祇官代　389, 394, 395, 396, 401, 403, 406
神祇官の普請　276
神祇道　192, 329, 379
神祇伯　24, 33, 211, 246, 248, 392
神供　201
神宮　1, 12, 22, 27, 29, 41, 63
神宮以下の諸社寺の雑訴　104
神宮開闔　254, 271
神宮方　22, 240, 254, 278
神宮方頭人　245
神宮からの異状報告　114
神宮からの雑訴　73, 88, 90
神宮神主への叙爵　132, 134, 251, 262
神宮行政　1, 5, 41, 57, 65, 75, 102, 159, 169, 184, 185, 186, 228, 236, 243, 254, 257, 258, 331, 336, 405
神宮解状　59, 60, 369
神宮御用箱　235
神宮権禰宜の極位　314
神宮権禰宜への叙爵　175, 176
神宮祭主　25, 246, 253, 285, 342, 346, 379
神宮祭主藤波　204, 235
神宮雑訴　71
神宮雑訴の裁定権　99, 112
神宮職事　14, 109, 114
神宮式年遷宮　24, 26, 28, 31, 124, 132, 227, 228, 243, 250, 271, 353, 354, 355, 378, 385, 406
神宮式年遷宮再興　249, 258, 268, 279
神宮式年遷宮の前後争論　24, 242, 243, 353
神宮上卿　1, 2, 26, 28, 29, 32, 40, 42, 77, 79, 96, 102, 123, 138, 139, 141, 159, 233, 289, 290, 317, 336, 370, 380, 386, 387, 388
神宮上卿人事　53, 67, 71, 72, 77, 80, 87, 89, 158, 159, 184
神宮上卿の常置化　32, 55, 87
神宮上卿の神斎　10, 229
神宮上卿の神事潔斎　229
神宮上卿の人事権　56, 74, 89
神宮上卿の部類記　42, 139
神宮神鏡　75
神宮神宝　59, 88
神宮遷宮に関する祭祀日時定の上卿　114
神宮奏事　98, 101, 112, 113
神宮奏事始　24, 25, 26, 28, 31, 32, 33, 105, 114, 118, 119, 120, 121, 122, 123, 124, 125, 129, 130, 131, 133, 167, 168, 242, 243, 248, 249, 257, 258, 279, 283, 301, 352
神宮奏事始の儀式次第　296, 297
神宮造替催促文の案　261, 279
神宮訴訟　13, 14, 46, 72, 73, 76, 83
神宮訴訟の奏事　97
神宮訴訟の評定　71
神宮大宮司　22, 110, 241, 243, 341, 358, 373, 384
神宮大宮司定　74
神宮大宮司定の上卿　90
神宮大宮司人事　114
神宮大宮司への叙位　340
神宮伝奏　1, 22, 25, 27, 28, 29, 40, 44, 96, 98, 118, 123, 127, 138, 141, 167
神宮伝奏人事　169, 170, 171, 278
神宮伝奏への儀式所作の指示　301, 316
神宮伝奏奉書　23, 242
神宮についての陣定　90
神宮禰宜補任宣下の上卿　114
神宮の怪異　51, 62, 270
神宮の心柱　50
神宮の造替　120, 131, 132, 134, 249, 259, 260, 261, 268, 270
神宮の訴訟　46, 53, 76
神宮の訴訟文書　54, 55
神宮評定　15, 62, 72, 73, 88
神宮奉行　1, 6, 24, 25, 26, 28, 31, 40, 60, 97, 98, 108, 112, 131, 178, 181, 212, 214, 235, 236, 250, 252, 254, 279, 283, 304, 316, 317, 320, 325, 329, 346, 348, 352, 369, 373, 379
神宮奉行弁　14, 61
神宮文庫　3, 40, 138, 142
神宮弁　6, 60, 62, 88, 142, 290, 341
神宮文書　55, 62, 63, 64, 65, 70, 75, 76, 88, 90
神宮遥拝　70, 215, 220
神宮領の訴訟　103
神宮例幣使発遣　31, 384, 404
神宮例幣使発遣儀式　380
神斎　10, 13, 178, 329
神事　61, 70, 78, 88, 159, 175, 177, 178, 184, 198,

199, 201, 221, 329, 395
神事潔斎　10
神事の屋　199, 202
神事札　16, 55
神社に関する公事　175, 176
神職的な性格　159, 184, 205
神職の官位　120
神職の官位申請　25
神社伝奏　177
陣座　49, 78, 108
陣定　17, 48, 50, 62, 76
心柱　60, 61
審判　25
神宝　97, 167, 277
神宝御装束行事所　279
神馬　253, 254, 255, 279
神馬の進献　120, 255, 279
神慮　78
神領　17, 18, 62, 83
神領の再興　25, 120, 131, 132, 134, 312, 314, 315, 316, 317
彗星　246
相撲御覧　49
相撲召合　49
駿府城　170
清火　200, 213, 235
清華家　19, 31, 158, 159, 160, 161, 162, 165, 166, 167, 168, 172, 184, 185, 186, 187, 209, 227, 228, 317, 336, 337
清華家公卿　172, 188, 226, 228, 236, 336, 406
清閑寺家　161, 186, 347
清浄性　69, 70, 72, 79, 88, 169, 205, 224, 225, 256
清浄性の保持　329
清涼殿　302, 316
摂家　30, 102, 159, 160, 161, 172, 184, 185, 186, 222, 225, 227, 236, 316, 336, 347, 352
摂家衆　335, 341, 346
摂政　28, 30, 64, 71, 175, 212, 223, 236, 283, 289, 296, 300, 301, 302, 317, 336, 340, 347, 352, 405
摂政による奏事目録の内覧　301, 317
遷宮行事所　17, 59
遷宮行事所始　79, 90
遷宮執行を命じる朱印状　358
宣下　30, 55, 69, 70, 88, 108, 252, 267, 271, 278, 279, 323, 325, 333, 340, 341, 346
宣旨　14, 24, 81, 83, 102, 108, 111, 113, 180, 181, 363, 366, 368
占申　63
践祚　20, 162, 306
践祚伝奏　122, 162
宣命　389, 394, 395, 396, 397, 398, 406
宣命の辞別　61
先例　41, 51, 52, 60, 66, 67, 82, 109, 110, 164, 166, 175, 224, 229, 231, 232, 254, 269, 298, 299, 306, 324, 328, 330, 331, 332, 338, 342, 343, 344, 345, 348, 355, 357, 364, 373, 376, 388, 390, 392, 395, 396, 397, 398, 399, 400, 401
先例勘申　11, 230, 236, 317, 336
僧　47, 203
造伊勢太神宮行事官　76
造伊勢大神宮使　245
造伊勢太神宮山口祭并木本祭官符請印　107
造宮使　124, 133, 271, 365, 371, 372, 380
造宮使補任　124, 271, 370
奏事　24, 26, 96, 97, 104, 112, 113, 118, 119, 122, 124, 133, 249, 324
奏事始　105, 121, 122, 124, 133, 298
奏事目録　96, 100, 112, 118, 119, 126, 127, 129, 131, 134, 284, 285, 286, 287, 288, 289, 290, 291, 294, 297, 298, 300, 301, 302, 304, 305, 306, 308, 316
造大神宮役夫工米　261
造内宮行事上卿　107
僧尼　55, 199, 200, 355
僧尼服者　55
奏聞　19, 27, 30, 49, 61, 64, 65, 69, 78, 83, 88, 97, 100, 104, 109, 110, 111, 112, 113, 180, 181, 227, 228, 245, 252, 254, 268, 272, 278, 279, 283, 290, 291, 298, 299, 300, 301, 302, 304, 308, 312, 316, 322, 338, 340, 344, 345, 348, 356, 358, 363, 365, 369, 373, 375, 379, 391, 392, 393, 400, 405
即位伝奏　28, 122, 163, 171, 255, 262, 263
束帯　75, 304

た行

大宮司　22, 27, 108, 110, 112, 113, 240, 325, 331, 340, 341, 352, 362, 364, 366, 367, 368, 369, 388, 389, 392, 399, 401, 404
大宮司職　31, 108, 110, 113
大宮司の勧盃順序　389
大外記　15, 50, 109, 174, 269, 386, 405
帯剣　400
大嘗会　52
大嘗会伝奏　104, 122
太政官符　121, 124, 365, 380
太神宮行事上卿　44
太神宮雑訴伝奏　106, 107
太神宮伝奏　106
太神宮文書　62
大臣家　161, 162, 165, 186, 187
大夫史　15, 60, 61, 65
内裏　57
内裏丙穢　111
多賀宮　61, 98
太政官布告　183
玉垣・荒垣の焼失　269, 270
談合　25, 243, 323
中宮大夫　79

中右記会　220
朝覲行啓定　56, 57
長講堂伝奏　109, 248, 257
手水　198, 200, 203
朝廷政務機構　171
朝廷の伊勢神宮行政　10, 171, 206, 240, 278, 329, 364, 387, 406
重任　22, 108, 110, 241
勅語　127, 396
勅祭　183
勅使　12, 52, 231
勅旨　108, 127
勅定　13, 22, 26, 61, 71, 100, 241, 270, 271, 324, 346, 353
勅命　108, 246, 278, 299, 328
勅問　52, 87, 121, 162, 172, 283, 335, 336, 341, 346
勅問衆　336, 347
勅許　22, 27, 252, 272, 298, 314, 321, 323, 333, 335, 340, 341, 345, 346, 347, 363, 369, 380, 391, 393, 405
鎮祭物　60
月次祭　109
月読宮　110
月読宮の造替　78
常御所　127
天一神　377
天一天上　377
天下触穢　132
天下静謐　246
殿上　403
天正三年内宮仮殿遷宮　276
殿上人　388, 396, 403, 404
伝宣　172, 180, 181, 279, 400
伝奏　19, 20, 28, 96, 108, 113, 119, 120, 121, 122, 129, 162, 168, 169, 171, 181, 212, 235, 240, 241, 242, 255
伝奏切符　275, 279
伝奏制度　90, 96, 112, 121, 122, 133, 185
伝奏の座　300
伝奏奉書　22, 109, 110, 111, 114, 241, 250, 251, 252, 279
天皇の機嫌　298, 300
天皇の気色　119
天盃　127, 129, 305, 308
天文七年伊勢一社奉幣使の発遣　272
天保十五年度例幣発遣の準備過程　34, 399
天保十五年における神宮神主への叙位　34, 341
伝馬人足　405
天明四年度例幣発遣の準備過程　34, 394
同火　198, 199, 200, 201, 202, 203
統御　57, 87, 159, 336, 347
頭工　364
同座　198, 199, 200, 201, 202, 203, 204, 213, 304
堂上公家　1, 380
東大寺供養定　74
頭弁　52, 53, 77, 78, 88, 90, 97, 127, 256, 258, 269, 271, 272
徳大寺家　18, 101, 123, 139, 159, 185, 209, 213
豊宮崎文庫　5, 7, 323, 324

な行

内院　63, 76
内勘文　369, 371, 372, 374, 375, 376, 377
内勘文の写し　374
内宮　25, 26, 167, 253, 254, 255, 258, 261, 312, 327, 338, 352, 353, 355, 356, 372, 377, 394, 404
内宮一禰宜　330, 333, 338, 346, 347, 349, 357, 361
内宮一禰宜に対する正三位叙位　341, 348
内宮火災　61
内宮仮殿遷宮山口祭　245
内宮権禰宜　118, 132, 312, 314, 315, 317
内宮使　355
内宮式年遷宮祭祀　108
内宮式年遷宮山口祭・木本祭日時定　107
内宮正遷宮祭　375, 376, 377, 378
内宮正殿　110, 361
内宮神馬の進献　252
内宮長官　22, 232, 240
内宮年寄　232
内宮禰宜　1, 3, 108, 121, 245, 246
内宮禰宜中　232
内宮の御厩　232
内宮の造宮使補任　271
内宮別宮荒祭宮以下の諸殿舎焼失　232
内宮別宮山口祭等日時定上卿　231
内宮四禰宜　342, 348
内宮立心御柱祭　375, 378
内宮臨時遷宮の諸祭祀　379
内侍　119, 293, 300, 302, 308
内侍所鳴動についての御祈　246
内状　180
内々の家　213
内覧　59, 60, 61, 78, 88, 100, 112, 180, 181, 288, 289, 292, 301, 304, 311, 340, 345, 346, 347, 348, 365, 369, 375, 390
直会饗饌　405
中臣　384, 392, 394, 397
中臣使　387, 388, 392, 395, 396, 397, 399, 400, 401, 403, 404, 406
長橋局　111, 169, 284
中御門家　18, 255
中御門天皇凶事伝奏　212
中山家　161, 186, 209, 212, 222
長押　126, 297, 304, 308
七日間の御祈　246
難書　339

南朝による宣下の例　338
南都伝奏　31, 240
新嘗会再興　313
新嘗会伝奏　212
二宮朝夕御饌　81
二条天皇期　55, 87
二星合　246
二星合御祈　250
日時勘文　278, 279
日時定　31, 106, 107, 111, 277
日時内勘文　358, 373
日食　376
女院　65, 78
女房　96, 305
女房奉書　245, 247, 260, 270
女官　129
庭田家　209
年中祈禱　245
年預　122
直衣　126, 304

は行

廃朝　49, 279
白衣　203
幕府　232, 236, 241, 252, 266, 270, 273, 278, 313, 355, 364
幕府段銭　261
八景間　370, 376
葉室家　161, 186, 209, 263, 265
祓　198
半家　165, 187
日吉社　57
庇　125
日次記　206, 214, 226
日野家　161, 186
廟参　202
評定　13, 14, 25, 54, 71, 83, 88, 99, 113, 178, 243
評定衆　104, 121, 122, 162
火除地　232, 233
奉行職事　23, 103, 106, 108, 113, 118, 242
服解　174
服者　215, 223
服喪期間　174
武家伝奏　1, 20, 23, 28, 30, 96, 163, 165, 166, 171, 172, 180, 225, 227, 233, 236, 240, 241, 242, 259, 261, 270, 288, 289, 313, 335, 336, 337, 341, 346, 347, 352, 359, 363, 364, 365, 366, 378, 379, 386, 387, 405
武家の申次　119
藤波景忠の堂上復帰　389
藤波家　389, 406
藤波家の政所　400, 404
藤波神宮祭主　192, 223, 317, 329, 336
譜代の職　176, 359
服仮(服暇)　24, 63, 66, 87, 173, 174, 177, 198, 215
服忌令　199, 200
復古　187, 336, 385
仏事　55, 221
文殿雑訴始　120, 121
文殿衆　99
文殿の勘例　82
補任　24, 30, 41, 45, 57, 96, 102, 133, 138, 143, 159, 160, 162, 163, 164, 165, 167, 169, 170, 171, 178, 182, 184, 246
文化九年度例幣発遣の準備過程　34, 398
文化十一年の光格天皇の決定　401, 404, 406
文化六年度式年遷宮の準備過程　34, 368
文政十二年度式年遷宮の準備過程　34, 370
幣帛　363, 384, 396, 404
幣帛奉納　363, 405
別屋　55, 88, 198, 199, 200, 201, 202, 203, 215
別火　178, 198, 200, 201, 202, 203, 204
別記　29, 165, 166, 206, 212, 214, 215, 217, 221, 223, 224, 225, 226, 227, 231, 233, 235, 263, 264, 329, 355, 388, 405
別宮　25, 78
別勅　53, 328
別勅による叙位　324
別当　57, 122
別門　199, 200, 202, 203, 204
弁　14, 15, 16, 62, 83, 393, 397
弁官　14, 18, 83, 104, 108, 113, 172, 240
弁官家　228, 236
法皇の決裁　57
方角神の一つである天一神　377
坊城家　161, 186, 209
奉幣使　34, 47, 57, 97, 384, 389
奉幣の宣命　306
卜占　61, 88
北朝　162
北斗七星　77
墓所寺の僧尼　199, 200, 203
法勝寺修正会始　57
風記　109, 278

ま行

松木家　161, 186
松木家　209
真継家　384
政始　120, 133
御占　60, 61
御卜　61, 63
御教書　245, 250, 251
御簾　304, 305
御杣山　353, 364, 366, 367
御読経僧名定上卿　50, 55, 60
御樋代　58, 59, 88

壬生官務　11, 230, 317, 336
御船代　58, 59, 88
宮寺の神供　201, 203
御幸　57
明年革令当否諸道勘申宣下伝奏　212
明法博士　15, 62
蒸し物　202
無服殤　177
室町殿　22, 23, 110, 113, 241, 242
室町幕府　110, 254
銘　119, 305
名家　161, 162, 165, 167, 185, 186, 187
乳母　198, 202
申沙汰間　369, 374
沐浴　55, 63, 70, 75, 215, 235
餅　202
文書櫃　63, 67

や行

役夫工行事　116
役夫工上卿　18, 107
役夫工伝奏　106, 107
役夫工米　116, 261
柳原家　162, 163, 186, 262, 264
山口祭　353, 356, 357, 358, 359, 361, 362, 364, 365, 366, 367, 368, 379
山口祭日時定執行　358, 365, 366, 379
山口祭日時定陣儀　358
山口祭日時定陣儀日時　358
山口祭日時宣下　362
山口祭日時宣下を申請する解状　364, 365, 366, 367, 370
山口祭日時宣旨　363
山口祭日時内勘文　358, 371
山口祭の解状　371
山田奉行　26, 232, 233, 316, 353, 357, 361, 362, 364
山田奉行所　361, 364, 366, 367
大和国　52
有職故実　51, 70, 73, 82, 86, 166, 212, 213, 222, 223, 225, 226, 227, 228, 236, 247, 255, 256, 262, 278, 336, 337, 347, 387, 405
寄人　15, 16, 17, 55, 62, 72, 73

ら行

落髪　199, 200
離宮院の火災　46
立心御柱祭　227, 353, 360
立心御柱祭・正遷宮祭日時定執行日　359
立心御柱祭・正遷宮祭日時定上卿　228
立心御柱祭日時　375
立坊伝奏　122
諒闇伝奏　122, 255
両局　269
両宮饗饌における勧盃順序の是正　398
両宮正遷宮祭日時宣下を申請する解状　374
両宮直会殿　388
両宮における直会の座次　394
両宮の神主　322, 356
両宮の作所　361, 364
両宮別宮式年遷宮　368
両宮別宮遷御日時　368
両宮別宮山口祭以下日時定　374
両宮別宮山口祭以下日時宣下　370
両宮別宮山口祭以下日時宣下を要請する解状　227, 373
両宮別宮山口祭以下の遷宮祭祀日時　370
両宮山口祭　356, 358, 365
両宮山口祭日時定　363, 372
両宮山口祭日時定陣儀　356, 372
両宮立心御柱祭・正遷宮祭日時　227
両宮立心御柱祭・正遷宮祭日時定　361, 378
両宮立心御柱祭・正遷宮祭日時宣下を申請する解状　374
両宮立心御柱祭・正遷宮祭日時の決定過程　370, 374
令外官　124, 365
両段再拝　126
綸旨　23, 69, 242, 246, 278
例幣　27, 34, 376, 384, 385, 386, 388, 394, 398, 399, 406
例幣参向願書　394
例幣使　363, 384, 385, 386, 392, 393
例幣式日発遣　391, 392, 393, 394, 398
例幣使参向　393, 405
例幣上卿　393
例幣上卿の人事　386
例幣の際の両宮直会饗膳における勧盃順序　392
例幣の伝馬人足　386
例幣の役人人事　386
例幣発遣　391
例幣発遣儀式　380, 394, 397, 398, 404
例幣奉行職事　391, 392, 393, 394, 399
例幣への参向命令の伝達　392
櫪馬　110
列上　401, 406
列立　401, 403
連続星変の御祈禱　112
老中　232, 285, 287
老中奉書　364, 366, 379
六位蔵人　126, 129, 308, 309

わ行

度会氏直系の神宮家　327, 348

Ⅱ　人名

あ行
青山(秦)正清　323, 328
足利義材　255
足利義澄　250, 260
足利義晴　271, 273
足利義政　110, 245
足代弘訓　3, 7, 11, 40, 138, 230, 231
飛鳥井雅章　332, 355
姉小路公景　26, 171, 353
姉小路公文　154
阿野公縄　221
阿野季信　151
油小路隆前　155
油小路隆貞　150
油小路隆彭　394
安倍有春　273, 275
安倍経時　61
安倍時晴　61
安倍晴親　372, 374
荒木田氏朝　344
荒木田延季　84
飯尾大和守　261
池尻暉房　375
一条昭良　26, 353
一条家経　84, 89
一条内房　389
一条兼香　313
一条兼輝　287, 297, 298, 299, 300, 306, 316, 363, 397, 406
一条兼良　221
一条忠良　370
一条道香　212, 219, 220, 221, 289, 290, 302, 340, 386
稲葉正勝　364
井上正利　356
今城定淳　329
今出川公詮　153
今出川公規　173
今出川公彦　244
今出川伊季　151
今出川実種　223
今出川晴季　24, 242, 244
岩出(秦)末清　323, 324
卜部兼貞　61
卜部兼衡　61
卜部兼康　61
大炊御門家孝　155
大炊御門家信　172
大炊御門経音　153
大炊御門経久　227, 294, 295, 308, 370, 399, 401
大炊御門経秀　154
大炊御門経光　151
大炊御門経宗　56, 63, 65, 68, 74, 79, 87, 159, 160
大炊御門経頼　26, 28, 170, 171, 245, 353
大炊御門信宗　42, 139
大炊御門光能　68
大炊御門宗氏　106
大炊御門師経　79, 160
大炊御門頼実　74, 80, 160
正親町公明　33, 165, 177, 214, 223, 224, 225, 235, 236, 291, 303, 304, 305, 315, 316, 336, 341, 380, 387, 388, 401, 405, 406
正親町公叙　244
正親町実徳　20, 24, 29, 165, 182, 225, 233
正親町実胤　244
正親町実連　215, 222, 224, 225, 226, 290, 302, 387
正親町実豊　225, 332, 355, 387
正親町実光　165, 225, 226, 368, 398
正親町三条公統　173
正親町三条公仲　245
正親町三条実愛　180
正親町天皇　25, 243, 263, 278
正親町持季　110, 111, 186
大館左衛門佐　270
大館満信　117
大中臣清親　52
大中臣輔親　52
大中臣隆蔭　84, 98
大中臣忠氏　108
大中臣為貞　61
大中臣親隆　211, 219, 397
大宮伊治　269, 274
大宮時元　252, 253, 255, 260
興仁親王　162
奥西重好　29, 329, 355
小槻隆職　65
小槻朝芳　24, 242

か行
花山院愛徳　6, 167, 214, 215, 223, 226, 227, 401
花山院家厚　172, 214, 399, 401
花山院兼済　154
花山院定誠　298, 355, 363
花山院定熙　149
花山院定好　149
花山院忠雅　55, 56, 57, 159, 160, 211
花山院常雅　211
花山院持重　152
花山院持忠　108
花山院師継　80, 81, 85, 89, 102, 160
花山院師信　102
勧修寺顕道　154
勧修寺尹豊　270
勧修寺晴豊　24, 169, 242
勧修寺尚顕　20, 129, 240, 250, 257, 259, 261, 262,

279
勧修寺政顕　23, 242, 259
勧修寺光豊　171
勘解由小路兼仲　100
勘解由小路兼頼　98, 112
亀山上皇　98, 100, 112
亀山天皇　82, 85
賀茂在富　130
賀茂在憲　61
賀茂周平　61
烏丸資慶　150
烏丸光雄　330, 358
烏丸光賢　322
烏丸光胤　154
烏丸光政　343
烏丸光康　244
唐橋通資　76, 89
河越賢兼　389
河越兵庫頭　386, 388
河越兵庫助　388, 394, 398, 400, 404
河辺氏長　22, 110, 241
河辺精長　325, 331, 358
河辺定長　325
河辺長堯　388, 389, 390
河辺長矩　340, 388
河辺長盛　108
河辺則長　112
甘露寺篤長　391
甘露寺勝長　235
甘露寺国長　371
甘露寺伊長　244, 251
甘露寺定長　72
甘露寺忠長　108
甘露寺規長　154
清原枝賢　269
九条兼実　5, 7, 12, 13, 15, 41, 56, 62, 75, 87, 160, 219
九条尚実　224, 291, 292, 294, 304, 305, 308, 390, 394, 405
九条道家　53, 76, 89, 160
九条道前　222
九条良経　75, 77, 89, 160
黒瀬半兵衛　361
黒瀬益弘　355
桑山貞政　361
慶光院周養　355
慶光院清順　355
光格天皇　165, 166, 167, 176, 188, 212, 306, 308, 336, 369, 370, 373, 378, 380, 394, 398, 401, 404, 406
光厳上皇　104, 120, 121, 122
光厳天皇　121
孝明天皇　180, 235
光明天皇　122, 162
久我敦通　169
久我惟通　153
久我定房　56, 65, 158, 160
後柏原天皇　5, 129, 163, 243, 247, 251, 252, 253, 256, 258, 260
久我建通　156
久我信通　174
久我広通　174
久我雅定　52, 65, 86, 158
久我雅実　5, 13, 24, 29, 41, 42, 45, 46, 49, 86, 139, 158, 168, 184, 185
久我雅通　56, 65, 76, 79, 87, 158, 160
久我通兄　313
久我通親　76, 77, 79, 80, 89, 158
久我通久　157
久我通誠　26, 285, 299, 300, 314
久我通光　76, 80, 89, 158
後光厳天皇　122
後光明天皇　26, 321, 323, 324, 328, 353
後白河法皇　63, 64, 65, 160
後土御門天皇　23, 126, 142, 163, 245, 246, 247, 250, 255, 278, 384
後鳥羽上皇　75, 76
後奈良天皇　131, 243, 247, 263, 267, 268, 269, 270, 272, 279
近衛家久　168, 169, 187
近衛内前　306, 388
近衛基熙　288, 300, 301, 339, 365
後花園天皇　109, 110, 255
後水尾上皇　380
後水尾天皇　284, 297, 323
後桃園天皇　304, 306, 390, 392
後陽成天皇　169

さ行

西園寺致季　172
西園寺公益　170, 172
西園寺賞季　235
西園寺実晴　172
西園寺実益　170, 171, 172, 245
西園寺実宗　74
桜町上皇　340, 347
桜町天皇　313
三条公修　226
三条公富　171, 226
三条公睦　11, 181, 226, 230
三条実起　173, 214, 215, 217, 223, 225, 226, 235, 292, 307, 308, 390, 394, 405
三条実万　9, 11, 33, 42, 44, 101, 123, 139, 141, 166, 223, 226, 227, 229, 230, 231, 232, 235, 236, 295, 336, 337, 342, 370, 399
三条実房　10, 55, 56, 69, 71, 72, 159, 160, 229, 397
三条実躬　21, 101, 113

三条実通　165, 193, 226, 329
三条実行　51, 70, 159
三条季晴　226
三条利季　226
三条西公条　163, 244
三条西公保　106, 108
三条西実条　323
三条西実隆　3, 6, 7, 9, 23, 40, 105, 118, 122, 129, 139, 163, 242, 243, 246, 247, 248, 249, 255, 256, 258, 278
三条西実世　163, 244
塩瀬重香　324, 328
滋野井実冬　85
四条家成　52
四条隆蔭　104, 121
四条隆師　221
篠崎維章　19
芝山重豊　387
清水谷実揖　231
清水谷実業　152
周養上人　276, 355
順徳天皇　221
称光天皇　108, 392
勝定院　117
白川資忠王　392
白川忠富王　246, 248
白川雅喬王　33, 192, 329
白川雅陳王　33, 193, 329
白川雅英　24, 242
崇光天皇　122
清閑寺家俊　106, 124
清閑寺共房　326, 386
清閑寺治房　153
清閑寺秀定　154
清閑寺熙房　164, 330, 359
清閑寺益房　289, 341
摂津掃部頭　摂津掃部守　250, 254, 255, 261
摂津中務大輔　252
園池公翰　371
薗田守宣　3
薗田守良　1, 3
園基有　111
園基勝　285
園基衡　154
園基世　108

た行

醍醐昭尹　153
醍醐兼潔　154
醍醐忠順　157
平信範　55, 58
平範家　51
高倉永福　152
高階雅仲　120
鷹司兼平　100
鷹司房輔　164, 175, 296, 330, 359
鷹司冬平　102
鷹司政熙　369, 398
鷹司政通　12, 180, 231, 232, 233, 343, 373, 400
高辻総長　220
高野保春　288
竹屋光棣　5, 11
丹波正高　232
千種有能　363
土御門有季　109
土御門有春　132
土御門定通　44, 79, 80, 141
土御門保光　105, 123
土御門泰基　78
出口(度会)延佳　323, 324, 328
洞院実熙　221
土岐頼稔　313
徳川家康　170, 171, 353
徳川秀忠　170, 171
徳大寺公純　181, 213, 226, 228, 233, 235, 296, 311
徳大寺公維　213, 244, 264
徳大寺公全　213, 287, 288, 301, 339, 365
徳大寺公迪　213, 226, 227
徳大寺公信　213
徳大寺公城　33, 213
徳大寺実堅　373
徳大寺実定　56, 69, 71, 159, 160, 213
徳大寺実憲　213
徳大寺実則　33, 213, 233, 235
徳大寺実祖　213, 394
鳥羽法皇　52, 53, 86
富小路資直　126, 129

な行

中院通茂　151
中院通躬　153
中院通村　323
中原師定　174
中原康富　106
中御門資胤　40
中御門資熙　152
中御門為方　101
中御門宣胤　127, 244, 248, 255, 256, 258, 278
中御門宗家　56
中御門宗忠　49, 220
中御門宗能　13
中山定親　108, 392
中山孝親　131, 163, 244
中山忠親　17, 56, 72, 73, 160
中山忠尹　177, 391, 393
中山忠能　165, 212
中山親綱　24, 169, 242

中山愛親　177, 212, 217, 219, 222, 223, 235, 308, 336, 387, 395, 398, 405
中山栄親　33, 209, 211, 212, 219, 220, 222, 223, 224, 235, 288, 289, 302, 336, 340, 386
中山英親　222
中山元親　297
中山慶親　24, 242
難波宗建　168
二条天皇　5, 13, 15, 16, 41, 45, 54, 55
二条光平　324, 386
庭田重条　363
庭田重熙　220, 222, 387
仁孝天皇　6, 12, 227, 231, 232, 345, 371, 373, 378, 400
野宮定逸　326

は行

橋本実久　181
橋本実理　305, 393
畠山中務大夫　270
花房幸次　316
葉室定藤　85
葉室親朝　85
葉室長光　104, 105
葉室頼孝　266
葉室頼胤　313
葉室頼業　266, 326, 385
葉室頼寿　176
葉室頼熙　291, 304
葉室頼要　154
檜垣貞忠　366
東園基量　204, 205, 299
東園基賢　335
東山天皇　44, 141, 168, 288, 300, 340, 365
日野兼光　59, 63, 64
日野資勝　26, 172, 284, 297, 321, 353
日野資宣　100
日野資広　22, 241
日野経業　85
日野輝光　288, 340
日野時光　104
日野俊光　162
日野西延光　373
日野晴光　268
日野弘資　173
広橋兼勝　171
広橋兼秀　163, 244
広橋伊光　387
広橋貞光　356
広橋光成　370
広橋守光　163, 240, 244, 250, 252
広橋綏光　384
広幡輔忠　403
広幡忠礼　172, 178
広幡経豊　156
広幡長忠　154
広幡基豊　9, 235
藤波氏富　337, 346, 357, 361
藤波景忠　25, 285, 314, 330, 355, 363, 365, 380, 389, 396, 403
藤波和忠　386, 388
藤波清忠　108, 112, 245
藤波伊忠　21, 240, 249, 253, 260, 262
藤波季忠　388, 390
藤波教忠　342, 400
藤波秀忠　245, 246
藤波寛忠　291, 293, 308, 391, 394
藤波光忠　368, 370, 373, 398
藤原公任　222
藤原定家　74, 75
藤原資綱　20
藤原忠実　48
藤原経宗　58
藤原宗家　17
藤原宗忠　18, 50
藤原宗能　16, 17, 18
藤原基房　57, 59, 60, 64, 65
藤原師長　50, 56, 59, 60, 63, 65, 87, 158
藤原頼長　51, 52, 59, 86, 158
舟橋業忠　109
坊城俊明　344
坊城俊克　213, 214
坊城俊親　176, 305
坊城俊任　105
坊城俊秀　22, 109, 110, 241
坊城俊広　164, 173, 175
細川政元　250
堀河天皇　5, 13, 16, 41, 45, 86
堀川通具　2, 80, 86
堀川基具　85, 86, 89
堀利寿　364
本庄宗発　232

ま行

雅陳王　193
町資広　109, 112, 123, 162, 243, 245, 248
町広光　20, 123, 240, 248
真継佐渡守　388
真継能登守　394, 400
松木範彦　12
真継美濃守　398
松木宗顕　152
松木邑彦　367
松木圭彦　367
真継若狭守　386
松木宗家　71, 87
松木宗継　110, 111
松木宗長　224

松木宗能　54, 56, 71, 87, 88, 158
松木宗美　165, 226
万里小路植房　154
万里小路賢房　23, 242, 251, 254
万里小路建房　227, 369
万里小路韶房　212
万里小路時房　110
万里小路政房　305, 393
源俊明　17, 50, 86
源雅実　16, 17
源雅通　60
源通親　75
源頼朝　159
源頼雅　57
壬生重房　29, 164, 175, 296, 315, 329, 330, 355
壬生季連　285, 312
壬生孝亮　171, 322
壬生忠利　29, 325, 326
壬生長興　111
壬生晴富　124
武者小路隆光　107
明正天皇　171
桃園天皇　224, 235, 290, 302, 336
守仁親王　56

や行
柳原淳光　24, 163, 242, 243, 244
柳原資廉　287, 298, 338, 363
柳原資定　33, 130, 132, 163, 164, 244, 262, 272, 278, 279
柳原資綱　44, 141, 163, 187, 243, 245, 246, 249, 278
柳原資行　173
柳原隆光　373
柳原光愛　178
柳原紀光　155
藪嗣良　150
山科忠言　369, 398
吉田兼敦　105
吉田兼倶　384
吉田兼見　24, 242
吉田定房　103
吉田経長　21, 97, 98, 100, 112, 161, 162, 185, 186
四辻公理　172
与村(源)弘正　323, 324, 328

ら行
霊元上皇　352
霊元天皇　225, 285, 298, 299, 300, 314, 335, 336, 341, 346, 347, 356, 358, 363
六条有栄　394
六条有房　103

わ行
鷲尾隆量　324, 386
鷲尾隆純　371
鷲尾隆長　365
鷲尾隆熙　154, 155
度会是彦　266
度会貞胤　252
度会貴彦　267
度会彦敬　364

Ⅲ　史料

あ行
『章弘宿禰記』　153
『伊勢神宮雑事記』　263, 266, 276
『伊勢神宮雑事記　資定卿記抜書　共二』　264
「一社奉幣申沙汰記」　264, 272
『猪隈関白記』　76, 146
『宇槐記抄』　52, 144
『氏経卿引付』　108, 112, 148, 245
『氏経神事記』　112, 148, 246
『永和度保光卿奏事始記』　105, 123
『園太暦』　121, 220
『正親町実連日記』　154, 155
『御湯殿の上の日記』　148, 246

か行
『嘉永二年外宮遷宮記』　383
『篤長卿記』　369
『兼香公記』　220, 313
『兼輝公記』　287, 297, 298, 300, 306, 363
『寛延二年外宮正遷宮記　上』　367
『寛政元年外宮遷宮記』　383
『勘仲記』　20, 99
『寛文九年外宮正遷宮記』　355, 357, 358
『寛文九年内宮遷宮記』　354, 357, 358
『吉続記』　83, 97, 112, 147
『吉部秘訓抄』　71
『吉記』　9, 221, 228
『吉口伝』　102
『宮槐記』　79, 146
『享保十四年外宮遷宮記　上』　366
『玉海』　7
『玉蘂』　5, 9, 41, 53, 76, 146, 228
『玉葉』　3, 7, 9, 10, 41, 64, 144, 145, 146, 211, 212, 219, 220, 222, 228, 229, 391
『公明卿記』　208, 221, 224, 404
『公全公記』　207, 287, 301, 339
『禁秘抄』　9, 221, 228
『公卿補任』　5, 9, 10, 26, 44, 79, 105, 138, 141, 144, 167, 168, 169, 173, 174, 183, 187, 226, 229, 336, 339, 396
『愚昧記』　9, 55, 69, 144, 146, 228
『慶安二年正遷宮記』　358
『外宮近代禰宜朝恩録』　327

『建内記』 20, 22, 107, 148, 241
『元禄二年外宮遷宮記』 362
『元禄二年内宮遷宮之覚』 361, 362
『小朝熊神社神鏡沙汰文』 144
『光台一覧』 189
『故実拾要』 13, 18
『後深心院関白記』 9, 228
『後水尾天皇実録』 190

さ行
『薩戒記』 44, 106, 107, 124, 147, 391
『実隆公記』 23, 105, 119, 122, 148, 242, 246, 247, 249, 250, 251, 252
『実万公記』 208, 226, 232
『実房公記』 397
『実躬卿記』 101
『三条大納言以下足代翁へ書簡』 11, 230
『三条・竹屋両卿御書簡』 11, 230
『参洛記　全』 323, 324
『祠官賞爵沙汰文』 323, 324, 325, 328
『重房宿禰記』 29, 151, 164, 173, 174, 175, 329, 355, 356, 357
『拾芥抄』 9, 228
「定規」 235
「条々」 21, 103, 104, 113
『正保遺事　全』 324
『神宮御用記』 207
『神宮御用諸記』 155
『神宮御用日記』 207
「神宮定条々」 177, 217, 219, 220, 222, 223, 235
『神宮雑誌』 156, 157, 178
『神宮上卿間記』 208, 226, 295, 341, 399, 403
『神宮上卿間之事』 33, 173, 177, 208, 214, 215, 220, 223, 225, 235, 291, 305, 341, 387, 388, 389, 398, 401
『神宮上卿間之事』(抄) 208, 222
『神宮上卿記』 33, 155, 207, 212, 213, 219, 223, 288, 302, 315, 316, 340, 341, 386
『神宮上卿記　乙』 208
『神宮上卿雑記』 156, 207, 208, 225, 290, 302, 368, 398
『神宮上卿次第』 3, 7, 8, 12, 40, 138, 231
『神宮上卿至要抄』 9, 10, 11, 42, 45, 54, 69, 70, 79, 80, 101, 105, 123, 208, 228, 229
『神宮上卿幷奉行』 19, 142
『神宮上卿日記』 208, 225, 226, 292, 307, 394, 396, 398
『神宮上卿之記』 208, 294, 295, 308, 370
『神宮上卿事』 207
『神宮上卿部類』 7, 8
『神宮上卿部類　玉海之部』 188
『神宮上卿部類　公卿補任之部』 142
『神宮雑事』 29, 150, 151, 167, 296, 315, 329, 330, 355, 357
『神宮奏事始記』 130, 132, 266, 268, 285
『神宮奏事始記　天文五年至同八年　完』 263, 272
『神宮奏事始記幷奉幣之儀　天文』 263, 272
『神宮雑要類聚　神宮上卿至要抄備急』 9, 228
『神宮雑例集』 221, 233
『神宮伝奏記録』 207
『神宮伝奏次第』 19, 142
『神宮伝奏日記』 207
『神宮伝奏之間事　転法輪相談条々』 33, 192, 203, 205, 329
『神宮伝奏日次記』 207, 385
『神宮伝奏補任録』 19, 138
『神宮伝奏歴名』 19, 138
『神宮典略』 1
『神宮申沙汰記』 263
『神宮申沙汰雑誌』 33, 208, 233
『神宮申沙汰雑誌草稿』 208, 228, 296, 311, 315
『神宮申沙汰之記』 208
『人車記』 9, 228
『季連宿禰記』 151, 152, 153, 312
『資勝卿記』 149, 207, 284, 297, 312, 321
『資定卿記』 264
『夕拝備急至要抄』 71, 145
『遷宮奉行記』 208, 227, 231, 370, 373
『遷宮奉行記　草稿』 208, 227, 370
『遷宮申沙汰雑記草』 208, 228
『続史愚抄』 105, 121, 123

た行
『台記』 9, 51, 144, 228
『大神宮史要』 46, 232
『大神宮叢書　神宮典略　後篇』 35
『孝亮宿禰記』 149, 171, 172
『太政類典』 182
『忠利宿禰記』 149, 150, 151, 171, 172, 173, 174
『親綱卿記』 169
『親長卿記』 9, 119, 122, 228, 246
『中右記』 144, 220, 221, 396
『綱平公記』 365, 367
『当局遺誡』 124
『堂上次第』 165
『時慶卿記』 170
『知音宿禰記』 155

な行
『中院通茂日記』 207
『中山大納言栄親卿記』 217, 220
『難波宗建記』 167, 188
『宣胤卿記』 127, 256, 257, 261

は行
『伯家記録考』 192, 193
『晴富宿禰記』 176

『広橋守光記』 20, 240
『百練抄』 2, 73, 75, 80, 146, 220
『兵範記』 50, 144, 145
『文明年中内宮引付』 246
『宝永六年外宮正遷宮記』 364

ま行

『通誠公記』 26, 285, 299, 314, 315
『光豊公記』 190
『妙槐記』 80, 84, 147
『宗建卿記』 172
『明月記』 9, 74, 76, 146, 228
『基量卿記』 152, 204, 207
『基熙公記』 301, 365
『師郷記』 108, 148
『師守記』 104, 120, 147

や行

『康富記』 105, 110, 147, 148, 391
『吉田家日次記』 105, 147

ら行

『両宮御造営吟味帳』 361, 362
『令義解』 173, 174, 177
『綸旨抄』 102, 147